Erwin Kobel

Georg Büchner

Das dichterische Werk

Walter de Gruyter · Berlin · New York

1974

Dem Schweizerischen Nationalfonds zur Förderung der wissenschaftlichen Forschung danke ich verbindlichst, daß er mir ein Stipendium
gewährt hat. Sehr dankbar bin ich auch meiner Frau für ihre Mitarbeit
und meinem Freund Dr. Guido Schmidlin für manchen Rat.

ISBN 3 11 004607 5
Library of Congress Catalog Card Number: 73—88 300
©
1974 by Walter de Gruyter & Co., vormals G. J. Göschen'sche Verlagshandlung · J. Guttentag,
Verlagsbuchhandlung · Georg Reimer · Karl J. Trübner · Veit & Comp., Berlin 30,
Genthiner Straße 13.
Satz und Druck: Omnium-Druck, Berlin
Umschlaggestaltung: Rudolf Hübler, Berlin
Bindearbeiten: Lüderitz & Bauer, Berlin
Printed in Germany

Erwin Kobel

Georg Büchner
Das dichterische Werk

Inhalt

Ausgaben und Abkürzungen

Wir zitieren Büchner nach der historisch-kritischen Ausgabe von Werner R. Lehmann:

Erster Band Dichtungen und Übersetzungen
             Mit Dokumentationen zur Stoffgeschichte
             Hamburg 1967
             Die in unsern Text hineingenommenen Zahlen bezeichnen immer
             Seiten des ersten Bandes.

Zweiter Band Vermischte Schriften und Briefe
             Hamburg 1971
             Stellennachweise, die diesen Band betreffen, sind in den Fußnoten
             angeführt und mit der Ziffer II versehen.

Da die weitern Bände dieser Ausgabe noch nicht erschienen sind, greifen wir gelegentlich auf die Edition von Fritz Bergemann, Wiesbaden 1958, zurück; in diesen Fällen ist der Seitenzahl ein B vorangestellt.

Einleitung

Vom dichterischen Werk Georg Büchners, so gering an Umfang es ist, geht eine außerordentliche Wirkung aus. Sie läßt sich im Schaffen und in Bemerkungen der verschiedensten Dichter aufzeigen, seit Karl Emil Franzos 1879 die erste Gesamtausgabe herausgebracht hat, und in verstärktem Maß tritt sie seit dem Erscheinen der Editionen von Paul Landau (1909) und Fritz Bergemann (1922) hervor. Auf Gerhart Hauptmann wie auf Bertolt Brecht haben Büchners Dichtungen einen bestimmenden Eindruck gemacht, Frank Wedekind hatte ebenso eine Vorliebe für sie wie Georg Heym; in Frischs Bühnenstück »Andorra« und in Döblins Roman »Hamlet« ist Büchner gegenwärtig, und nicht nur der in Hessen aufgewachsene Zuckmayer fühlt sich ihm nahe, sondern auch, von ganz anderm Herkommen, Paul Celan. Hofmannsthal, der den »Lenz« in seinen Sammelband »Deutsche Erzähler« aufgenommen hat, setzt sich für eine Aufführung von »Leonce und Lena« ein, entwirft Pläne für eine Inszenierung des »Woyzeck« und dichtet einen Schluß zu dem unvollendet gebliebenen Drama; ähnlich mag Dürrenmatt, wenn er es als Regisseur unternimmt, den »Woyzeck« auf die Bühne zu bringen, damit auf seine Weise ausdrücken wollen, was ihm Büchner bedeutet. Für Rilke ist der »Woyzeck« »eine ungeheure Sache«, »ein Schauspiel ohnegleichen«[1], Musil nennt »Dantons Tod« »eine große dichterische Vision«[2]: die Dichter mögen sich in ihrer Wesensart noch so sehr unterscheiden, sie sprechen mit derselben Betroffenheit von Büchners Werk. Darin bekunden sich Rang und Reichtum dieses schmalen dichterischen Oeuvres. Gewiß, Büchner erscheint jedesmal in der ganz persönlichen Perspektive eines schaffenden Künstlers, dem es letztlich um sein eigenes Werk zu tun ist, aber die Mannigfaltigkeit der jeweils hervortretenden Aspekte ist nicht nur auf den wechselnden Standort zurückzuführen, sie muß auch in Büchners Werk enthalten sein.

Angesichts einer solchen Vielfalt drängt sich die Frage auf, wie es denn mit der Einheit von Büchners Dichtung stehe. Man möchte denken, daß

---

[1] Rainer Maria Rilke und Marie von Thurn und Taxis, Briefwechsel, Zürich 1951, Bd. I, S. 426 f. (9. Juli 1915).
[2] Robert Musil, Prosa, Dramen, Späte Briefe, Hamburg 1957, S. 604.

sich die Mosaiksteine, von denen im vorangehenden eine Handvoll lediglich herausgegriffen und nicht näher betrachtet wurde, zu einem Bild fügen lassen sollten, daß also aus der Wirkungsgeschichte das Werk in seiner Ganzheit sichtbar würde. Aber man müßte das Prinzip kennen, nach welchem diese Steine anzuordnen wären, sonst bliebe es bei einer zwar bunten, jedoch ungestalten Anhäufung, in der sich auch alles Mißverstandene und Verbogene breitmachen könnte, und wollte man das vermeiden, indem man aus dem Mannigfachen das Gemeinsame herauszuziehen versuchte, so würde sich die Fülle in Leere verwandeln. Dieses Ordnungsprinzip kann einzig aus dem Werk selbst gewonnen werden. Mit der Durchmusterung der Wirkungsgeschichte, so anregend sie im übrigen auch ist, gelangt man weder durch Summation noch durch Abstraktion zu einem umgreifenden Verstehen des Ganzen.

Um die Einheit des Mannigfaltigen ist die wissenschaftliche Erkenntnis bemüht. Sie sucht das Einzelne aus dem Ganzen, das Ganze als Zusammenklang von Einzelnem zu verstehen und muß daher einen Durchblick auf die Einheit haben. Sollte dieses oder jenes sich nicht in einen Zusammenhang fügen und somit dunkel bleiben, wäre in erster Linie zu prüfen, ob nicht das, was man als Einheit zu schauen glaubte, zu wenig umfassend sei. Wenn man die Arbeiten über Büchners Werk durchgeht, bemerkt man rasch, daß sie zwar das Ganze in den Blick zu fassen behaupten, aber dabei manches vernachlässigen, weil es diesem angeblichen Ganzen nicht eingeordnet werden könnte. Von einem allgemeinen Konsensus ist man weit entfernt. Was die einen beiseite lassen, weil sie nur um diesen Preis ihre Auffassung vertreten können, wird von den andern ins Feld geführt. Bei diesem Streit ist Büchner ständig in Gefahr, einer reduzierenden Betrachtungsweise unterworfen und gar auf eine Formel verkürzt zu werden. Gerade dies aber widerspricht jenem Reichtum, der sich in den Begegnungen der Dichter mit Büchner auffächert. Deshalb steht man vor der Aufgabe, wieder einen Sinn für die Komplexität der Büchnerschen Dichtung zu entwickeln, wie er am ehesten in der Darstellung Paul Landaus, mag man sich auch mit manchem nicht einverstanden erklären, zum Ausdruck gekommen ist[3].

Der Streit um Büchner wird kaum zu schlichten sein. Schon deshalb nicht, weil seine Dichtungen zum Teil Fragmente sind, nicht nur das letzte Drama, sondern auch die Erzählung »Lenz«, und weil die Dokumentation zum Werk so dürftig ist: es steht kein Tagebuch zur Ver-

---

[3] Vgl. dazu Wolfgang Martens, Vorwort zu dem von ihm herausgegebenen Sammelband »Georg Büchner«, Darmstadt 1969, S. X und XI.

fügung, und die Briefe geben nur spärliche Auskunft — kurz, die Selbst-interpretation des Dichters, die man zu Unrecht oft mit Geringschätzung behandelt, fällt weitgehend aus. Wer sich mit Büchner befaßt, kann diese Lücke nicht anders als schmerzlich empfinden. Man weiß vieles nicht, was man wissen sollte, und man weiß bei vielen Dingen nicht recht, wel-ches Gewicht ihnen beizumessen ist. Daraus resultiert die Unsicherheit, von der jede Büchner-Interpretation begleitet ist. Diese Lage müßte einen eigentlich dazu zwingen, den Wortlaut der Dichtung mit umso stren-gerer Genauigkeit zu beachten; in der Exaktheit des Lesens hat man es jedoch bei andern dichterischen Texten entschieden weiter gebracht.

Auch aus einem andern Grund wird sich der Streit nicht beilegen las-sen: er gehört mit zur Wahrheit. So kann man ihn auch gar nicht beseiti-gen wollen. Man kann ihn nur mit neuen Elementen nähren. Das ganze Bestreben muß sich dahin richten, daß es kein Streit um falsch oder schief gestellte Probleme ist. Der Streit um die Wahrheit muß der dieser Dichtung wesensmäßig zugehörende Streit sein. Die vorliegende Arbeit versteht sich deshalb als Versuch, die Auseinandersetzung um Büchners Werk, die sich nun dank der kritischen Ausgabe Werner R. Lehmanns auf zuverlässigerer Textgrundlage bewegen kann, zu beleben.

Unsere Untersuchung geht von den Figurenkonstellationen aus. Sie fragt nach dem Verhältnis der entgegengesetzten Figuren und Aussagen, sie sucht die Einheit, die dem Auseinander und Gegeneinander der viel-gestaltigen Gegensätze zugrundeliegen muß, wenn eine Dichtung nicht ins Disparate zerfallen soll. Das führt zur Frage nach dem Horizont, aus dem sich die Bildung der Konfigurationen verstehen ließe. Büchner muß diesen Horizont in wesentlichem Maß durch die Beschäftigung mit der Philosophie gewonnen haben. Seit dem Herbst 1833 widmete er sich »mit aller Gewalt« philosophischen Studien[4], sein Interesse für Philoso-phie war aber, wie Schulfreunde bezeugen, schon in der Gymnasialzeit äußerst rege[5]. Sein Aufnahmevermögen ist offenbar erstaunlich gewesen, pflegte er doch bis spät in die Nacht hinein zu arbeiten[6]. Auch war er von einer ungewöhnlich zähen Ausdauer: er fand die Kunstsprache der Philo-sophie zwar abscheulich und wünschte sich für menschliche Dinge auch

[4] Brief an August Stöber vom 9. Dezember 1833, Nr. 14; II, 421.
[5] Vgl. die Erinnerungen Friedrich Zimmermanns und Ludwig Lucks (B 553 u. B 557).
[6] Symptomatisch dafür dürfte die folgende Briefstelle sein: »Vor zwei Uhr komme ich in kein Bett.« (An Minna Jaegle, um den 10. März 1834, Nr. 17; II, 424). Aehnliches berichtet Karl Vogt von dem Gießener Studenten Büchner: abends von der Kneipe kommend, brachten die Mitstudenten dem zurückgezogen Arbeitenden nicht selten vor seiner Wohnung ein ironisches Vivat (B 559).

menschliche Ausdrücke, er ließ sich aber dadurch nicht stören[7] und hatte noch im Herbst 1836, anderthalb Monate vor der Übersiedlung nach Zürich, die Absicht, seine Dozententätigkeit mit Vorlesungen »über die philosophischen Systeme der Deutschen seit Cartesius und Spinoza« zu beginnen[8]. Man muß also seine Beschäftigung mit dem philosophischen Denken durchaus ernst nehmen, ja es fragt sich sogar, ob nicht von seiner Dichtung Philosophisches zur Sprache gebracht werde, in jenen menschlichen Ausdrücken, die er in der Philosophie selbst vermißte. Jedenfalls darf füglich angenommen werden, daß Büchners Dichten dem philosophischen Denken zugewandt ist. Könnte dieser Bezug genauer bestimmt werden, so wäre für das Verständnis der Dichtung einiges erreicht.

Die Untersuchung wird sich damit auf ein Feld erstrecken, das von der Forschung vernachlässigt worden ist. Man hat die Historiker und die Dichter befragt, mit denen sich Büchner beschäftigte, aber man hat sich kaum je an die Philosophen gewandt. Das mag teilweise daraus zu erklären sein, daß gewisse Bemerkungen Büchners den Gedanken nahelegen, die Philosophie habe ihn enttäuscht, man könne sich folglich die Kenntnisnahme dessen, was für ihn abschreckend gewesen, ersparen. So schrieb er 1835 an Gutzkow: »Ich werde ganz dumm in dem Studium der Philosophie; ich lerne die Armseligkeit des menschlichen Geistes wieder von einer neuen Seite kennen.«[9] Aber um eine solche Äußerung richtig einzuschätzen, müßte man wissen, was Büchner damals gerade unter den Händen hatte, und vor allem müßte man in Erfahrung bringen können, von welchem Standort aus er in dieser allgemeinen Weise von der Armseligkeit des menschlichen Geistes spricht. Wie es sich auch damit verhalten mag, diese Briefstelle ist keineswegs das Anzeichen dafür, daß sich Büchner von der Philosophie abgekehrt hätte. In ähnlichem Sinne drückt er sich ja schon 1833 aus, wie er seinem Freund August Stöber mitteilt, er habe sich mit aller Gewalt in die Philosophie geworfen: »Ich lache über meine Narrheit und meine es gäbe im Grund genommen doch nichts als taube Nüsse zu knacken. Man muß aber unter der Sonne doch auf irgend einem Esel reiten, und so sattle ich in Gottes Namen den meinigen.«[10] Hier nichts als gelangweilte Verachtung herauszuhören wäre ebenso verfehlt, wie wenn man etwa zu den philosophischen Anfängen von Karl Jaspers ein Fragezeichen setzen wollte, weil er sagt: »Mit

---

[7] II, 421.
[8] Brief an Wilhelm Büchner, 2. September 1836, Nr. 58; II, 460.
[9] Nr. 49; II, 450.
[10] II, 421 f.

4

Schelling habe ich seit mehr als dreißig Jahren philosophiert. Nach dem ersten Weltkrieg griff ich zu ihm in der Absicht, eine der vielen Narreteien der Philosophiegeschichte kennen zu lernen«[11]. Wir lassen uns also durch die erwähnten Bemerkungen des Dichters nicht davon abhalten, von dem, was man den philosophischen Kontext zu Büchners Werk nennen könnte, auch Auskünfte über dieses zu erhoffen.

Unser Vorhaben ist nun freilich mit der Schwierigkeit konfrontiert, daß zur geplanten Vorlesung über die deutsche Philosophie keine Notizen erhalten sind. Man weiß also nicht, was Büchner im einzelnen gelesen hat, geschweige denn, was er über das Gelesene dachte. Lediglich in seinen kritischen Bemerkungen zu Descartes und Spinoza könnten Anhaltspunkte hiefür gefunden werden. Die Untersuchung wird daher, soweit sie sich auf dieses Gebiet erstreckt, gewissermaßen einem archäologischen Unternehmen zu vergleichen sein: es handelt sich um Sondierungsgrabungen. Angesichts des großen Feldes ist es ohnehin nicht möglich, in der wünschenswerten Breite vorzugehen. Es muß sich ja auch erst zeigen, ob dieser Weg zu Ergebnissen führt. Ein solches Vorgehen ist nur unter der Voraussetzung sinnvoll, daß es von einem Grundgedanken geleitet wird, der für diese Dichtung wie für das philosophische Denken gleicherweise wesentlich ist. Nur so wird die Untersuchung sich selber unter Kontrolle halten und ihr Ziel, zur Erhellung des dichterischen Wortes beizutragen, anstreben können. Diesen Leitgedanken glauben wir — es ist bereits angedeutet worden — in der Frage nach dem Verhältnis der Entgegensetzungen, nach der Einheit des Unterschiedenen zu haben. Wie er sich als solcher ausweist, soll an Büchners erstem Werk dargestellt werden.

---

[11] Karl Jaspers, Schelling, München 1955, S. 9.

DANTONS TOD

Danton — das Sprachrohr Büchners?

Wer ein Bühnenstück so verstehen will, wie sein Autor es aufgefaßt haben möchte, wird vorerst nach dem Verhältnis des Dichters zu den gedichteten Figuren fragen müssen. Vielleicht steht eine der Personen dem Dichter näher als die andern oder ist sogar dazu ausersehen worden, seine persönlichen Ansichten mitzuteilen. Mit einer solchen direkten Mitteilung hat man es zu tun, wenn Lessing seinen Protagonisten Nathan im Gespräch mit dem Tempelherrn sagen läßt:

> Wir haben beide
> Uns unser Volk nicht auserlesen. Sind
> Wir unser Volk? Was heißt denn Volk?
> Sind Christ und Jude eher Christ und Jude
> Als Mensch? Ah! Wenn ich einen mehr in Euch
> Gefunden hätte, dem es g'nügt, ein Mensch
> zu heißen.[1]

Daß wir hier, wie anderswo, Lessing selber reden hören, dessen sind wir völlig gewiß; es kommt uns nicht in den Sinn, dies an Hand biographischer Zeugnisse zu überprüfen. Es erhebt sich somit auch nicht der geringste Zweifel, wie wir uns zur Gegenfigur Nathans, dem Patriarchen, zu verhalten haben; die Wahl, auf wessen Seite wir uns stellen sollen, ist uns leicht gemacht. Wenn man hingegen Schillers »Wallenstein« liest, ist man unsicher, wo denn eigentlich der Dichter zu finden sei. Weder den Herzog von Friedland noch dessen Gegenspieler Octavio Piccolomini hat Schiller mit Zeichen seiner Sympathie ausgestattet, er ist auch nicht mit dem einen oder dem andern in einer polemischen Auseinandersetzung begriffen. Unmißverständlich macht er bei Wallenstein Verbrecherisches deutlich und zeigt es doch so, daß es verstehbar ist, und bei Octavio verbindet er mit dem Handeln, das den guten Zweck vor Augen hat, das

---

[1] II. Aufzug, 5. Auftritt.

schlechte Mittel. Anders, weniger distanziert, scheint des Dichters Verhältnis zum jungen Max Piccolomini zu sein: für ihn sei er — so vernehmen wir aus einem Brief an Goethe[2] — durch seine eigene Zuneigung interessiert. Max ist Schiller in vielem wesensverwandt, aber gerade in der damaligen Schaffenszeit, durch den Umgang mit Goethe vor allem, gewinnt Schiller ja auch Abstand zu dieser seiner Wesensart. So stehen denn auch in der Abhandlung »Über naive und sentimentalische Dichtung« die beiden Typen, die den Figuren Wallensteins und Max Piccolominis zugrunde liegen, der Realist und der Idealist, auf gleicher Ebene nebeneinander, und jedem ist ebensoviel Licht wie Schatten zugeteilt. Wie man sich zu diesem Antagonismus verhalten solle, der, weil er in der innern Gemütsform gründe, eine weit schlimmere Trennung unter den Menschen anrichte als der zufällige Streit der Interessen, dies stellt Schiller in den folgenden Worten klar: »Ich bemerke, um jeder Mißdeutung vorzubeugen, daß es bey dieser Eintheilung ganz und gar nicht darauf abgesehen ist, eine Wahl zwischen beyden, folglich eine Begünstigung des Einen mit Ausschließung des andern zu veranlassen. Gerade diese *Ausschließung*, welche sich in der Erfahrung findet, bekämpfe ich; und das Resultat der gegenwärtigen Betrachtungen wird der Beweis seyn, daß nur durch die vollkommen gleiche *Einschließung* beyder dem Vernunftbegriffe der Menschheit kann Genüge geleistet werden.«[3] Das wahre Wesen des Menschen ist also nicht auf der einen und nicht auf der andern Seite zu erblicken; Wahrheit kommt erst dann zum Vorschein, wenn sich das Auge auf die dahinterliegende, beides umgreifende Idee des Menschen einstellt, die dann als »schöne Seele« in die Erscheinung treten kann oder aber als Ideal im Unerreichlichen bleibt und doch Maß und Richtung gibt.

Man kann sich die Beziehung eines Dramatikers zu den gedichteten Figuren aber auch noch in einer dritten Weise denken. Es ist nicht gesagt, daß entweder mit einer Figur die Wahrheit, mit einer andern die Unwahrheit repräsentiert und verkündet wird oder dann an den Figuren gezeigt wird, wie sie an der Wahrheit bloß teilhaben, allenfalls auf sie hin transparent sind. Wahrheit könnte nämlich solchen Wesens sein, daß sie weder als Ganzes noch in Teilen sichtbar zu machen wäre, und das Gegenstück zur Wahrheit könnte etwas anderes sein als das Unrichtige oder das Unvollständige, etwas anderes als eine Ermangelung der Wahrheit. Wenn Hofmannsthal in seinem Drama »Ödipus und die Sphinx« Kreon dem thebanischen Königssohn gegenüberstellt, gestaltet er nicht

---

[2] 28. November 1796.
[3] Schillers Werke, Nationalausgabe, Bd. 20, Weimar 1962, S. 492 f. Anm.

Gegensätze, zwischen denen durch ein Entweder-Oder gewählt werden müßte, und auch nicht solche, die durch ein Sowohl-als-auch in einem übergeordneten Ganzen aufgehoben würden. Diese Gegensätzlichkeit kennt keine Vermittlung, sie trägt die Signatur des Weder-noch. In Ödipus entwirft Hofmannsthal eine Figur, die mit dem Satz »Das Gestern geht mich nichts an« umrissen werden kann, wogegen Kreon, durch ein schlimmes Kindheitserlebnis zutiefst verstört, vom Gestern nicht loszukommen vermag. Ödipus will seiner Tat alles verdanken, er betrachtet sich als von seiner Tat geboren, als »seiner Taten Kind«; Kreon ist nicht imstande, Taten zu vollbringen, ihm ist die Tat ein mißgezeugtes und mißschaffenes Wesen, von dem er sagt: »Ich wills erwürgen, eh die Sonne es bescheint.«[4] Es ist nicht einzusehen, wie sich zwischen derartigen Gegensätzen jenes Einvernehmen stiften ließe, welches die Dualismen Schillers versöhnt. Zwischen Idealist und Realist ist Freundschaft möglich, weil sie, die ihren Ort innerhalb eines bestimmten Wahrheitsbegriffes haben, sich gegenseitig über sich selbst verständigen können; der Abenteurer Ödipus hingegen, der sich in seinem Tatendrang leichten Herzens über alles hinwegsetzt, und der schwermütige Kreon stehen außerhalb der vom Dichter anvisierten Wahrheit und spiegeln sie in einer verdrehten Weise, sie sind jenen zuzuzählen, von denen Hofmannsthal sagt, sie seien nicht ins wahre Leben hineingekommen.

So läßt sich das Verhältnis des Dichters zu seinen Gestalten dahin bestimmen, daß der eine gleichsam mit den Worten auf die Bühne weist: So sollst du sein, und du kannst auch werden, was du sein sollst — daß ein anderer die Aufführung mit dem Kommentar begleitet: So bist du oder auch so, und in den Bedingtheiten, die uns allen unablösbar zugehören, kannst du gar nicht anders sein; aber weil wir diese Bedingtheiten als solche zu erkennen vermögen, haben wir teil am Unbedingten als an der ganzen Wahrheit — und daß ein dritter mit seinem Spiel dem Zuschauer etwas zu übermitteln sucht, was dieser in die Worte bringen mag: In solcher Weise fragwürdig, wie es hier vorgeführt wird, ist auch mein Dasein; es müßte eine Verwandlung von Grund auf mit mir geschehen, damit ich anders dasein könnte.

Welches ist nun das Verhältnis Georg Büchners zu den Gestalten seines ersten Bühnenwerks? Eine Antwort auf diese Frage scheint sich wie von selbst anzubieten: Büchner ist der Titelfigur des Stücks gleichzusetzen. Die meisten Interpreten sind sich hierin einig. Um diese Auslegung zu

---

[4] Hugo von Hofmannsthal, Gesammelte Werke, hg. v. Herbert Steiner, Dramen II, Frankfurt a. M. 1954, S. 335 und 412.

stützen, kann man vorbringen, daß Worte, die Büchner in Briefen an Minna Jaegle braucht, Danton in den Mund gelegt sind. Zur Rechtfertigung der Septembermorde sagt Danton im Gespräch mit Julie: »Das war Nothwehr, wir mußten. Der Mann am Kreuze hat sich's bequem gemacht: es muß ja Ärgerniß kommen, doch wehe dem, durch welchen Ärgerniß kommt. Es muß, das war dieß Muß. Wer will der Hand fluchen, auf die der Fluch des Muß gefallen? Wer hat das *Muß* gesprochen, wer? Was ist das, was in uns hurt, lügt, stiehlt und mordet? Puppen sind wir von unbekannten Gewalten am Draht gezogen; nichts, nichts wir selbst!« (41) Büchner schreibt an Minna: »Ich studirte die Geschichte der Revolution. Ich fühlte mich wie zernichtet unter dem gräßlichen Fatalismus der Geschichte. Ich finde in der Menschennatur eine entsetzliche Gleichheit, in den menschlichen Verhältnissen eine unabwendbare Gewalt, Allen und Keinem verliehen. Der Einzelne nur Schaum auf der Welle, die Größe ein bloßer Zufall, die Herrschaft des Genies ein Puppenspiel, ein lächerliches Ringen gegen ein ehernes Gesetz, es zu erkennen das Höchste, es zu beherrschen unmöglich. Es fällt mir nicht mehr ein, vor den Paradegäulen und Eckstehern der Geschichte mich zu bücken. Ich gewöhnte mein Auge ans Blut. Aber ich bin kein Guillotinenmesser. Das *muß* ist eins von den Verdammungsworten, womit der Mensch getauft worden. Der Ausspruch: es muß ja Ärgerniß kommen, aber wehe dem, durch den es kommt, — ist schauderhaft. Was ist das, was in uns lügt, mordet, stiehlt?«[5] Das Übereinstimmende ist offenkundig: beide Stellen enthalten neben der Frage nach dem Urheber des Bösen Hinweise auf die Unfreiheit des Menschen und auf Christusworte, die von der Prädestinationslehre in Anspruch genommen werden konnten.[6] Und diese Gleichheiten gehen bis in den Wortlaut. Liegt es da nicht auf der Hand, daß Büchner mit Danton zu identifizieren ist? In weiteren Parallelen scheint sich dafür eine Bestätigung zu finden. Büchner schreibt im März 1834 an die Braut: »Das Gefühl des Gestorbenseins war immer über mir. Alle Menschen machten mir das hippokratische Gesicht, die Augen verglast, die Wangen wie von Wachs, und wenn dann die ganze Maschinerie zu leiern anfing, die Gelenke zuckten, die Stimme herausknarrte und ich das

---

[5] An die Braut, Gießen, nach dem 10. März 1834, Nr. 18; II, 425 f.
[6] Vgl. Matth. 18, 7: Weh der Welt der Ärgernisse halben! Es muß ja Ärgernis kommen; doch weh dem Menschen, durch welchen Ärgernis kommt!
Ebenso Matth. 26, 21 und 24: Und da sie aßen, sprach er: Wahrlich ich sage euch: Einer unter euch wird mich verraten. Des Menschen Sohn geht zwar dahin, wie von ihm geschrieben steht; doch weh dem Menschen, durch welchen des Menschen Sohn verraten wird! Es wäre ihm besser, daß er nie geboren wäre. (Zitiert nach der Stuttgarter Jubiläumsbibel, Stuttgart 1953.)

ewige Orgellied herumtrillern hörte und die Wälzchen und Stiftchen im Orgelkasten hüpfen und drehen sah, — ich verfluchte das Concert, den Kasten, die Melodie und — ach, wir armen schreienden Musikanten, das Stöhnen auf unsrer Folter, wäre es nur da, damit es durch die Wolkenritzen dringend und weiter, weiter klingend, wie ein melodischer Hauch in himmlischen Ohren stirbt? Wären wir das Opfer im glühenden Bauch des Peryllusstiers, dessen Todesschrei wie das Aufjauchzen des in den Flammen sich aufzehrenden Gottstiers klingt?«[7] Um dieses Thema kreist auch das Gespräch der Gefangenen in der Conciergerie, wobei Danton sagt: »Aber wir sind die armen Musicanten und unsere Körper die Instrumente. Sind die häßlichen Töne, welche auf ihnen herausgepfuscht werden nur da um höher und höher dringend und endlich leise verhallend wie ein wollüstiger Hauch in himmlischen Ohren zu sterben?« (71)

Es gibt nun allerdings auch Briefe, welche die sich aufdrängende Gleichsetzung Dantons mit Büchner in Frage stellen. Kurz vor dem Erscheinen des Dramas schreibt Büchner seinen Eltern: »Im Fall es euch zu Gesicht kommt, bitte ich euch, bei eurer Beurtheilung vorerst zu bedenken, daß ich der Geschichte treu bleiben und die Männer der Revolution geben mußte, wie sie waren, blutig, liederlich, energisch und cynisch. Ich betrachte mein Drama wie ein geschichtliches Gemälde, das seinem Original gleichen muß.«[8] Ein Vierteljahr danach bekräftigt er diese Distanzierung von den Personen seines Stücks: »Der dramatische Dichter ist in meinen Augen nichts, als ein Geschichtschreiber, steht aber *über* Letzterem dadurch, daß er uns die Geschichte zum zweiten Mal erschafft und uns gleich unmittelbar, statt eine trockne Erzählung zu geben, in das Leben einer Zeit hinein versetzt, uns statt Charakteristiken Charaktere, und statt Beschreibungen Gestalten gibt. Seine höchste Aufgabe ist, der Geschichte, wie sie sich wirklich begeben, so nahe als möglich zu kommen. Sein Buch darf weder *sittlicher* noch *unsittlicher* sein, als die *Geschichte selbst*; aber die Geschichte ist vom lieben Herrgott nicht zu einer Lectüre für junge Frauenzimmer geschaffen worden, und da ist es mir auch nicht übel zu nehmen, wenn mein Drama ebensowenig dazu geeignet ist. Ich kann doch aus einem Danton und den Banditen der Revolution nicht Tugendhelden machen! Wenn ich ihre Liederlichkeit schildern wollte, so mußte ich sie eben liederlich sein, wenn ich ihre Gottlosigkeit zeigen wollte, so mußte ich sie eben wie Atheisten sprechen lassen.«[9]

[7] Nr. 17; II, 424.
[8] 5. Mai 1835, Nr. 35; II, 438.
[9] An die Eltern, 28. Juli 1835, Nr. 42; II, 443 f.

Wie läßt sich diese Unstimmigkeit erklären? Man kann am Wahrheitsgehalt dieser Briefe zweifeln und geltend machen, es handle sich dabei gewissermaßen um Erläuterungen ad usum delphini, um eine für die Begriffe der Eltern zurechtgemachte Apologie des Dramas.[10] Dazu scheint der Umstand zu berechtigen, daß Büchner nachweislich in seinen Briefen an die Eltern keineswegs immer die Wahrheit, die ganze Wahrheit und nichts als die Wahrheit sagt. Die Briefe, die der Gießener Student im Sommer 1834, nachdem die Polizei den Verfassern des »Hessischen Landboten« und ihren Gesinnungsfreunden auf die Spur gekommen, nach Hause schreibt, wollen in der Tat beschwichtigen: sie verheimlichen den wahren Sachverhalt, täuschen Harmlosigkeit vor und drücken die Empörung eines, zu Unrecht Verdächtigten aus.[11] Ist es da nicht geboten, Büchners Briefen mit einem grundsätzlichen Mißtrauen zu begegnen? Es scheint plausibel, auch in den angeführten Äußerungen zu »Dantons Tod« solche Beschwichtigungsversuche zu sehen; daß Danton das Sprachrohr Büchners sei, könnte so als erwiesen betrachtet werden. Folgerichtig erklärt man dann: Büchner ist Atheist, denn Danton sagt: »Ich bin ein Atheist« (61); er ist Nihilist, denn Danton sagt: »Das Nichts ist der zu gebärende Weltgott« (72); er ist Hedonist, denn Danton sagt: »Jeder handelt seiner Natur gemäß, d. h. er thut, was ihm wohl thut.« (27)

Indes sind die Zweifel an diesen Gleichsetzungen nicht völlig zum Schweigen gebracht. Ist es wirklich statthaft, auf Grund der Unzuverlässigkeit gewisser Briefstellen kurzerhand zu erklären, auch auf Büchners Äußerungen über sein Drama sei kein Verlaß? Darf aus den Briefen des Sommers 1834, die unter dem Druck drohender Gefahr geschrieben und vielleicht sogar in erster Linie einer allenfalls mitlesenden Polizei zugedacht sind, wirklich der Schluß gezogen werden, Büchner gehe überhaupt mit der Wahrheit läßlich um? Es meldet sich der Verdacht, man habe die Gelegenheit wahrgenommen, einen mißliebigen Zeugen zu diskreditieren, und darob versäumt, den Hauptzeugen, der angeblich Büchner mit Danton identifiziert, genau ins Verhör zu nehmen. Diese Einvernahme ist um so dringlicher, als die These, Danton sei Büchners Sprachrohr, nicht nur die besagten Unstimmigkeiten, sondern noch andere Probleme hervorbringt: Wie reimt es sich, daß der Atheist und Nihilist Büchner die Liebe einer Pfarrerstochter und die Freundschaft der Theologiestudenten

---

[10] Vgl. z. B. Hans Mayer, Prinz Leonce und Doktor Faust, Büchners Lustspiel und die deutsche Klassik, in: H. M., Zur deutschen Klassik und Romantik, Pfullingen 1963, S. 309.

[11] Vgl. die Briefe vom 3., 5., 8. sowie von Ende August 1834, Nrn. 25—28; II, 430 bis 433.

Johann Wilhelm Baum und August und Adolph Stöber gewann und behielt?

Die Auffassung, Büchner sei mit Danton identisch, meint offenbar die Einerleiheit. Man sieht nämlich, wenn man das, was Danton sagt, mit vergleichbaren Sätzen aus Büchners Briefen konfrontiert, immer nur Gleichheit, ohne je eine Differenz in Betracht zu ziehen. Ist es aber nicht so, daß bei aller Ähnlichkeit die Unterschiede zu beachten wären?[12]

Zum Beispiel: Danton, aufgeschreckt aus gräßlichem Traum und durch den innerlich gehörten Ruf »September!« gemartert, findet im Gespräch mit Julie wiederum die Ruhe. Danton: »Puppen sind wir von unbekannten Gewalten am Draht gezogen; nichts, nichts wir selbst! Die Schwerter, mit denen Geister kämpfen, man sieht nur die Hände nicht, wie im Mährchen. Jezt bin ich ruhig.« Julie: »Ganz ruhig, lieb Herz?« Danton: »Ja, Julie, komm, zu Bette!« (41) Büchner dagegen gerät in die tiefste Beunruhigung hinein: »Der Ausspruch: es muß ja Ärgerniß kommen, aber wehe dem, durch den es kommt, — ist schauderhaft. Was ist das, was in

---

[12] Soweit ich sehe, erwähnt einzig Georg Lukács Verschiedenheiten zwischen Büchners Briefen und den Worten Dantons: »Man muß zugleich auf die Unterschiede der Formulierungen, der Betonungen achten. Danton gelangt zu einem mystischen Agnostizismus, zu einem verzweifelten Nichtverstehenkönnen der Geschichte. Für Büchner bleibt das Erkennen der historischen Notwendigkeit, auch wenn man sie nicht beherrschen kann, das Höchste. Darum ist dieses ›Muß‹ bei Büchner nicht verzweifelt, nicht pessimistisch wie bei Danton.« (Georg Lukács, Der faschistisch verfälschte und der wirkliche Georg Büchner. Zu seinem 100. Todestag am 19. Februar 1937, in: G. L., Deutsche Realisten des 19. Jahrhunderts, Bern 1951, S. 80.) — Man wird Lukács darin zustimmen können, daß sich Büchner, im Unterschied zu Danton, nicht agnostizistisch äußere. Anders steht es mit der Behauptung, aus Büchners Brief spreche keine Verzweiflung. Daß das »eherne Gesetz« erkennbar ist, hebt die Verzweiflung keineswegs auf, im Gegenteil: sie wird dadurch verschärft; sie liegt darin, daß dieses Gesetz, wiewohl man es erkennt, sich jeglichem Zugriff entzieht. Die Formulierung von Lukács, für Büchner bleibe das Erkennen der historischen Notwendigkeit das Höchste, verzerrt den wahren Sachverhalt in doppeltem Sinne. Einmal darf man das »eherne Gesetz«, von dem Büchner spricht, nicht hegelianisch als historische Notwendigkeit interpretieren. Wie der Kontext zeigt, ist vielmehr das Verhängnis gemeint, daß der Mensch trotz bestem Willen, höchster Begabung und größtem Einsatz nicht aus dem Übel herauszukommen vermag, welches in mannigfacher Gestalt seine Situation bestimmt. Zum zweiten hat Lukács die Briefstelle, auf die er sich offenbar bezieht, mißverstanden: »ein lächerliches Ringen gegen ein ehernes Gesetz, es zu erkennen das Höchste, es zu beherrschen unmöglich« (II, 425/6) will keinesfalls sagen, das eherne Gesetz zu erkennen, auch wenn man es nicht beherrschen könne, sei das Höchste, sondern kann nur heißen, dieses Gesetz lasse sich höchstens erkennen, aber niemals beherrschen. Es ist leicht auszudenken, wie das Büchnerbild, das Lukács auf Grund solcher Verzerrungen zeichnet, aussehen muß, und es ist ebenso leicht auszurechnen, wie groß der Gewinn ist, wenn der tatsächlich oder angeblich faschistisch verfälschte Büchner durch einen hegelisch-marxistisch verfälschten ersetzt wird.

uns lügt, mordet, stiehlt? Ich mag dem Gedanken nicht weiter nachgehen. Könnte ich aber dies kalte und gemarterte Herz an deine Brust legen!« Wie kommt es, daß der eine sich beruhigen kann, der andere nicht? Etwa weil Danton sein gemartertes Herz an Julies Brust legen kann? Aber Danton findet ja seine Ruhe gar nicht in der Liebe, sondern durch Argumente. Er redet sich ein, man könne der Hand nicht fluchen, auf die der Fluch des Muß gefallen sei. Er versteht es also, die Verantwortung für seine Taten von sich zu weisen und auf die höhere Gewalt der Umstände, auf die bedrohliche Lage der Revolutionäre im Herbst 1792 zu schieben: »Das war Nothwehr, wir mußten.« (41) Etwas in ihm weiß aber offenbar um die Nichtigkeit solchen Räsonnements, und dieses Etwas erhebt seine Stimme in Momenten, da er unbewachten Sinnes ist, und macht ihm so lange zu schaffen, bis er es mit Hilfe einer Argumentation zum Schweigen bringen kann. Der Satz, Danton finde seine Ruhe wieder, muß berichtigt werden: er findet ja eigentlich die Ruhe, die er sucht, gar nicht, er betreibt bloß eine ständige Beruhigung. Dies aber wird man von Büchner nicht sagen können. Ihm dient das Wort »Es muß ja Ärgernis kommen« nicht der beruhigenden Erwägung, verantwortlich sei der, welcher das Muß gesprochen habe. Daß es dieses Muß gibt, ist schauderhaft, aber nicht etwa nur deshalb, weil daran der gute Wille des Menschen zuschanden wird, sondern weil der Mensch alles zu verantworten hat, was dieses Muß ihn zu tun bestimmt, auch das Böse, das er nicht tun will. Darum legt sich mit erdrückender Schwere der zweite Teil des Christuswortes auf Büchners Seele: »doch weh dem Menschen, durch welchen Ärgernis kommt!« Danton hingegen möchte diesem Ausspruch jegliches Gewicht nehmen; er sucht sich dieser Last mit der wegwerfenden Bemerkung zu entledigen: »Der Mann am Kreuze hat sich 's bequem gemacht.« (41) Damit charakterisiert Danton sich selbst: er ist es, der es sich bequem macht, indem er, um den Menschen zu entschuldigen, die unbekannten Gewalten beschuldigt und alles Übel dem Willen der Gottheit entspringen läßt. Das aber ist nichts anderes — nur auf umgekehrte Weise —, als was er Jesus unterstellt: dieser habe es leicht gehabt, weil er das Böse den Menschen zur Last gelegt habe. Danton durchschaut seine Neigung zur Bequemlichkeit sogar gelegentlich selbst. Jenes »Ich wollte mir's bequem machen«, das in der ersten Szene des zweiten Aktes steht (32), gibt einen unmißverständlichen Hinweis darauf, wie die Bemerkung über den Mann am Kreuze aufzufassen ist. Vielleicht darf man auch bei Laflottes Wort vom »behaglichen Ödipus« (55) an Danton denken. Der behagliche Ödipus schlägt sich die Augen nicht aus und spricht nicht: »Weh mir! Weh! und abermals Weh!« Er sagt vielmehr: »Wer will der Hand fluchen, auf die der Fluch des Muß gefallen?« und legt sich schlafen.

Es wird also ersichtlich, daß in Büchners Dichtung Worte stehen, die zwar gleich oder ähnlich lauten wie solche in seinen Briefen, denen aber eine ganz andere Richtung gegeben ist. Dies bestätigt sich, wenn man die Reihenfolge der Gedanken beachtet. In der Argumentation Dantons steht die Bibelstelle vom Ärgernis am Anfang; seine Überlegungen erreichen ihr Ziel bei den unbekannten Gewalten, in deren Hand der Mensch eine Marionette ist. Büchners Brief erwähnt zuerst das im Puppenspiel menschlichen Agierens waltende Verhängnis, die Fatalität, den »gräßlichen Fatalismus der Geschichte«[13]; von dieser in den Verhältnissen liegenden Gewalt — einer Gewalt, die man wohl erkennen, aber nicht abwenden kann — gelangt der Gedanke zu den Verdammungsworten, die über das menschliche Dasein gesprochen sind und dessen status corruptionis bezeichnen[14]; beim Wort vom Ärgernis kommt er zum Stehen, weil er hier, auf dem endlosen Weg des Widerspruchs zwischen göttlicher Allmacht und menschlicher Freiheit, sich müde läuft, nicht mehr weitergehen mag und auch nicht mehr zu gehen imstande ist; aber doch vermag er noch die Zuflucht bei der Liebe zu denken.

Wie verhält es sich mit der andern Parallele? Büchner beschreibt in seinem Brief an Minna den Zustand tiefer Schwermut[15], die Akedia, das Gestorbensein[16], und von eben diesem Zustand spricht auch Danton: »Wir sind Alle lebendig begraben und wie Könige in drei- oder vierfachen Särgen beygesetzt, unter dem Himmel, in unsern Häusern, in unsern Röcken und Hemden. Wir kratzen fünfzig Jahre lang am Sargdeckel.« (61) Es ist ein Dasein, das Büchner in seinem Brief mit dem Schicksal jener Unglücklichen vergleicht, die der Tyrann Phalaris von Akragas im Bauch eines aus Erz gegossenen Stiers zu Tode martern ließ. Anklänge an diesen Vergleich kehren in Dantons Äußerungen wieder (72). Aber wie hat man die Unterschiede übersehen können? Für Danton dauert der Zustand des Lebendigbegrabenseins an, nur der Tod, falls mit ihm wirklich das Nichts eintritt, wird die Erlösung sein. Büchner aber

---

[13] II, 425.
[14] Vgl. 1. Mose 3, 16 ff.: Und zum Weibe sprach er: Ich will dir viel Schmerzen schaffen, wenn du schwanger wirst; du sollst mit Schmerzen Kinder gebären; [...] Und zu Adam sprach er: [...] verflucht sei der Acker um deinetwillen, mit Kummer sollst du dich darauf nähren dein Leben lang [...] Im Schweiße deines Angesichts sollst du dein Brot essen, bis daß du wieder zu Erde werdest, davon du genommen bist.
[15] Vgl. dazu den Brief an die Eltern vom April 1834, Nr. 22; II, 429.
[16] Nr. 17; II, 424.

schildert die Akedia als hinter ihm liegend, oder wenigstens ist sie im Begriff, ein gewesener Zustand zu werden. Ausdrücklich sagt er: »Die Frühlingsluft löste mich aus meinem Starrkrampf. Ich erschrak vor mir selbst.« Er erschrickt in dem Augenblick, da sich ein neues Ich aus dem gewesenen Ich herauslöst und er miteins zu erkennen vermag: Ich war in einer schrecklichen Verlorenheit und litt Unsägliches darin, und dennoch, das wahrhaft Erschreckende sehe ich erst jetzt, hinterher, daß ich nämlich vollends hätte zu Grunde gehen können und dies als meine Erlösung begrüßt hätte, ohne je gekannt zu haben, was mich nun aus der Schwermut befreit. Von solcher Befreiung weiß Danton nichts. Daher haben in seinem Mund die Worte, die sich in Büchners Brief finden, einen andern Sinn. Wohl wird beidemal, im Brief und in der Dichtung, ein Nein suggeriert durch die Frage: »Das Stöhnen auf unsrer Folter, wäre es nur da, damit es durch die Wolkenritzen dringend und weiter, weiter klingend, wie ein melodischer Hauch in himmlischen Ohren stirbt?«[17] Aber Danton will mit diesem Nein Gott leugnen: für ihn, den erklärten Atheisten (61), gibt es keinen Gott, der das Stöhnen hören könnte. Büchner hingegen sagt: »Ich lästre nicht.«[18] Er erkennt, daß seine Frage im Sinne einer Gotteslästerung beantwortet werden kann, und wehrt diese Auslegung ab. Sein unausgesprochenes Nein ist also anders gemeint als Dantons Nein. Es richtet sich offenbar gegen die Vorstellung, das Stöhnen finde kein Gehör, es ersterbe in himmlischen Ohren als melodischer Hauch.

So hat denn die Parallele Danton — Büchner die Verschiedenheit sichtbar gemacht. Die Differenz besagt, daß zwischen dem Dichter und seiner Figur keine Einerleiheit besteht; sie besagt aber nicht, daß beide nichts miteinander zu schaffen hätten. Differenz ist auf Identität angewiesen, Identität ist nicht ohne Differenz. In jeder Selbstdarstellung ist und bleibt der Dargestellte, das Bild, geschieden vom Dargestellten, der sich porträtiert hat. Wenn aber umgekehrt der Maler nicht sich selbst, sondern einen andern porträtiert, so ist er doch im Bild mit enthalten. Versteht man den Satz der Identität richtig, kann man wohl sagen: Büchner ist Danton. Die Kopula im Urteil ist kein Gleichheitszeichen. Ein Satz wie: dieser Körper ist blau, hat — wie Schelling erklärt — nicht den Sinn, der Körper sei in dem und durch das, worin und wodurch er Körper ist, auch blau, sondern den: dasselbe, was dieser Körper ist, sei, obgleich nicht in dem nämlichen Betracht, auch blau. Das Subjekt ist eben vom Prädikat unterschieden. Selbst in einem tautologischen Satz verhält es sich so. Wer

[17] II, 424.
[18] Ebd.

da sagt: der Körper ist Körper, denkt beim Subjekt des Satzes zuverlässig etwas anderes als beim Prädikatsnomen, bei jenem nämlich die Einheit, bei diesem die einzelnen im Begriff des Körpers enthaltenen Eigenschaften.[19]

Die Büchnerinterpretation muß in die Irre gehen, wenn sie den Satz der Identität, der das oberste Denkgesetz formuliert, mißversteht, wenn sie meint, der Satz »Büchner ist mit Danton identisch« sage die Gleichheit, das Einerlei oder auch nur einen unvermittelten Zusammenhang zwischen den beiden aus. Diesem Mißverständnis, das die Aussage »Büchner ist Danton« so behandelt, als ließe sie sich einfach umdrehen in den Satz »Danton ist Büchner«, begegnet man immer wieder. Deshalb galt es zunächst, die Differenz zwischen Danton und Büchner hervortreten zu lassen. Freilich würde man ebenso, nur in entgegengesetzter Richtung, fehlgehen, wenn man ob der Differenz die Identität nicht beachtete. Von Identität wäre nun aber nicht bloß im Hinblick auf die eine Figur zu reden; auch mit Robespierre zum Beispiel ist Büchner derselbe. Büchner ist Danton und Robespierre, er ist der Streit, den sie miteinander austragen, und ist zugleich der Abstand von beiden Figuren und ihrem Streit.

Von dieser Gesetzlichkeit ist natürlich eines jeden Dichters Verhältnis zur gedichteten Gestalt bestimmt. Verschieden ist jeweils die Auslegung dessen, was die Beziehung des einen zum andern vermittelt und so ihre Zusammengehörigkeit begründet. Lessing denkt die Vermittlung anders als Schiller. Wenn man den Satz aufstellt: Lessing ist Nathan, diesem Satz nun noch den andern: Lessing ist auch der Patriarch hinzuzufügen hat und nun fragt, wie man sich die Vermittlung der Kopula vorzustellen habe, so wird ersichtlich, daß der einen Figur die Zukunft gehört, die andere aber an die Vergangenheit verwiesen ist: was künftig sein soll und was nicht mehr sein soll, das ist hier grundlegend. Deshalb kann Nathan, und nur er, das Sprachrohr Lessings sein; das durch diese Figur Ausgesagte ist der gelichtete Horizont, innerhalb dessen Lessing die Menschheit sich auf ihr Ziel zubewegen sieht; in diesen Weg ist auch das Böse, wie es der Patriarch verkörpert, eingeordnet, dient es doch letztlich, allem Anschein zum Trotz, dem einen Guten, auf das hin die Vorsehung alles zu führen weiß. Der Zusammenhang Lessings mit seinen Figuren ist also durch die ganz von der Zukunft her akzentuierte Zeit vermittelt. Vorbildlichkeit ist daher das Kennzeichen der Gestalt, die dem Dichter

---

[19] F. W. J. Schelling, Philosophische Untersuchungen über das Wesen der menschlichen Freiheit und die damit zusammenhängenden Gegenstände, in: Schriften 1806—1813, Wissenschaftliche Buchgesellschaft, Darmstadt 1968, S. 285 f.

am nächsten steht; sich an ihr heranzubilden ist der Sinn dieser Dichtung. Nicht in derselben Hinsicht gestaltet Schiller im »Wallenstein« seine Einheit mit den Figuren. Wallenstein und Max Piccolomini haben ihre Zusammengehörigkeit nicht in der auf Künftiges hinschreitenden und Gegenwärtiges überwindenden Zeit, ihr Konvergierungspunkt ist in der zeitlosen Absolutheit der Idee, in einem über der Gegenwärtigkeit der Erscheinung Schwebenden, das sich in keiner der beiden Figuren zum Vorbild verkörpert, das aber nur dank ihnen überhaupt anvisierbar ist. Darum ist sowohl der Idealist als auch der Realist das Sprachrohr Schillers, falls man dies dahin versteht, daß die einzelne Äußerung nicht für sich, sondern als Moment des Absoluten zu nehmen ist. Erst wechselseitige Ergänzung öffnet die Sicht auf das Vollgültige, in welchem jeglichem Mangel abgeholfen ist.

Damit haben wir die Fragestellung in den Blick bekommen. Wie es sich bei Büchner mit der Zusammengehörigkeit der gegensätzlichen Figuren verhält, muß Gegenstand der weiteren Untersuchung sein. Vorläufig läßt sich, im Sinne einer Abgrenzung, nur sagen: Es muß anders sein als bei Lessing. Danton hat für Büchner nicht Vorbildcharakter. Die Differenz zwischen den vergleichbaren Stellen in Dichtung und Briefen verbietet eine solche Auslegung. Danton ist nicht das Sprachrohr Büchners, jedenfalls nicht so, wie Nathan das Lessings ist. Dasjenige, worin Büchner mit Danton übereinkommt, ist etwas Gewesenes, das als solches eine andauernde Möglichkeit bleiben mag, nicht aber ein Künftiges sein soll. Die programmatischen Erklärungen, die Danton gelegentlich abgibt, können daher nicht als Programm Büchners deklariert werden.

Dann wäre die Sache vielleicht so wie bei Schiller zu denken? In der Tat scheint die Konfiguration Danton — Robespierre weit größere Ähnlichkeit mit dem Figurenpaar Realist — Idealist zu haben als mit der Gegenüberstellung Nathan — Patriarch. Es wird nötig sein, die Figurenkonstellationen bei Büchner genau zu studieren. Vielleicht ist man in Gefahr, die Aufmerksamkeit allzu einseitig den Titelfiguren zuzuwenden. Ob sich jedoch Büchner bei der Konzeption und Ausgestaltung gegensätzlicher Figuren von denselben oder ähnlichen Prinzipien leiten läßt wie Schiller, ist von vornherein sehr zweifelhaft. Man kann sich nicht recht vorstellen, wie Gegensätzlichkeiten von der Art Robespierre—Danton vermittelt werden und im Ganzen einer Idee aufgehoben sein könnten. Dazu kommt, daß sich Büchner über Schiller, über die Idealdichter und den Idealismus verschiedentlich kritisch äußert. So ist zu vermuten, daß für ihn auch die gegenseitige Ergänzung der Figuren den Sinn des Dramas nicht zum Ausdruck bringt. Um so dringender stellt sich die Frage, was es denn mit der Konfiguration in seiner Dichtung auf sich habe.

Danton und Robespierre als Konfiguration

Die These, Danton sei das Sprachrohr Büchners, konnte nur vertreten werden, indem man die Parallelen zu den Briefstellen hervorhob, die Divergenzen von ebendiesen Briefstellen aber vernachlässigte. Dabei handelte es sich natürlich nicht um ein bewußtes Vorgehen. Man übersah das Abweichende, weil der Blick nur auf Übereinstimmung eingestellt war. Es fiel lediglich auf, daß Büchners Selbstinterpretation in den Briefen an die Eltern der behaupteten These widersprach, und diesen Widerspruch meinte man auf befriedigende Weise lösen zu können, wenn man geltend machte, die Briefstellen über den »Danton« verfälschten den wahren Tatbestand, weil sie zur Beruhigung der Eltern gedacht seien. Konsequenterweise müßten dann aber auch die Briefe an Minna, wo sie der Dichtung zu widersprechen scheinen, mit der Erklärung abgetan werden, Büchner verwische darin — indem er z. B. jenes »Ich lästre nicht« einfüge — die Wahrheit, um das geliebte Mädchen nicht zu erschrecken; nur in seinem Stück wage er es, offen zu reden. So wären also die besprochenen Divergenzen für das Verständnis der Dichtung unerheblich? Da melden sich nun aber schon vom rein Biographischen her Bedenken. Ist es nicht unglaubhaft, daß ein Liebender das Mädchen, das seine Braut werden wird, derart hintergeht? Bezeugen die Briefe an Minna nicht Spontaneität und somit Wahrhaftigkeit? Spiegelt sich diese nicht auch in Büchners Beziehungen zu seinen Freunden? Solche Fragen lassen deutlich werden, daß man auf dieser Ebene nicht weiterkommt. Der Streit dreht sich um Ermessensentscheide: der eine mißtraut den brieflichen Äußerungen, der andere vertraut ihnen. Und selbst wer sich zu grundsätzlichem Mißtrauen berechtigt glaubt, kann nicht umhin, da oder dort dennoch zu vertrauen und Briefstellen heranzuziehen, um seine Interpretation zu stützen.

Daß man die biographischen Zeugnisse nicht mit völliger Sicherheit bewerten kann, hängt mit zweierlei zusammen: Einmal ist die Dokumentation wenig umfangreich, nicht nur weil Büchner so jung gestorben ist, sondern vor allem, weil Wertvolles sich nicht erhalten hat; sodann gibt es in diesen Dokumenten manch Widersprüchliches, das entweder auf die Freude am Spaß zurückzuführen ist oder darauf, daß sich Büchner, wie andere Briefschreiber auch, auf den Gesprächspartner einstellt und bald die eine, bald die andere Seite seines Wesens in den Vordergrund treten läßt. Da ist es nicht immer leicht abzuschätzen, wie dies oder das gemeint ist. Die Schwierigkeiten ergeben sich also aus dem fragmentarischen Charakter dieser Dokumente: es werden immer nur einzelne Facetten sichtbar. Um volle Einsicht zu gewinnen, müßte man ein Ganzes vor sich haben, in welchem das Einzelne eingeordnet ist. Ein solches Ganzes, überblickbar und überprüfbar, ist das dichterische Kunstwerk. Im Falle Büchners wird man sich in erster Linie an sein Erstlingsdrama, das einzige zu seinen Lebzeiten gedruckte Werk, zu halten haben. An der Dichtung selbst muß sich erweisen, was es mit Danton, mit Robespierre und den andern Gestalten für eine Bewandtnis hat.

Schon dadurch läßt Büchner ein Ganzes erkennen, daß er Danton und Robespierre als Gegenspieler zeigt. Die beiden bilden in verschiedenerlei Hinsicht Gegensätze. Zunächst sind sie in ihrer politischen Auffassung uneins. Dabei ist es nicht ein Streit um die Frage, ob die Revolution ihr Ziel bereits erreicht habe oder nicht. Wenn Robespierre erklärt: »Die sociale Revolution ist noch nicht fertig« (26), so deutet er damit freilich an, Danton wolle sie zum Anhalten bringen, aber dies ist eine Unterschiebung, die verrät, wie er seinen Konkurrenten zu Fall zu bringen gedenkt; denn Danton ist sich durchaus bewußt, daß die Revolution noch nicht an ihr Ende gelangt ist: »Die Statue der Freiheit ist noch nicht gegossen.« (12) Ihre Gegnerschaft entzündet sich an der Frage der Methoden.

Robespierre will die Revolution durch das Mittel des Terrors vollenden; Danton dagegen, der seinerzeit — im Herbst 1792 — den Terror eingeführt hat, um angesichts der ausländischen Intervention einer Konterrevolution im Innern zuvorzukommen, findet die Fortführung der Schreckensherrschaft nicht gerechtfertigt. Hinter dieser Differenz stehen persönliche Motive: beide Gegner fürchten für ihr Leben, sagt doch Robespierre: »Wer eine Revolution zur Hälfte vollendet, gräbt sich selbst sein Grab« (26) und Danton: »Die Statue der Freiheit ist noch nicht gegossen, der Ofen glüht, wir Alle können uns noch die Finger dabei verbrennen.« (12) Dieser bedrohlichen Situation suchen sie mit entgegengesetzten Mitteln zu begegnen.

Daß sie auf die gleiche Lage so verschiedene Antworten geben, hat tiefwurzelnde Ursachen. Robespierres Schreckensherrschaft entspringt einer moralischen Haltung. Es gilt, die Korruption, wie immer sie sich äußere, auszutilgen: die Menschheit soll aus jener Verderbnis herausgeführt werden, in der die einen auf Kosten der andern zu leben verstehen, sich jeden

Luxus leisten, üppige Gastmähler geben und kostbare Kleider tragen. Auch wenn Robespierres Handeln von der Furcht um seine persönliche Stellung und vom Neid auf seinen populären Rivalen mitbestimmt ist, darf man nicht meinen, sein Moralismus sei bloße Bemäntelung des Willens zur Macht. Die revolutionäre Umgestaltung, wie Robespierre sie betreibt, empfängt Antrieb, Stoßkraft und Ziel von ethischen Vorstellungen. Von diesen her erscheint Dantons Lebensführung als Bedrohung der Revolution; der Unbestechliche muß in Danton einen Vertreter der Unmoral sehen. Dieser aber lehnt dieses Unterscheidungsprinzip überhaupt ab, so daß man sich fragen kann, ob nicht etwa der Gegensatz zwischen Robespierre und Danton mit den Stichworten moralisch und amoralisch zu umreißen sei.

Auf den ersten Blick mag es in der Tat den Anschein haben, als gebe es für Danton kein Gutes und kein Böses, wenn er im Streitgespräch mit seinem Gegner, der alles und jedes der Unterscheidung in Tugend und Laster unterwirft, solche Wertungen nicht gelten läßt: »Jeder handelt«, so findet er, »seiner Natur gemäß, d. h. er thut, was ihm wohl thut.« (27) Aber in dieser Auffassung äußert sich ebenfalls ein ethisches Prinzip des Handelns. Das läßt sich an einem Wort Paynes noch deutlicher ablesen: »Ich handle meiner Natur gemäß, was ihr angemessen, ist für mich gut und ich thue es und was ihr zuwider, ist für mich bös und ich thue es nicht.« (49) So ist auch hier Tun und Lassen von der Scheidung in Gut und Böse bestimmt, aber wo der eine von »Tugend« spricht, sagt der andere »Lust«, und während dort von »Laster« die Rede ist, heißt es hier »Schmerz«. Und so wie Robespierre sein Handlungsprinzip zum Maßstab macht, um Danton zu beurteilen, sieht Danton, gemäß dem seinigen, Robespierres Handeln als ein solches, welches das eigene Wohlbefinden sucht: was er tut, tut er um des Vergnügens willen, andere schlechter zu finden als sich selbst; wer aber seine Freude in solch schäbiger Genugtuung findet und nicht besser zu wählen weiß, verdient nichts als Verachtung (26).

Zwei verschiedene ethische Grundsätze stoßen hier also aufeinander. Da stellt sich denn die Frage, worin sie übereinkommen. Gegensätze können ja ihren Streit nur austragen, wenn sie auf einem gemeinsamen Boden auftreten. Beiden, Robespierre und Danton, ist gemeinsam, daß sie im Glück das höchste Gut sehen, und zwar im größten Glück der größten Zahl von Menschen; aber sie legen den Begriff Glück verschieden aus: für den einen ist Glück dasjenige, wozu man sich, Hindernisse übersteigend, erheben muß, für den andern das, wozu einen die Neigung führt, wenn es auch nicht tunlich ist, gleich jedem beliebigen Hang zu folgen. Demgemäß erwarten die beiden Gegner auch Verschiedenes von der Revolution: Robespierre erhofft ein Reich, in welchem alle Menschen von der Tugend Beglückte sein dürfen und keiner mehr durch Lasterhaftigkeit unglücklich werden muß; Danton wünscht, daß ein jeder unbehindert dem nachgehen kann, was Lebensglück gewährt, und dabei seine volle Entfaltung erlebt, ohne jedoch die Entfaltung der anderen zu beeinträchtigen[1]. Beide verstehen also unter Freiheit etwas anderes, daher ist das Ziel der Revolution für sie nicht das gleiche. Man hat schon — zu Recht oder Unrecht — gesagt, Danton sei von der bürgerlichen, Robespierre von der proletarischen Auffassung der Revolution bestimmt. Man wird aber nicht behaupten können, Büchner stelle in der Figur Dantons die unheilvolle Entfremdung von der wahren Revolution dar.[2] Robespierre und Danton sind einander so gegenübergestellt, daß ihre gegenseitigen Vorwürfe einander die Waage halten: Robespierre kann den Einwand erheben, Dantons Ziel lasse sich nur verwirklichen, wenn die einen auf Kosten anderer lebten und so stets neue Ungerechtigkeit hervorbrächten, und Danton kann dem Gegenspieler vorhalten, sein Programm habe den dauernden Despotismus zur Folge und zerstöre jede Gerechtigkeit im Keim.

Nun kommt aber in beider Haltung eine eigentümliche Inkonsequenz, ja Widersprüchlichkeit zum Vorschein. Danton wendet sich nicht nur darum gegen Robespierre, weil er sich und die andern in der freien Entfaltung bedroht sieht, auch die quälenden Erinnerungen an seine eigene Schreckensherrschaft nötigen ihn, dem Terror Einhalt zu gebieten. Dies aber ist ein Beweggrund, der nicht aus Dantons Prinzipien hergeleitet werden kann. Wohl sucht er, indem er sich eine üble Erfahrung zunutze macht, zu meiden, was offenbar nur Qual einbringt, aber daß da überhaupt etwas darauf beharrt, Qual zu bleiben, und sich weder wegrücken noch umgehen läßt, dieses Ärgernis scheint ja geradezu die geleugnete Unterscheidung Tugend — Laster bestätigen zu wollen: es gibt also doch

---

[1] Vgl. Héraults programmatische Erklärung: »Jeder muß in seiner Art genießen können, jedoch so, daß Keiner auf Unkosten eines Andern genießen oder ihn in seinem eigenthümlichen Genuß stören darf.« (11)

[2] So Georg Lukács, a. a. O., S. 76 f.: »Es ist kein Zufall, daß die Erinnerung an die Septembermorde, die Gewissensbisse darüber bei Danton gerade unmittelbar vor seiner Verhaftung auftauchen. Solange die Revolution seine eigene war, also im September, hat er entschlossen und tapfer gehandelt und die Septembermorde als eine selbstverständliche, notwendige Maßnahme zur Rettung der Revolution betrachtet. Geht aber die Revolution darüber hinaus, geht sie die plebejischen Wege Robespierres und St. Justs, so entsteht aus Dantons Entfremdung von dieser Revolution seelisch notwendig der Gewissenskonflikt.« (Vgl. S. 13, Anm. 12.)

solches, was ein an und für sich Gutes oder Übles, nicht nur ein für mich Gutes oder Übles ist. Was Danton einzig gelten lassen möchte, wird in ihm selbst durchkreuzt durch das, was er bekämpft. Ähnlich, nur umgekehrt, verhält es sich mit Robespierre: sein Streben nach Tugend ist durchsetzt von Elementen des Triebhaften, von Geltungsdrang, von Machtgier. So liegen Danton und Robespierre, indem sie einander befehden, auch im Streit mit sich selbst.

Die verschiedene Auffassung des Ethischen ist mit einem gegensätzlichen Verständnis von Natur verknüpft. Wer wie Danton die Meinung vertritt, das Gute sei das der Natur Gemäße, das Böse dasjenige, welches der Natur zuwiderlaufe, für den ist Natur weder gut noch böse, sondern einzig das Verhalten ihr gegenüber ist es. Sich in den Willen der Natur fügen heißt ihre Freundlichkeit erfahren; wer ihr aber nicht gehorcht, wird ihren Grimm zu spüren bekommen. Natur ist hier eine unabänderliche Gegebenheit, ihre Gebote müssen erfüllt werden, jetzt, was die Begierde fordert, jetzt, was die Sattheit will. Dies wechselvolle Spiel gut mitzuspielen ist die Bestimmung des Menschen, und sein Wohlverhalten richtet sich nach den Regeln der Klugheit, die weiß, wo der Schmerz die Lust und wo die Lust den Schmerz überwiegt, und die lehrt, was zu suchen und was zu meiden sei. Daß Natur ein Gegebenes und in ihrem Sosein Unumstößliches sei, diese Auffassung wird einmal von Marion zum Ausdruck gebracht: »Meine Natur war einmal so, wer kann da drüber hinaus?« (22) Aber gerade aus diesem Wort spricht auch der Zweifel an der Richtigkeit dieser Ansicht: das Bedürfnis nach Rechtfertigung und der resignierte Ton bezeugen den verschwiegenen Wunsch, daß dem doch anders sein möchte.

Auch Robespierre beruft sich auf die Natur. Er will die korrumpierte Gesellschaftsschicht restlos beseitigen, damit sich »die gesunde Volkskraft« (26) an ihre Stelle setzen könne; solange nicht durchgegriffen wird, ist das Volk in Gefahr, »sucht man noch die heiligsten Quellen seiner Kraft durch das Laster zu vergiften.« (19) Hinter diesen Ausdrücken steht die Natur, wie sie von Rousseau machtvoll verkündet worden ist: der Mensch sei von Natur aus gut; wo er seine Ursprünglichkeit, seine Natürlichkeit bewahrt habe — und also dem »Volk« angehöre —, lebe er im Stand der Unschuld, sei er tugendhaft. Die Verderbnis besteht in der Entfremdung von der Natur; sie tritt ein, indem sich die Gesellschaft herausbildet. Daher muß — so lautet die Folgerung der Revolution — das Korrumpierte, das immerfort auch das Korrumpierende ist, ausgerottet werden; dann wird es gelingen, dem Unverdorbenen die Freiheit zurückzugeben. »Die Revolution«, erklärt St. Just, »ist wie die Töchter des Pelias; sie zerstückt die Menschheit um sie zu verjüngen. Die Menschheit wird aus dem Blutkessel wie die Erde aus den Wellen der Sündfluth mit urkräftigen Gliedern sich erheben, als wäre sie zum Erstenmale geschaffen.« (46) Natur ist also für Robespierre und seine Anhänger das Unverdorbene, das Ursprüngliche; als solches ist sie das summum bonum und somit Synonym zu Tugend. Rechtes Tun ist hier nicht die geschmeidige Anpassung, die sich die Gunst der Natur geneigt machen will, sondern ein »Ausfluß der Tugend« (18), hervorgehend aus dem Urgrund des Unverdorbenen und bleibend mit ihm verbunden. Da das rechte Tun aber, indem es der Tugend entströmt, auf die Korrumpiertheit trifft und in ihr sein Wirkungsfeld findet, muß es mit dem Schrecken Hand in Hand gehen, denn die Tugend ohne Schrecken wäre ohnmächtig, wie der Schrecken ohne Tugend unheilvoll.

Für Robespierre und für Danton gründet das Glücklichsein des Menschen und der Menschheit in der Natur. Beide stehen somit auf derselben Ebene, und nur indem sie Natur und Glück verschieden auslegen, sind sie einander entgegengesetzt. Dieses Einander-zugeordnet-sein wird vollends deutlich, wenn man ihre Einstellung zum Schmerz, zum Leiden ins Auge faßt. Büchner läßt sowohl Robespierre wie auch Danton auf Christus und seine Leiden Bezug nehmen.[3] Robespierre bekommt ein von Camille Desmoulins verfaßtes Pamphlet zu lesen: »Dießer Blutmessias Robespierre auf seinem Kalvarienberge zwischen den beyden Schächern Couthon und Collot, auf dem er opfert und nicht geopfert wird. Die Guillotinenbetschwestern stehen wie Maria und Magdalena unten. St. Just liegt ihm wie Johannes am Herzen und macht den Convent mit den apokalyptischen Offenbarungen des Meisters bekannt.« (30) Daß man ihn Blutmessias nennt, empört Robespierre nicht im geringsten; er pflichtet dem Wort bei: »Ja wohl, Blutmessias, der opfert und nicht geopfert wird. — Er hat sie mit seinem Blut erlöst und ich erlöse sie mit ihrem eignen. Er hat sie sündigen gemacht und ich nehme die Sünde auf mich. Er hatte die Wollust des Schmerzes und ich habe die Quaal des Henkers. Wer hat sich mehr verleugnet, Ich oder er?« (30)[4] Robespierre, vom Volk als der verheißene Messias begrüßt (15), ist zu nichts Geringerem entschlossen, als Christus zu übertreffen: das wahre Erlösungswerk wird

---

[3] Diese auffallende Tatsache ist manchem Büchnerinterpreten nicht erwähnenswert. Gebührend hervorgehoben wird sie hingegen von Wolfgang Martens im Aufsatz »Ideologie und Verzweiflung. Religiöse Motive in Büchners Revolutionsdrama«, Euphorion 54, 1960, S. 83—108. Vgl. auch A. Bach, Verantwortlichkeit und Fatalismus in Georg Büchners Drama »Dantons Tod«, Wirkendes Wort, 1955/56, 4. H.
[4] Dazu wäre anzumerken, daß Christus sich überhaupt nicht verleugnet hat. Vgl. hiezu 2. Tim. 2, 13.

erst durch ihn vollbracht werden. Und dies soll dadurch geschehen, daß er die Sünde wirklich auf sich nimmt und nicht wie Christus die andern zu Sündern macht, indem er sie seine Peiniger und Mörder werden läßt. »Der Mann am Kreuze hat sich's bequem gemacht: es muß ja Ärgerniß kommen, doch wehe dem, durch welchen Ärgerniß kommt« (41) — dieser Satz Dantons hätte durchaus auch Robespierre in den Mund gelegt werden können. Freilich hätte er dann eine andere Bedeutung angenommen. Während die abschätzige Äußerung, Christus habe es sich leicht gemacht, indem er die Schuld auf die andern abgewälzt habe, bei Danton dahin zielt, jegliche eigene Verantwortung loszuwerden, würde sie bei Robespierre besagen, daß er es — im Gegensatz zu Christus — auf sich nehme, ein Schuldiger zu sein, und so die gesamte Verantwortung für die Menschheit trage. Wenn er zur Erlösung der Menschheit alle Qualen des Henkers erdulden will — und es ist wohl nicht daran zu zweifeln, daß es für den Tugendhaften tatsächlich eine Qual ist —, so meint er dies ertragen zu können, weil er wie kein zweiter unerschütterlich zu leiden verstehe. Er nimmt gegenüber dem Schmerz die heroische Haltung des Stoikers ein; er ist — nach der sehr summarischen Unterscheidung Héraults — von römischer Geistesart, für welche seine Gefangenen nur Verachtung übrig haben: »Ja Camille, wir wollen uns beieinandersetzen und schreien, nichts dummer als die Lippen zusammenzupressen, wenn einem was weh thut. Griechen und Götter schrieen, Römer und Stoiker machten die heroische Fratze.« (71) Es ist das Gegenstück zu dieser stoischen Haltung, wenn Danton vor dem Revolutionstribunal mit der ganzen Lautstärke, deren seine Stimme fähig ist, seine Ehre und sein Leben verteidigt (54), so daß ihm Lacroix attestiert: »Du hast gut geschrien, Danton, hättest du dich etwas früher so um dein Leben gequält, es wäre jezt anders.« (60)

Woher aber nimmt denn Robespierre die Kraft, die ihm inmitten der Qual einen unangetasteten und unerschütterlichen Bezirk des Gemüts wahren soll? Denkt man an sein zu Danton gesprochenes Wort: »Mein Gewissen ist rein« (27), so möchte man sagen, er könne nur deshalb die Sünde auf sich nehmen wollen, weil er die Unschuld selbst zu sein wähnt. Dieser seltsame Widerspruch bedarf jedoch der näheren Erläuterung. Denn entweder hat Robespierre ein reines Gewissen, dann braucht ihm sein Tun keine Qual zu sein, oder er leidet an seinem Tun, was doch mit aller Deutlichkeit darauf hinweisen würde, daß es mit dem reinen Gewissen nichts ist. Man bedenke: Robespierre will die Menschheit erlösen, und dazu nimmt er die Sünde auf sich, ein Schlächter zu sein. Die Sünde auf sich nehmen heißt für ihn: schuldig werden. Nicht durch die Unschuld soll also das Erlösungswerk vollbracht werden, sondern durch einen

Schuldigen, den Schuldigsten gar, denn es könnte ja wahr sein, was Danton sagt, daß nämlich auch Unschuldige vom Strafgericht getroffen würden (27). Allen Menschen wird sein Handeln zugute kommen, sie werden sich hinfort wieder ungestört ihrer Unschuld freuen können — er allein ist der Ausgeschlossene, denn ihm ist auferlegt, der Schuldigste zu sein. Die andern gehen der Glückseligkeit entgegen, nur er dem schlimmsten Leiden. Wie soll einer dies ertragen? Im tiefsten Innern müßte sich Robespierre unschuldig fühlen. Er tut ja das Böse nicht um des Bösen, sondern um des Guten willen. Der gute Zweck ist seine Rechtfertigung, in ihm sind die Mittel und der Mittler geheiligt. Das Böse ist das Gute. Diese Dialektik gestattet ihm, schuldig und zugleich unschuldig zu sein, das Böse zu tun und sich dennoch gut vorzukommen. Darum kann er sagen: »Mein Gewissen ist rein.«

Aber Robespierre vermag diese Konstruktion vor sich selbst nicht aufrechtzuerhalten. Betroffen von Dantons Wort: »Ist denn nichts in dir, was dir nicht manchmal ganz leise, heimlich sagte, du lügst, du lügst!« (26) — kann er, allein gelassen, nicht anders als sich eingestehen, daß etwas in ihm Lüge ist. »Ich weiß nicht, was in mir das Andere belügt.« (28) Welches die beiden in Frage kommenden Lügner sind, läßt sich aus den Vorhaltungen Dantons erschließen. Dieser hat ihm erklärt, es gebe keinen Grund, der länger zum Töten zwinge (26), und er hat den Verdacht geäußert, daß Robespierre, wenn er die Schreckensherrschaft weiterführe, es tue, weil ihm das wohltue (27). Die Frage, von der nun Robespierre umgetrieben wird, dürfte somit lauten: Belügt mich der Gedanke vom guten Zweck, indem er mir einreden will, daß ich die bösen Taten als notwendige tue, oder ist es das Streben nach Macht, das mich belügt, indem es mir den Gedanken vom guten Zweck zuspielt? Ist die Notwendigkeit des Mittels erlogen oder das Gutsein des Zwecks? Robespierre grübelt dem weiter nach, indem er den Gegensatz von Geist und Körper einbezieht. Er ist geneigt, die beiden Bereiche scharf zu trennen. Nur auf Grund der Scheidung in das Innerliche und das Äußerliche wäre es ja möglich, einen innern Bezirk der Unschuld zu retten und das schuldvolle Handeln auf den äußern Menschen abzuschieben. Dabei muß man Robespierres Wort im Auge behalten, in einer Stunde verrichte der Geist mehr Taten des Gedankens, als der träge Organismus unsres Leibes in Jahren nachzutun vermöge (28 f.). Der Geist ist immer schon am Ziel, beim guten Zweck, und ersinnt sich nun, hinterher, die Mittel zur Erreichung des Ziels, die ihm stets als untergeordnet erscheinen, so daß sie geradezu im Zweck verschwinden. Der Körper hingegen bringt, als Werkzeug des Geistes, in der Trägheit seines Handelns immer nur hervor, was

26

Mittel ist und die Sicht auf das Ziel verstellt. Es läge nun nahe, in der Trägheit der körperlichen Welt, in der Bedingtheit durch Zeit und Raum die ganze Schuld zu sehen, aber Robespierre — und darin zeigt sich, wie sehr sein bisheriges Denken erschüttert worden ist — zieht den entgegengesetzten Schluß: »Die Sünde ist im Gedanken. Ob der Gedanke That wird, ob ihn der Körper nachspielt, das ist Zufall.« (29)

Die Sünde im Gedanken: diese tiefste Einsicht, zu welcher der an sich selbst irre gewordene Robespierre gelangt, richtet sich gegen ihn. Er hat die Sünde einzig in der Lasterhaftigkeit, in der Aufreizung der Begierden, in der Kultivierung der Genußsucht sehen wollen. Als geistiger Mensch wußte er sich frei von solcher Sünde. Die Innerlichkeit galt ihm als rein. Wie aber, wenn es die Sünde im Gedanken gibt und sie allein sogar die wirkliche Sünde ist? Nicht wegen unseres Handelns sind wir zu schelten, denn es ist wie das im Traum, nur deutlicher, bestimmter, durchgeführter — wohl aber wegen der Gedanken. Sie sind es, die uns belügen und in die Irre führen. Der Gedanke vom guten Zweck und den notwendigen Mitteln ist die Sünde. Was dies für Robespierre bedeutet, hat Büchner auch durch die Stimmung zum Ausdruck gebracht: Finsternis, das Unheimliche herannahender Schritte, der schreckvolle Ruf nach Licht. (29)

In seinem Monolog ist Robespierre menschlicher geworden. Hatte man vorher den Eindruck, er verstehe es einzurichten, daß ihm das Leiden letztlich nichts anhaben könne, daß es in ausgeklügelt angelegten Außenwerken abgefangen werde und ihn darum in der innern Bastion der Ataraxie unbehelligt lasse, so sieht man jetzt, daß er doch der Erschütterung fähig ist. Dabei wird sein auf Unempfindlichkeit gestellter Sinn nicht etwa vom Rücken her überwältigt, sondern er selbst verschafft dem Leiden Eintritt, indem er diesmal die Unbestechlichkeit, die man ihm nachsagt, sich selbst gegenüber walten läßt und sich in Frage stellt. Dennoch kommt es nicht zur Umkehr. Die Einsicht in das Lügenhafte führt nicht zur Wahrheit, die Empfindlichkeit für Schmerz nicht zur Empfindung. Im Gespräch mit St. Just, der Camilles Pamphlet vorlegt, verstockt er sich, und unter dem Eindruck der Schmähschrift versteift er sich auf den Gedanken, Christus übertreffen zu wollen. Die Kraft, die ihn dabei zum Tragen der größten Leiden befähigen wird, ist nicht — wie sich nun erkennen läßt — die unerschütterliche Seelenruhe, nicht der allen Schmerz überwindende Gleichmut dessen, der des guten Zweckes gewiß ist, sondern der Trotz. Nichts von Gutgläubigkeit wird man fortan Robespierre zubilligen können. Er weiß, daß in dem Gedanken, mit Christus in Konkurrenz treten zu wollen, Narrheit ist. (30) Die Revolution hat den Glauben an sich selbst verloren. Was Erlösung der Menschheit versprochen hatte, enthüllt sich als Chimäre: »Wahrlich des Menschensohn wird in uns Allen gekreuzigt, wir ringen Alle im Gethsemanegarten im blutigen Schweiß, aber es erlöst Keiner den Andern mit seinen Wunden.« (31) So enthüllt sich die Hybris, die sich eben noch als menschliche Größe von titanenhaften Dimensionen darzustellen schien, in ihrer ganzen Nichtigkeit. Die Vorstellung, Christus sei in uns und dieser Christus unserer Innerlichkeit[5] — der Wille, das Werk der Erlösung zu vollbringen — nehme das Kreuzesleiden auf sich, endet mit dem Fazit: Keiner erlöst den andern. Daß der Blutmessias Robespierre dies sieht und trotz der Einsicht kein Einsehen hat, daß er fortfährt zu tun, was unter den frühern Prämissen wenigstens subjektiv richtig sein mochte, ihn nunmehr aber der nackten Machtgier ausliefert, dies ist Ausdruck der Verzweiflung. Ist doch Verzweiflung nicht bloß ein Wissen um die Ohnmacht des Tuns, sondern ein Tun voller Sinnlosigkeit, das die Ohnmacht der Einsicht demonstriert. In wüstem Gemetzel wird sich die Selbstzerstörung vollenden.

Wenn man sich von hier aus Danton zuwendet, wird der Kontrast sogleich augenfällig: daß er nämlich dem Leiden nicht mit der Haltung des Stoikers begegnet, daß er dem Schmerz gegenüber vielmehr die Einstellung des Epikureers hat. Er weicht allem aus, was Schmerz bereiten könnte; was Lustgewinn bringt, sucht er auf. Auch er blickt auf Christus hin, freilich nicht, um ihn in der Leidensfähigkeit zu überbieten. Christus

---

[5] Büchner zeigt hier, wie der menschliche Wille, die Menschheit zu erlösen, in einer bestimmten Auffassung des Christentums wurzelt, in der Ansicht nämlich, Christus könne durch Verinnerlichung angeeignet werden, d. h. die Geburt Christi sei ein Geschehnis der Innerlichkeit und der Mensch somit befähigt, das Werk des Salvators zu tun. Büchner wird später dieses Thema erneut aufgreifen, so in »Leonce und Lena«, wenn er — übrigens ebenfalls am Schluß des ersten Aktes — Lena sagen läßt: »Mein Gott, mein Gott, ist es denn wahr, daß wir uns selbst erlösen müssen mit unserm Schmerz?« (118) Wie ihrer Frage anzumerken ist, sträubt sich Lena gegen einen solchen Gedanken, deshalb unterscheiden sich ihre Worte bei aller Ähnlichkeit wesentlich von denen Robespierres. Diese Stellen haben möglicherweise Kant zum Hintergrund: Kant deutet den Sohn Gottes als »Ideal der moralischen Vollkommenheit«, welches »uns zur Nachstrebung vorgelegt wird«, als das »in unserer Vernunft liegende Urbild«, und folgert daraus, daß der intelligible Mensch, »der neue Mensch in der Gesinnung des Sohnes Gottes«, um des Guten willen aufopfernd eine lange Reihe von Übeln übernimmt, die eigentlich dem empirischen, d. h. dem alten Menschen als Strafe gebührten. Seinem empirischen Charakter nach ist der Mensch der strafbare Mensch, der vor einem moralischen Gerichtshof gerichtet werden muß; in seiner neuen Gesinnung jedoch, als intelligibles Wesen, ist er moralisch ein anderer, und als solcher trägt er stellvertretend die Sündenschuld und »tut durch Leiden und Tod der höchsten Gerechtigkeit als *Erlöser* genug«. (Die Religion innerhalb der Grenzen der bloßen Vernunft, in: Immanuel Kants Werke, hg. von Ernst Cassirer, Bd. 6, Berlin 1923, S. 201, 265, 216).

ist ihm das unerreichte Vorbild, der feinste der Epikureer (27), denn er brauchte nicht danach zu trachten, dem Schmerz aus dem Wege zu gehen, auch noch den Schmerz wußte er in Lust zu verwandeln und zu genießen. Was Robespierre sagt: »Er hatte die Wollust des Schmerzes« (30) kann man sich ebensogut als Äußerung Dantons denken, nur spräche sie dann nicht Verachtung, sondern Bewunderung aus. Und dieser Unterschied wäre nicht bloß darin begründet, daß die beiden ein verschiedenes Verhältnis zur Lust und zum Schmerz haben, sondern letztlich darin, daß »Wollust des Schmerzes« hier etwas ganz anderes heißt als dort. Nach Robespierres Meinung hat der Schmerz für Christus etwas Wollüstiges, weil in seinem Leiden der Triumph liegt, daß andre die Schuld dafür tragen, ein verächtlicher Triumph allerdings, wenn man ihn an jenem weit höheren Sieg mißt, der nicht allein die Erhabenheit des Guten über das Böse feiert, sondern sogar das Böse in den Dienst des guten Zwecks zu stellen vermag. Dantons Wort von Christus als dem feinsten Epikureer zielt dagegen nicht dahin, daß Christus das Leiden gesucht habe, um sein Selbstgefühl an der Schlechtigkeit der andern zu steigern; es besagt vielmehr, er habe das Leiden auf sich nehmen können, weil er es in Seligkeit umzudeuten vermochte, kraft der Vorstellung nämlich, die er sich von sich selbst gemacht hatte: er sei der vom Übel erlösende Sohn Gottes.

Es fällt auf, wie in allen diesen Machenschaften des Wünschens ein Bedürfnis am Werk ist, das vorschwebende Glück — unter Beihilfe absonderlicher Unterstellungen freilich — an Christus zu messen. Eine Sehnsucht nach Frieden tut sich darin kund, sei dieser nun als Ziel des ideewärts gerichteten Strebens oder als Ende allen Treibens und Getriebenseins verstanden. Robespierre möchte die erhabene Ruhe des Gemüts mitten im Leiden als Vorwegnahme der künftigen, dem ganzen Volk errungenen Diesseitsseligkeit erleben, Danton meint in der Befriedigung des Triebs den Vorgeschmack der Todesseligkeit zu haben, so daß er zu Julie sagen kann: »Die Leute sagen im Grab sey Ruhe und Grab und Ruhe seyen eins. Wenn das ist, lieg' ich in deinem Schooß schon unter der Erde. Du süßes Grab, deine Lippen sind Todtenglocken, deine Stimme ist mein Grabgeläute, deine Brust mein Grabhügel und dein Herz mein Sarg.« (9) Aber beide werden in ihrem Trachten gestört, und zwar nicht einfach dadurch, daß sie es immer wieder mit Affekten oder Begierden zu tun bekommen, die sie abwehren oder befriedigen müssen; die Ursache der Störung liegt tiefer. Es zeigt sich, daß die gesuchte Ruhe nichts hat, worin sie ruhen könnte. Der erhabenen Unerschütterlichkeit, die ja nicht Selbstzweck ist, löst sich das anvisierte Ziel in nichts auf[6]: »Es erlöst Keiner den Andern mit seinen Wunden.« Sie ist also eine Tugend, die nichts taugt, ein wertloser Wert. Und auch bei der Ruhe, nach der Danton strebt, erweist es sich, daß ihr das fehlt, worauf sie gründen könnte: mitten im schönsten Ruhen, im wohltuendsten Schlaf ist da etwas, was aufschrecken läßt — das Verleugnete, die Schuld —, und gerade dann steht es unruhevoll auf, wenn es am vollständigsten der Vergessenheit anheimgegeben schien (40 f.). Ein schlimmes Vorzeichen für den, der vom Todesschlaf seine Ruhe erhofft. Später, wie es mit ihm dem Ende zugeht, wird Danton sagen: »Der verfluchte Satz: etwas kann nicht zu nichts werden! und ich bin etwas, das ist der Jammer!« (61)

Büchner hat — dies zeichnet sich immer deutlicher ab — Robespierre und Danton als Entsprechungen konzipiert. Dafür gibt es weitere Belege. So sind die beiden Figuren auch in der Art, wie sie die Zeit leben, einander gegenübergestellt und aufeinander bezogen. Danton möchte ganz im Gegenwärtigen aufgehen. Er fällt den Gedanken in die Zügel, wenn sie in Bevorstehendes vorlaufen wollen. »Wir müssen handeln«, drängt Lacroix. »Das wird sich finden«, ist Dantons hinhaltende Entgegnung (25 f.). Anderseits sucht er dem, was aus der Vergangenheit ihm dicht auf den Fersen ist, der Erinnerung an die Septembermorde, zu entkommen. Das Gedächtnis nennt er seinen Feind (39). Für ihn ist das Dasein auf das Momentane verkürzt. Aber daß er ganz im jeweiligen Jetzt leben will, darf nicht dazu verleiten, ihn als lebensvollen Menschen zu sehen. Danton mag einstmals ein von Leben und Kraft strotzender Mann gewesen sein — an seine frühere Energie wird verschiedentlich erinnert —, zum Zeitpunkt, da Büchners Drama einsetzt, ist er es nicht mehr.[7] Das Augenblickhafte, dem er schon immer zugetan war, hatte vormals etwas Erfülltes, nun ist es entleert.[8] War er ein genialer Improvisator, ein sieghafter Gebieter über die Zeit, der die Gelegenheit im Flug zu erspähen

---

[6] Daß Robespierre in der »Fühlung mit dem Nichts insgeheim mit Danton verschwistert« sei, darauf hat Wolfgang Martens nachdrücklich hingewiesen. (Ideologie und Verzweiflung. Religiöse Motive in Büchners Revolutionsdrama, a. a. O., S. 93).

[7] Vgl. Karl Viëtor, Georg Büchner, Politik, Dichtung, Wissenschaft, Bern 1949, S. 114.

[8] Vgl. Gerhart Baumann, Georg Büchner, Die dramatische Ausdruckswelt, Göttingen 1961: »Was Danton je gelungen, geschah aus ungezwungener Fülle, niemals jedoch aus zielbewußter, strenger Führung; willenlos, ein Verächter des Zugreifens, stets geneigt, mit dem Spiel des Zufalls ohne Plan und Folge vorliebzunehmen.« (S. 13) — Während man dem ersten Teil dieser Äußerung wird zustimmen können, ist gegen den zweiten vorzubringen, daß er sich nicht mit der wiederholt bezeugten Energie Dantons vereinbaren läßt. Danton war früher nicht willenlos, nur muß man in Rechnung stellen, daß sein Wollen anders strukturiert ist als dasjenige Robespierres.

und zu packen wußte, der vom Augenblick Entscheidung forderte und ihm die Gunst abzwang, so ist davon nur wenig übriggeblieben, gerade so viel, daß man — etwa in der Schlagfertigkeit seiner Repliken — das Frühere noch zu erkennen vermag und daran auch den ganzen Unterschied zum jetzigen Zustand ermißt. Danton weiß nicht mehr, was mit der Zeit anfangen: bald vertreibt er, bald verliert er sie, ja es ist genau genommen so, daß nicht er die Zeit verliert, sondern die Zeit ihn, wie er einmal sagt (31), daß also die Zeit seine Herrin geworden ist, er ihr Eigentum, aber ein schon gleichgültiger Besitz, den sie achtlos liegen läßt.

Etwas vom früheren Danton kommt angesichts der Todesgefahr, vor dem Revolutionstribunal, noch einmal zum Vorschein. Seine Stimme gewinnt das große, raumfüllende Volumen zurück. Man muß dabei an den Kontrast denken, den Büchner mit Dantons Fluchtversuch gesetzt hat: »Ich mag nicht weiter. Ich mag in dießer Stille mit dem Geplauder meiner Tritte und dem Keuchen meines Athems nicht Lärmen machen.« (39) Es ist eine Stelle, zu der es in »Leonce und Lena« eine Parallele gibt: »Für müde Füße ist jeder Weg zu lang... Und für müde Augen jedes Licht zu scharf und müde Lippen jeder Hauch zu schwer und müde Ohren jedes Wort zu viel.« (122 f.) Danton ist, wie er selber sehr wohl erkennt, müde geworden. »Ich bin nicht träg, aber müde. Meine Sohlen brennen mich.« (38) Deshalb ist ihm das Leise schon zu laut. Im Wandel von jenem Danton, der über eine gebietende Stimme verfügte, der sich Raum zu schaffen und darin überall gegenwärtig zu sein wußte, zu dem andern Danton, der sich von belanglosen Geräuschen bedrängt fühlt, der den Eindruck hat, mit jedem Ticken der Uhr rückten die Wände enger um ihn (66), erkennt man, wie sehr der ehemalige lebensvolle Augenblick auf die Kümmerform eines kurzatmigen Moments reduziert ist. Bei solch defizienter Gegenwärtigkeit ist nichts Vergangenes beständig, nichts Künftiges voraus lebendig. Mehr und mehr ist die Hurerei zur Lebensform Dantons geworden, unfruchtbar wie ihr Gegenstück: Robespierres Impotenz. Durch den Erosionsprozeß, der von der Zeit einzig das Momentane übriggelassen hat, ist die Liebe bis auf die bloße Sexualität abgetragen worden. Damit schwindet die Möglichkeit von etwas Endgültigem. Weder durch Liebe noch durch Zeugung ist er mit Unwiderruflichem in Bezug gesetzt, und sowenig er in der Schuld ein Unumstößliches hat[9], sowenig trifft er mit dem Gedanken an den Tod auf ein Unverrückbares; denn indem er sich von der Sexualität völlig in Beschlag nehmen läßt, gelingt es ihm — so scheint es wenigstens —, im Vergessen stets neue Beglückung

[9] Vgl. S. 14.

zu finden und sogar das Sterben noch in Lust zu verwandeln. Was er zu Julie sagt: er liebe sie wie das Grab, er liege in ihrem Schoß schon unter der Erde (9), könnte zu jeder andern gesprochen sein, bei der er dem Gedächtnis entschlafen und sich Vergessen erschlafen will. Deutlicher als an diesen Worten ist nirgends abzulesen, in welch unwahrem Verhältnis zum Leben und zum Tod Danton steht. Er ist ein Lebendigbegrabener. Er lebt nicht, denn er ist schon unter der Erde, er ist nicht tot, denn selbst in seinem Grab ist er noch immer am Leben. Er kann ja nicht sterben, weil er nicht wirklich lebt. Beides zusammen gründet in der Schuld: weil sie, sollte sie nicht vergeben werden können, untilgbar ist, bleibt da etwas, was nicht sterben kann; und weil die Antwort auf dieses Unauslöschliche das Vergessenwollen ist, wird das Leben zu einem Nicht-Leben. Ahasver tritt ins Blickfeld; auf ihn kommt denn auch Camille im Gespräch mit Danton zu reden (61). Ahasverisch wird das Dasein, wenn es zu einer Folge purer Jetztpunkte nivelliert ist, in der das Gewesene als abgetan erscheint und daher entfällt, und in der das Künftige, weil die Gegenwart nicht durch ein Gewesenes akzentuiert wird, nichts weiter ist, als was schon ist, und deshalb den Charakter des Unabsehbaren annimmt. Indem Danton die Todesahnungen als bloße Schreckgespenster verscheucht, ist die Zeit für ihn zu völliger Gleichförmigkeit eingeebnet: »Es ist ein Gefühl des Bleibens in mir, was mir sagt, es wird morgen seyn, wie heute, und übermorgen und weiter hinaus ist Alles wie eben.« (39) Dieser Gedanke beruhigt Danton, aber es ist eine unselige Art der Beruhigung, weil sie ihn der Langeweile ausliefert. Von der Langeweile ist Dantons Zeitgefühl zutiefst gekennzeichnet: sie ist die Weise, in der er nicht nur das Gegenwärtige hat, sondern auch das Geschehene, an das er sich nicht erinnern, und das Künftige, das er nicht ernstnehmen will. Für ihn ist alles einerlei.

Während Dantons Daseinsgefühl vor allem dadurch charakterisiert ist, daß er sich als Gewesenem entrinnen möchte und dabei seine Zuflucht in der Momentaneität sucht, trägt im Zeiterlebnis Robespierres das Künftige den Akzent[10]: das Gegenwärtige ist für ihn stets mit einem Um-zu versehen, es hat in sich nichts Gültiges und fällt nur als Mittel zur Verwirklichung dessen, was sein soll, in Betracht. Gegenwärtigkeit ist daher das, was der Zukunft zum Opfer gebracht werden muß, und es gibt im Hinblick auf das Künftige kein Opfer, das nicht zu rechtfertigen wäre. Auch hier hat man es also mit defizienter Gegenwart zu tun. Das Gegen-

---

[10] Auch von Gerhart Baumann wird Robespierres Vorauseilen ins Künftige dem Augenblickshaften bei Danton entgegengesetzt: a. a. O., S. 34.

wärtigsein ist nur noch Funktion und darum entleert, es ist das bloße Moment einer Geschichtskonstruktion geworden, die von einem Einstmals zu einem Dereinst den Bogen spannt. Mit Bedacht gibt Büchner Hinweise auf Robespierres Jugendzeit (38)[11] und deutet so schon im Biographischen eine zeitliche Erstreckung an, wogegen bei Danton das Punktuelle betont ist. Die geschichtlichen Linien werden durch St. Just, den Parteigänger Robespierres, voll ausgezogen. Seine Rede vor dem Nationalkonvent ist von Bildern geprägt, die das Zurücklegen eines Weges ausdrücken: Schritte der Menschheit, Gang der Geschichte, Strom der Revolution (46). Bei diesem Unterwegssein ist einzig die Zielgerichtetheit, das Gefälle zum Endzustand, das Unaufhaltsame des Ablaufs maßgebend. »Nichts soll mich aufhalten« (45): St. Justs Rede ist im Grunde nur der ausführliche Kommentar zu diesem Wort Robespierres, in welchem sich die ganze von der Funktionalisierung des Jetzt erzeugte Rabiatheit ausspricht. In diesen Sätzen mit ihren Prämissen und Folgerungen herrscht die Finalität, und das Auffälligste beim Durchschreiten dieser Perioden sind die Wegmarken, die Interpunktionszeichen, deren jedes — nach einem Ausspruch Barrères — einen Säbelhieb oder einen abgeschlagenen Kopf bedeutet (58). Nichts soll mich aufhalten: es gilt rasch ans Ziel zu gelangen. Die Ungehaltenheit, die sich hier äußert, ist die Ungeduld dessen, der Eile hat, das Ende mit dem Anfang verknüpft zu sehen, den Zug durch die Wüste mit dem Einzug ins gelobte Land, mit der Rückkehr zum Ursprung zu beschließen[12]. St. Just braucht für das mit dem Beginn sich zusammenschließende Ziel das Bild von der Verjüngung: »Die Revolution ist wie die Töchter des Pelias; sie zerstückt die Menschheit um sie zu verjüngen.« (46) Um diese Verjüngung geht es auch Robespierre. Wenn man sich ihn als Jüngling — wie Camille ihn schildert — vor Augen hält, so erkennt man, daß er, der Finsterblickende, Einsame, von den Schulkameraden Gemiedene, nie jung gewesen ist, daß er jung schon alt war, daß daher sein ganzes Trachten darauf gerichtet sein mußte, zurückzugewinnen, was ihm nie eigen war. Büchner zeigt Robespierre auf dem Punkt, da sich herausstellt, daß das angestrebte Ziel, dem Horizont vergleichbar, grundsätzlich nicht zu erreichen ist. So muß er sich denn eingestehen, daß die der Zukunft geopferte Gegenwart für nichts und wieder nichts aufgezehrt ist; denn was als Zukunft erschien, war bloß eine ins Leere sich erstreckende Konstruktion und somit auch die verjüngende Einkehr ins Anfängliche ein bloßer Wunschtraum. Was von den Töchtern

---

[11] Vgl. auch Robespierres Äußerungen über Camille (29 und 30).
[12] Vgl. St. Justs Hinweis auf den Zug der Israeliten durch das Rote Meer und die Wüste (46).

33

des Pelias erzählt wird — St. Just gibt es in bezeichnender, ihm nicht bewußter Fehlleistung falsch wieder —, geschieht abermals: die Verjüngung ihres alten Vaters mißlingt ihnen ja, sie haben sich von Medea irreleiten lassen. Nicht zu einer restitutio ad integrum führt der Weg Robespierres, sondern zu jenem Anfang, den das letzte Wort seines Monologs mit einem Anklang an die Schöpfungsgeschichte schildert: »Es ist Alles wüst und leer — ich bin allein.« (31)[13]

Die Figuren Robespierre und Danton sind genaue Entgegensetzungen: der eine, jung schon alt, gleichsam erstorben, lenkt sein Sinnen auf die Wiedergeburt, aber er kann nicht jung werden; dem anderen, der nicht recht aus dem Stadium der Juvenilität herauskommt, ist es versagt, alt zu werden, er kann in gewissem Sinne nicht sterben und muß sich vergeblich nach dem Vergehen sehnen. Beiden geht die wahre Lebendigkeit ab: der eine hofft bloß, dereinst zu leben, und stößt mit seinem Prinzip Hoffnung ins Leere; der andere, der sich ganz an den Moment halten möchte, meint zwar zu leben und hat doch im Momentanen, das zugleich ist und nicht ist, nur ein seltsames Zwitterwesen von Leben und Nichtleben.

Einander entgegengesetzt und aufeinander bezogen sind die beiden schließlich — es ist bereits angedeutet worden — auch in ihrem Verhältnis zur Sprache und in der Art, wie sie reden. Danton spricht — es gibt dafür das ganze Stück hindurch Beispiele, und St. Just bestätigt es ausdrücklich — mit Vorliebe in Epigrammen. Er schickt den Ereignissen einen bündigen Kommentar nach, gibt dem Geschehenen eine pointiert abgefaßte Aufschrift. Man berichtet ihm aus der Sitzung des Jakobinerklubs, Collot habe geschrien, man müsse die Masken abreißen; er bemerkt dazu: »Da werden die Gesichter mitgehen.« (24) Jemand rapportiert ihm, daß Robespierre erklärt habe, der Freiheit gegenüber kenne er keine Rücksicht, er würde alles opfern, sich, seinen Bruder, seine Freunde; dazu meint er: »Das war deutlich, man braucht nur die Scala herumzukehren, so steht er unten und hält seinen Freunden die Leiter.« (24) Ein Virtuose des aphoristischen Worts, weiß er die Dinge flugs bei einem Merkmal zu packen und mit Hilfe dieser Handhabe ihr Aussehen zu prägen. Er liebt die Reduktion, die Abbreviatur, die Zuspitzung. Er braucht also ein Vorgegebenes, in der Replik liegt seine Stärke. Aber was sich als Kraft ausnimmt, ist zugleich von einer eigentümlichen Schwäche. Seine Worte haben ja im Grunde keinerlei Auswirkung: mit ihnen wird nichts

---

[13] Ein solches Alleinsein wird Büchner später erneut zeigen, wenn er von Lenz sagt, ihm sei bisweilen gewesen, als existiere er allein und nichts außer ihm, als sei er das ewig Verdammte, der Satan (99).

gestiftet und nichts verändert. Danton ist kein Handelnder mehr, sondern ein bloßer Beobachter, und gerade dies befähigt ihn zu seinen witzigen Glossierungen. Büchner hat Dantons aphoristisches Denken dem Systemdenken entgegengesetzt, das der Revolution zugrunde liegt und dessen Folgen er durch Mercier schildern läßt: »Geht einmal euren Phrasen nach, bis zu dem Punkt wo sie verkörpert werden. Blickt um euch, das Alles habt ihr gesprochen, es ist eine mimische Übersetzung eurer Worte. Dieße Elenden, ihre Henker und die Guillotine sind eure lebendig gewordnen Reden. Ihr bautet eure Systeme, wie Bajazet seine Pyramiden, aus Menschenköpfen.« (52)

Von hier aus wird einsehbar, wie Danton zum Aphoristischen gekommen ist. Er ist es ja, der das Revolutionstribunal eingeführt hat, er hat seinerzeit dem Terror, der nun systematisiert wird, das Wort geredet. Unter dem Eindruck der folgenschweren Macht des Wortes ist er in seine aphoristische Redeweise geraten. Er sucht ständig die innere Bedrängnis abzuwehren, er versteckt sie durch seine witzigen Anmerkungen vor den andern wie vor sich selbst. Wo Danton einen Spaß macht — so könnte man in Anlehnung an einen Ausspruch Goethes über Lichtenberg sagen —, liegt ein Problem verborgen. Seine Epigramme, so sehr Koketterie aus ihnen spricht, zeugen von der Schamhaftigkeit dieses so schamlosen Menschen. Mit ihnen verhüllt er seine Not und weist dennoch, ohne es zu wollen, auf sie hin. Nur in einzelnen Augenblicken fällt die Verstellung von ihm ab. Wie er in die Conciergerie verbracht wird und hier so viele Unglückliche in so elendem Zustand sieht, ist er zutiefst erschüttert, und jetzt findet er ein Wort, das in seiner Einfachheit um so mehr trifft, als man aus Dantons Mund etwas Geistreiches, sei es scharfsichtig oder frech oder auch bloß ein Schnack, erwartet: »Es ist jezt ein Jahr, daß ich das Revolutionstribunal schuf. Ich bitte Gott und Menschen dafür um Verzeihung.« (52) Im Unterschied zu diesem Wort, mit welchem Danton Verantwortung für sein früheres Tun mitsamt den späteren Folgen übernimmt, soll ihm das epigrammatische Wort dazu dienen, die Dinge schnell abzufertigen und abzutun, als erledigt hinter sich zu bringen. Leichtfertigkeit ist mit im Spiel: es soll um keinen Preis Unausdenkbares aufkommen. Man spürt dabei öfter, wie er sich anstrengen muß, die Dinge leicht zu nehmen, so wenn er sagt: »Ich lasse Alles in einer schrecklichen Verwirrung. Keiner versteht das Regieren. Es könnte vielleicht noch gehn, wenn ich Robespierre meine Huren und Couthon meine Waden hinterließe.« (69) Bei allem, was er in scheinbar munterer Laune äußert, hat er es darauf angelegt, daß man ihn nicht bei seinem Wort behaften kann. Lacroix spricht dies einmal ohne Umschweife aus: Danton glaube kein

Wort von dem, was er gesagt habe (33). Danton selbst leistet dieser Meinung Vorschub. »Muthe mir nur nichts Ernsthaftes zu«, sagt er zu Camille (36). Aber man wird auch das nicht zum Nennwert nehmen dürfen. Im Letzten ist es ihm nämlich um Wortlosigkeit zu tun. Er macht Worte, um das Wort loszuwerden. Die Zielscheibe seines Witzes ist nicht eigentlich dieser oder jener Sachverhalt, dessen ungenaue oder falsche Formulierung zu kritisieren und zu berichtigen wäre, sondern die Formulierung überhaupt, die Sprache selbst. Er ist gegenüber der Sprache mißtrauisch, deshalb auch besonders hellhörig für hohle Klänge; doch der Ausdruck »Mißtrauen« sagt noch zu wenig: die Sprache ist ihm geradezu der Feind. Ist doch das Wort auch das Gedächtnis des Menschen, und dem Gedächtnis möchte er ja entrinnen können. Wie er aus Paris flieht, um sich dem Zugriff Robespierres zu entziehen, tadelt er sich selbst; er sei ja gelaufen wie ein Christ läuft, um seinen Feind, d. h. sein Gedächtnis zu retten (39). Als einer, der beim Vergessen seine Zuflucht nehmen will, muß er sich des Wortes zu entledigen trachten. Solche Befreiung vom Wort sucht er auch im Zusammensein mit Marion; deshalb ist es für ihn eine ärgerliche Ironie, daß sie nun ausgerechnet das Bedürfnis hat, ihm von ihrer Vergangenheit zu erzählen, statt ihre Lippen zu Besserem zu gebrauchen (21). Seine Antwort auf das, was er widerwillig anhören muß, was ihn mit Gewesenem, aber nicht Erledigtem konfrontieren will, ist ein klares Zeichen dafür, daß er ohne das Wort möchte sein können: »Ich möchte ein Theil des Äthers seyn, um dich in meiner Fluth zu baden, um mich auf jeder Welle deines schönes Leibes zu brechen.« (22) Ihn dünkt, nur dann, wenn man das Wort hinter sich zu lassen vermöge, komme man aus dem Zwang heraus, überall und ausschließlich das zu bemerken, was geschehen sei, anstatt dabeizusein bei dem, was jetzt und jetzt geschehe.

Die Marionszene muß mit dem Gespräch zwischen Julie und Danton zu Beginn des Dramas zusammengehalten werden. Auch hier ist dasselbe Ausweichen vor dem Wort zu beobachten, nur daß es sich diesmal um Abkehr von der Zukunftsbezogenheit handelt. Auf Julies Frage, ob er an sie glaube, antwortet er mit Ausflüchten: »Was weiß ich? Wir wissen wenig voneinander.« (9) Er wirft sich dem Agnostizismus in die Arme, damit nichts für die Zukunft verpflichtend und bindend sei. Als ob man von seinem Mitmenschen nicht alles wissen könnte, was zu wissen nottut, gibt er sich in einer Situation, die nichts als das einfachste Wort verlangt, als eine Art Erkenntnistheoretiker: »Du hast dunkle Augen und lockiges Haar und einen feinen Teint und sagst immer zu mir: lieb Georg. Aber — er deutet ihr auf Stirn und Augen — da da, was liegt hinter dem? Geh, wir haben grobe Sinne. Einander kennen? Wir müßten uns die Schädeldecken aufbrechen und die Gedanken einander aus den Hirnfasern zerren.« (9)

Die Parallele zur Marionszene erstreckt sich bis hin zum Schluß des kurzen Dialogs. Wenn Danton da zu Julie sagt, er liebe sie wie das Grab mit seiner Ruhe, er liege in ihrem Schoß schon unter der Erde, so ist dies das Gegenstück zu jenen Worten von der Ätherflut und von den Wellen des Leibes: dem von Moment zu Moment stets Anfänglichen des Wogens entspricht, daß süß erstirbt, was ist und mit seinem sanften Tod einem neu eintretenden Jetzt den Platz freigibt. Lebendigkeit wird hier begriffen als pure Momentaneität, als »das Seyn, das, indem es *ist*, *nicht* ist, und indem es *nicht* ist, *ist*«.[14] Es ist eine Lebendigkeit, die sich mit dem Wort nicht verträgt, weil im Sprechen das Gesagte behalten werden und das zu Sagende gegenwärtig sein muß, ansonst man gar nicht reden könnte. Da sie aber in jedem Jetzt lebendig-tot ist, ist sie eine Pseudolebendigkeit. Daher kommt es, daß sich in Dantons behenden Formulierungen ein ebenso verblüffendes wie unwahres Verhältnis des Geistes zum Leben spiegelt. Wenn es unter seinen Aphorismen dann und wann Sentenzen von funkelndem Schliff gibt, wie etwa das Wort »Die Revolution ist wie Saturn, sie frißt ihre eignen Kinder« (25), so haben sie doch zumeist nur einen fahlen, mißfarbenen Schein, so der Ausspruch: »Es ist besser sich in die Erde legen, als sich Leichdörner auf ihr laufen; ich habe sie lieber zum Kissen, als zum Schemel.« (50) Das Phrasenhafte in Dantons Reden wird denn auch von seinen Freunden sehr wohl erkannt; auf die Bemerkung »Wenn einmal die Geschichte ihre Grüfte öffnet kann der Despotismus noch immer an dem Duft unsrer Leichen ersticken«, entgegnet Hérault: »Wir stanken bey Lebzeiten schon hinlänglich. Das sind Phrasen für die Nachwelt.« (70)

Büchner hat Danton eine kleine Theorie improvisieren lassen, in der die Kürze als ein Merkmal des Epigramms und zugleich als Ausdruck einer Daseinsform geschildert wird: »Es ist recht gut, daß die Lebenszeit ein wenig reducirt wird, der Rock war zu lang, unsere Glieder konnten ihn nicht ausfüllen. Das Leben wird ein Epigramm, das geht an, wer hat auch Athem und Geist genug für ein Epos in fünfzig oder sechzig Gesängen? S' ist Zeit, daß man das bißchen Essenz nicht mehr aus Zübern sondern aus Liqueurgläschen trinkt, so bekommt man doch das Maul voll, sonst konnte man kaum einige Tropfen in dem plumpen Gefäß zusammenrinnen machen.« (33) So kurz ist das Leben geworden, daß es eigent-

---

[14] Hegel, Enzyklopädie der philosophischen Wissenschaften im Grundrisse, § 258, Dritte Ausgabe, Heidelberg 1830, S. 239.

lich bereits vorbei, in jedem Moment immer schon zu Ende ist. Als Epigramm ist das Wort nicht Brot und Wein des Lebens, es gehört wie der Likör zum Nachtisch. Mag sich Danton dabei als ein Weiser — im Sinne des lateinischen sapiens: als einer, der zu schmecken versteht — vorkommen, so kann man doch nicht übersehen, daß auch er miteinzubeziehen ist, wenn Camille sagt: »Wir haben uns Alle am nemlichen Tische krank gegessen und haben Leibgrimmen.« (71)

Vergleicht man nun die Sprache Robespierres mit der Dantons, so fällt zunächst das Pathetische auf. Robespierres Wort verkürzt nicht und spitzt nicht zu, sondern sucht die Überhöhung und die Gravität. »Armes, tugendhaftes Volk! Du thust deine Pflicht, du opferst deine Feinde. Volk du bist groß. Du offenbarst dich unter Blitzstrahlen und Donnerschlägen.« (15) Gemessenen Schrittes und in steifer Feierlichkeit, wie auf dem Kothurn gehend, kommen diese Worte einher. Nichts kann Danton größern Spaß machen, als solch gestelztem Wesen die Absätze von den Schuhen zu treten (27), als den »gespreizten Catonen« (12), die in ihrem sittenstrengen Stoizismus den tragischen Heros mimen, satyrhaft einen Tritt zu versetzen, der den Tugendstolz auf die Ebene des Epikurismus herabstolpern läßt: »Es giebt nur Epicuräer und zwar grobe und feine [...]; das ist der einzige Unterschied, den ich zwischen den Menschen herausbringen kann.« (27)

Während Danton mit dem Wort in der Weise umgeht, daß er es ins Gespräch wirft, kann man von Robespierre sagen, er setze seine Worte und rede dabei nicht einfach in Sätzen, sondern geradezu in Satzungen. Was immer er andern gegenüber äußert, er erhebt den Anspruch, daß es ein Gültiges sei. Er sagt es ein für allemal, denn es ist für ihn von solcher Art, daß die Zeit ihm nichts anhaben kann. Er spricht »im Namen des Gesetzes« (15), und da ihm als Gesetz der Wille des Volkes gilt (15), erkennt er seiner Stimme die Vollmacht der vox populi zu. Indem er dergestalt redet, spricht aus ihm das Feststehende, öffentlich Anerkannte und Unabänderliche. Er ist »das Dogma der Revolution« (32). Anders als Danton, der von dem, was er sagt, kein Wort glaubt, weil die Wahrheit nicht im Wort, sondern außerhalb des Wortes, nämlich in der Empfindung sei, meint Robespierre, die Wahrheit könne in die Aussage eingehen. Daher rührt es, daß er seine Äußerungen für unfehlbar hält. Mirabeau soll von Robespierre erklärt haben, er werde es weit bringen, denn er glaube alles, was er sage.[15] Im Hinblick auf die Genauigkeit, mit der

---

[15] Dieses Diktum wird von Karl Viëtor angeführt: Die Tragödie des heldischen Pessimismus, Über Büchners Drama »Dantons Tod«, in: DVjs. 1934, S. 194.

Büchner die Gegensätze Danton und Robespierre aufeinander bezieht, möchte man fast annehmen, der Dichter habe dieses Wort gekannt, auch wenn es bei ihm nicht vorkommt.

Wenn die Aussage der Ort der Wahrheit ist, bestimmt sich das Wesen der Wahrheit als Richtigkeit des Urteils, d. h. als Übereinstimmung der Verstandeserkenntnis mit dem vorgestellten Gegenstand. Aus dieser Wahrheitsauffassung spricht kartesischer Geist: »Wahrheit oder Falschheit im eigentlichen Sinne können nirgendwo anders denn allein im Verstande sein.«[16] Mit allem, was Robespierre sagt, befindet er über richtig und unrichtig. Die Kriterien dafür entstammen nicht der Erfahrung, sondern dem Vorauswissen, dem a priori, das den Gegensatz bildet zu dem für Danton so bezeichnenden a posteriori, zur sensualistischen Ansicht also, die sich auf den Satz beruft, nichts sei im Verstande, was nicht vorher in der Empfindung gewesen. Für Robespierre ist deshalb das Wort nicht die nachträgliche und im Grunde überflüssige Aufschrift für das, was die sinnlichen Wahrnehmungen allein wirklich kennen; er kann nicht wie Danton auf den Gedanken kommen, die Lippen seien zu Besserem zu gebrauchen als zum Reden (21). Das Wort ist ihm vielmehr das von der Vernunfterkenntnis Vorbedachte und Richtunggebende. Dieses Vorangestellte ist die Maßgabe für alle die kausalen und finalen, die konditionalen und adversativen Relationen, die das Gefüge von Robespierres Reden ausmachen.

Robespierres Wort ist zum Künftigen als dem, was sein soll und werden muß, hingespannt, ja dieses Wort selbst *ist* schon das Zukünftige, in dessen Wirklichkeit die Dinge sich zu fügen haben. Ein prometheischer Grundzug ist der Physiognomie dieses Mannes eingeprägt. Doch vorausdenkend könnte er nicht sein, bedächte er nicht auch immer das Vergangene mit. Er faßt das Ganze ins Auge, und dieses allein, nicht das Einzelne, ist ihm wesentlich; so sagt er denn auch einmal: »Wir fragen nicht ob ein Mann dieße oder jene patriotische Handlung vollbracht habe, wir fragen nach seiner ganzen politischen Laufbahn.« (44) Das gibt ihm etwas kalt Distanziertes. Er hält auf Abstand, um den Überblick zu haben, wogegen Danton alles aus der Nähe besehen will und das Wort gleichsam als Lorgnon braucht, welches Teilaspekte aus dem Gesamten aussondert und dem Betrachteten ein überraschendes Aussehen verleiht, doch nie einen Blick auf die volle Erscheinung zuläßt. Nun hat er es frei-

---

[16] Descartes, Regulae ad directionem ingenii: veritatem proprie vel falsitatem non nisi in solo intellectu esse posse, zitiert nach Martin Heidegger, Platons Lehre von der Wahrheit, Bern 1947, S. 45.

lich mit dem Gebrauch des Lorgnons auf bloße Scheinnähe abgesehen, die verbürgen soll, daß der Gegenstand einem vom Leibe bleibt. »Ich kokettire mit dem Tod«, sagt Danton, »es ist ganz angenehm so aus der Entfernung mit dem Lorgnon mit ihm zu liebäugeln.« (39) Dem Liebäugeln entspricht bei Robespierre das Spekulieren: er tut, als könne man das Ganze des Seienden erfassen, den Gang der Geschichte in seinem Gesamt schauen, und setzt voraus, daß nun der Endzustand angebrochen sei — dabei ist die Geschichte eben im Begriff, diese Spekulation zwingend zu widerlegen, indem sie den ausgerufenen Endzustand nicht zur Kenntnis nimmt, sondern in ihrer gewohnten Art unbeirrt weiterschreitet. Robespierres vom Systemdenken getragenes Wort ist daher genau so phrasenhaft wie das andersgeartete Wort Dantons. Es ist ein Wort leerer Versprechungen und fortwährender Täuschung. Danton, vor dem Revolutionstribunal an das Publikum sich wendend, zieht das Fazit: »Ihr wollt Brod und sie werfen euch Köpfe hin. Ihr durstet und sie machen euch das Blut von den Stufen der Guillotine lecken.« (63) Auch das Wort Robespierres ist nicht Brot und Wein des Lebens.

Die Wesensverschiedenheit von Robespierres und Dantons Wort — dessen, was sie sagen, der Art und Weise, wie sie reden — ist entscheidend bestimmt durch die verschiedene Bedeutung, welche sie der Sprache beimessen: wo der eine die Sprache überschätzt, achtet sie der andere zu gering. Wenn die Sprache überhöht und wenn sie mißachtet wird — beidemal stellt sich das Phrasenhafte ein. Dabei ist es eigentümlich, daß jede der beiden Figuren in ihrer Einstellung zum Wort Widersprüche zeigt. Danton, der das Wort so niedrig zu veranschlagen geneigt ist, daß es bei ihm für Ernsthaftes nicht in Betracht kommt, vollzieht vor dem Tribunal eine erstaunliche Wendung: er setzt alle Mittel seiner Stimme und seiner Redekunst ein, damit das nun nicht mehr witzige oder spöttische, sondern emotionell getönte Wort Vergangenes heraufrufe, die glorreiche Epoche seiner revolutionären Verdienste nämlich, eben jene Zeit, an die nicht denken zu müssen doch sonst sein ganzes Bemühen war; und wenn er »in den Armen des Ruhmes« zu entschlummern denkt (54), gibt er sich ja vollends dem Wort anheim und meint wohl gar in einem Epos von fünfzig oder sechzig Gesängen Unsterblichkeit zu finden. Er achtete das Wort für nichts und will ihm jetzt alles verdanken. Und Robespierre, der das Wort als unverrückbar aufgefaßt haben möchte und in Diktum und Satzung das Gültige festhalten will — ihm unterläuft es, daß er der Faktion Dantons in offizieller Rede die Vernichtung ankündigt und dann gegenüber St. Just behauptet, er habe seine Gegner nur schrecken wollen (30), ihm macht es nichts aus, mit Camille freundliche

Worte zu wechseln (38) und gleichentags gegen ihn, weil er den Ruf »Erbarmen« erhoben hat (50), im Jakobinerklub den heftigsten Angriff zu führen (18), ja denselben Abend noch in seine Hinrichtung einzuwilligen. Er stellte das Wort als das allein Vertrauenswürdige über alles und wirft es nun hin, macht es zum Unverläßlichsten, zum Nichtigen. Mit solchen Widersprüchen weist Büchner auf das Bodenlose, das Ungegründete bei Robespierre und Danton, und so ist es keineswegs inkonsequent, wenn der Dichter Danton einmal sagen läßt: »Ich werde mich in die Citadelle der Vernunft zurückziehen« (62) und ein andermal Robespierre das Wort zuteilt: »Nur zu viele Erfahrungen haben uns gezeigt, was davon zu halten sey.« (44) Er stellt mit diesen Äußerungen dar, wie sich der Mann der Vernunfterkenntnis auf die Empirie, der Empiriker dagegen auf die Vernunft beruft. Sowohl Danton als auch Robespierre fallen hier gleichsam aus der Rolle, ins Gegenteil dessen, was sie sonst vertreten. Damit wird deutlich, daß sie in der Tat eine Rolle spielen, daß sie sich in Sprache und Verhalten stilisieren. Aber die Stilisierung läßt sich nicht aufrechterhalten. Ungewollt brechen Gegentendenzen durch. Robespierres Handeln und Reden wird durch solche Unstimmigkeiten als Pose entlarvt. Es ist also nicht so, daß jeder der beiden, indem er das für ihn Typische verkörpert, seine individuelle Wahrheit fände, im Gegenteil, sie sind damit gerade nicht in der Wahrheit. Dies zu zeigen wäre Büchner nicht möglich, wenn er gewissermaßen in einer der Figuren steckte und aus ihren Augen auf die andere hinblickte. Er hält sich in gleicher Distanz zu beiden, und nur so kann er sie in ihrer feindseligen Zusammengehörigkeit sehen. Zusammengehörig sind sie insofern, als beide ein verzerrtes, falsches Verhältnis zum Wort und zur Tat haben, feindselig in dem Sinne, daß diese Verzerrung und Verfälschung in verschiedener Richtung geht. Das ist es, was der Ausdruck Konfiguration meint: zwei Weisen der Abirrung von der Wahrheit werden geschildert, die sich wie Bild und Spiegelbild zueinander verhalten; die eine zeigt die andere seitenverkehrt. Robespierres Stoizismus bildet mit dem Epikurismus Dantons eine solche Konfiguration: sie sind einander entgegengesetzt, zugleich gehören sie zusammen. Auf dieses Verflochtensein macht Danton aufmerksam, wenn er zu Robespierre sagt, er dürfe das Laster nicht proskribieren, denn er sei ihm vieles schuldig, »durch den Contrast nämlich«, und gleichzeitig erklärt, auch der Stoiker sei ein Epikureer, denn auch er mache sich ein ganz behagliches Selbstgefühl zurecht (27 und 71). Dann muß aber auch das Umgekehrte gelten: auch der Epikureer ist ein Stoiker, ist es ihm doch darum zu tun, sich im behaglichen Selbstgefühl überlegen zu dünken. Nicht anders als der Stoiker kultiviert Danton in sich ein Überlegenheitsgefühl.

Die Gegensätze zeigen sich ineinandergeschoben und verschränkt. Damit sind die Unterschiede relativiert. Sie sind von untergeordneter Bedeutung. Es läuft mit ihnen im Grunde genommen auf eins hinaus. Ob Stoiker, ob Epikureer, was immer der Mensch von sich halte, wir sehen, wenn die Masken abgenommen sind, »wie in einem Zimmer mit Spiegeln überall nur den einen uralten, zahllosen, unverwüstlichen Schaafskopf« (70 f.). So wäre der Mensch nichts weiter als das, und der Sinn von Büchners Figurenkonstellation würde sich darin erschöpfen, dies exemplarisch vor Augen zu führen? In der Tat: wenn es nicht so ist, daß Büchner die eine Figur über die andere erhebt, wenn der Sinn seines Stückes somit nicht dahin geht, zu einer Wahl zwischen den dargestellten Gegensätzen zu veranlassen, dann scheint nichts anderes übrigzubleiben, als daß man sich an das Wort vom unverwüstlichen Schafskopf hält. Aber schon die Fortsetzung dieser Stelle macht das wieder fraglich. »Die Unterschiede sind so groß nicht, wir Alle sind Schurken und Engel, Dummköpfe und Genies und zwar das Alles in Einem.« (71) Dann wäre der Mensch doch nicht das eindeutige Wesen, als welches er soeben mit dem Ausdruck »Schafskopf« apostrophiert worden ist? Es wird ja von ihm gesagt, er sei ein Dummkopf und zugleich ein Genie. Ist er eben noch mit einem Nichts-als gekennzeichnet worden, so wird jetzt durch die Reihenfolge Schurke — Engel, Dummköpfe — Genies ein Mehr-als suggeriert. Der Mensch ist mithin etwas durch und durch Zwiespältiges. Wenn die Sache aber so liegt, muß man sich fragen: Wie kann der solchermaßen in sich zerspaltene Mensch eins sein? Denn diesem Auseinanderstreben in Gegensätzliches muß ja das Ganzseinkönnen zugrunde liegen; der Mensch ist »das Alles in Einem«. Erneut stünden wir damit vor der Aufgabe, abzuklären, ob die Ganzheit, die Büchner ins Auge faßt, von jener Art sei, wie Schiller sie im »Wallenstein« mit der Gegenüberstellung des Realisten und des Idealisten intendiert.

Der Vergleich Schiller — Büchner läßt Verschiedenheiten hervortreten und macht alsbald eine Antwort, wenigstens in Umrissen, sichtbar. Schiller weist in der Abhandlung »Über naive und sentimentalische Dichtung« nach, daß der Realist und der Idealist in je eigener Weise beschränkt sind, daß aber jeder innerhalb der ihm gesetzten Grenzen seine Geltung hat. »Erfahrung und Vernunft haben beyde ihre eigenen Gerechtsame«, sagt Schiller und erläutert dies so: »Die Erfahrung allein kann uns lehren, was unter gewissen Bedingungen ist, was unter bestimmten Voraussetzungen erfolgt, was zu bestimmten Zwecken geschehen muß. Die Vernunft allein kann uns hingegen lehren, was ohne alle Bedingung gilt, und was nothwendig seyn muß.«[17] Dementsprechend kann Schiller auch erklären, der Idealist denke erhabener, als er handle, der Realist hinwiederum sei in seinem Handeln würdiger als in seinem Denken[18], der Idealist vermöge von dem, was der Menschheit möglich sei, einen großen Begriff zu erwecken und Achtung für ihre Bestimmung einzuflößen, aber nur der Realist könne diese Bestimmung verwirklichen; jener sei zwar ein edleres, aber ein ungleich weniger vollkommenes Wesen, dieser erscheine zwar weniger edel, sei dagegen desto vollkommener, denn das Edle liege im Beweis eines großen Vermögens, aber das Vollkommene in der wirklichen Tat[19]. Bei diesem Sachverhalt läßt sich das wahre Wesen des Menschen — so glaubt Schiller — dadurch ins volle Licht bringen, daß der Idealist und der Realist zusammengedacht werden. Da »das Ideal menschlicher Natur unter beyde vertheilt, von keinem aber völlig erreicht ist«[20], soll sich durch die Summation der Teile das Ganze ergeben. In solcher Vereinigung wäre nichts herabgemindert, dem Denken wie dem Handeln wäre Genüge getan.

Auch in Büchners Gestalten werden Einseitigkeiten dargestellt, aber es kann nicht die Rede davon sein, daß die gegensätzlichen Figuren sich ergänzten, indem der Schwäche auf der einen Seite die Stärke auf der andern entspräche und umgekehrt. Während für Schiller die beiden Wesensarten bei aller Beschränkung doch ihre Unbescholtenheit haben, erscheint bei Büchner alles von tiefer Fragwürdigkeit durchsetzt. Ist etwa Robespierre, der sich mit dem Idealisten vergleichen läßt — wenn natürlich auch in Rechnung zu stellen ist, wie sehr die andere Blickweise Büch-ns die Dinge verändert — edler als Danton, der dafür vollkommener chiller erklärt, der Realist suche zu beglücken, der Idealist zu vereu..n, was er liebe[21]; an Danton und Robespierre, bei denen man diese Tendenzen wohl erkennen kann, zeigt sich, daß es mit der Beglückung und der Veredelung nichts ist. Bei Schiller heißt es vom Realisten, Zufriedenheit wohne in seiner Brust, denn wenn er auch die Mängel seines Systems mit seiner persönlichen Würde büße, so erfahre er doch nichts von diesem Opfer; Büchner stellt in Danton das Ineinander von Befriedigung und innerem Unfrieden dar. Nach Schiller zerfällt der Idealist mit sich selbst: er bezahle die Mängel seines Systems mit seinem Indivi-

[17] A. a. O., Bd. 20, S. 500 f.
[18] Ebd., S. 500.
[19] Ebd., S. 501 f.
[20] Ebd., S. 500.
[21] A. a. O., Bd. 20, S. 497.

duum und seinem zeitlichen Zustand, aber er achte dieses Opfer nicht[22]; Büchner verbindet in seinem »Idealisten« Zerrissenheit und Versteifung in hochmütigem Trotz. Wohin man immer blickt, für Büchner gibt es die von Schiller vorgenommenen reinlichen Scheidungen nicht. Dabei handelt es sich nicht um die Grenzüberschreitungen, von denen Schiller spricht: wenn der eine ins Gebiet des andern übergreife, so treibe der Idealist ein leeres Spiel und verscherze den zeitlichen Gehalt seines Lebens, der Realist hingegen mache sich selbst zu einem leeren Spiel und bringe sich um den moralischen Gehalt seines Lebens.[23] Schiller gibt dabei nämlich zu verstehen, daß jeder das Seine doch noch bewahrt: beim Idealisten läuft es mit den Resultaten des Handelns auf nichts heraus, aber es bleibt bei der Würde der Person; beim Realisten ist es um die Würde der Person getan, nicht aber um sein Tätigsein; die Übergriffe haben lediglich »entweder für den innern oder äußern Zustand des Menschen schlimme Folgen«[24]. Eine solche Trennung läßt Büchner nicht gelten. Es ist bei ihm aber auch nicht das augenfällig gemacht, was Schiller Karikaturen des Realisten und des Idealisten nennt, nämlich der gemeine Empiriker und der Phantast[25]. Denn während Schiller feststellt, der falsche Realist habe als Mensch absolut keinen Wert und keine Würde, also weder einen zeitlichen noch einen moralischen Gehalt des Lebens, weist Büchner in jenen Augenblicken, da Danton erschüttert ist, auf wahre Menschlichkeit. Und indes Schiller vom falschen Idealisten sagt, er setze seine Freiheit in die Lossprechung von moralischen Nötigungen, macht Robespierres Empfindlichkeit (30) klar, daß er sich zwar, indem er der Hinrichtung Dantons und seiner Gefährten zustimmt, über den Anspruch der Sittlichkeit hinwegsetzen, nicht aber sich von ihm lossprechen kann.

Diese Befunde zeigen, daß Büchner die Dinge bei vergleichbarem Ansatzpunkt grundlegend anders sieht als Schiller. Mehr noch: man gewinnt den Eindruck, er habe es mit seiner Dichtung, mit seinem Figurenpaar darauf angelegt, Schiller zu widersprechen. Die Tatsache, daß Büchner wiederholt gegen Schiller polemisiert hat, könnte dafür eine Bestätigung sein. Auf jeden Fall hat sich durch den Vergleich mit Schiller die Frage nach dem Ganzseinkönnen des Menschen verschärft. In der von Schiller gewiesenen Richtung kann Büchners Antwort, sollte es sie geben, nicht zu finden sein. Es muß auf einem andern Weg versucht werden, den Sinn der Konfiguration zu erhellen.

[22] Ebd., S. 498.
[23] Ebd., S. 501.
[24] A. a. O., Bd. 20, S. 500 f.
[25] Ebd., S. 502 f.

Die Hilfe der Quellenforschung

Da sich nur wenige Äußerungen Büchners zu seiner Dichtung erhalten haben, muß jeder Weg begangen werden, der uns dieses Werk zu erhellen verspricht. So können wir nicht darauf verzichten, auch die Quellen zu befragen, aus denen Büchner geschöpft hat. Freilich kommt es darauf an, was man dabei unter Quelle versteht und was für Aufschlüsse man davon erwartet. Solange man nach dem Erlebten, Erlernten und Ererbten fahndete, nahm man die Dichtung als ein Erzeugnis, das sich aus diesen oder jenen Voraussetzungen ableiten lasse, und glaubte ihr Verständnis dann gefördert, wenn man die Bedingungen ihres Entstehens, den Wurzelgrund ihres Wachstums, die Antriebe ihrer Entfaltung darzustellen vermocht hatte. Man hielt die Kausalität für den geschichtlichen Zusammenhang, und es befriedigte einen, von Büchner aus Linien zu ziehen zu Brentano, zu Lenz, zu Shakespeare, denn die Konvergenz dieser Linien schien die Gesetzmäßigkeit des ins Auge gefaßten Schaffensprozesses zu verbürgen. Und falls man das wahrhaft Dichterische nicht als das Ableitbare, sondern als das individuelle, freie Schöpferische ansetzte, konnte man die Quellenforschung dennoch, nur in etwas anderer Art, der Interpretation dienlich zu machen suchen, sollte doch die Kenntnis des Überkommenen und Übernommenen die Erkenntnis dessen ermöglichen, was das Neue und somit das dem Dichter Eigentümliche sei. Allerdings führte im Falle Büchner dieses Abwägen von Vorgefundenem und Eigenem oft genug zu einem vernichtenden Resultat: von Eigenständigkeit schien bei ihm kaum die Rede sein zu können. Nur eins wollte sich als Kennzeichen von Eigenart und Originalität anbieten: die atheistischen und nihilistischen Äußerungen, die materialistische Weltanschauung oder doch die Rückhaltlosigkeit, mit der Büchner derartige Gedanken formulierte, denn solche Töne hatte man in der deutschen Dichtung noch nicht vernommen. Büchner wurde damit zu einem einsamen Vorläufer. So wechselten die Akzente; bald nahm man den Dichter mehr für das Geschöpf, bald mehr für den Schöpfer der Zeiten, und mit jeder Betrachtungsweise meinte man dem Kunstwerk seinen wahren Rang zuzusprechen, ob man es nun in den großen Zusammenhang der Entstehung und Entwicklung eines historischen Organismus einbettete oder es als die über aller Bedingtheit vollbrachte Geistestat betrachtete. Man verkannte dabei, daß der Bezug zum Überlieferten weder ein Maß für Notwendigkeit und Zufälligkeit noch ein solches für Freiheit und Unfreiheit hergibt. In der Rezeption eines schon Geschaffenen äußert sich wohl Abhängigkeit, aber Abhängigkeit hebt, wie bei Schelling zu lesen ist, Selbständigkeit, hebt sogar Freiheit nicht auf, sie besagt, daß das Abhängige nur als Folge dessen sein könne, von dem es abhängig ist, sie sagt nicht, was das Abhängige sei.[1] Umgekehrt kann Unabhängigkeit von Bisherigem noch nicht Freiheit und Selbständigkeit bedeuten. Das Schöpferische wird also nicht dadurch in Frage gestellt, daß ein Künstler dies und jenes, mitunter sehr vieles übernimmt, und es wird nicht dadurch verbürgt, daß er Neues hinzuerfindet.

Somit sollen, wenn wir uns in diesem Kapitel um Quellenforschung bemühen, nicht Fragen früherer Literarhistoriker aufgegriffen werden. Es geht nicht um das Problem, was für Einflüsse namhaft zu machen seien und in welchen Antrieben sie sich ausgewirkt hätten, sowenig zur Debatte steht, ob die Nutzung fremden Gutes durch eigene Leistung abgegolten sei. Inwiefern soll dann aber überhaupt noch interessieren können, was Büchner gelesen und in seine Dichtung aufgenommen hat? Wenn das Neue, das der schöpferische Künstler stiftet, nicht aus dem Alten abzu-
‘ten und auch nicht gegen Anleihen zu verrechnen ist, wäre da nicht der Schluß zu ziehen, das Bisherige sei in Hinsicht auf das Neue belanglos? Aber das Neue ist nicht der creatio ex nihilo zu vergleichen. Das Neue ist nicht ohne das Alte, es ist dank ihm und zusammen mit ihm. Die Sprache eines Dichters, mag sie sich auch vom bislang Gehörten in manchem unterscheiden, ist dennoch die überkommene Sprache, und Neues kann nur geschaffen werden, indem man aus ihrem Wesensgrund schöpft. So hat es der Dichter stets mit Überliefertem zu tun, nicht nur zu Zeiten, da er die Werke der Früheren liest, sondern jederzeit, denn er ist in der Sprache heimisch, und diese ist von früherem Denken und Dichten geprägt. Neues entsteht offenbar dadurch, daß Bisheriges wiederholt wird. Wiederholung meint hier etwas anderes als die leerlaufende Repetition. Indem das Bisherige bloß repetiert würde, entstünde nichts Neues; wollte einer aber Neues hervorbringen, indem er vom Bisherigen absähe, so ergäbe sich ein aus allem Zusammenhang Herausgelöstes, das ebenfalls nicht als etwas Neues bezeichnet werden könnte, weil es ja keinen Bezug aufwiese und in seiner Unvergleichlichkeit nur sinnlos, unzugänglich und unverständlich bleiben müßte. In der Wiederholung wird Bisheriges wieder hereingeholt. Der Wiederholende steht somit zu diesem in einem Verhältnis, und allein schon darin, daß das Frühere — im Bezug zu einem Gegenwärtigen — zum Glied eines Verhältnisses wird, bekundet sich

---

[1] Schelling, Philosophische Untersuchungen über das Wesen der menschlichen Freiheit, a. a. O., S. 290.

Neues. Die Möglichkeit, auf das Gewesene zurückzukommen, nicht der Wille, ihm zu entlaufen, ist die Voraussetzung, daß sich Schöpferisches ereignen kann.

Was in solchem Zurückkommen begegnet, ist nicht das sogenannte Vergangene, nichts Erledigtes und Abgetanes, nichts Stummgewordenes; es hat immer noch etwas zu sagen, kommt wieder zu Wort, ist als Mitredendes da. In dieser Weise ist auch Büchners Dichtung da und hat teil an der Welt eines heutigen Lesers, und nicht anders war für Büchner Früheres da, ist es in seiner Welt gegenwärtig. Deshalb gilt es auch jenen Mitredenden nachzufragen, die in seiner Dichtung zu einem Gespräch versammelt sind und dergestalt das Werk mitkonstituieren. Könnte dabei ausgemacht werden, welcher Ort diesen Gesprächspartnern eingeräumt ist und in welche Stellung zueinander sie gebracht sind, müßte darum auch etwas vom Wesen dieser Dichtung zu erfahren sein. Quellenforschung in diesem Sinn hat also nicht die bloßen Materialien, denen erst das Werk Form gibt, zum Gegenstand. Nur aus der Meinung heraus, die im dichterischen Wort gestaltete Welt repräsentiere in einer Abfolge historischer Momente einen bestimmten Punkt, ein Jetzt, dem, eben weil es nun ist und anderes nicht mehr ist, ein ungeheures Recht zuzusprechen sei — nur in der Konstruktion eines derartigen linearen Fortschreitens wird das jeweils Vorausgegangene lediglich zu einem Vorläufigen, darin man Material für die aus Eigenem zu vollbringende Leistung bereitgestellt vorfindet. Da nun aber nach so und so langer Zeit ein Werk der Kunst, statt mittlerweile nichtssagend geworden zu sein, einen etwas anzugehen vermag und seine Bedeutung sich mithin nicht in seinem transitorischen Stellenwert erschöpft, muß es eine Lebendigkeit geben, die anderen Wesens ist als die momenthaft gedachte. Ihr möchten wir mit Hilfe der Quellenforschung näherkommen.

Das Vorhaben ist geleitet von den Erkenntnissen, die wir bei der Untersuchung der Figurenkonstellation gewonnen haben. Es hat sich gezeigt, daß Danton und Robespierre einander nicht in der Weise entgegengesetzt sind, daß der eine dem andern übergeordnet wäre; sie sind auf die gleiche Ebene gestellt, ein Gegenüber von epikureischer Einstellung und stoischer Haltung. Die Einsicht in diese Struktur hat jedoch den Sinn der Konfiguration noch nicht erkennen lassen. Im Gegenteil: hätte man es mit Über- und Unterordnung zu tun, so wäre der Sinn klar, und man hat ihn ja oft genug nach Maßgabe eines solchen Verhältnisses beschrieben. Durch die Gegenüberstellung hat sich nun aber dieser Sinn vielmehr verwirrt statt geklärt. Deshalb haben wir der Frage nach ihm erneut nachzugehen, und wir sehen uns dabei um, wo Büchner einer Darstellung begegnet sein mag, welche von einer vergleichbaren Gegensätzlichkeit handelt, sie in derselben Art strukturiert sieht und des weiteren Aufschluß darüber gibt, auf Grund welchen Sinnzusammenhanges es zu einer solchen Sicht der Dinge kommt.

Eine Anthropologie umfassenden Ausmaßes ist von Pascal entworfen worden. Ob ihre Grundzüge die Menschendarstellung Büchners bestimmt haben könnten, dies auch nur zu erwägen, scheint zunächst abwegig zu sein. Und doch: es darf als erwiesen gelten, daß Büchner die »Pensées« von Pascal gelesen hat. Der Beleg dafür ist der Anfang des Lustspiels »Leonce und Lena«. »Sehen Sie diese Hand voll Sand?« sagt da Leonce zum Hofmeister, »jetzt werf' ich sie in die Höhe. Wollen wir wetten? Wieviel Körnchen hab' ich jetzt auf dem Handrücken? Grad oder ungrad? — Wie? Sie wollen nicht wetten? Sind Sie ein Heide? Glauben Sie an Gott?« (105) Dem ersten Blick zeigt sich in der Gedankenfolge von der Wette zum Glauben nur völlige Zusammenhanglosigkeit, und man denkt — zu Recht übrigens — an eine hamletische Narretei, mit der sich der Prinz über den verständigen und doch so verständnislosen Hofmeister lustig macht; aber die Sache hat noch einen tiefern, geheimen Sinn, der sich nur auf dem Hintergrund der Pascalschen »nécessité du pari« erkennen läßt, wie an späterer Stelle auszuführen sein wird.[2] Dieses Indiz ist geradezu eine Aufforderung, die »Pensées« im Hinblick auf Büchners Figurenkonstellation zu durchgehen und das Augenmerk auf allfällige Entsprechungen zu richten. Da ist es nun wahrlich überraschend, wie genau die Charakterisierung Dantons und Robespierres mit Pascals Menschenbild übereinstimmt.

Pascal spricht vom Kampf zwischen Vernunft und Leidenschaft, den jeder in sich selbst austrägt. »Guerre intestine de l'homme entre la raison et les passions. S'il n'avait que la raison sans passions ... S'il n'avait que les passions sans raison ... Mais ayant l'un et l'autre, il ne peut être sans guerre, ne pouvant avoir la paix avec l'un qu'ayant guerre avec l'autre:

---

[2] Jürgen Schröder gibt einen Hinweis auf Büchners Pascallektüre, indem er zu der erwähnten Stelle bemerkt: »... übrigens eine Anspielung auf Pascals berühmte Wette.« (Georg Büchners Leonce und Lena, Eine verkehrte Komödie, München 1966, S. 18). Er wertet seine Beobachtung aber nicht weiter aus. Schon früher hat Donald Brinkmann eine Beziehung zu Pascal vermutet. (Vgl. Georg Büchner als Philosoph, Zürich 1958, S. 31). Das Wort, bei welchem er sich an Pascal erinnert fühlt, steht im »Woyzeck«: »Jeder Mensch ist ein Abgrund, es schwindelt einem, wenn man hinabsieht.« (165)

ainsi il est toujours divisé, et contraire à lui-même.«[3] Dieser Streit spielt sich nicht nur im Innern eines jeden Menschen ab, er hat die Menschheit in zwei feindliche Lager zerteilt: »Cette guerre intérieure de la raison contre les passions a fait que ceux qui ont voulu la paix se sont partagés en deux sectes. Les uns ont voulu renoncer aux passions, et devenir dieux; les autres ont voulu renoncer à la raison, et devenir bêtes brutes.«[4] Es ist also gerade der Wunsch des Einzelnen nach Frieden, der die Zerspaltung der Menschheit und damit unaufhörliche Möglichkeiten feindseliger Auseinandersetzungen hervorbringt. Dieses Verhängnis ist über den Menschen gekommen, seit sich ihm das Wahre, Hohe und einzig Gute entzogen hat. »Depuis qu'il a perdu le vrai bien, tout également peut lui paraître tel. [...] Les uns le cherchent dans l'autorité, les autres dans les curiosités et dans les sciences, les autres dans les voluptés.«[5] Wird der Mensch von der libido dominandi beherrscht, so verfällt er dem Dünkel, der Anmaßung, dem Hochmut; wer hingegen von der libido sentiendi erfüllt ist, den tragen die Sinne, die von der Vernunft unabhängig und oft gar Herren der Vernunft sind, von Zerstreuung zu Zerstreuung mit sich fort.[6]

Nicht sämtliche Parallelen zu Büchners Figuren sollen hier einzeln angeführt werden; es genügt, an Hand einiger Hauptstichwörter auf die

---

[3] Die Zitate aus den »Pensées« folgen in Wortlaut und Zählung der Ausgabe von Brunschvicg (Oeuvres de Blaise Pascal, XII—XIV, Paris 1904). Da Brunschvicg bei jedem Fragment Hinweise auf dessen wichtigste frühere Veröffentlichungen gibt, läßt sich aus seinem Text sogleich ersehen, ob Büchner die betreffende Stelle gekannt haben kann oder nicht. Dagegen habe ich keine sicheren Anhaltspunkte dafür gefunden, welche Ausgabe Büchner benutzt hat. —
Br. 412: »Bürgerkrieg im Menschen zwischen der Vernunft und den Leidenschaften. Wenn er nur die Vernunft hätte und ohne Leidenschaften wäre... Wenn er nur die Leidenschaften hätte und ohne Vernunft wäre... Aber da er das eine und das andere hat, wird er nie ohne Krieg sein, kann er doch mit dem einen nur Frieden haben, wenn er mit dem andern Krieg führt: so ist er immer gespalten und sein eigener Gegner.« (Die deutsche Wiedergabe erfolgt unter freier Verwendung von Ewald Wasmuths Pascalübersetzung, 6. Aufl., Heidelberg 1963.)
[4] Br. 413: »Dieser innere Krieg der Vernunft gegen die Leidenschaften hat bewirkt, daß diejenigen, welche Frieden haben wollten, sich in zwei Sekten spalteten. Die einen wollten auf die Leidenschaften verzichten und Götter werden; die andern wollten auf die Vernunft verzichten und Tiere werden.«
[5] Br. 425: »Seit er das wahre Gut verloren hat, kann ihm alles ohne Unterschied als solches erscheinen. [...] Die einen suchen es in der Vollmacht des Lehrens und Führens, die andern im Anstaunen von allerhand Merkwürdigkeiten und in den Wissenschaften, wieder andere in der sinnlichen Lust.« — In »Dantons Tod« spielt Büchner auf die »curiosités« und die Wissenschaften nur beiläufig an (Gespräch zweier Herren, S. 36), behandelt aber dieses Thema in den Jahrmarkt- und Doktorszenen des »Woyzeck« ausführlicher.
[6] Vgl. Br. 458 und 430.

49

wichtigsten Entsprechungen hinzuweisen. Devenir dieux — Robespierre spricht es, sich auf Christus beziehend, ungescheut aus: »Er hat sie mit seinem Blut erlöst und ich erlöse sie mit ihrem eignen.« (30); devenir bêtes brutes — in einer Bemerkung Dantons auf der Promenade erscheint dies ins Drastische übersetzt: »Möchte man nicht drunter springen, sich die Hosen vom Leibe reißen und sich über den Hintern begatten wie die Hunde auf der Gasse?« (35) Pascal nennt die beiden gegensätzlichen Daseinsformen, die sich zu allen Zeiten wieder neu herauskristallisiert haben, nach ihrer griechischen Ausprägung Stoizismus und Epikurismus[7], und es ist eines der auffälligsten Merkmale der Parallele zu Pascal, daß auch Büchners Gegensatzpaar sich mit den Begriffen »stoisch« und »epikureisch« fassen läßt. »Les uns considérant la nature comme incorrompue, les autres comme irréparable, ils n'ont pu fuir, ou l'orgueil, ou la paresse, qui sont les deux sources de tous les vices; puisqu'ils ne peuvent sinon ou s'y abandonner par lâcheté, ou en sortir par l'orgueil. Car, s'ils connaissaient l'excellence de l'homme, ils en ignoraient la corruption; de sorte qu'ils évitaient bien la paresse, mais ils se perdaient dans la superbe; et s'ils reconnaissaient l'infirmité de la nature, ils en ignoraient la dignité: de sorte qu'ils pouvaient bien éviter la vanité, mais c'était en se précipitant dans le désespoir. De là viennent les diverses sectes des stoïques et des épicuriens.«[8] Zwar könnte man zunächst den Eindruck haben, der Begriff des Unverdorbenen stehe im Widerspruch zu Robespierres revolutionärem Umgestaltungswillen, der ja Verderbnis voraussetzt; aber man muß darauf achten, daß von »nature incorrompue« die Rede ist: der Mensch sei von Natur aus, dem Wesen nach, im innersten Kern nicht korrumpiert, er sei es bloß infolge gewisser Umstände, der Erscheinungsform nach, in peripheren Bereichen, weshalb man denn auch dem Willen und der Tatkraft des Menschen eine so entscheidende Bedeutung, ja geradezu erlösende Wirkung meint zuschreiben zu können. Dieser Pelagianismus

---

[7] Diese zwei Arten des Daseins werden auch in Pascals Entretien avec M. de Saci dargestellt; als Beispiele dienen hier Epiktet und Montaigne. Büchner könnte die Aufzeichnung dieses Gesprächs ebenfalls gekannt haben.

[8] Br. 435: »Da die einen die Natur als unverdorben, die andern sie als unheilbar betrachteten, vermochten sie dem Hochmut beziehungsweise der Trägheit, welche die beiden Quellen aller Laster sind, nicht zu entrinnen. Denn sie können ja nur entweder aus Schlaffheit sich ihnen überlassen oder aus Hochmut sich ihnen entziehen. Wenn sie nämlich die Vortrefflichkeit des Menschen kannten, so wußten sie doch nichts von seiner Verderbtheit; so daß sie wohl die Trägheit vermieden, sich aber in die Hybris verirrten; und wenn sie die Gebrechlichkeit der Natur erkannten, so wußten sie nichts von ihrer Würde; so daß sie zwar der Selbstgefälligkeit entgehen konnten, aber nur, indem sie sich in die Verzweiflung stürzten. Daher kommen die verschiedenen Schulen, wie die der Stoiker und der Epikureer.«

kennzeichnet auch Robespierre. Ebenso klar ist auf der andern Seite der Bezug zu Danton zu erkennen. Der Ausdruck »infirmité de la nature« schließt jegliche Art der Bedürftigkeit ein: Natur erscheint hier als jenes Wesen, das stets Bedürfnisse zu befriedigen suchen muß, und diesem Hin und Her zwischen Entbehrung und Sättigung, zwischen Schmerz und Lust ist nicht abzuhelfen.

Büchner fand bei seiner Beschäftigung mit der Geschichte der Französischen Revolution Robespierre und Danton zunächst als historische Gestalten vor. Aber er erkannte in ihnen zwei Menschentypen, welche genau den beiden Grundhaltungen entsprachen, die Pascal unter der Bezeichnung Stoiker und Epikureer beschreibt. Darum sind in Büchners Stück die Figuren Dantons und Robespierres auf Pascals Anthropologie hin profiliert, und darüber hinaus enthält es zahlreiche Anklänge an Formulierungen der »Pensées«. In den geschichtlichen Darstellungen war Dantons Lässigkeit vorgezeichnet[9], und Büchner greift dieses Motiv mehrfach auf. Danton gibt seine Neigung zur Bequemlichkeit zu: »Ich wollte mir's bequem machen.« (32) Die Freunde sprechen unumwunden von seiner Faulheit (33) und Trägheit (38), und Dantons Bemerkung »Ich bin nicht träg, aber müde« (38) stellt im Grunde diese Trägheit nicht in Abrede, sondern läßt als ihre Wurzel einen letzten Zermürbungszustand erkennen, auf den auch die Ansicht, das Leben sei wie der Tod eine Fäulnis (61), hindeutet. Ebenso arbeitet Büchner im Porträt Dantons die von der Geschichtsschreibung überlieferten Züge der Vergnügungssucht heraus.[10] Nun aber hat er, über die Vorlagen hinausgehend, diesem Hang zur Bequemlichkeit und zur Zerstreuung den Hintergrund der Langeweile gegeben, und damit ergibt sich der Horizont, in welchem Pascal die Wesenszüge des Epikureers — paresse[11] und divertissement — sieht: sie sind aus dem Ennui verstanden, aus der Langeweile, dem Überdruß, der gleicherweise den Gram wie die Sehnsucht in sich enthält.[12] Zum Ennui

[9] Adolphe Thiers erwähnt Dantons »paresse« und »indolence« in seiner »Histoire de la Révolution française« (4. Aufl., Paris 1834, S. 192, 194, 221).

[10] Thiers nennt Danton »avide d'émotions et de plaisirs« (a. a. O., S. 220) und erklärt: »Cet homme, si puissant dans l'action, retombait pendant l'intervalle des dangers dans l'indolence et les plaisirs qu'il avait toujours aimés.« (S. 221)

[11] Man beachte den Ausdruck »paresse« im Pascalzitat auf S. 50 (Br. 435).

[12] Danton sagt zu Beginn des zweiten Aktes: »Das ist sehr langweilig immer das Hemd zuerst und dann die Hosen drüber zu ziehen und des Abends in's Bett und Morgens wieder heraus zu kriechen.« (31) — Büchner dürfte sich dabei an eine Stelle in »Dichtung und Wahrheit« (3. Teil, 13. Buch) erinnert haben: »Von einem Engländer wird erzählt, er habe sich aufgehangen, um nicht mehr täglich sich aus- und anzuziehen.« (Artemis-Ausgabe, Zürich 1948 ff., S. 632). Diese Einzelheit konnte Büchner in die Figur Dantons eintragen, weil er in Pascals grundlegender Darstellung des Ennui den Kanevas dazu hatte.

gehört all das, was auf dem Dasein lastet, es schlaff macht und es zugleich mit dem Verlangen nach unbeschwerter Munterkeit erfüllt. Danton, wie Büchner ihn auf die Bühne bringt, ist die Illustration zu folgendem Wort: »La seule chose qui nous console de nos misères est le divertissement, et cependant c'est la plus grande de nos misères. Car c'est cela qui nous empêche principalement de songer à nous, et qui nous fait perdre insensiblement. Sans cela, nous serions dans l'ennui, et cet ennui nous pousserait à chercher un moyen plus solide d'en sortir. Mais le divertissement nous amuse, et nous fait arriver insensiblement à la mort.«[13]

Wie an der Gestalt Dantons ennui und désespoir im Pascalschen Sinne offenkundig werden, so an Robespierre orgueil und vanité. Sein Hochmut und seine Selbstgefälligkeit zeigen sich nicht nur in seinen Reden, Büchner gibt auch sonst deutliche Hinweise darauf, etwa wenn er Danton sagen läßt: »Ich konnte dergleichen gespreizte Catonen nie ansehn, ohne ihnen einen Tritt zu geben« (12) oder, in der Auseinandersetzung mit Robespierre: »Nicht wahr Unbestechlicher, es ist grausam dir die Absätze so von den Schuhen zu treten.« (27) Vielleicht hielt sich Büchner bei dieser Stelle vor Augen, daß auf dem bekannten, von Rigaud gemalten Porträt Ludwigs des Vierzehnten der Monarch Schuhe mit jenen hohen roten Absätzen trägt, die vom Adel kopiert wurden, so daß man die Höflinge kurzerhand »talons rouges« nannte; Dantons Ausspruch würde dann den als Überheblichkeit, als eitle Staffage demaskierten Tugendstolz mit einer aristokratischen Mode vergleichen, und es wäre gerade diese Anspielung auf das Aristokratische, die Robespierre besonders trifft, kommt er doch im Monolog auf das beißende Wort zurück: »Die Tugend ein Absatz meiner Schuhe!« (28)[14] Auch dort, wo sich Büchner wörtlich an die historischen Quellen hält, dürfte die Pascallektüre hineingewirkt haben, indem sie nämlich die Auswahl mitbestimmte, so etwa beim folgenden Ausschnitt aus der Rede Robespierres[15]: »Die Waffe der Republik

---

[13] Br. 171: »Das Einzige, was uns über unser Elend tröstet, ist die Zerstreuung, und doch ist gerade sie unser allergrößtes Elend. Denn sie ist es vor allem, die uns daran hindert, über uns nachzudenken, so daß wir zugrunde gehen, ohne es zu merken. Ohne sie wären wir in der Langeweile, und diese Langeweile triebe uns dazu, ein sichereres Mittel zu suchen, aus ihr herauszukommen. Aber die Zerstreuung unterhält uns und bringt es fertig, daß wir zum Tode gelangen, ohne es gewahr zu werden.«

[14] Daß für Pascal »talon de soulier« das Stichwort für alle Eigenschaften ist, die sich der Mensch zulegt, um sich in der Gesellschaft ein höheres Ansehen zu geben, hat Büchner nicht wissen können, da die Fragmente Br. 116 und 117 erst im Jahre 1844 — von Faugère — publiziert worden sind.

[15] Vgl. dazu Richard Thieberger, Georges Büchner, La Mort de Danton, Paris 1953, p. 37.

ist der Schrecken, die Kraft der Republik ist die Tugend. Die Tugend, weil ohne sie der Schrecken verderblich, der Schrecken, weil ohne ihn die Tugend ohnmächtig ist. Der Schrecken ist ein Ausfluß der Tugend, er ist nichts anders als die schnelle, strenge und unbeugsame Gerechtigkeit.« (18) Diese Stelle läßt Büchner durch Lacroix kommentieren: »Robespierre fingerte auf der Tribüne und sagte: die Tugend muß durch den Schrecken herrschen. Die Phrase machte mir Halsweh.« (24) Und ebendiese Phrasenhaftigkeit, die Verlogenheit solcher Gedanken wird von Pascal entlarvt: »La justice sans la force est impuissante: la force sans la justice est tyrannique. La justice sans force est contredite, parce qu'il y a toujours des méchants; la force sans la justice est accusée. Il faut donc mettre ensemble la justice et la force; et pour cela faire que ce qui est juste soit fort, ou que ce qui est fort soit juste. — La justice est sujette à dispute, la force est très reconnaissable et sans dispute. Ainsi on n'a pu donner la force à la justice, parce que la force a contredit la justice et a dit qu'elle était injuste, et a dit que c'était elle qui était juste. Et ainsi ne pouvant faire que ce qui est juste fût fort, on a fait que ce qui est fort fût juste.«[16] Mühelos lassen sich weitere Stellen aus den »Pensées« beibringen, die es immer wahrscheinlicher machen, daß Büchners Drama nicht nur einzelne Reminiszenzen der Pascallektüre aufweist, sondern in seiner Struktur von Pascal mitgeformt ist. In den »Pensées« entspricht dem Gegensatz von Stoikern und Epikureern die Entgegenstellung von Innen und Außen: »Les stoïques disent: ›Rentrez au dedans de vous-mêmes; c'est là où vous trouverez votre repos‹. Et cela n'est pas vrai. — Les autres disent: ›Sortez en dehors: recherchez le bonheur en vous divertissant‹. Et cela n'est pas

---

[16] Br. 298: »Ohne die Macht kann das Recht nichts ausrichten, ohne das Recht unterjocht die Macht alles. Das machtlose Recht wird angefochten, denn es gibt immer böse Menschen; die rechtlose Macht sitzt auf der Anklagebank. Man muß also die Macht und das Recht miteinander verbinden und zu diesem Zweck dafür sorgen, daß das, was recht ist, mächtig sei oder das, was mächtig ist, gerecht. — Was unter Gerechtigkeit zu verstehen sei, ist umstritten; was Macht ist, läßt sich sehr wohl erkennen, so daß es darüber nichts zu rechten gibt. Darum hat man dem Recht nicht zur Macht verhelfen können, denn die Macht wandte sich gegen das Recht und bezichtigte es, ungerecht zu sein, und behauptete von sich selbst, sie sei gerecht. Und da es sich nicht machen ließ, daß mächtig sei, was recht ist, richtete man es so ein, daß recht sei, was mächtig ist.« Vgl. auch Br. 299: »Ne pouvant faire qu'il soit force d'obéir à la justice, on a fait qu'il soit juste d'obéir à la force; ne pouvant fortifier la justice, on a justifié la force, afin que le juste et le fort fussent ensemble.« (»Da man nicht erreichen konnte, daß dem Recht zu gehorchen Macht sei, wirkte man dahin, daß der Macht zu gehorchen recht sei; weil man die Gerechtigkeit nicht mächtig zu machen verstand, erklärte man die Macht als gerecht, damit das Gerechte und das Mächtige verbunden seien.«)

vrai.«[17] Und genau diese Entsprechung findet sich auch bei Büchner. Der Stoiker Robespierre zertrennt — wir haben darauf hingewiesen[18] — Innen und Außen, weil er sich in die Innerlichkeit retten möchte; der Epikureer Danton wird — darauf macht vielleicht erst das Pascalwort aufmerksam — auffallend häufig beim Hinausgehen gezeigt. Parallel zum Gegensatz zwischen Stoikern und Epikureern läuft bei Pascal derjenige zwischen Dogmatikern und Skeptikern.[19] Und so hat Büchner dem Stoiker Robespierre, dem »Dogma der Revolution« (32), das ganze Gehabe der Selbstgewißheit verliehen, und in Danton hat er die Züge des Zweifelsgeistes eingezeichnet: »Was weiß ich? Wir wissen wenig voneinander. [...] Einander kennen? Wir müßten uns die Schädeldecken aufbrechen und die Gedanken einander aus den Hirnfasern zerren.« (9) »Es wurde ein Fehler gemacht, wie wir geschaffen wurden, es fehlt uns etwas, ich habe keinen Namen dafür, wir werden es einander nicht aus den Eingeweiden herauswühlen, was sollen wir uns drum die Leiber aufbrechen?« (32) »Camille: Wo gehst du hin? Danton: Ja, wer das wüßte!« (38) Nun aber kann es geschehen, daß der Skeptiker, der an allem zweifelt, nur daran nicht, daß er zweifelt, sich unversehens mit ausgesprochen apodiktischen Äußerungen vernehmen läßt: »Es giebt nur Epicuräer« (27) — »Das Nichts ist der zu gebärende Weltgott« (72) — »Die Welt ist das Chaos« (72).[20] Und der Selbstgewisse scheint plötzlich seine Sicherheit verloren zu haben: »Ich weiß nicht, was in mir das Andere

---

[17] Br. 465: »Die Stoiker sagen: ›Kehrt ein in euer Inneres; dort werdet ihr eure Ruhe finden‹. Und das ist nicht wahr. Die andern sagen: ›Geht hinaus: sucht das Glück in der Zerstreuung‹. Und das ist nicht wahr.«

[18] Vgl. S. 26 f.

[19] Vgl. Br. 435 und 392. Pascal nennt die Skeptiker zumeist nach dem griechischen Philosophen »pyrrhoniens« oder bezeichnet sie als »académiciens«.

[20] Zu den Ahnherren Dantons gehört außer Voltaire, auf den er einmal anspielt (67), auch Montaigne. Man könnte eine Reihe von Parallelen aufzeigen. Beiden erscheint die Welt als Chaos, als désordre. Dantons »Was weiß ich?« nimmt das »Que sais-je?« Montaignes auf. Wenn Danton erklärt, auch der Tugendhafte sei ein Epikureer (27), so erinnert dies an Montaignes Wort: »Quoy qu'ils dient, en la vertu mesme, le dernier but de nostre visée, c'est la volupté.« (»Was immer sie sagen mögen, selbst in der Tugend haben wir es letztlich auf die Wollust abgesehen.« — Montaigne, Essais, Bibliothèque de la Pléiade, Paris 1950, Livre I, Chapitre XX, Que philosopher c'est apprendre à mourir, p. 104.) Auffallenderweise geht der Skeptizismus Montaignes wie der Dantons nicht so weit, daß er Glücks- und Schmerzempfindung miteinschlösse: in ihrer epikureischen Ansicht sind beide dogmatisch.

belügt.« (28)[21] Die Interpreten empfinden diese Widersprüche offensichtlich als Ärgernis; sie würden ihnen sonst nicht so sorgfältig auszuweichen suchen, und man würde, wo man auf solche Widersprüchlichkeiten hinweist, nicht bedauernd erklären, sie seien unlösbar[22], oder gar meinen, sie seien ein Zeichen philosophischer und dichterischer Unreife[23]. Doch statt an ihnen Anstoß zu nehmen, könnte man sich an einem Wort Hofmannsthals orientieren: »Wir sind nichts als Widerspruch, aber in ihm vielleicht offenbart sich unser Wesen und ein Hohes, das mit uns schaltet.«[24] Denn gerade auf diese Widersprüche kommt es an, und um ihretwillen ist es notwendig, den Bezug Büchners zu Pascal aufzudecken; jetzt, da es nicht mehr nur darum geht, die Entgegenstellungen in ihren Wesenszügen zu erkennen, sondern da darüber hinaus nach der Bedeutung dieser Konfigurationen gefragt werden soll, muß sich zeigen, was dieser Nachweis zu leisten vermag.

Nach Pascal ist es dem Menschen unmöglich, ganz und gar Stoiker oder Epikureer zu werden: »Les uns ont voulu renoncer aux passions, et devenir dieux; les autres ont voulu renoncer à la raison, et devenir bêtes brutes. Mais ils ne l'ont pu, ni les uns ni les autres; et la raison demeure toujours, qui accuse la bassesse et l'injustice des passions, et qui trouble le repos de ceux qui s'y abandonnent; et les passions sont toujours vivantes dans ceux qui y veulent renoncer.«[25] Und ebenso unmöglich ist es dem Menschen, ein vollkommener Skeptiker oder ein reiner Dogmatiker zu sein. »Nous avons une impuissance de prouver, invincible à tout le dog-

[21] Es ist bemerkenswert, daß Büchner den Dogmatiker Robespierre das Hauptargument des Skeptizismus aufgreifen läßt, die Frage nämlich, ob nicht unser Wachen ein Traum sei (28). Von dieser Frage ging Descartes in seinem methodischen Zweifel aus (vgl. Büchners Darstellung II, 152 f.); er glaubte sie endgültig hinter sich gelassen zu haben und zu unumstößlicher Gewißheit gelangt zu sein, indem er sich sagte, Gott könne, da er kein Betrüger sei, uns kein trügliches Erkenntnisvermögen gegeben haben. Büchner stellt an Robespierre dar, wie diese Selbstgewißheit wieder an ihren Ausgangspunkt, den Zweifel, zurückkehrt.

[22] Gonthier-Louis Fink, Volkslied und Verseinlage in den Dramen Büchners, DVjs. 35, 1961, S. 588, Anm.

[23] Ronald Peacock, A note on Georg Büchners plays, German Life and Letters X, 1956—57, S. 189 f., übersetzt in: Georg Büchner, hrsg. von Wolfgang Martens, Wissenschaftl. Buchgesellsch. Darmstadt 1965: R. P., eine Bemerkung zu den Dramen Büchners, S. 364.

[24] Hugo v. Hofmannsthal, Prosa IV, Frankfurt a. M. 1955, S. 146.

[25] Br. 413: »Die einen wollten auf die Leidenschaften verzichten und Götter werden; die andern wollten auf die Vernunft verzichten und Tiere werden. Aber sie konnten es nicht, weder die einen noch die andern; immer bleibt die Vernunft, welche die Niedrigkeit und Ungerechtigkeit der Leidenschaften anklagt und den Frieden derer stört, die sich ihnen hingeben; und immer sind die Leidenschaften lebendig in denen, die ihnen absagen wollen.«

matisme. Nous avons une idée de la vérité, invincible à tout le pyrrhonisme.«[26] Weder ist uns in Wahrheit ein unbezweifelbares Wissen eigen, noch können wir uns wirklich der Ungewißheit des Zweifels aussetzen; wir leben im Zwielichtigen, »dans une certaine obscurité douteuse, dont nos doutes ne peuvent ôter toute la clarté, ni nos lumières naturelles en chasser toutes les ténèbres.«[27] Der Mensch ist ein sich selbst widersprechendes Wesen: »Il est toujours divisé, et contraire à lui-même.«[28] Er trägt in sich das Chaos, er ist ein Monstrum: »Juge de toutes choses, imbécile ver de terre; dépositaire du vrai, cloaque d'incertitude et d'erreur; gloire et rebut de l'univers.«[29] Da erhebt sich die Frage: »Que nous crie donc ce chaos et cette confusion monstrueuse?« Es ist ebendiese Frage, die in »Dantons Tod« dem Zuschauer suggeriert wird. Und die nämliche expressive Kraft, mit der sie bei Pascal formuliert ist, kennzeichnet auch Büchners Dichtung.[30] Sollte dann in ihr nicht auch eine Antwort zu vernehmen sein, von der Art wie sie Pascal beifügt? »Que nous crie donc ce chaos et cette confusion monstrueuse, sinon la vérité de ces deux états, avec une voix si puissante qu'il est impossible de résister?«[31]

Was aber besagt hier »Wahrheit«? Es ist damit nicht einfach die Wirklichkeit gemeint: daß der Mensch tatsächlich nichts als Widerspruch sei. Die Wahrheit ist darin zu sehen, daß sich in der Widersprüchlichkeit das ganze Elend des Menschen und zugleich seine Größe ausdrückt, daß die »condition humaine« wohl »notre déplorable condition« ist, aber in ihrer Beklagenswürdigkeit — nicht etwa trotz ihr — »des caractères ineffaçables d'excellence«[32] zeigt. Wenn Pascal die »misère de l'homme« darstellt, ist daran zu denken, daß er sagt: »La grandeur de l'homme est grande en ce qu'il se connaît misérable. Un arbre ne se connaît pas misérable. — C'est donc être misérable que de se connaître misérable;

---

[26] Br. 395: »Es gibt eine Ohnmacht im Beweisen, die kein Dogmatismus zu überwinden vermag. Wir haben ein Bild von der Wahrheit, welches kein Skeptizismus zerstören kann.«

[27] Br. 392: »... in einer Art von unbestimmtem Dämmerlicht, und weder vermögen unsere Zweifel ihm jede Helligkeit zu nehmen, noch kann das natürliche Licht unserer Vernunft alles Dunkel daraus vertreiben.«

[28] Vgl. S. 49, Anm. 3.

[29] Br. 434: »Beurteiler aller Dinge, törichter Erdenwurm; Verwalter der Wahrheit, Kloake von Ungewißheit und Irrtum; Ruhm und Auswurf des Universums.«

[30] Nicht zufällig haben die Expressionisten »Dantons Tod« hochgeschätzt.

[31] Br. 435: »Was schreit uns denn dieses Chaos und diese ungeheuerliche Wirrnis in die Ohren, wenn nicht die Wahrheit vom Doppelwesen des Menschen, und mit einer so gewaltigen Stimme, daß es unmöglich ist, sie zu überhören?«

[32] Br. 435: »... unauslöschliche Züge von Vortrefflichkeit...«

mais c'est être grand que de connaître qu'on est misérable.«[33] Der Mensch könnte nämlich nicht die Erkenntnis seines Elends haben, wäre ihm nicht eine Kenntnis der Wahrheit und des Heils gegeben. »Si l'homme n'avait jamais été corrompu, il jouirait dans son innocence et de la vérité et de la félicité avec assurance; et si l'homme n'avait jamais été que corrompu, il n'aurait aucune idée ni de la vérité ni de la béatitude. Mais, malheureux que nous sommes, et plus que s'il n'y avait point de grandeur dans notre condition, nous avons une idée du bonheur, et ne pouvons y arriver; nous sentons une image de la vérité, et ne possédons que le mensonge; incapables d'ignorer absolument et de savoir certainement, tant il est manifeste que nous avons été dans un degré de perfection dont nous sommes malheureusement déchus!«[34]

Büchner hat in der Gestalt Robespierres dargestellt, was Pascal so ausspricht: »Nous souhaitons la vérité, et ne trouvons en nous qu'incertitude«, und in der Gestalt Dantons das zugehörige Gegenstück: »Nous cherchons le bonheur, et ne trouvons que misère et mort.«[35] In ihrem Suchen sind beide bestimmt vom Wissen um das einstmalige Anderssein des Menschen und vom Willen, das Verlorene wieder zu finden. Büchner macht dies deutlich, indem er Danton, wie es für dessen Agnostizismus typisch ist, sagen läßt: »Es wurde ein Fehler gemacht, wie wir geschaffen wurden, es fehlt uns etwas, ich habe keinen Namen dafür« (32), und indem er Robespierre das Wort zuteilt: »Es erlöst Keiner den Andern mit seinen Wunden.« (31) Dem Leser des Dramas wird klargemacht: »Nous sommes incapables de ne pas souhaiter la vérité et le bonheur, et sommes incapables ni de certitude ni de bonheur.«[36] Darin Pessimismus erkennen zu wollen ist zumindest voreilig; man müßte sich fragen, ob

---

[33] Br. 397: »Die Größe des Menschen ist insofern groß, als er sich als elend erkennt. Ein Baum erkennt sich nicht als elend. Es heißt also elend sein, sich als *elend* zu erkennen; aber es heißt groß sein, zu *erkennen*, daß man elend ist.«

[34] Br. 434: »Wäre der Mensch nie verderbt worden, so würde er in seiner Unschuld sich der Wahrheit und der Glückseligkeit unangefochten erfreuen; und wäre der Mensch schon immer verderbt gewesen, so hätte er weder von der Wahrheit noch von der Glückseligkeit irgendeine Vorstellung. Aber unglücklich, wie wir sind, und dies noch mehr, als wenn es keine Größe in unserem Dasein gäbe, haben wir eine Vorstellung vom Glück und können nicht hingelangen; wir haben ein Gefühl für die Wahrheit und besitzen nur die Lüge. Wir sind unfähig, ganz und gar nichts zu wissen, und ebenso unfähig, etwas mit Sicherheit zu wissen: so offensichtlich ist es, daß wir einmal auf einer Stufe der Vollkommenheit waren, von der wir unseligerweise herabgestürzt sind.«

[35] Br. 437: »Wir verlangen nach der Wahrheit und finden in uns nur Ungewißheit. Wir suchen das Glück und finden nur Elend und Tod.«

[36] Br. 437: »Wir sind unfähig, die Wahrheit und das Glück nicht zu wünschen, und sind ebenso unfähig, Gewißheit und Glück zu erlangen.«

dabei nicht übersehen werde, daß die Rede von der Ohnmacht immer auch, wenngleich in versteckter Weise, von der Macht kündet, ohne welche die Ohnmacht nicht ist, und vor allem müßte man die Frage stellen, ob denn Ohnmacht so ohne weiteres als Hoffnungslosigkeit aufzufassen sei. Könnte in der Ohnmacht nicht gerade Hoffnung liegen: daß nämlich ein Hohes mit uns waltet, wenn unser Stoizismus daran gehindert wird, zu erreichen, was ihm vorschwebt, und wenn unser Epikurismus daran gehindert wird, dem ganz nachzugeben, wozu er einen Hang hat? Es hat nichts von Resignation an sich, wenn Pascal nach der Feststellung: »Les uns ont voulu renoncer aux passions, et devenir dieux; les autres ont voulu renoncer à la raison, et devenir bêtes brutes« beifügt: »Mais ils ne l'ont pu, ni les uns ni les autres; et la raison demeure toujours, qui accuse la bassesse et l'injustice des passions, et qui trouble le repos de ceux qui s'y abandonnent; et les passions sont toujours vivantes dans ceux qui y veulent renoncer.«[37] Offensichtlich werden wir davon abgehalten, einen Irrweg zu verfolgen. Pascal hat dies am ausführlichsten in seiner Auseinandersetzung mit den Epikureern dargestellt. »Ils ont un instinct secret qui les porte à chercher le divertissement et l'occupation au dehors, qui vient du ressentiment de leurs misères continuelles; et ils ont un autre instinct secret, qui reste de la grandeur de notre première nature, qui leur fait connaître que le bonheur n'est en effet que dans le repos, et non pas dans le tumulte; et de ces deux instincts contraires, il se forme en eux un projet confus, qui se cache à leur vue dans le fond de leur âme, qui les porte à tendre au repos par l'agitation, et à se figurer toujours que la satisfaction qu'ils n'ont point leur arrivera, si, en surmontant quelques difficultés qu'ils envisagent, ils peuvent s'ouvrir par là la porte au repos. — Ainsi s'écoule toute la vie. On cherche le repos en combattant quelques obstacles; et si on les a surmontés, le repos devient insupportable; car, ou l'on pense aux misères qu'on a, ou à celles qui nous menacent. Et quand on se verrait même assez à l'abri de toutes parts, l'ennui, de son autorité privée, ne laisserait pas de sortir du fond du coeur, où il a des racines naturelles, et de remplir l'esprit de son venin.«[38] Gerade die Langeweile, wenn wir sie nicht durch Zerstreuung

---

[37] Vgl. S. 55, Anm. 25.

[38] Br. 139: »Sie haben einen geheimen Trieb, der sie Zerstreuung und äußerliche Beschäftigung suchen läßt, einen Trieb, der aus dem Gefühl ihres unaufhörlichen Elends kommt; und sie haben einen andern geheimen Trieb, der ihnen von der Größe unserer ursprünglichen Natur geblieben ist, der sie erkennen läßt, daß das Glück in Wirklichkeit nur in der Ruhe zu finden ist und nicht in lärmiger Betriebsamkeit; und aus diesen beiden gegensätzlichen Trieben bildet sich in ihnen ein verworrenes Streben, das, ihnen unbewußt, im Grund ihrer Seele wirkt und sie

zu vertreiben suchten, vermöchte uns hilfreich zu sein: »Cet ennui nous pousserait à chercher un moyen plus solide d'en sortir.«[39] Pascal hat dieses Ineinander von Elend und Größe auch am Stoizismus aufgezeigt, und wie es keine bessere Interpretation der Figur Dantons gibt als das oben zitierte Pascalfragment, so charakterisieren die beiden folgenden Stellen Robespierre: »La plus grande bassesse de l'homme est la recherche de la gloire, mais c'est cela même qui est la plus grande marque de son excellence.«[40] »Nous avons une si grande idée de l'âme de l'homme, que nous ne pouvons souffrir d'en être méprisés, et de n'être pas dans l'estime d'une âme.«[41] Daß Robespierre es nicht ertragen kann, sich von Danton verachtet zu sehen, daß es ihn schmerzt, wie ihm »die Absätze von den Schuhen« getreten werden, darin zeigt sich ein Doppeltes: gekränkte Eitelkeit, verletzter Stolz, aber ineins damit eine Spur der ursprünglichen, verlorengegangenen »grandeur de l'homme«.

Nach alledem wäre es verfehlt, Robespierres Anmaßung und Eitelkeit nur unter negativem Vorzeichen zu sehen. Gerade in seiner Überhebung und Selbstgefälligkeit hat er auch teil an der ursprünglichen Natur des Menschen. Büchner hat auf diese seine Teilhabe am Menschlichen auch sonst hingewiesen, etwa dort, wo er Robespierre um den Freund klagen läßt: »Mein Camille! — Sie gehen Alle von mir — es ist Alles wüst und leer — ich bin allein.« (31) Und ebenso falsch wäre es, in Danton nur die Ungezwungenheit natürlichen Verhaltens zu sehen. Er hat teil an der korrumpierten Natur des Menschen und ist auf seine Weise eitel und selbstgefällig, was sich daran erweist, daß sein Vokabular vielfach aus der Sphäre der Koketterie stammt — Lorgnon, Spiegel, Schuhabsatz — und daß seine Freunde ihn mit ebendiesem Vokabular ausspotten, wenn sie ihn einen Adonis nennen oder von Mäulchen machen und Rot auf-

---

dazu bringt, durch Unruhe zur Ruhe gelangen zu wollen und sich immer einzubilden, die Befriedigung, die ihnen fehle, würde sich einstellen, wenn gewisse Schwierigkeiten, die sie vor sich sehen, überwunden wären und sich so die Tür zu ruhigem Dasein öffnen ließe. — So verrinnt das ganze Leben. Man sucht die Ruhe, indem man etliche Hindernisse zu beseitigen strebt, und wenn man sie überwunden hat, wird die Ruhe unerträglich; denn entweder denkt man an die gegenwärtigen oder an die drohenden Nöte, und selbst wenn man sich nach allen Seiten hinreichend gesichert sähe, so stiege alsbald selbstherrlich die Langeweile aus dem Grund des Herzens, wo ihre natürlichen Wurzeln sind, und erfüllte den Geist mit ihrem Gift.«

[39] Vgl. S. 52, Anm. 13.

[40] Br. 404: »Die größte Niedrigkeit des Menschen ist sein Trachten nach Ehre, aber ebendies ist auch das deutlichste Merkmal seiner Auszeichnung.«

[41] Br. 400: »Wir haben einen so hohen Begriff vom Menschen, daß wir es nicht ertragen können, geringgeschätzt zu werden und bei irgendeinem Menschen keine Achtung zu genießen.«

legen sprechen. Wer meint, es sei Danton gegenüber Robespierre der Vorzug gegeben, sagt nichts über Büchners Dichtung aus, sondern bezeugt seinen eigenen Epikurismus. Umgekehrt wäre es nicht richtig, Robespierres Erhebung über gemeines Menschenwesen, sein Trachten nach Tugend und Gerechtigkeit einfach zu bewundern. Sein Bemühen wird ja zuschanden gemacht, die tiefe Fragwürdigkeit seines Unterfangens entlarvt. Und gleicherweise verfehlt wäre es, in Danton nur die Erniedrigung bis zum Tierhaften, das Verzweifelte seiner Genußsucht zu sehen und ihn darob gering zu achten — er sucht bei all dem doch immer den Frieden. Wer annähme, Robespierre sei über Danton gestellt, würde nur von seinem eigenen Stoizismus, nicht aber von der Dichtung reden.

Die Entgegensetzung der Figuren, die Figuren im Gegensatz zu sich selbst — diese ausgeprägten Merkmale lassen als zentrales Thema des Stücks die Widersprüchlichkeit des Menschen und der Menschheit hervortreten. Die Widersprüchlichkeit ist Ausdruck der Situation, in welcher der Mensch zu leben hat: daß er nach Hohem verlangen muß, was immer er darunter verstehe — Glück, Tugend, Gerechtigkeit —, daß er in diesem Streben zum Scheitern verurteilt ist und daß dieses Scheitern wiederum auf verborgene Größe hindeutet. Büchner hat die kurze Szene, da sich zwei Herren miteinander unterhalten, gleichsam als Modell der so beschaffenen »condition humaine« gestaltet. Der eine berichtet von einem Theaterstück. »Haben Sie das neue Stück gesehen? Ein babylonischer Thurm! Ein Gewirr von Gewölben, Treppchen, Gängen und das Alles so leicht und kühn in die Luft gesprengt.« Gleich darauf bleibt er verlegen bei einer Pfütze stehen, und nur indem ihm der andere die Hand reicht, wagt er weiterzugehen. »Ja, die Erde ist eine dünne Kruste, ich meine immer ich könnte durchfallen, wo so ein Loch ist.« (36) Das Grundthema von grandeur und misère, von orgueil und désespoir ist leicht zu erkennen. Bei Pascal kann man lesen: »Nous brûlons de désir de trouver une assiette ferme, et une dernière base constante pour y édifier une tour qui s'élève à l'infini; mais tout notre fondement craque, et la terre s'ouvre jusqu'aux abîmes.«[42]

Ein solches Hin und Wider, das in fortwährendem Umkippen den Menschen vom einen ins andere wirft, kann nun freilich nicht das Letzte sein. Der Widerspruch drängt nach einer Lösung, er will ins Reine gebracht werden, denn er beleidigt das Denken und quält die Empfindung.

[42] Br. 72: »Wir brennen vor Verlangen, einen festen Grund zu finden und eine letzte dauerhafte Basis, um darauf einen Turm zu bauen, der sich bis ins Unendliche erhebt; aber es kracht in allen unsern Fundamenten, und die Erde öffnet sich bis zu den Abgründen.«

Ist er die Wahrheit menschlichen Daseins, so macht er auch offenbar, daß der Mensch zugleich in der Unwahrheit ist, von Blendwerk und Wahnbild genarrt, dem Irrtum und der Täuschung ausgesetzt, in Lug und Trug verstrickt, und bei alledem steht er doch im Licht der Wahrheit, sonst hätte er für die Unwahrheit gar keine Worte. Hohes und Gemeines ist miteinander verschlungen, das Glücklichsein mit der Verzweiflung vermengt. Da drohen die Gedanken wirr zu werden und die Gefühle sich in einem Ineinander von Liebe und Haß zu zerstreiten. Aber wo soll aus diesem Unerträglichen ein Weg hinausführen? Büchners Protagonisten geraten nur immer tiefer ins menschliche Elend hinein. Was auch Robespierre oder Danton sich und den andern vorzumachen suchen, sie kommen aus ihrer unseligen Lage nicht heraus und wissen es auch; sie sind im Leben wie im Sterben gleich hilflos, und so findet man keinen Halt daran, daß der eine seinem Handeln Sinn und Rechtfertigung zu geben sucht, indem er erklärt, es seien nur wenige Köpfe zu treffen und man habe das Ziel erreicht (45), und daß der andere sich den Tod leichter machen will, indem er proklamiert, das Nichts sei der zu gebärende Weltgott (72). Oder soll etwa die Lösung bei Philippeau zu finden sein, der meint, man brauche sich nur wenig über die Erde zu erheben, um von all der Wirrnis nichts mehr zu sehen und die Augen »von einigen großen, göttlichen Linien« erfüllt zu haben? (71) Aber ihn widerlegen seine Freunde, indem sie auf die wirklichen Qualen dieses irdischen Daseins weisen. Oder soll der Ausweg gar im Selbstmord erblickt werden, den Julie mit den Worten begleitet: »Es ist so hübsch Abschied zu nehmen«? (72) Aber die folgende Guillotineszene dementiert das Wort vom hübschen Sterben. In den Figuren Philippeaus und Julies variiert Büchner das eine große Thema, das mit dem Gegensatz der beiden Hauptgestalten gegeben ist: Erhebung über alles Leiden und Flucht vor dem Schmerz, wobei er von ihnen, sie ihrer Befangenheit überlassend, jeglichen Zweifel an sich selbst und erst recht die Verzweiflung fernhält. Darin unterscheiden sie sich von Robespierre und Danton, die wenigstens momentweise Verzweifelnde sind, sonst freilich die Verzweiflung nicht wahrhaben wollen; vor allem aber sind sie Lucile entgegengestellt, die so verzweifelt ist, daß der Wahnsinn sie anrührt. Vielleicht ist hier das ganze Wirrsal der Widersprüchlichkeit am heillosesten verknotet: Wenn Camille mit Bezug auf die wahnsinnige Lucile meint, am glücklichsten sei der gewesen, der sich einbilden konnte, Gott Vater, Sohn und heiliger Geist zu sein (70), so legt dies auch die Umkehrung nahe, nicht nur sei der Unglücklichste der Glücklichste, sondern die Glücklichsten — in diesem Stück Julie und Philippeau — seien die Unglücklichsten. An diesen Wider-

sprüchen droht die Sprache zu zerbrechen. Der Leser begreift von hier
aus die Not, von der Büchner 1834 seiner Braut berichtet: »Ein dumpfes
Brüten hat sich meiner bemeistert, in dem mir kaum ein Gedanke noch
hell wird. Alles verzehrt sich in mir selbst; hätte ich einen Weg für mein
Inneres, aber ich habe keinen Schrei für den Schmerz, kein Jauchzen für
die Freude, keine Harmonie für die Seligkeit. Dies Stummsein ist meine
Verdammniß.«[43] Büchner hat aber »Dantons Tod« nur deshalb zu schreiben vermocht, weil er aus dieser Stummheit herausgekommen ist. So kann
seine Dichtung kein Zeugnis dafür sein, daß die Einsicht in der Menschheit ganzen Jammer die Stimme qualvoll verstummen lasse und »Verdammnis« das letzte Wort sei. Darum werden die Dinge verfälscht, wenn
man Büchners Stück als Ausdruck des Pessimismus und Nihilismus oder
des allenfalls mit solcher Einstellung verbundenen Trotzes auffaßt.[44]

Der Gang der Untersuchung hat damit erneut vor die Frage nach dem
Sinn der Figurenkonstellation geführt. Sie zu beantworten scheint nun
möglich. Müßte die Antwort, wenn Pascals Anthropologie den Befunden
gemäß für Büchner eine derartige Bedeutung hat, nicht auch in der von
Pascal gewiesenen Richtung liegen? Wir zögern, diesen Schritt zu tun.
Denn es könnte ja sein, daß die von Büchner dargestellte Gegensätzlichkeit auch anderswo zur Sprache gebracht ist, ohne daß dabei die Folgerungen, zu denen Pascal kommt, gezogen würden. Wir haben darum das
Feld weiterhin zu durchsuchen, auch wenn dies notgedrungen nur in einzelnen Sektoren geschehen kann und manches nicht erfaßt wird.

Da Büchner vielen als Materialist und Atheist gilt, ist zu prüfen, ob
seine Dichtung dem Denken eines philosophischen Systems solchen Zu-
schnitts entspreche. Man könnte sich zu diesem Zweck an Holbachs
»Système de la nature« und andere seiner Werke wenden, aber wir versuchen es mit Lamettrie, dessen Schriften zwar nicht dieselbe Geschlossen-
heit haben, jedoch im wesentlichen schon alles enthalten, was später Hol-
bach ausführlich dargelegt hat.[45] Sich mit dem Autor des Buches »L'homme
machine« zu befassen liegt besonders nahe, weil Büchner — wohl nicht

---

[43] An die Braut, Nr. 17, um den 10. März 1834; II, 425.
[44] Es sei hier das Argument erwähnt, mit welchem Kurt May die nihilistische Deu-
    tung abwehrt: »Darüber hat man kaum nachgedacht, ob nicht eine Dichtung des
    Nihilismus als solche aufgehoben wird durch ihre konkrete Gestaltung und auch
    durch ihre Mitteilung an andere, teilnehmende Menschen.«
    (Büchner — Woyzeck, in: Das deutsche Drama vom Barock bis zur Gegenwart,
    hrsg. v. B. v. Wiese, 2. A., Düsseldorf 1960, Bd. II, S. 92.)
[45] Vgl. Friedrich Albert Lange, Geschichte des Materialismus, Erstes Buch, 6. Aufl.,
    Leipzig 1898, S. 378.

ohne Bezug auf ihn — in »Leonce und Lena« Menschen als Automaten auftreten läßt.

In Hinsicht auf Büchners erstes Drama ist hauptsächlich der »Discours sur le bonheur« heranzuziehen. Es handelt sich hiebei um Lamettries Ethik, die auf den Grundgedanken des »Traité sur l'âme« beruht: daß der Mensch nur seiner Empfindungen gewiß sei, daß alle Empfindungen uns durch die Sinne zukämen, daß, was empfinde, auch materiell sein müsse und einer vollständigen Determiniertheit unterstehe, der Mensch somit nicht anderen Wesens als das Tier sei. Demzufolge wurzelt das Glück des Menschen in der körperlichen Empfindung und ist Lustgefühl, wobei die sinnliche Lust die allgemeine Lust ist, unter die auch sogenannte geistige Genüsse zu subsumieren sind. Der Beweggrund allen Tuns ist für Lamettrie immer die Lust; anderes, z. B. Achtung vor dem moralischen Gesetz, wird überhaupt nicht gesehen, oder dann wird es auf die Lust zurückgeführt. So ist über Pascal zu lesen, er habe sich eingebildet, Glauben zu haben, und habe doch nur Lust, zu glauben, gehabt.[46] Weil Empfindung eine wesentliche, Bildung hingegen bloß eine akzidentielle Eigenschaft des Menschen ist, können alle glücklich sein, die Unwissenden und die Armen, die Gebildeten und die Reichen, die Bösen wie die Guten. Wir Menschen müssen uns auf das Gegenwärtige beschränken, den Moment genießen, denn wir sind nur, was er ist; das Künftige, das noch nicht ist, das Vergangene, das nicht mehr ist, fällt nicht in unsern Bereich.

Es werden hier also Ansichten vertreten, die in Äußerungen Dantons und auch Marions wiederkehren. Lamettrie beruft sich auf Epikur und befehdet Seneca: »Que nous serons Anti-Stoïciens! Ces Philosophes sont séveres, tristes, durs; nous serons doux, gais, complaisans. Tout Ames, ils font abstraction de leurs corps; tout corps, nous ferons abstraction de notre Ame.«[47] Die Stoiker, welche die Vergnügungen und die Wollust verschmähen und sogar das Leben verachten, sind — wie an einigen Stellen von Büchners Drama — auf wegwerfende Art behandelt.

Daß Büchner aber nicht den Standpunkt Lamettries einnimmt, läßt sich an einer Reihe von Beispielen nachweisen. Lamettrie sagt, von schweren Träumen würden jene heimgesucht, welche sich angewöhnt hätten, des Tags nur niederdrückenden, traurigen, unheilvollen Gedanken nach-

---

[46] Abrégé des systèmes, Bd. II, S. 37, zitiert nach der Ausgabe in drei Bänden, Oeuvres philosophiques, Amsterdam 1764.
[47] Anti-Séneque ou Discours sur le bonheur, Bd. II, S. 188: »Seien wir Anti-Stoiker! Diese Philosophen sind nachsichtslos, trübsinnig, hartherzig, wir wollen sanftmütig, fröhlich und gefällig sein. Sie sondern sich, ganz Seele, von ihrem Körper ab; wir, ganz Körper, wollen von unserer Seele absehen.«

zuhangen, statt sie so gut wie möglich zu vertreiben.[48] Büchner zeigt in Danton einen Menschen, der sich tagsüber alle Mühe gibt, das Finstere, das ihm zu schaffen macht, zu vergessen und seinen Sinn auf anderes zu lenken, den aber dennoch die schlimmen Träume im Schlaf überfallen. Lamettrie sagt, das schlechte Gewissen sei der größte Feind des Menschen; wer die Menschheit von ihm befreie, sorge dafür, daß sie glücklicher sein könne; Gewissensbisse seien zu nichts nütze, weder vor noch nach einer Tat; er spricht von der »nécessité, par qui tout est permis«[49] und meint, auch der Böse könne glücklich sein, wenn er nur böse sein könne, ohne Gewissensbisse zu haben: »Devant toi-même, tu peux donc être tranquille. Tu n'as qu'à étouffer les remords par la réflexion.«[50] Büchner stellt dar, wie Danton durch Reflexionen, indem er sich Notwendigkeit und durchgängige Determiniertheit vor Augen hält, seine Gewissensregungen erstickt, dabei aber doch nur für Momente ruhig wird. Lamettrie sagt, die Einbildung, glücklich zu sein, müsse als wirkliches Glück betrachtet werden, die Empfindungen seien die nämlichen, ob man im Wahnsinn Reichtümer zu besitzen meine oder sie tatsächlich besitze; deshalb erweise man den Geistesgestörten oft einen schlechten Dienst, wenn man sie von ihrer Krankheit heile.[51] Büchner läßt Camille sagen, der glücklichste Mensch sei der gewesen, der sich einbilden konnte, Gott Vater, Sohn und heiliger Geist zu sein, aber Camille spricht nicht im Tone Lamettries, so ohne eine Spur von Schmerz, als wäre die Welt in Ordnung. Lamettrie sagt, der Tod sei nichts Wirkliches, »rien de réel, rien qui nous regarde, rien qui nous appartienne«[52], und ist bemüht, vom Sterben alles Schwere wegzudisputieren: »La faulx! chimere poétique! La mort n'est point armée d'un instrument tranchant.« Der Tod gehe mit einer narkotischen Süße zu Werk: »On se sent mourir, comme on se sent dormir, ou tomber en foiblesse, non sans quelque volupté.«[53] Bei

---

[48] Ebd., S. 198.
[49] Ebd., S. 217 u. 219. — »Notwendigkeit, die alles erlaubt.«
[50] Ebd., S. 257. — »Vor dir selbst kannst du also ruhig sein. Du brauchst nur die Gewissensregungen durch vernunftgemäßes Denken zu ersticken.«
[51] Ebd., S. 198 f. — Auf Grund dieser Stelle kann Dantons Meinung, Christus sei der feinste Epikureer gewesen, vielleicht so interpretiert werden: Christus habe sich eingebildet, für die Erlösung der Menschheit zu sterben, und darum habe er selbst im Leiden Genuß finden können. Vgl. dazu S. 29.
[52] Système d'Epicure, Bd. II, S. 164. — »Nichts, was uns anginge, nichts, was uns zugehörte.«
[53] Ebd., S. 168. — »Die Hippe! Hirngespinst der Dichter! Der Tod ist keineswegs mit einem Schneidewerkzeug bewaffnet.« »Sterben fühlt man sich, wie man — nicht ohne eine gewisse Wollust — sich in den Schlaf oder in einen Schwächezustand hinsinken fühlt.«

Büchner hat das Sterben Julies diese Gestalt, aber der Tod ist bei ihm auch in anderer Gestalt da, ausgestattet mit dem Fallbeil; es ist auch von der Koketterie mit dem Tod die Rede und davon, daß es elend sei, sterben zu müssen, und wenn etwas in »Dantons Tod« deutlich wird, so jedenfalls dies, daß der Tod den Menschen wesentlich etwas angeht. Lamettrie sagt, der Tod sei das Ende von allem, er führe ins ewige Nichts, ins ewige Vergessen[54]; daß die Menschen glauben konnten, das bißchen organisierten Drecks könne unsterblich sein, erkläre sich daraus, daß sie sich leicht verführen ließen, zu glauben, was sie wünschten, was ihrer Eigenliebe schmeichle, zumal sie sich schon durch die angebliche Erhabenheit über die Tiere hätten blenden lassen.[55] Bei Büchner findet sich das Entsprechende mit umgekehrtem Vorzeichen: Danton meint, der Mensch verschwinde bei seinem Tode ins Nichts, und *diese* Vorstellung — nicht die von der Unsterblichkeit — entspringt seinem Wunsch.

Genug, es hat sich hinlänglich herausgestellt, daß die von Lamettrie vertretene Position zwar in Büchners Drama einbezogen ist, aber nicht den Standpunkt abgibt, aus welchem die Dichtung zu betrachten wäre, daß sie vielmehr ihren bestimmten Ort innerhalb des dichterischen Ganzen hat. Büchner läßt ihr nicht einmal die Kohärenz, die Lamettrie seinen Auffassungen gegeben zu haben glaubte. Was dieses Denken sich zurechtgelegt hat, wird bei Büchner immer wieder durchkreuzt. Man hört Variationen zu Pascals Wort, die Epikureer hätten den Menschen dem Tier gleichzumachen versucht, es aber nicht gekonnt.[56] So erscheint Lamettrie im Licht Pascals, nicht umgekehrt. Es ist die Pascalsche Anthropologie, die den Spielraum in Büchners Drama öffnet. In ihm relativieren sich Lamettries Gedankenkonstruktionen, die das Wesen des Menschen durchwegs ins Eindeutige, Widerspruchsfreie zu simplifizieren trachten. An Danton, wie sehr er sich auch gemäß dem »Discours sur le bonheur« verhalten möchte, kommt ein reicheres Menschentum zum Vorschein, als es der Verfasser jener Schrift kennt.

Lamettrie stellt die Epikureer über die Stoiker. Im Blick auf ihn hat sich bestätigt, daß Büchner das Verhältnis dieser Gegensätze anders denkt. Wir haben nicht gefunden, was wir suchen: eine Struktur, die seiner Dichtung entspricht. Wohin sollen wir uns wenden? Eine Gegenüberstellung von der Art Danton - Robespierre wird verschiedentlich von Fichte

---

[54] Ebd., S. 170 und 168.
[55] Discours préliminaire, Bd. I, S. 11. — »Ils ont cru qu'un peu de boue organisée pouvoit être immortelle.« Man wird bei diesem Wort an den Barbier im »Woyzeck« erinnert: »Was ist der Mensch? Knochen! Staub, Sand, Dreck.« (149)
[56] Vgl. S. 55.

zur Sprache gebracht, so auch in der »Sittenlehre«. Fichte beschreibt zunächst denjenigen Menschen, in dessen Bewußtsein kein anderer Trieb vorkomme als der Naturtrieb. Da dieser lediglich auf Genuß ausgehe und die Lust zur Triebfeder habe, müsse die Maxime eines solchen Menschen lauten: »Was die der Intension und Extension nach größte Lust verspricht, das muß man wählen.« Es gehe ihm also um die eigene Glückseligkeit, und zwar auch dann, wenn er sie zufolge der sympathetischen Triebe mit in fremder Glückseligkeit suche. Auf dieser Stufe sei der Mensch ein verständiges Tier.[57] Dabei verweist Fichte auf die materialistischen und atheistischen Sittenlehrer (wie z. B. Helvetius), die der Auffassung seien, der Mensch tue nun einmal alles aus Eigennutz, und einen andern Beweggrund gebe es in seiner Natur gar nicht, der Mensch könne nicht anders sein und solle nicht anders sein, und wer da besser sein wolle, sei ein Tor, ein Schwärmer, der die Grenzen seiner Natur verkenne.[58] Es liegt ganz auf dieser Ebene, wenn Büchner seinen Danton sagen läßt: »Jeder handelt seiner Natur gemäß, d. h. er thut, was ihm wohl thut.« (27)

Dem vom Naturtrieb beherrschten Menschen stellt Fichte sodann jenen andern gegenüber, der sich des Triebs nach absoluter Selbständigkeit bewußt werde und sich zu einer ganz andern Freiheit erhebe, als der Genußmensch sie kenne. Der Mensch solle sich emporheben und könne es auch; tue er es nicht, sei es immer seine eigene Schuld. In diesem Zusammenhang braucht Fichte den Ausdruck »Genie zur Tugend«[59]. Freilich, solange dieser Trieb zur Selbständigkeit bloß als blinder Trieb wirke und nicht zu klarem Bewußtsein gebracht sei, bleibe der Eigennutz herrschend.[60] Die Maxime sei dann die der unbeschränkten und gesetzlosen Oberherrschaft über alles: ein solcher Mensch wolle alles außer ihm der absoluten Botmäßigkeit seines Willens unterwerfen, und zwar aus keinem anderen Grund, als weil er es wolle.[61] Es könne sein, daß diese Denkart keine Aufopferung koste, dann nämlich, wenn man keine Begierden habe oder wenn die Umstände keine Opfer auferlegten; es sei aber auch denkbar, daß man sie mit den größten Verleugnungen durchsetze, sei doch der Trieb nach Selbständigkeit höher als der nach bloßem Genuß. In diesem Falle gelange man zur Wertachtung seiner selbst.[62] Der Mensch finde sich

---

[57] Johann Gottlieb Fichte, Das System der Sittenlehre nach den Prinzipien der Wissenschaftslehre (1798), in: Fichtes Werke, hrsg. von Immanuel Hermann Fichte, Berlin 1971, Bd. IV, S. 180.
[58] Ebd., S. 183.
[59] Ebd., S. 185.
[60] Ebd., S. 186.
[61] Ebd., S. 186.
[62] Ebd., S. 187 f.

dann über das gemeine Maß der Menschheit gar sehr erhöht und mache ganz besondere Verdienste geltend: er dünke sich über allen Vergleich besser, als er zu sein eben nötig habe.[63] »Um mit einem einzigen Zuge diese Sinnesart zu charakterisiren: alles, was Gott, Natur und andere Menschen für uns thun, ist absolute Schuldigkeit; diese können nie etwas darüber thun, und sind immer unnütze Knechte: alles aber, was wir für sie thun, ist Güte und Gnade. Wie wir auch handeln mögen, Unrecht können wir nie haben.«[64] Diese Denkart lasse sich nicht aus dem Trieb nach Genuß erklären; der Eigendünkel, von welchem sie begleitet sei, gründe sich auf das Bewußtsein von Aufopferungen; allerdings stelle sich hinterher ein Genuß ein, derjenige der Liebkosungen, die man sich selber mache, aber dieser Genuß sei nicht die Triebfeder der Handlungen; der nicht deutlich gedachte, aber dunkel die Handlungen leitende Zweck sei der, daß die gesetzlose Willkür über alles herrsche. Diesem Zweck opfere man den Genuß auf, und hinterher schmeichle man sich wegen seiner Uneigennützigkeit.[65] Die Ähnlichkeit dieses Menschentyps mit Büchners Robespierre springt in die Augen, einzig die gesetzlose Willkür fügt sich nicht ganz ins Bild, denn man muß Robespierre vielleicht doch zubilligen, daß er nicht einfach seine Willkür bemänteln will, wenn er im Namen des Gesetzes zu handeln behauptet.

Daß es zwischen dem Büchnerschen und dem Fichteschen Gegensatzpaar Parallelen gibt, erlaubt die Frage, ob das Verhältnis, in welchem diese Gegensätze zueinander stehen, von Büchner in der gleichen Weise gedacht werde wie von Fichte. Da ist leicht zu erkennen, daß Büchner mit Fichte nicht übereinstimmt. Zwar könnte man auf den ersten Blick den Eindruck haben, Fichte distanziere sich wie Büchner von den beiden geschilderten Denkarten und stelle sie auf dieselbe Ebene, vergleicht er doch die beiden Menschentypen einmal mit dem Zöllner und dem sich gerecht dünkenden Pharisäer und erklärt, beide hätten nicht den mindesten Wert. Diese Gleichstellung ist aber nur scheinbar. Im Grunde geht es Fichte darum, den Trieb zur absoluten Selbständigkeit über den Naturtrieb zu stellen, diesen jenem unterzuordnen. Mag er auch das Streben nach »Unabhängigkeit von allem außer uns« als fragwürdig darstellen — solange es nämlich als blinder, unreflektierter Trieb wirkt und »nicht aus der Moralität hervorgeht« —, so läßt er uns doch nicht im Zweifel darüber, daß er diesem Trieb die Superiorität über den Trieb nach Genuß zuerkennt. Dies zeigt sich vor allem darin, daß die Haltung des Men-

[63] Ebd., S. 189.
[64] Ebd., S. 189.
[65] Ebd., S. 190.

schen, der sich vom Naturtrieb leiten läßt, als tierhaft abgetan wird, während es von der Sinnesart aus, die vom Trieb nach absoluter Selbständigkeit bestimmt wird, einen direkten, kontinuierlichen Weg zu dem gibt, was Fichte vertritt. Der Mensch hat nämlich »nichts weiter zu thun, als jenen Trieb nach absoluter Selbständigkeit, der als blinder Trieb wirkend einen sehr unmoralischen Charakter hervorbringt, zum klaren Bewußtseyn zu erheben; und dieser Trieb wird durch diese bloße Reflexion sich in demselben in ein absolut gebietendes Gesetz verwandeln.«[66] Das Motiv des Sich-Erhebens, das in verschiedenen Varianten durch alle seine Darlegungen hindurch immer wieder erscheint, ist für die gedankliche Struktur bei Fichte kennzeichnend wie kaum ein zweites. Fichte weiß sich über den Genußmenschen erhaben. Er weiß sich einem Hohen verpflichtet, das ihn zu sich emporhebt. Aus ihm spricht der Geist des Stoizismus. Nicht anders verhält es sich mit Robespierre, so daß der Schluß naheliegt, diese Figur repräsentiere das Menschentum, für welches Fichte hier einsteht.

Mit derselben Ausschließlichkeit, mit der Fichte die Pflicht, das »absolut gebietende Gesetz« als obersten Wert herauszustellen nicht müde wird, beruft sich Robespierre auf Gesetz und Recht. Er nennt damit nicht etwas, was in seiner Verfügungsgewalt stünde, was nach Gutdünken so oder so zurechtgemacht werden könnte; Gesetz und Recht sind ihm das Absolute, und als solches sind sie nicht *in* seinem individuellen Ich, sondern *über* ihm, sie sind das Erhebende, das ihn über sich selbst erhebt, so daß er mit dem Absoluten eins sein kann. Man darf daher Robespierre nicht einfach in der Perspektive seiner Gegner sehen, das Lustprinzip zum Erklärungsgrund machen und sich den Antagonisten Dantons einzig vom Genuß der Macht über andere Menschen bestimmt denken. Man darf das Große nicht außer Acht lassen, das in der Französischen Revolution angestrebt wird und das auch für Robespierre Ziel des Handelns ist.

Nun aber ist dieses Große bei Robespierre zugleich ein tief Fragwürdiges. Denn die Tugend ist vom Terror begleitet. Es handelt sich nicht etwa darum, daß ein anfänglich Großes durch menschliche Unzulänglichkeit verfälscht worden wäre. In der Tugend selbst, die dem Anspruch des Absoluten genügen will und damit Absolutheitsanspruch erhebt, liegt der Keim der Schreckensherrschaft. Dabei wird jede Milderung als Herabminderung der Gerechtigkeit ausgelegt, als Konzession ans Laster verdächtigt, als erbärmliche Nachgiebigkeit gebrandmarkt: »In Schrecken gesezt durch den reißenden Strom der Beispiele suchen sie ganz leise die

---

[66] Ebd., S. 191.

Gerechtigkeit abzukühlen. Man sollte glauben, jeder sage zu sich selbst: ›Wir sind nicht tugendhaft genug um so schrecklich zu seyn. Philosophische Gesetzgeber erbarmt euch unsrer Schwäche, ich wage euch nicht zu sagen, daß ich lasterhaft bin, ich sage euch also lieber, seyd nicht grausam!‹« (19 f.) Robespierre sieht sich als den philosophischen Gesetzgeber, in welchem die Sittlichkeit handelt; da sie das Absolute ist, kann ihr Handeln nicht grausam sein, es ist vielmehr gerecht.

Vermochte der Vergleich mit Fichtes Typisierungen die Gestalt Robespierres nach ihrer Größe hin zu profilieren, so enthüllt umgekehrt Robespierre die Fragwürdigkeit von Fichtes Position. Indem nämlich Büchner darstellt, daß die zum Absoluten gemachte Moral notwendig den Terror im Gefolge hat, wird Fichtes Unterscheidung, wonach der unreflektierte Trieb zur Selbständigkeit unmoralisch, der reflektierte hingegen moralisch sei, angefochten. Müßte dem bewußten Selbständigkeitstrieb, wenn der unbewußte schon Willkür und Eigendünkel hervorbringt, nicht erst recht das Böse eigen sein? Und wenn das Böse nicht einfach in der Unbewußtheit des Selbständigkeitstriebs, sondern in diesem selbst liegt, ist dann das mit aller Bewußtheit geförderte In-sich-selbst-stehen-Können nicht ein um so größeres Übel, als es das verkehrte Gute ist, dessen Verkehrung nicht gesehen wird, so daß es als das wahre Gute aufzutreten vermag?

Zieht man die »Reden an die deutsche Nation« heran, so verstärkt sich der Eindruck noch, daß in Büchners Robespierre ein Stück Fichtekritik enthalten sei.[67] Auch Fichte ist nämlich der Auffassung, die Gesellschaft sei es, die uns verderbe, die Natur erzeuge uns in Unschuld[68]; es ist ihm um Wiederherstellung, um die Rettung des gesamten Menschengeschlechts aus der Tiefe seiner Übel zu tun[69]; er erklärt, daß allein wir selber uns helfen müßten, falls uns geholfen werden solle[70]; daß die Menschheit sich selber machen müsse, solle sie nicht in ihrem Nichts bleiben[71]; dabei pocht er verschiedentlich auf die Unfehlbarkeit und Untrüglichkeit der von ihm vorgeschlagenen Mittel[72], und wenn er die Rede auf

---

[67] Auf Grund des Dramas läßt sich nur die Stoßrichtung der Büchnerschen Kritik bestimmen. Und weil es keine andern Dokumente gibt, Dokumente, aus denen sich möglicherweise eine differenziertere Stellungnahme Büchners zu Fichte hätte ergeben können, verschärft sich der polemische Grundzug. Die Schärfe mag immerhin insofern zulässig sein, als Büchner, wie die Notizen zu Descartes zeigen, sich in seinen philosophischen Auseinandersetzungen oft sehr schroff äußert.
[68] Fichtes Werke, a. a. O., Bd. VII, 14. Rede, S. 490.
[69] 14. Rede, S. 498 f.
[70] 1. Rede, S. 268.
[71] 3. Rede, S. 306.
[72] 11. Rede, S. 436, 2. Rede, S. 281.

die künftigen Gesetzgeber und Heilande der Menschheit bringt[73], macht er es den Hörern nicht allzu schwer, zu erraten, wie er von sich selbst denkt; er ist sich bewußt, daß das Zeitalter seinen Worten noch gar nicht zu glauben vermöge, aber er verschmäht solchen Glauben, er will nur Raum zum Schaffen und Handeln, später wird man sehen und glauben den eigenen Augen[74]; er will die Unsittlichkeit gänzlich ausrotten, indem dafür gesorgt werden soll, daß der sinnliche Genuß durchaus niemals Antrieb werden könne[75]; er setzt voraus, der Grundtrieb des Menschen gehe, wenn er zu klarer Erkenntnis gesteigert sei, nicht auf eine schon gegebene und vorhandene Welt, welche ja nur leidend genommen werden könne, sondern auf eine Welt, die da werden solle, auf eine apriorische, eine solche, die da künftig sei und ewig fort zukünftig bleibe[76]; er macht deutlich, daß die Menschen für eine Ordnung, die lange nach ihrem Tod über ihren Gräbern blühen solle, ihr Blut mit Freudigkeit zu verspritzen hätten[77], daß der Staat als höchster Verweser der menschlichen Angelegenheiten, als Vormund der Unmündigen das vollkommene Recht habe, die letzteren zu ihrem Heil auch zu zwingen, zumal es nur im ersten Geschlecht des Zwanges bedürfe[78]; er sieht die Deutschen dazu berufen, die von der Vernunft und der Philosophie gestellte Aufgabe, nämlich die Errichtung des vollkommenen Staates, an die Hand zu nehmen und das, was die Französische Revolution mit feuriger Kühnheit ergriffen und kurz darauf fallen gelassen, zu besserem Ende zu führen[79].

Die Vermutung, in Robespierre spiegle sich Kritik an der Fichteschen Geisteshaltung, verdichtet sich zur Gewißheit, wenn man die Schriften zum Atheismusstreit liest. Fichte mußte sich gegen den Vorwurf, er sei ein Atheist, verteidigen, nachdem er 1798 als Mitherausgeber des »Philosophischen Journals« einen Aufsatz seines Schülers Forberg mit einer Einleitung versehen und veröffentlicht hatte. In seiner »Appellation an das Publikum« ging er gleich zum Gegenangriff über: er sei »von einer gewissen abgöttischen und atheistischen Partei« des Atheismus beschuldigt worden[80], von Leuten, die nichts anderes als Genuß kennten, ob sie denselben nun grob begehrten oder noch so fein geläutert hätten[81], die gänz-

[73] 11. Rede, S. 443.
[74] 3. Rede, S. 309.
[75] 2. Rede, S. 291.
[76] 3. Rede, S. 304.
[77] 8. Rede, S. 388.
[78] 11. Rede, S. 436.
[79] 6. Rede, S. 353.
[80] Fichtes Werke, a. a. O., Bd. V, S. 194.
[81] Ebd., S. 218.

lich ohne Gott seien und sich einen heillosen Götzen geschaffen hätten, ein verächtliches Wesen, welches der Begier dienen solle, die Vernunft herabwürdige und das menschliche Verderben verewige[82]. Diese Leute, die das Christentum in »eine entnervende Glückseligkeitslehre« verwandelt hätten, seien die wahren Atheisten; durch ihren Mund rede der, der die Leiden erduldete, während er Freuden hätte haben können, wie ein feiner Epikureer[83]. Nach ihrer Denkart heiße das Wort »Kreuziget euer Fleisch, sammt den Lüsten und Begierden«[84] ungefähr so viel: »sparet und vertheilet weislich eure Genüsse, damit ihr desto mehr genießen könnt; eßt nicht zu viel, damit ihr nicht Bauchgrimmen bekommt, betrinkt euch nicht, damit ihr nicht des anderen Tags Kopfschmerzen bekommt.«[85] Die Existenz eines solchen Gottes, eines sinnlichen Gottes und Dieners der Begier, leugne er freilich, aber der übersinnliche Gott sei ihm »Alles in Allem«[86]. Er habe nichts anderes vor, als »dem Menschen alle Stützen seiner Trägheit, und alle Beschönigungsgründe seines Verderbens zu entreißen, alle Quellen seines falschen Trostes zu verstopfen; und weder seinem Verstande noch seinem Herzen irgend einen Standpunct übrig zu lassen, als den der reinen Pflicht und des Glaubens an die übersinnliche Welt.«[87] »Moralität und Religion sind absolut Eins; beides ein Ergreifen des Übersinnlichen, das erste durch Thun, das zweite durch Glauben.«[88] Die Menschheit habe eine »über alle Sinnlichkeit erhabene Bestimmung«[89], die zu erkennen und zu befördern »die unmittelbar gebietende, unaustilgbare und untrügliche innere Stimme des Gewissens« lehre[90]. Der wahre Religiöse habe nur einen Wunsch; Dein Reich komme, sei sein Gebet; seine Absicht gehe immer auf das Ewige, welches nie erscheine, das aber der untrüglichen Zusage in seinem Inneren zufolge sicherlich erreicht werde. »Darum sind ihm auch die Folgen seiner pflichtmäßigen Handlungen in der Welt der Erscheinungen völlig gleichgültig; wie sie auch scheinen mögen, an sich sind sie sicherlich gut.«[91] In den »Verantwortungsschriften gegen die Anklage des Atheismus« verwahrt sich Fichte auch dagegen, in seinem Wirkungskreise Unruhe, Unordnung,

---

[82] Ebd., S. 219.
[83] Ebd., S. 222.
[84] Vgl. Gal. 5, 24: Welche aber Christo angehören, die kreuzigen ihr Fleisch samt den Lüsten und Begierden.
[85] Fichtes Werke, a. a. O., Bd. V, S. 222.
[86] Ebd., S. 223.
[87] Ebd., S. 223.
[88] Ebd., S. 209.
[89] Ebd., S. 205.
[90] Ebd., S. 205.
[91] Ebd., S. 212.

Gesetzwidrigkeit je gebilligt, unterstützt oder erregt zu haben; er habe vielmehr sich selbst aufgeopfert, um die Hauptquelle aller Gesetzlosigkeit auf der Akademie zu verstopfen.[92]

Es ist mit Händen zu greifen, daß Büchner diese Schriften genau gekannt hat, daß sie ihm bei der Abfassung des »Danton« gegenwärtig waren. Wichtige Motive daraus hat er in seinem Drama, zum Teil mit wörtlichen Anklängen, verwendet[93], und die Zusammenfassung, die Fichte vom Atheismusstreit gibt, liest sich geradezu wie ein Grundriß zu »Dantons Tod«: »Der Mittelpunct des Streits zwischen mir und den Gegnern ist der: daß wir in zwei verschiedenen Welten stehen, und von zwei verschiedenen Welten reden, — sie von der Sinnenwelt, ich von der übersinnlichen; daß sie alles auf Genuß beziehen, welche Gestalt nun auch dieser Genuß haben möge, ich alles auf reine Pflicht. — Durch diese absolute Entgegensetzung der Principien wird nun, inwieweit wir beide consequent sind, nothwendig unser ganzes Denksystem, unsere Philosophie und unsere Religion, entgegengesetzt. Was *mir* das allein Wahre und Absolute ist, ist *für sie* gar nicht vorhanden, ist für sie Chimäre und Hirngespinnst: was *sie* für das Wahre und Absolute halten, ist nach *mir* bloße Erscheinung, ohne alle wahre Realität. — Zu diesen Principien alles unseres Denkens sind wir nun beide nicht durch das Denken selbst gelangt, sondern durch etwas, das höher liegt, als alles Denken, und das ich hier füglich das *Herz* nennen kann. Aber was wir selbst nicht auf dem Wege des Räsonnements erlangt haben, können wir auf diesem Wege auch keinem anderen mittheilen; wir können also gegenseitig uns unsere Principien nicht erweisen. Was wir uns auch demonstriren mögen, demonstriren wir doch immer aus jenen Prämissen, und unsere Folgerungen gelten uns gegenseitig nur, wenn wir uns die Prämissen zugeben; diese aber läugnen wir uns ja von beiden Seiten entschieden ab. Es ist also schlechthin unmöglich, daß wir uns gegenseitig widerlegen, überzeugen, belehren.«[94]

Es kommt nun allerdings darauf an, wie eine derartige Situation beurteilt, was für ein Schluß daraus gezogen wird. Und hier kann man wiederum beobachten, wie sich der Weg Büchners von demjenigen Fichtes aufs entschiedenste trennt. Fichte läßt nur ein Entweder-Oder zu; ein Drittes, worunter er sich nur den Mittelweg der Schwäche und Halbheit

---

[92] Ebd., S. 290.
[93] Vgl. das Thema der Selbstaufopferung im Monolog Robespierres (30) und die Stelle über die Epikureer (27).
[94] Ebd., S. 228 f.

vorstellen kann, gibt es für ihn nicht.[95] Er ist überzeugt, daß sich der
Streit im Verlauf einiger Jahre kraft der Wahrheit zu seinen Gunsten
entschieden haben werde.[96] Für Büchner aber drängt sich eine andere
Konsequenz der geschilderten Sachlage auf: in den beiden entgegengesetzten Prinzipien ist Wahrheit zum vornherein verfehlt. Büchner zeigt
das, indem jeder, Danton wie Robespierre, sich etwas vormacht, sich
selbst belügt. An Robespierres Wort: »Ich weiß nicht, was in mir das
Andere belügt« (28) zu denken sieht man sich bei Fichtes Schriften zum
Atheismusstreit des öfteren veranlaßt. In dem anonymen »Schreiben eines
Vaters an seinen studierenden Sohn über den Fichtischen und Forber-
gischen Atheismus« stand zu lesen, Fichte wolle sich »eine Aufsicht über
das Menschengeschlecht anmaßen«[97] — ein Gedanke übrigens, der von
Danton so formuliert wird: »Bist du der Policeysoldat des Himmels?« (27) Fichte ist ob dieser Schmähung entrüstet[98], aber einige Seiten
später erklärt er, daß er »eine Unterwürfigkeit unter das Gesetz, und
eine Aufsicht desselben über die Handlungen der Bürger fordere, wie sie
noch von keinem ihrer Staatsrechtslehrer gedacht, in keiner ihrer Ver-
fassungen zu realisiren versucht worden.«[99] Ein anderes Beispiel: Fichte
macht einen »Vorschlag zur Güte«[100]. Daß dieser Vorschlag nicht auf eine
Annäherung oder gar Aussöhnung der beiden Parteien abzielt, versteht
sich. Worin besteht dann aber die »Güte«? Fichte proponiert, die beiden
Gegner sollten von nun an unmittelbar nichts mehr miteinander zu tun
haben, denn nach einem Jahrzehnt werde unfehlbar die größere Menge
der guten Köpfe und Herzen auf seiner Seite sein.[101] Es ist ihm um seinen
Triumph und die vollkommene Beschämung seiner Gegner zu tun.[102] Er
spielt auch mit dem Gedanken, wie es sich denn verhielte, wenn er sich
nicht nur zu verteidigen hätte, sondern, mit der Hilfe einer staatlichen
Macht, als Ankläger auftreten könnte, und obschon er versichert, zur
Verteidigung der Wahrheit nie ein anderes Mittel zu gebrauchen als
ruhige Belehrung — als ob er nicht ausdrücklich erklärt hätte, Belehrung
sei unmöglich, und als ob er es in seinen Ausführungen je mit der Ruhe
gehalten hätte —, sagt er nun doch mit einigermaßen verräterischer Vehe-

[95] Ebd., S. 230.
[96] Ebd., S. 234.
[97] Neuerdings wieder abgedruckt in: Die Schriften zu J. G. Fichtes Atheismus-Streit,
hrsg. v. F. Böckelmann, München 1969, S. 71.
[98] Fichtes Werke, a. a. O., Bd. V, S. 277.
[99] Ebd., S. 287 f.
[100] Ebd., S. 230.
[101] Ebd., S. 232 f.
[102] Ebd., S. 277.

menz: »so würden dann wir *mit* Gründen, wie sie *ohne* Gründe *ihre* Schriften confisciren lassen müssen, als atheistisch, abgöttisch, gotteslästerlich, verführerisch, und vom Grund aus verderblich; so würden dann wir *mit* Gründen, wie sie *ohne* Gründe in Requisitionsschreiben, zu denen wir ihre eigenen fast wörtlich brauchen könnten, auf die ›ernstliche Bestrafung ihres Frevels‹ zu dringen haben.«[103] Da ist es doch wohl fraglich, ob man ihm wirklich zugestehen könne, daß seine »Lehre in ihren Folgen nicht gefährlich« sei.[104] Man wird mißtrauisch, wenn er einen Satz mit »Wollte ich herrschen« beginnt, als ob ihm jede Herrschsucht fernläge, dann aber fortfährt: »so treibt mich meine Neigung weit mehr, es im Reiche der Begriffe zu thun, diesen zu gebieten, sich aufzuklären, und sich in Reihe und Glieder zu stellen, was ich verstehe; als eigenwilligen, schwer zu lenkenden und so selten der Vernunft sich fügenden Menschen zu befehlen.«[105] Und vollends seltsam nimmt es sich aus, daß Fichte, dessen besonderes Anliegen es ist, den Kantischen Gegensatz von Theorie und Praxis zu überwinden, sich hinter seine »entschiedene Liebe zu einem speculativen Leben«[106] verschanzt und sich gegen den Anwurf, er sei ein Jakobiner, mit dem Argument verteidigt, solange er nicht eine *äußere Handlung* vollzogen habe, um die bestehenden Regierungsverfassungen wirklich zu stürzen und die ihm gefälligen an die Stelle derselben zu setzen, sehe er nicht ein, wie seine *Meinung* vor den Richterstuhl der Regierung auch nur gelangen könne, vor welchen nur *Taten* gehörten.[107] Also ist sein Reden und Publizieren gar keine Tat? Und es ist nicht einmal — was er sonst so energisch in Anspruch nimmt — Wahrheit, sondern bloß Meinung? Zeigt sich hier nicht unter dem Siegel höchster Moralität eine Art doppelter Moral, die der Unterscheidung von Übersinnlichkeit und Sinnlichkeit, von Innen und Außen entspringt und es erlaubt, die Akzente je nach Bedarf zu verschieben, von innerer Handlung zu reden und damit bald die innere Rechtschaffenheit, bald die Unverbindlichkeit zu meinen, von äußerer Handlung zu sprechen und sich das eine Mal von ihr zu distanzieren, das andere Mal sie zu fordern? Man könnte solche Widersprüche aus dem Umstand zu erklären suchen, daß Fichte hier in der Drangsal einer polemischen Situation schreibt und sich gemeinverständlich ausdrücken muß. Und doch muß man sich fragen, ob sie nicht im Grundsätzlichen wurzeln. Schelling jedenfalls weist auf

---

[103] Ebd., S. 272.
[104] Ebd., S. 231.
[105] Ebd., S. 292 f.
[106] Ebd., S. 289.
[107] Ebd., S. 287.

Widersprüche und Unstatthaftigkeiten in der Fichteschen Lehre hin, er sieht den Grund dazu in einem zu Machtsprüchen neigenden Vorgehen[108], und Heidegger gibt Schelling recht: bei Fichte kehre, was verneint werde, in anderer Form, nur versteckt und unbegründet, wieder[109].

Wenn wir nun feststellen, daß der Robespierre der Büchnerschen Dichtung im Hinblick auf Fichte gezeichnet ist und daß dabei das Fragwürdige von beider Denkart zutage tritt, ist zwar wiederum das eigentlich Gesuchte nicht gefunden; dennoch hat sich einiges ergeben, was dem Verständnis der Dichtung dienen kann. Das Ganze des Werks bekommt man nicht in den Blick, indem man sich auf den Fichteschen Standpunkt stellt, wohl aber kann die eine Hauptfigur besser gesehen werden. Für Robespierres Denken und Handeln ist entscheidend, daß die *sittliche* Weltordnung zur Seinsordnung schlechthin gemacht ist. Gegen diesen Punkt hätte sich die Kritik zu richten. Man erkennt von da aus das Mangelhafte in Dantons Aussetzungen an Robespierre. Er unterschätzt den Unbestechlichen, weil er nichts anderes anerkennen will, als was Vergnügen bereitet, und demgemäß meint, seinem Widersacher sei es bloß um das elende Vergnügen zu tun, seine Mitmenschen schlechter zu finden als sich selbst. Er hat kein Organ dafür, daß es die Achtung vor dem Sittengesetz gibt, die nun einmal nicht im Bereich der Vergnügungen zu Hause ist. Deshalb vermag seine Kritik nicht das Wesentliche zu treffen, und was sie davon streift, die Überheblichkeit, ist bloß im Rahmen einer sensualistischen Psychologie ausgelegt.

Ein weiteres Ergebnis: Wenn die Protagonisten von Büchners Drama in der Weise, wie der Befund zeigt, mit der Philosophie verknüpft sind, drängt sich der Schluß auf, daß von den hier porträtierten Menschen nicht gesagt werden kann, sie hätten von Natur aus diese oder jene Beschaffenheit, sie seien nun einmal so oder so geartet. Es erweist sich vielmehr, daß das Wesen eines Menschen von seinem Seinsverständnis aus, von der Welt- und Selbstauslegung her bestimmt ist. Ob einer sich in dieser oder einer andern Bahn des Seinsverständnisses bewegt, folgt nicht aus seiner Natur. Es ist umgekehrt: von der Richtung, die einer einschlägt, hängt ab, welchen Schlages er sein wird. Nun sind es in neuerer Zeit zwei Wege, die den Menschen zu verschiedener, ja entgegengesetzter Art führen. Die beiden Richtungen werden von Fichte folgendermaßen beschrieben, wobei der einen deutlich der Vorzug gegeben ist: »Worin sollte denn das Leben

---

[108] F. W. J. Schelling, Philosophische Untersuchungen über das Wesen der menschlichen Freiheit, a. a. O., S. 281 f.

[109] Martin Heidegger, Schellings Abhandlung über das Wesen der menschlichen Freiheit, Tübingen 1971, S. 69.

und seine Seligkeit sonst sein Element haben, wenn es dieselbe nicht im Denken hätte? Etwa in gewissen Empfindungen und Gefühlen; in Rücksicht welcher es uns gar nichts verschlägt, ob es die gröbsten sinnlichen Genüsse seyen, oder die feinsten übersinnlichen Entzückungen?«[110] Es ist wohl nicht ohne Bezug auf diese Worte aus der »Anweisung zum seligen Leben«, wenn Büchner seinen Danton sagen läßt: »Es giebt nur Epicuräer und zwar grobe und feine« (27), oder wenn wir aus Marions Mund hören: »Es läuft auf eins hinaus, an was man seine Freude hat, an Leibern, Christusbildern, Blumen oder Kinderspielsachen, es ist das nemliche Gefühl« (22), oder wenn König Peter in »Leonce und Lena« sinniert: »Der Mensch muß denken und ich muß für meine Unterthanen denken, denn sie denken nicht, sie denken nicht. [...] Der Mensch muß denken. Wenn ich so laut rede, so weiß ich nicht wer es eigentlich ist, ich oder ein Anderer, das ängstigt mich. Ich bin ich. — Was halten Sie davon, Präsident?« (108, 109) König Peter, willens, der Neigung zu einem spekulativen Leben zu folgen, glaubt die Seligkeit auf dem Weg des Denkens zu finden, Marion und Danton suchen sie in der entgegengesetzten Richtung. Büchner macht deutlich, daß der Weg der Empfindungen und der Gefühle kein Weg der Seligkeit ist, aber er setzt sein Vertrauen auch nicht in Fichtes Anweisung, stellt er doch den König seines Lustspiels so dar, daß das Komische nicht zu übersehen ist. So wäre denn der Mensch unselig zu nennen? Aber dieser Schluß dürfte nur gezogen werden, falls die aufgestellte Alternative für Büchner Gültigkeit hätte.

Daraus, daß der Satz: »Der Mensch muß denken« fraglich gemacht ist, folgt nicht notwendigerweise, daß die Gegenposition: »Der Mensch soll nicht denken, sondern fühlen« zum Zuge kommt. Es geht vielmehr um die Frage, welchen Ort das Denken habe, ob das Denken wirklich das Leben und die Seligkeit des Lebens sei, ob Erkenntnis, wie Fichte in den »Reden an die deutsche Nation« sagt, den Menschen sich selber vollständig klar und verständlich mache, ihm die letzten Widersprüche auflöse und ihm damit vollkommene Einigkeit mit sich selbst bringe[111], wobei dann freilich noch dafür zu sorgen sei, daß die Erkenntnis praktisch werde und ins Leben eingreife[112]. Im Denken sucht auch König Peter die Einigkeit mit sich selbst, und er will dabei, wie Fichtes »Wissenschaftslehre«, den Satz »Ich bin ich« zum Ausgangspunkt nehmen. Das Ich ist

---

[110] Fichtes Werke, a. a. O., Bd. V, S. 411. — Statt »wenn es dieselbe«, heißt es in der Ausgabe von Fritz Medicus »wenn es dasselbe« (J. G. Fichte, Die Anweisung zum seligen Leben, Hamburg 1954, S. 21).
[111] Fichtes Werke, a. a. O., Bd. VII, S. 299 (3. Rede).
[112] Ebd., S. 300.

hier als »res cogitans« angesetzt, die Suche nach dem Einssein mit sich selber spielt sich im Horizont der kartesianischen Zertrennung von »res cogitans« und »res extensa« ab. Diese Zerspaltung, die sich in mannigfachen Gegensatzpaaren — Geist und Körper, intellektuelle Anschauung und Wahrnehmung, Rationalismus und Sensualismus — äußert und auch den Antagonismus zwischen Robespierre und Danton bestimmt, nötigt fortwährend dazu, das schroff Entgegengesetzte mit Hilfe eines Systems von Übergängen zu vermitteln, in einer umfassenden Idee zu versöhnen oder durch den Überstieg in der einen oder andern Richtung zu überwinden. Dabei wird die Prämisse, von der man ausgeht, immer wieder spürbar, so daß es als fraglich erscheint, ob man wirklich zum Ganzseinkönnen gelange, wenn die Zerrissenheit vorausgesetzt ist. Mit diesem zentralen Problem ist Büchner auf seine Weise beschäftigt. Weil er um das große Thema des philosophischen Gesprächs weiß, ist es ihm möglich, die Führer der Französischen Revolution zu Repräsentanten jenes Menschentums zu machen, das auf Grund des kartesischen Ansatzes entworfen wurde und sich demgemäß in zwei entgegengesetzten Ausprägungen darstellen mußte. In Büchners Drama sind daher nicht bloß »Dramatische Bilder aus Frankreichs Schreckensherrschaft« abgezogen, wie der vom Verleger gemachte Untertitel suggerierte.[113]

Wenn Büchners Drama genährt ist von der Auseinandersetzung mit Fichtes philosophischer Position, so liegt es nahe, auch nach dem Verhältnis zu Schelling zu fragen, dessen Philosophie sich ja in der Gegnerschaft zu Fichte ausgestaltet hat. Mit Schelling wird sich Büchner schon deswegen eingehend beschäftigt haben, weil er das naturphilosophische Studium ergriffen hatte und weil in Zürich, wo er sich habilitierte, Lorenz Oken, ein Schüler Schellings, lehrte. Wir wenden uns der Schrift »Philosophische Untersuchungen über das Wesen der menschlichen Freiheit und die damit zusammenhängenden Gegenstände« aus dem Jahre 1809 zu. Büchner ist an dieser Abhandlung, deren Thema ihn besonders interessieren mußte, wohl kaum achtlos vorbeigegangen.[114]

---

[113] Vgl. den Brief Gutzkows an Büchner vom 23. Juli 1835, II, 479.

[114] Büchner erwähnt Schelling in seinen Exzerpten aus Wilhelm Gottlieb Tennemanns Darstellung der griechischen Philosophie, und zwar dort, wo er festhält, daß für Heraklit alles von den Gesetzen des Streites und der Einigkeit bestimmt sei (II, 319; vgl. Tennemann, Geschichte der Philosophie, 1. Band, Leipzig 1798, S. 221). Daß Büchner sich bei dieser Stelle an Schelling (den Tennemann im Kapitel über Heraklit, S. 209—239, nirgends nennt) erinnert fühlt, ist freilich kein Beweis für seine Schellinglektüre, aber doch ein Indiz. Von Streit und Einigkeit handelt Schelling vor allem in der Schrift über das Wesen der menschlichen Freiheit.

Es gibt darin eine Stelle, die sich mit Büchners Figurenkonstellation zusammenhalten läßt. Schelling legt dar, daß der Wille des Menschen als ein Band von lebendigen Kräften anzusehen sei, die so lange im Gleichgewicht gehalten werden könnten, als er in seiner Einheit mit dem Universalwillen bleibe. »Kaum aber ist der Eigenwille selbst aus dem Centro als seiner Stelle gewichen, so ist auch das Band der Kräfte gewichen; statt desselben herrscht ein bloßer Particularwille, der die Kräfte nicht mehr unter sich, wie der ursprüngliche, vereinigen kann, und der daher streben muß, aus den voneinander gewichenen Kräften, dem empörten Heer der Begierden und Lüste (indem jede einzelne Kraft auch eine Sucht und Lust ist) ein eignes und absonderliches Leben zu formiren oder zusammenzusetzen, welches insofern möglich ist, als selbst im Bösen das erste Band der Kräfte, der Grund der Natur, immer noch fortbesteht.«[115] Ein solches Leben, das »kein wahres Leben«, sondern ein »Leben der Lüge, ein Gewächs der Unruhe« ist[116], versucht Büchners Danton »zusammenzusetzen«, und darauf wird eigens hingewiesen, wenn Lacroix von Danton sagt: »Er sucht eben die mediceische Venus stückweise bey allen Grisetten des palais royal zusammen, er macht Mosaik, wie er sagt; der Himmel weiß bey welchem Glied er gerade ist. Es ist ein Jammer, daß die Natur die Schönheit, wie Medea ihren Bruder, zerstückelt und sie so in Fragmenten in die Körper gesenkt hat.« (20 f.)

Einige Seiten später sagt Schelling: »Ist in dem Menschen das finstere Princip der Selbstheit und des Eigenwillens ganz vom Licht durchdrungen und mit ihm eins, so ist Gott, als die ewige Liebe, oder als wirklich existirend, das Band der Kräfte in ihm. Sind aber die beiden Principien in Zwietracht, so schwingt sich ein anderer Geist an die Stelle, da Gott seyn sollte; der umgekehrte Gott nämlich.«[117] Diesen umgekehrten Gott nennt Schelling ein »Wesen, das nie aus der Potenz zum Actus gelangen kann, das zwar nie ist, aber immer seyn will«, ein Wesen, welches durch spiegelhafte Vorstellungen, indem es, selbst nicht seiend, den Schein von dem wahren Sein entlehne, den Menschen verführe und dahin zu bringen suche, »selbst schaffender Grund zu werden« und »über alle Dinge zu herrschen«[118]. Denn es bleibe dem aus dem Zentrum gewichenen Menschen immer noch das Gefühl, daß er alle Dinge gewesen sei, nämlich in und mit Gott; darum strebe er wieder dahin, aber für sich, nicht wo er es sein könnte, nämlich in Gott, und hieraus entstehe der Hunger der Selbst-

[115] A. a. O., S. 309 f.
[116] Ebd., S. 310.
[117] Ebd., S. 333 f.
[118] Ebd., S. 334.

sucht, die in dem Maße, als sie sich vom Ganzen und von der Einheit
lossage, immer dürftiger, ärmer, aber eben darum begieriger, hungriger,
giftiger werde. Schelling akzentuiert hier die Gegenseite zu den entbun-
denen Kräften, die zu Süchten und Lüsten geworden sind: die herrsch-
süchtig und machtgierig gewordene Selbstischheit, die in ihrem »Über-
muth, alles zu seyn«, in ihrem Bestreben, »den Grund der Schöpfung an-
zutasten und das Mysterium zu profaniren«, einen »nicht wie bloße
Schwäche und Unvermögen mit Bedauern, sondern mit Schrecken und
Horror« erfüllt[119] — lauter Züge, die sich in Büchners Robespierre erkennen lassen.

Schelling sieht also die Gegensätze — den Menschen, der sich aus den
Begierden und Lüsten ein unruhevolles Leben zusammenzusetzen sucht,
und den Menschen, der über alle Dinge zu herrschen strebt — als die
beiden zusammengehörigen Seiten der einen Erscheinung, daß an die
Stelle der Eintracht von menschlichem und göttlichem Willen die Zwietracht getreten ist. Es gibt hier zwischen dem Gegensätzlichen keinen
prinzipiellen Unterschied wie bei Fichtes Gegenüberstellung von Trieb
zum Genuß und Trieb zur Selbständigkeit, und es gibt auch keine Rangordnung. Denn während es ja nach Fichte unbedingt verderblich ist, vom
Trieb nach Genuß abhängig zu sein, hingegen mit dem Trieb nach Selbständigkeit das Verderben nur bedingt verbunden ist, dann nämlich,
wenn er nicht zu klarer Erkenntnis gebracht wird, liegt für Schelling die
Verderbnis sowohl in der Entfesselung der Lüste wie in der Herrschsucht:
in beiden manifestiert sich der Trieb zur Selbständigkeit, d. h. der Partikularwille. Der unheilvolle Partikularwille aber bedeutet nicht nur Verderbnis, er bezeugt zugleich die göttliche Ordnung, und zwar in doppelter Weise. Einmal bleibt er von seiner höheren Abkunft bestimmt und
verlangt daher, sei es, indem er sich ein Leben zusammenzusetzen, sei es,
daß er über alles zu herrschen sucht, nach der Ganzheit; sodann weist
der ihm eigene, sich selbst aufzehrende Widerspruch — daß er nämlich
kreatürlich zu werden strebt, indem er das Band der Kreatürlichkeit vernichtet, und daß er aus Übermut, alles zu sein, ins Nichtsein fällt[120] —
per contrarium auf den Einklang, in welchem das Band der lebendigen
Kräfte gewirkt wird. Dieses Band ist für Schelling ein göttliches, deshalb
nennt er die dadurch gegebene Gebundenheit nach einer verbreiteten
Etymologie »Religiosität«[121] und betont, daß das Band nicht als selbst-

---

[119] Ebd., S. 335.
[120] Ebd., S. 334 f.
[121] Ebd., S. 336.

beliebige und ebensowenig als aus Selbstbestimmung hervorgegangene Sittlichkeit definiert werden könne. Weder diese noch jene Ethik macht er zum obersten Prinzip: er spricht vielmehr abschätzig vom »Dünkel selbstbeliebiger Sittlichkeit« und von dem andern »noch viel schlimmern Hochmuthsgeist«. Die Religiosität, die er als rechtes Tun, nicht etwa bloß als Fühlenwollen des Göttlichen verstanden haben will, hebt er ab von der Tendenz, »die Sittenlehre auf den allgemeinen Begriff des Geschmacks« zurückzuführen, »wonach sodann das Laster nur noch in einem schlechten oder verdorbenen Geschmack bestehen würde«, und gleicherweise grenzt er sie gegen »die vermeintlich vornehmere Moralität« ab[122], die glaubt, man müsse sich im vorkommenden Fall das Pflichtgebot vorhalten, um sich aus Achtung vor demselben für das Rechttun zu entscheiden.

Der Blick auf Schelling hat erneut klargemacht, wie problematisch es ist, zu meinen, Gegensätze von der Art, wie Büchner sie darstellt, implizierten ein Entweder-Oder und wollten dem Leser die Wahl einer der beiden Positionen nahelegen. Nur weil man keine andere Möglichkeit zu sehen vermochte, bewegte man sich innerhalb solchen Alternativdenkens und gelangte zum Ergebnis, Danton habe als »Genußaristokrat« die Sympathie des Dichters[123], er sei »aus des Dichters Herzen empfangen«[124]; nur deshalb auch glaubte man aus der Opposition gegen die idealistische Haltung eines Schiller oder Fichte so ohne weiteres auf Materialismus schließen zu können: »In diesem Aufeinanderprallen von aufgeklärt revolutionärem Moralismus und realistischer Skepsis stellt Büchner-Danton der abstrakten Doktrin, die in Wahrheit nur eine standortgebundene Selbsttäuschung ist, eine materialistische Weltordnung gegenüber, die die amoralische Dynamik des Lebens, die natürlichen, auf das Glück gerichteten Bedürfnisse des Menschen und die Macht des sozialen Zwanges hervorruft. An die Stelle des falschen Pathos und der moralischen Verlogenheit soll die Einsicht in den unvernünftigen, aber wirklichen Charakter des Lebens treten, für den die Lust ein Gut, der Schmerz

---

[122] Ebd., S. 337.

[123] Rudolf Majut, Studien um Büchner, Germanische Studien, Heft 121, Berlin 1932, S. 339. — Auch für Richard Gunkel ist Büchner ein »Genußmensch« (Georg Büchner und der Dandysmus, Utrecht 1953, S. 54 f.). Ähnlich äußert sich Karl Viëtor: »Daß die Lust ein Gut, der Schmerz ein Übel sei, daß der Mensch nicht anders kann, als dem auf Befriedigung seines Glücksbedürfnisses gerichteten Naturtrieb zu folgen, diese Sätze von Epikurs Ethik entsprachen durchaus Büchners Denken.« (Die Tragödie des heldischen Pessimismus, in: DVjs. 1934, S. 204.)

[124] Friedrich Gundolf, Georg Büchner, in: Romantiker, Berlin 1930, S. 387.

aber ein Übel ist, so wie es von jeder gegenidealistischen Ethik von Epikur bis Feuerbach gelehrt wurde.«[125]

Schelling begreift die beiden Seiten der Gegensätzlichkeit als zusammengehörig. Das Leben, das vom Willen bestimmt ist, über alle Dinge zu herrschen, und das aus Begierden und Lüsten zusammengesetzte Leben, das Handeln gemäß der aus Selbstbestimmung hervorgehenden Ethik und das Handeln gemäß der selbstbeliebigen Ethik sind gleichsam als Avers und Revers gesehen. Zusammengehören können die beiden Seiten aber nur deshalb, weil sie zusammen in ein Drittes, in ein Umfassendes gehören, in jene Ordnung nämlich, die dem Auseinander und Gegeneinander zugrunde liegt.

Damit dürfte sich nun der Horizont für das Verständnis der Büchnerschen Figurenkonstellation gebildet haben. Nicht von Lamettrie oder von Fichte, wohl aber von Schelling und von Pascal aus ist es möglich, die Frage nach dem Sinn der Konfiguration Danton - Robespierre anzugehen. Büchners Drama handelt von einem Antagonismus, in welchem sich die Widersacher gegenseitig vernichten, denn wiewohl der Tod Dantons und nicht der Sturz Robespierres gezeigt wird, kündet sich dieser doch schon deutlich genug an: das Vorgehen gegen Danton ruft alle jene vielen, die sich bedroht fühlen müssen, zum Handeln auf. Die Gegensätze, so könnte man mit Hérault sagen, heben sich gegenseitig auf, das Resultat ist gleich Null, wir kommen zum Nichts (49). Sinnlosigkeit ist dargestellt. Doch man darf es sich mit der Rede vom Nichts und von der Sinnlosigkeit nicht zu leicht machen. Wenn einer sagt, etwas sei sinnlos, urteilt er von einem Sinn her, ohne den von Sinnlosigkeit überhaupt nicht gesprochen werden könnte, und wer da behauptet, alles sei sinnlos, ist den Sinn keineswegs losgeworden, wie er meinen mag: Seine Aussage muß ja auch ins Sinnlose einbezogen werden, dann aber ist sie Unsinn und kann dem Sinn nichts anhaben; sollte man aber darauf bestehen wollen, sie sei kein Unsinn, wie könnte dann noch daran festgehalten werden, daß *alles* sinnlos sei? Gleicherweise verhält es sich mit dem Nichts. Sowenig man sagen könnte, das Nichts sei nichts Wirkliches, sondern eben nichts, sowenig geht es an, das Nichts zum allein Wirklichen zu erklären. In Büchners Drama wird ausdrücklich darauf hingewiesen, einmal mit Dantons Wort: »Der verfluchte Satz: etwas kann nicht zu nichts werden! und ich bin etwas, das ist der Jammer!« (61), sodann, in ganz anderer Tonlage, mit Camilles Worten über die Schöpfung, die sich glühend, brausend und

---

[125] Benno v. Wiese, Georg Büchner, Die Tragödie des Nihilismus, in: B. v. W., Die deutsche Tragödie von Lessing bis Hebbel, Hamburg 1948, Bd. II, S. 314.

leuchtend jeden Augenblick neu gebiert (37). Soll vom Nichts die Rede sein können, so nur vom Nichts im Wesen des Seins, nicht aber vom Nichts an und für sich.

Büchner redet in dem Brief, in welchem er sich zur Französischen Revolution äußert, von einem »ehernen Gesetz«; er sieht die Geschehnisse einer Gesetzmäßigkeit unterstellt, die man, wie er sagt, bestenfalls erkennen, nicht aber beherrschen kann[126]. Das sollte deutlich genug zu verstehen geben, daß Büchner nicht einfach Sinnlosigkeit erblickt. Er könnte unmöglich von einem Gesetz sprechen, läge ihm nichts vor als eine Wirrnis; nicht eine Zeile seiner Dichtung hätte er geschrieben, wenn ihm nur Ungefüges begegnet wäre. Als Gesetzmäßigkeit zeigt sich der zerstörerische Widerstreit zwischen Robespierre und Danton, sobald man sich auf den Boden von Schellings Ausführungen stellt. Indessen hätte man auch ohne die Hilfe der Quellenforschung erkennen können, daß Robespierre und Danton aus der Einheit, welche die lebendigen Kräfte zusammenwirken läßt und so die Schöpfung jeden Augenblick neu hervorbringt, herausgetreten sind und sich infolgedessen ins Gegensätzliche zertrennt haben, daß sie — nicht nur einer mit dem andern, sondern jeder auch mit sich selbst entzweit — unabwendbarer Zwietracht verfallen, daß sie im Bestreben, Ganzheit auf ihre Weise zu verwirklichen, der Ohnmacht ausgeliefert sind, daß sich für beide an die Stelle, da Gott sein könnte, ein anderer Geist geschwungen hat: der umgekehrte Gott, was eindrücklicher wohl nicht hätte dargestellt werden können, als indem Robespierre und Danton in pervertierender Art auf Christus Bezug nehmen.[127] In alledem wirkt das eherne Gesetz, das Büchner in seinem Brief erwähnt. Robespierre und Danton sind in eine unheilvolle Notwendigkeit des Geschehens hineingebunden. Denn das Heraustreten aus der Einheit der lebendigen Kräfte offenbart, um es mit Schelling zu sagen, »jenes innerste Band der Abhängigkeit der Dinge«[128]: es ist unmöglich, sich aus der Gebundenheit zu lösen, erreicht wird nur, daß sie sich in eine schreckliche Gebundenheit verwandelt. Als Büchner die Geschichte der Französischen Revolution studierte, wurde ihm das Gräßliche solcher Gebundenheit anschaulich. Er kam von einer Auffassung her, die dem schöpferischen Vermögen des Menschen alles zutraute, die zur Selbstbestimmung aufforderte und vom

---

[126] An die Braut, Nr. 18; II, 425 f.
[127] Wolfgang Martens hat in seinem vorzüglichen Aufsatz »Ideologie und Verzweiflung« manches davon herausgearbeitet, so namentlich auch die Perversion, daß bei Robespierre und bei Danton an die Stelle Gottes etwas anderes getreten sei: bei dem einen der Wille zur Menschheitserlösung, beim andern der Fatalismus (a. a. O., S. 93 und 88).
[128] A. a. O., S. 335.

In-sich-selber-Stehen das Heil erwartete. Er hatte die genialen Männer bewundert, die den Gang der Geschichte zu bestimmen schienen[129], und er hatte ihre Bewunderer bewundert, die aus der Parade der großen Taten den geschichtlichen Gang zu deuten wußten. Nun aber sagt er: »Es fällt mir nicht mehr ein, vor den Paradegäulen und Eckstehern der Geschichte mich zu bücken.«[130] Er hält nichts mehr von der Größe der sogenannten großen Männer; die Herrschaft des Genies, das sich, wie man zu erklären pflegt, das Gesetz selbst gibt, erscheint ihm als ein bloßes Puppenspiel, als ein lächerliches Ringen gegen ein Gesetz, das in keines Menschen Gewalt ist.

Dieses Finstere, daß der Mensch ins Böse gebunden ist und ins Nichtsein fällt, ist in Büchners Drama nicht die ganze Wahrheit. Es ist darin ja auch auf das Leuchtende der Schöpfung, auf ihre jederzeit geschehende Wiedergeburt hingewiesen, und indem deutlich gemacht wird, daß das Böse nicht bloß das Ausbleiben, sondern die Umkehrung des Guten ist, breitet sich nicht einfach Leere aus wie dort, wo Fehlendes eine Lücke läßt, vielmehr ist in der Umkehrung das Nicht-Verkehrte gegenwärtig. Deshalb wäre es nicht statthaft, zu sagen, in »Dantons Tod« werde die Möglichkeit, aus dieser Gebundenheit befreit zu sein, ausgeschlossen.

Wenn das Übel darin besteht, daß der Mensch aus dem tragenden Grund herauszutreten sucht, daß er dadurch die Einheit der lebendigen Kräfte zerstört und fortan mit seinesgleichen wie mit sich selbst uneins ist, dann wird man nicht durch Erhebung, auf dem Wege Fichtes also,

---

[129] Vgl. die »Rede zur Vertheidigung des Cato von Utika«, die Büchner als Gymnasiast im Herbst 1830 gehalten hat. Er preist darin die Größe und Erhabenheit jener Männer, die in den Gang der Weltgeschichte einzugreifen wagen und entweder siegen oder einen rühmlichen Tod finden: »Solche Männer, die unter den Millionen, welche aus dem Schooße der Erde steigen, ewig am Staube kleben und wie Staub vergehn und vergessen werden, sich zu erheben, sich Unvergänglichkeit zu erkämpfen wagten, solche Männer sind es, die gleich Meteoren aus dem Dunkel des menschlichen Elends und Verderbens hervorstrahlen.« (II, 25) — In »Leonce und Lena« (126) und im »Lenz« (87) steht ganz anderes zu lesen: es ist da die Rede von der Größe, die der geringste unter den Menschen hat; man müsse die Menschheit lieben, es dürfe einem keiner zu gering sein.

[130] Brief Nr. 18, II, 426. — Was Büchner damit meinen mag, läßt sich mit einer Stelle aus einem Brief Hegels illustrieren, den dieser am Vortag der Schlacht bei Jena geschrieben hat. An diesem Passus zeigt sich auch, wie weit Büchner von Hegels Einstellung entfernt ist. »Den Kaiser — diese Weltseele — sah ich durch die Stadt zum Rekognoszieren hinausreiten; — es ist in der Tat eine wunderbare Empfindung, ein solches Individuum zu sehen, das hier auf einen Punkt konzentriert, auf einem Pferde sitzend, über die Welt übergreift und sie beherrscht.« (An Niethammer, 13. Oktober 1806, Briefe von und an Hegel, hrsg. von J. Hoffmeister, Hamburg 1952, Bd. 1, Nr. 74, S. 120. Der Brief wurde erstmals 1844, in der Hegelbiographie von Karl Rosenkranz, veröffentlicht.)

zum Ganzseinkönnen gelangen. Denn die Erhebung führt aus der Zwietracht nicht hinaus, sondern verhärtet den Widerstreit zwischen Sittlichkeit und Begierden. Die Sittlichkeit kann die entfesselten Begierden höchstens bändigen und unter sich bringen, aber bei diesem fragwürdigen Sieg wird die Erhebung zur Entwurzelung. Schelling sucht deshalb einen andern Weg. »Die Leidenschaften, welchen unsere negative Moral den Krieg macht«, sagt er[131], »sind Kräfte, deren jede mit der ihr entsprechenden Tugend eine gemeinsame Wurzel hat.« Diesem in der Tiefe Liegenden denkt er nach. Besonders deutlich ist das in seiner Antwort an Eschenmayer ausgesprochen, der sich mit der Abhandlung über das Wesen der menschlichen Freiheit kritisch auseinandergesetzt hatte: Eschenmayer wolle das Irrationale in der Höhe suchen und nenne irrational, was unserm Geiste am unmittelbarsten gegenwärtig sei, z. B. die Tugend; er, Schelling, hingegen nenne irrational, was dem Geist am meisten entgegengesetzt sei: das Sein, und dieses sei in der Tiefe zu suchen.[132] Nach Schellings Ansicht ist es also das Sein, welches das Ganzseinkönnen gewährt, wie er es ja in den Ausführungen über das Identitätsgesetz und die Kopula im Satz dargelegt hat[133]. Das Sein, dem menschlichen Geist am meisten entgegengesetzt, ist das Nichterdenkbare, es ist nicht etwas, was vom ideenwärts gerichteten Denken angestrebt werden müßte oder könnte, vielmehr ist es das Zugrundeliegende, in das der Mensch eingelassen ist. Das innerste Wesen des Seins besteht für Schelling — und deshalb ist sein Philosophieren auf Christus bezogen — in der göttlichen Liebe. Sie ist das Band, welches all das Verschiedene zusammenhält; wenn es zerreißt, verkehrt sich die Zusammengehörigkeit des Verschiedenen in die Zwietracht des Zusammengehörigen.

Mit der Frage nach der Identität ist auch Büchner beschäftigt, immer wieder, in der Erzählung »Lenz«, im Lustspiel »Leonce und Lena«. Und jedesmal ist, ob Verlust oder Wiedergewinn den Akzent tragen, die Frage auch mit dem Verhältnis zu Gott verknüpft. Dies bestätigt von neuem, daß Büchner sich in der Nähe Schellings bewegt, aber auch, daß die Parallelen zu Pascal nicht oberflächlicher und zufälliger Natur sein können. Es dürfte sich darum lohnen, diese Linie noch weiter zu verfolgen.

Wenn Büchner das »Ringen gegen ein ehernes Gesetz« lächerlich nennt, so fügt sich das in Pascals Auffassung von der Vergeblichkeit des menschlichen Bemühens, auf diesem oder jenem Weg die misère de l'homme los-

---

[131] A. a. O., S. 344 f.
[132] F. W. J. Schelling, Schriften von 1806 bis 1813, Wissenschaftliche Buchgesellschaft, Darmstadt 1968, S. 675.
[133] Vgl. S. 16 f.

zuwerden oder zu bewältigen. »C'est en vain, ô hommes, que vous cher-
chez dans vous-mêmes le remède à vos misères. Toutes vos lumières ne
peuvent arriver qu'à connaître que ce n'est point dans vous-mêmes que
vous trouverez ni la vérité ni le bien. Les philosophes vous l'ont promis,
et ils n'ont pu le faire. Ils ne savent ni quel est votre véritable bien, ni
quel est votre véritable état. Comment auraient-ils donné des remèdes à
vos maux, qu'ils n'ont pas seulement connus? Vos maladies principales
sont l'orgueil, qui vous soustrait de Dieu, la concupiscence qui vous
attache à la terre; et ils n'ont fait autre chose qu'entretenir au moins
l'une de ces maladies. S'ils vous ont donné Dieu pour objet, ce n'a été
que pour exercer votre superbe: ils vous ont fait penser que vous lui
étiez semblables et conformes par votre nature. Et ceux qui ont vu la
vanité de cette prétention vous ont jetés dans l'autre précipice, en vous
faisant entendre que votre nature était pareille à celle des bêtes, et vous
ont portés à chercher votre bien dans les concupiscences.«[134]

So weit stimmt offenbar Büchner mit Pascal überein. Aber er sagt
nirgends, daß sich im Glauben an Christus die Not des Menschen wende.
Es steht bei ihm nicht zu lesen, der Glaube erniedrige, »mais sans
désespérer«, und erhebe zugleich, »mais sans enfler«: »La seule religion
chrétienne a pu guérir ces deux vices, non pas en chassant l'un par l'autre,
par la sagesse de la terre, mais en chassant l'un et l'autre, par la simplicité
de l'Evangile.«[135] Von Christus vernimmt man einerseits, er sei der feinste
Epikureer gewesen (27), und anderseits, er habe sich zu wenig verleugnet
(30), so daß er ein unvollkommener Stoiker zu nennen wäre; man hört
von der Einbildung, in der einer Gott Vater, Sohn und heiliger Geist zu

[134] Br. 430: »Umsonst, ihr Menschen, sucht ihr das Heilmittel gegen euer Elend in euch
selbst. Alle eure Vernunft reicht nur bis zur Erkenntnis, daß ihr Wahrheit und Heil
nicht in euch selbst finden werdet. Die Philosophen haben es euch versprochen,
aber sie konnten ihr Versprechen nicht halten. Sie wissen weder, was euer wahres
Heil noch welches euer wirklicher Zustand ist. Wie hätten sie auch Heilmittel geben
sollen gegen Leiden, die sie nicht einmal kannten? Eure hauptsächlichen Krankheiten sind: die Überhebung, die euch von Gott abwendet, die Begierde, die euch
an die Erde fesselt; und sie haben nichts anderes getan, als mindestens einer dieser
Krankheiten Vorschub zu leisten. Gaben sie euch Gott zum Gegenstand der Betrachtung, so nur, um eure Hybris zu nähren: sie machten euch glauben, daß ihr Gott
ähnlich seiet und eurem Wesen nach mit ihm übereinstimmt. Und die, welche die
Nichtigkeit dieses Anspruchs sahen, warfen euch in den andern Abgrund, indem sie
euch euer Wesen als dem der Tiere gleich verstehen ließen und euch dazu brachten,
euer Heil in den Begierden zu suchen.«
[135] Br. 435: »aber ohne zur Verzweiflung zu bringen«, »aber ohne zu bewirken, daß
der Mensch sich aufbläht«. — »Einzig die christliche Religion hat beide Übel zu
heilen vermocht, nicht indem sie das eine durch das andere austrieb, mit weltlicher
Weisheit, sondern indem sie das eine wie das andere vertrieb, durch die Schlichtheit
des Evangeliums.«

sein wähnt (70), und man ist Zeuge eines Gesprächs, in welchem für die Taufe eines Kindes drei Namen, denn es sei doch was mit der Zahl drei, gesucht und gefunden werden: Pflug, Robespierre — »was Nützliches und was Rechtliches« — und Pike (34). Christliches erscheint hier also nur in der Form von Verfälschungen, wobei diese verschiedenartigen Zerrbilder für die jeweils redende Person kennzeichnend sind. Büchners Drama hat keinen kerygmatischen oder apologetischen Charakter. Soll man nun annehmen, Büchner habe zwar von Pascal die Anthropologie übernommen, nicht aber das, worauf es mit ihr hinauswill: den Glauben an Christus? Und wäre daraus zu folgern, Büchner sei lediglich an der Anthropologie interessiert, hingegen sei ihm der Glaube gleichgültig? Da wäre zum einen immerhin zu bemerken, daß Pascals Anthropologie eine christliche Anthropologie ist, daß also der Mensch, wie er hier gesehen wird, nur im Blick auf Christus so gesehen werden kann, was freilich nicht heißt, daß diese Sicht gleichbedeutend wäre mit dem Glauben an Christus; zur zweiten Frage wäre zu erwägen, ob denn die Dichtung der Bereich sei, in welchem sich der Glaube bezeugen könnte und zu bezeugen hätte, ob es ihr gemäß wäre, ein Dasein im Glauben darzustellen, gesetzt, es sei dies überhaupt möglich, und es wäre überdies zu fragen, ob nicht vielleicht Büchners Auffassung dahin gehe, daß es grundsätzlich nicht Sache der Dichtung sei, Vorbildlichkeit irgendwelcher Art vor Augen zu führen.

Was ist dann aber die Sache dieser Dichtung? In Büchners Drama ist ein Spielraum geöffnet. Durch verschiedene gegensätzliche Positionen ist er abgesteckt und umrissen. Die Figuren, die mit ihrem Ort, ihren Bezügen, ihrer Bewegung dieses Feld schaffen, haben als solche eine über ihre historische Faktizität hinausgreifende Bedeutung: sie sind Repräsentanten bestimmter Daseinsformen. Sie zeigen Grundzüge des menschlichen Selbstverständnisses, wie es vom abendländischen Denken ausgebildet worden ist. Es sind hier Stellungen bezogen, in denen der Leser auch sich selbst immer wieder vorfindet. Er bewegt sich, von der Dichtung hierher und dorthin geführt, nicht in einem fremden, sondern im eigenen Haus. Er läßt sich bisweilen an dieser, bisweilen an jener Stelle nieder, er siedelt sich mitunter irgendwo fest an. Aber gerade dies sucht Büchners Dichtung zu verhindern. Sie treibt den Leser, wo immer er sich festsetzen will, wieder fort. Was im einen Satz festgestellt ist, wird durch den Gegensatz umgeworfen. Was einer eben noch selbstgewiß geäußert hat, zieht er nun in Zweifel. In der Überzeugung wird die Mache sichtbar. Ansichten sind in ihrer Pervertiertheit durchschaubar gemacht. Wenn so der Leser aus allem, was ihm als verläßlich gelten wollte, vertrieben

wird, wohin wird er dann getrieben? In ein fortwährendes Unterwegssein? Soll er zu einem Umherirrenden werden? Aber er ist ja ein Leser,
auch als Hörender und Zuschauender, und das heißt, daß er, hin- und
herlaufend zwischen Gegensätzlichem, das Gelesene einsammelt, es zu-
sammenbringt und in das Ganze integriert, welches die Dichtung ist.
Damit hat er eine Dimension mehr als die Figuren des Stücks, denen kein
Überblick und keine Zusammenschau möglich ist. Indem er, und nur er,
den durchgängigen Themen zu folgen vermag, alles zu hören bekommt
und so die Komposition erfaßt, gelangt er auf eine andere Ebene. Der
Leser ist also sowohl die Welt, die in der Dichtung ausgebreitet ist, wie
auch die Distanz dazu.

Durch das Zusammenhören und Zusammenhalten des Verschiedenen
werden die auf der Spielebene sich zutragenden Pervertierungen in ihrem
Wesen erkannt. Sie sind Versuche, das Paradox zu beseitigen, das Paradox zum Beispiel, welches das Leiden und die Erlösung einander zuord-
net. So will Robespierre zertrennen, er will das ganze Leiden auf sich
nehmen, damit die Menschheit in den Genuß einer Glückseligkeit ohne
Leiden komme: Danton dagegen will die Gegensätze einschmelzen, das
Leiden in sublimstem Genuß aufgehen und verschwinden lassen. Es sind
Variationen zu diesem Thema der aufgehobenen Paradoxalität, wenn
Philippeau vom Leiden unberührt sein will und eine Seligkeit außerhalb
des Leidens postuliert und wenn, ebenso einseitig, seine Mitgefangenen
nur die Leidensseite des menschlichen Daseins in Betracht ziehen wollen
und den Gedanken an eine Seligkeit von sich weisen. Es ist gleichermaßen verkehrt, wenn Philippeau das Leiden, das »Ineinanderschreien«
und den »Zeter« (71) zu einer bloßen Erscheinung macht, deren Wesen
»ein Strom von Harmonien« sei, wie wenn Danton eben das, was für
Philippeau nur scheinhaft ist, als die einzige Wirklichkeit bezeichnet
und findet, die Welt sei das Chaos (72).

Die Bedeutsamkeit dieses Themas hat Büchner durch zwei weitere Abwandlungen hervorgehoben. Er führt einen in Lumpen gehüllten Bettler
ein, der mit einem gutgekleideten Herrn ein Gespräch beginnt: »Mein
Herr wo habt Ihr Euren Rock her? — Arbeit, Arbeit! Du könntest den
nemlichen haben, ich will dir Arbeit geben, komm zu mir, ich wohne...
— Herr, warum habt Ihr gearbeitet? — Narr, um den Rock zu haben. —
Ihr habt Euch gequält um einen Genuß zu haben, denn so ein Rock ist
ein Genuß, ein Lumpen thut's auch. — Freilich, sonst geht's nicht. — Daß
ich ein Narr wäre. Das hebt einander.« (35) Der Bettler will weder von
Mühsal und Sichquälen noch von Freuden des Genießens etwas wissen,
und wenn sich diese Unterhaltung auch auf einer völlig weltlichen Ebene

bewegt, so zeigt sich auf Grund des Gesamtzusammenhanges doch, daß der Bettler sich der »condition humaine«, über die das Wort gesprochen ist »Im Schweiße deines Angesichts sollst du dein Brot essen«, entziehen will und daß seine Bedürfnislosigkeit — die übrigens sich selbst Lügen straft, denn er ist ja ein Bedürftiger — von der Erlösungsbedürftigkeit Abstand nehmen möchte. Diesem leeren Weder-noch des Bettlers hat Büchner das ebenso leere Sowohl-als-auch entgegengesetzt. Im Gespräch mit Payne erklärt Hérault: »O Philosoph Anaxagoras, man könnte aber auch sagen, damit Gott Alles sey, müsse er auch sein eignes Gegentheil seyn, d. h. vollkommen und unvollkommen, bös und gut, seelig und leidend, das Resultat freilich würde gleich Null seyn, es würde sich gegenseitig heben, wir kämen zum Nichts.« (49) Die beiden Stellen sind durch genaue Parallelen miteinander verklammert — genießen und sich quälen / selig und leidend sein; »das hebt einander« / »es würde sich gegenseitig heben« —, und in dieser Übereinstimmung tritt dann auch das Unterschiedliche hervor: der Herr und der Bettler wissen nichts von jenem Paradox, auf Grund dessen die Arbeit noch etwas anderes wäre als ausschließlich Mühsal und Mittel zum Zweck, wogegen Hérault das Paradoxe zwar kennt, aber nur in verfälschter Gestalt, so daß er von Gott behaupten kann, er müsse auch sein eigenes Gegenteil, also gut *und* böse sein. Die Unterschiede sind auf eine gemeinsame Symmetrieachse bezogen; deshalb veranlassen sie den Leser, auf das Einende hinzudenken. Läge nicht das Paradox als Richtschnur zugrunde, so könnten die Gegensätze einander nicht zugeordnet sein, sie könnten gar nicht als solche begriffen werden, sondern stünden in beziehungsloser und darum unverständlicher Vereinzelung da.

Daß Büchner in der dargelegten Weise strenge Bezüge geschaffen hat, ist immer wieder zu beobachten; man kann sogar wetten, daß sich zu einer bestimmten Äußerung irgendwo das Gegenstück finden lasse. Der Bettler sagt, Arbeiten sei eine Qual. Die gegenteilige Auffassung müßte das Arbeiten als Lust bezeichnen. Diese Meinung wird nicht vom Gesprächspartner des Bettlers vertreten, aber sie ist anderswo zum Ausdruck gebracht. Simon bekommt von seiner Frau zu hören — es ist die Rede von ihrer Tochter —: »Du Judas, hättest du nur ein Paar Hosen hinaufzuziehen, wenn die jungen Herren die Hosen nicht bey ihr hinunterließen? Du Brantweinfaß, willst du verdursten, wenn das Brünnlein zu laufen aufhört, he? Wir arbeiten mit allen Gliedern warum denn nicht auch damit; ihre Mutter hat damit geschafft wie sie zur Welt kam und es hat ihr weh gethan, kann sie für ihre Mutter nicht auch damit schaffen, he? und thut's ihr auch weh dabei, he?« (13) Daß mit dieser Gegenüberstellung die Wahl zwischen zwei Möglichkeiten angeboten werde, wird niemand behaupten wollen. Glaubhafter ist die Erklärung, Büchner habe es auf Ausweglosigkeit, auf Aporien angelegt. Aber woraus sollte denn hervorgehen, daß er mit dem Gegensatz Arbeit als Qual und Arbeit als Lust auf die Sinnlosigkeit von allem und jedem abziele? Etwa daraus, daß die weitere Möglichkeit — die Devise »Tages Arbeit! Abends Gäste! Saure Wochen! Frohe Feste!« oder, wie es mit den Worten unseres Textes heißt, arbeiten, um zu genießen — Büchners Zustimmung offenbar auch nicht hat? In der Tat bliebe nichts anderes übrig, als von Nihilismus zu reden, wenn nicht der Weg offenstünde, Mühsal und Freude als zusammengehörig zu begreifen, und zwar zusammengehörig in paradoxer Weise, in einem Zugleich, nicht im Nacheinander von Mittel und Zweck. Von hier aus erkennt man, daß die Versuche, das Zugleich aufzulösen, nicht zur Beseitigung des Paradoxons führen, sondern eine schwankende Widersprüchlichkeit hervorbringen, Halbwahrheiten mit unreinem Klang, wie sie einem auf der Spielebene andauernd begegnen.

Wer auf die Themen achtet, die, vielfältig abgewandelt, Büchners Drama konstituieren, wird auch der Meinung, die einzelnen Szenen seien unverbunden, sie seien unmittelbar durch sich selbst sinnfällig[136], nicht beipflichten können. Sinnfälligkeit kann sich nie anders als aus einem Ganzen ergeben. In dieses Ganze sind die einzelnen Szenen gefügt, sie sind mittels mannigfacher Bezüge zusammengewirkt. Freilich vollzieht sich die Handlungsabfolge nicht mit jener Stetigkeit und Allmählichkeit, in der die einzelnen Schritte, gewissermaßen durch ein Infinitesimal-Kalkül vermittelt, fließend ineinander übergehen. Die Fügung ist anderer Art. Sie hält das Verschiedene und Gegensätzliche zusammen, indem sie es in seiner Unterschiedlichkeit bestehen läßt, und durch dieses Zusammenhalten wird im Reden und Hören das Gesagte ein Ganzes. Was sich sonst unbewußt abspielt, hebt sich hier, durch die herausfordernden Gegensätzlichkeiten, ins Bewußtsein. Der Leser muß, vom einzelnen ausgehend, die zugrundeliegende Ganzheit mitdenken, sonst zerstückt sich die Dichtung. Auch an ganz unscheinbaren Beispielen zeigt sich, daß das einzelne in weitreichenden Bezügen steht und mit anderm zusammengehalten sein will. Das Wort hat bei Büchner eine ungewöhnlich große Schwingungsamplitude, so daß es bis zu entlegenen Stellen hin trägt. Dabei erweitert und verändert sich die beschränkte Bedeutung, die ein Redender seinem Wort beilegt; dieses gewinnt nun eine neue, nur dem

---

[136] Werner Bökenkamp, Einleitung zu: Georg Büchner, Sämtliche Werke nebst Briefen und anderen Dokumenten, Gütersloh 1963, S. 19.

Leser zugängliche Bedeutung, die im Zusammenklang der Themen und ihrer Variationen entsteht. Eine solche unauffällige Stelle sei etwas näher beleuchtet. Es wird sich dabei nochmals, gleichsam paradigmatisch, erweisen, daß die Quellenforschung eine Hilfe ist, die den Blick für die Zusammenhänge innerhalb der Dichtung zu schärfen vermag.

Robespierre wird einmal — von Billaud, im Gespräch mit Barrère und Collot — »ein impotenter Mahomet« genannt. (59) Anstatt »Mahomet« druckten frühere Ausgaben »Masonet«, welches Wort mit Freimaurerei in Zusammenhang gebracht wurde, oder »Masoret«, also Bibelexeget.[137] Friedrich Beißner hat 1960 das Manuskript geprüft und »Mahomet« entziffert. Er kommentiert die neue Lesart folgendermaßen: »Der Sinn ist klar. Robespierre hätte tausendfache Gelegenheit zu den hier in Rede stehenden Ausschweifungen — nicht bloß wie irgendein Muselman: ihm stünde der größte Harem zu Gebote, wie dem Propheten selber! Aber er ist nicht fähig dazu. *Er ist ein impotenter Mahomet,* und die Tugend des *Tugendhaften* ist ohne Verdienst.«[138] Beißners Erklärung, die keine Quelle zu Rate zieht, rückt das Diktum in die Nähe einer Äußerung Dantons über das Volk: »Es haßt die Genießenden, wie ein Eunuch die Männer.« (25) Seine Auslegung stützt sich vorwiegend auf das Wort »impotent«, wogegen nicht recht einzusehen ist, warum Büchner gerade Mohammed herbemüht. Werner Lehmann hat auf einen Zusammenhang des Wortes mit Fichtes »Reden an die deutsche Nation« aufmerksam gemacht. Dort ist Mahomet das Beispiel gewaltigen Eigendünkels, wobei sich Fichte auf Voltaires Drama in der Übersetzung Goethes bezieht. Die Aufdeckung dieses Bezugs wirkt sich auf die Interpretation aus. Der Sinn des Ausspruchs reicht offenbar beträchtlich über den Bereich des Sexuellen hinaus. Lehmanns Deutung[139] kann etwa so zusammengefaßt werden: Robespierre ist insofern ein Mahomet zu nennen, als er ein von sich selbst eingenommener Fanatiker ist; während aber Mahomet in seiner erotomanen Leidenschaft nicht nach Tugend und Laster fragt, bekommt beim impotenten Mahomet der Fanatismus das Programm: »Das Laster muß bestraft werden, die Tugend muß durch den Schrecken herrschen.« (26) Hier ist es dank der Quellenforschung gelungen, den Stellenwert des Wortes »Mahomet« richtiger zu fassen, wobei nun allerdings das

---

[137] Vgl. die Ausgabe von Bergemann, Wiesbaden 1958, S. 624 (Nachwort).
[138] Friedrich Beißner, Kleiner Beitrag zum Büchner-Text, in: Neophilologus, 44, Groningen (1960), S. 19.
[139] Werner Lehmann, Robespierre — ›ein impotenter Mahomet‹? Geistes- und wirkungsgeschichtliche Beglaubigung einer neuen textkritischen Lesung, in: Euphorion, Bd. 57, 1963, S. 217.

Adjektiv »impotent« eher etwas zurücktritt. Beide Auslegungen erhellen den Sinn, den das Wort »impotenter Mahomet« für Billaud haben mag. Das lasziv getönte Bonmot macht die Tugend des Tugendhaften lächerlich und kündet mit seiner Respektlosigkeit die Revolte gegen den dünkelhaften Revolutionsführer an.

Nun ist von Adolf Beck eine weitere Quelle entdeckt worden. Büchner hat die Aufzeichnungen des Geschworenen Vilate gelesen und von ihm die Gleichsetzung Robespierres mit Mahomet übernommen. Vilate schildert, wie das Volk in Robespierre einen Gottgesandten, den neuen Messias erblickte, und prangert den Götzendienst an, der mit ihm getrieben wurde.[140] Diese Quelle bestätigt nicht nur die Lesart »Mahomet«, sie hebt daran einen neuen Aspekt hervor: den der Pseudoreligiosität. Damit wird nun der Sinnbezirk, den die Vokabel »Mahomet« im Gespräch zwischen Billaud und seinen Kumpanen hat, überschritten, denn wenngleich Billaud die Guillotine als Robespierres Betschemel bezeichnet (59), so will er, dem der Glaube wohl kaum etwas anderes als Fanatismus ist, doch keineswegs auf den wahren Messias hinweisen. Der Aspekt der Pseudoreligiosität tritt aber hervor, wenn das Diktum vom »impotenten Mahomet« mit Robespierres Worten über Christus zusammengebracht und deren Pervertiertheit erkannt wird. Robespierre ist dann insofern Mahomet zu vergleichen, als er Christus übertreffen und der wahre Messias sein will. Dieser Bezug wird einem auf dem Hintergrund von Büchners Pascallektüre noch deutlicher. In den »Pensées« gibt es eine Auslegung der Mahometgestalt. Dort ist Mahomet die Gegenfigur zu Christus. Er ist der falsche Prophet, der leugnet, daß Christus der Messias sei, und sich selbst als Messias ausgibt. Aber er ist ohne Autorität: sein Kommen ist nicht prophezeit, und es bezeugen ihn auch keine Wunder. »Mahomet, sans autorité. Il faudrait donc que ses raisons fussent bien puissantes, n'ayant que leur propre force.«[141] Pascal gedachte Mahomets »impuissance« darzustellen und so Christus als den Sohn des Allmächtigen um so stärker ins Licht zu rücken. Bei Pascal fand also Büchner die Gestalt Mahomets mit Begriffen aus dem Bedeutungsfeld mächtig-ohnmächtig verknüpft; dies mag, möglicherweise zusammen mit Schellings Wort vom umgekehrten Gott als dem Wesen, das nie aus der Potenz zum Actus gelangen könne[142], mit den Anstoß zur Bemerkung Billauds

---

[140] Adolf Beck, Unbekannte französische Quellen für »Dantons Tod« von Georg Büchner, in: Jahrbuch des Freien Deutschen Hochstifts, 1963, S. 489—538.

[141] Br. 595: »Mahomet ist ohne Beglaubigung. Seine Argumente müßten also sehr stark sein, da sie auf ihre eigene Überzeugungskraft angewiesen sind.«

[142] Vgl. S. 78.

gegeben haben. Wenn man also diese Stelle nicht nur aus dem Verlauf des Dialogs, sondern aus dem Gesamttext der Dichtung zu verstehen sucht, zeigt sie in Robespierre das Unvermögen angemaßter Göttlichkeit. Robespierre muß sich die Vollmacht selbst ausstellen. Die Tugend und die Kraft der Argumentation sollen ihn legitimieren. Wir haben also gewissermaßen eine Genealogie des Tugendstolzes und der Vernunftgläubigkeit vor uns. Büchner übt Kritik an der Tugendhaftigkeit, aber nicht, weil er der Ungebundenheit das Wort reden will, und er übt Kritik an der Vernünftigkeit, aber nicht, weil er das Erkenntnisvermögen bestreitet; Anlaß zu dieser Kritik ist vielmehr die Tatsache, daß Tugend und Vernunft zu obersten Prinzipien geworden sind und nicht den ihnen zustehenden Platz einnehmen. Diese Wendung gegen die Aufklärungszeit vollzieht Büchner zu einem guten Teil im Zeichen Pascals, dem es wahrlich nicht an Verstandeskräften gebrach und der gerade deshalb wußte, welches der Ort der Ratio ist. Wie sehr Büchner die »Pensées« gegenwärtig hat, bekundet sich an einer weiteren Einzelheit. Auch das Pamphlet nämlich, in welchem Robespierre ein Blutmessias und die Guillotine sein Kalvarienberg genannt wird, enthält einen Reflex von Pascals Äußerungen über Mahomet. Das Wort vom Blutmessias, der opfert und nicht geopfert wird, durch die Wiederholung von besonderem Gewicht, hat eine Entsprechung in der Notiz unter dem Stichwort »Différence entre Jésus-Christ et Mahomet«, wo es heißt, Mahomet töte, Christus dagegen lasse die Seinen den Märtyrertod erleiden.[143]

Aus diesen Beobachtungen ergibt sich zweierlei. Einmal wird dadurch, daß Worte aus den »Pensées« einzelnen Figuren zugeteilt sind und so in neuen Zusammenhängen, in pervertierter Bedeutung erscheinen, auf der Spielebene eine Bewegung erzeugt, die von Pascal wegführt. Der Hinblick auf Christus wird umgewendet. Am deutlichsten ist diese Abwendung an der Stelle zu erkennen, wo Robespierre sagt: »Was sehen wir nur immer nach dem Einen?« (31) Er intendiert damit ein Absehen von Christus. Indem er feststellen zu können glaubt, daß keiner den andern erlöse, ist die Abkehr vollzogen: bisher war es ihm um Erlösung zu tun und insofern blickte er auf Christus hin, nun gibt er den Gedanken der Erlösung auf. Ähnliches zeigt sich bei Danton. Er sieht in Christus als dem feinsten Epikureer Vorbildlichkeit[144], aber er gelangt dahin, auf eine von seiner Christusauffasung abweichende Art das Leiden in Seligkeit umwandeln zu wollen: das Nichts soll der zu gebärende Gott sein. Zu-

[143] Br. 599: »Mahomet, en tuant; Jésus-Christ, en faisant tuer les siens.«
[144] Vgl. dazu S. 28 f.

92

gleich ist nun aber ein anderes wahrzunehmen. Der Tendenz, die Robespierre und Danton verfolgen, wird entgegengearbeitet. Das geschieht durch verschiedene Mittel. Dem Leser kann nicht entgehen, daß Robespierre und Danton auf einen pervertierten Christus hinblicken, daß sie sich somit gar nicht von Christus, sondern von einem Scheinbild Christi abwenden. Des weitern macht der Leser die Erfahrung, daß Danton und Robespierre einander und sich selbst widerlegen. Dazu werden durch die Synopse des Lesens die innerhalb der Spielebene aufgelösten Bezüge wieder geknüpft, die zerstreuten Elemente, die in verschobener und eingeschränkter Bedeutung auftreten, wieder ihrem umfassenden Sinn zugeführt. Es ist mithin zu der Richtung, die auf der Handlungsebene eingeschlagen wird, immer auch eine Gegenläufigkeit in Gang gebracht. Auf ein entsprechendes Gegeneinander der Richtungen sind wir übrigens schon bei der Konfrontation von Äußerungen Dantons mit vergleichbaren Briefstellen aufmerksam geworden.[145] Die Gegenbewegung strebt jedoch nicht zum Ausgangspunkt zurück, bei welchem die Abfolge des Bühnengeschehens einsetzt; sie sammelt vielmehr das im Nacheinander Dargelegte in ein Zugleich, so wie man beim Hören jedes beliebigen Satzes das sukzessiv Geäußerte zur Gleichzeitigkeit integriert, wodurch allein der Satz seinen Sinn hat. Wenn die gegensätzlichen Aussagen des Dramas solchermaßen in ihre paradoxe Simultaneität gebracht werden, stellt sich der Hinblick auf Christus — auf einen andern Christus, als Robespierre und Danton ihn vor Augen haben — wieder ein, wohlverstanden: der Hinblick auf Christus, nicht der Glaube an ihn. In der Zusammenschau der durch das ganze Drama geführten Themen stößt man durch das jeweils Vordergründige hindurch. So verhält es sich auch mit dem Motiv der Verlorenheit und Rettung. Der Ausruf »Verloren!« ist gleich in der ersten Szene zu vernehmen, in banalem Bereich, im Zusammenhang mit einem Kartenspiel; daß er leitmotivisches Gewicht hat, bemerkt man in der Folge: die Verlorenheit wird in mancherlei Abwandlungen gesteigert bis zu den entsetzlichen Angstträumen, in denen Danton erlebt, wie er geschleift wird (41), und Camille unter dem herabgesenkten Firmament wie unter einer Eisdecke zu ertrinken meint (67). Andernorts ist von der Erlösung der Menschheit die Rede (30), von der Rettung des Feindes (39) und der Rettung des Vaterlandes vor den Feinden (45) oder auch bloß von den Mitteln und Wegen, wie man seine Haut salvieren könne (55, 59 f.). Bei dieser Thematik wäre auch das Motiv der Krankheit und Heilung zu beachten, etwa die Stelle, da man

[145] Vgl. dazu S. 15.

hört, daß sterbende Gefangene nach einem Arzt verlangen (57), und jene andere, wo es heißt, die Guillotine sei der beste Arzt (74). Und ebenso müßten hier alle Ausdrücke einbezogen werden, die im Sinnbezirk von Gericht und Gnade liegen: die Forderung, vor der unentrinnbaren, unbeugsamen Gerechtigkeit zu antworten (53), und die Bitte um Erbarmen (15, 50), die Stimme aus dem Volk, die Gehör für Robespierre verlangt: »Hört den Messias, der gesandt ist zu wählen und zu richten« (15), und die Worte dieses Messias, die wie an anderer Stelle mit einem »Aber ich sage euch« eingeleitet sein könnten: »Bestrafen ist Gnade«, »Verzeihen ist Barbarei« (19). Wenn man diese Themen nicht nur einzeln ins Auge faßt, sondern sie überblickt, erkennt man ihre Konvergenz. Sie sind nicht zufällig da, als wären sie bei dieser und jener Gelegenheit wahllos aufgegriffen worden, sie sind einem Ganzen eingefügt.

Atheismus

Es ist eine denkwürdige Tatsache, daß man Büchners Dichtungen immer wieder als Bekenntnis zum Atheismus gelesen hat.[1] Sie ist auch nicht unerklärlich. »Ich bin ein Atheist«, sagt ja Danton, und wenn man voraussetzte, daß in Danton Büchner sich selbst ausspreche, mußte man folgerichtig dazu kommen, in dem großen Religionsgespräch zu Beginn des dritten Aktes Paynes Überzeugung, es sei kein Gott, für diejenige des Dichters zu halten und anzunehmen, Büchner erkenne der Argumentation Paynes Beweiskraft zu, betrachte demnach den Atheismus als logisch gegründet.

Wenn Büchner tatsächlich mit seiner Dichtung für den Atheismus eintreten wollte, dann wäre zu erwarten, daß er Paynes Beweisführung so zwingend wie nur immer denkbar gestalte. Wie verhält es sich damit? Payne versucht zunächst zu beweisen, daß Gott die Welt nicht habe erschaffen können: hat sie nämlich einen Anfang, »so muß Gott sie zu

---

[1] Zwei Belege aus neuerer Zeit: Gustav Beckers erklärt, Büchner weise in Lena auf jene wirkliche Trostmöglichkeit, »wie sie nur die Frauenliebe in der Büchnerschen Welt zu gewähren vermag, in der es einen göttlichen Trost nun einmal nicht gibt« (Georg Büchners »Leonce und Lena«, Heidelberg 1961, S. 140).
Jürgen Schröder spricht, indem er auf die biblischen Anspielungen bei Büchner Bezug nimmt, von »einer seltsamen Wiedergeburt christlicher Elemente in die heillose Welt des Dramatikers Büchner« (Georg Büchners »Leonce und Lena«, München 1966, S. 84).

einem bestimmten Zeitpunkt geschaffen haben, Gott muß also nach dem er eine Ewigkeit geruht einmal thätig geworden seyn, muß also einmal eine Veränderung in sich erlitten haben, die den Begriff Z e i t auf ihn anwenden läßt, was Beydes gegen das Wesen Gottes streitet.« (47) Diese Argumentation enthält zwei Voraussetzungen. Erstens wird behauptet, Gott als das Absolute sei außerhalb der Zeit, der Begriff der Zeit auf ihn also nicht anwendbar. Zweitens wird angenommen, die Zeit sei etwas Absolutes, denn die Welt kann nur dann zu einem bestimmten Zeitpunkt geschaffen worden sein, wenn die Zeit nicht *mit* der Welt geschaffen wurde, sondern es sie gab, bevor die Welt entstand; ja sie muß auch noch Gott vorgegeben gewesen sein, wenn er, nach einer unvorstellbar langen Zeit des Ruhens, die Welt zu einem bestimmten Zeitpunkt geschaffen haben soll. Aus dem Widerspruch dieser beiden Voraussetzungen wird gefolgert, daß Gott nicht sein könne: der außerhalb der Zeit seiende Gott kann nicht sein, weil er zugleich innerhalb der Zeit sein müßte. Zu diesem Beweis ist zu bemerken, daß schon seine Prämissen nicht stimmen. Es ist nicht einzusehen, wieso Gott eine Veränderung erleiden soll, da ja von Veränderlichkeit erst mit dem Entstehen und Bestehen der Welt die Rede sein kann. Und es ist ebensowenig einzusehen, warum Gott das Gegenteil von Veränderung, also Unveränderlichkeit, Zeitlosigkeit sein soll, denn von Zeitlosigkeit kann man ja nur reden, wenn Zeit vorausgesetzt ist. Payne wendet seine Beweisführung gegen Gott; sie könnte aber ebensowohl gegen den ihr zugrundeliegenden Zeitbegriff gewendet werden und ineins damit gegen die Ansicht, Gott sei außerhalb der Zeit, das Zeitliche nicht in ihm. Indem Payne — so könnte man entgegnen — seine Argumentation in der kontradiktorischen Entgegensetzung von Zeit und Zeitlosigkeit situiert, verstellt er sich das Sein Gottes, dessen Beständigkeit jenseits von Veränderlichkeit und Unveränderlichkeit, von Ruhe und Bewegung ist. Seine zwiespältige Voraussetzung macht Gott einerseits zu einem Wesen, das sich vom Menschen, der zu bestimmten Zeiten schafft und zu andern Zeiten ruht, nicht unterscheidet, anderseits zu einem Wesen, das in seiner Zeitlosigkeit ein bloßer Begriff oder eine Idee ist. Man kann also sagen, der Paynesche Beweis laufe darauf hinaus, daß der Begriff nicht sein könne, weil er ein Mensch sein müßte, was dem Wesen des Begriffs widerspreche. Der Atheismus erscheint hier als Konsequenz eines verfehlten Ansatzes und bekundet offenbar ein mangelhaftes Denken.

Es ließe sich nun einwenden, diese Mangelhaftigkeit im Denken sei vielleicht Büchner selbst zuzuschreiben, nicht nur seiner Figur, und er könnte von der Trefflichkeit dieser Argumente überzeugt gewesen sein.

Dieser Einwand ist aber kaum stichhaltig, wenn man bedenkt, daß Büchner— wie das bei seiner philosophischen Bildung ja wohl nicht anders zu erwarten ist — sich in der Geschichte der Gottesbeweise ausgekannt haben muß. Vor allem Kants »Kritik der reinen Vernunft« wird ihn über diese Dinge unterrichtet haben. Zwar gibt es wiederum keine biographischen Zeugnisse, welche Büchners Kenntnis dieses Werks belegen; man kann sich jedoch nicht vorstellen, daß er, der über die Geschichte der deutschen Philosophie Vorlesungen zu halten gedachte, daran vorbeigegangen sein sollte. Als Indiz für diese Lektüre darf vielleicht gelten, daß Büchner den Beweis Paynes formal gleich gestaltet hat wie Kant seine Argumentation in der Darstellung der Antinomien: an der Spitze die These, darauf der begründende Einsatz mit »denn«, sodann die Aufstellung der Gegenthese, des weitern der Gegenzug mit »nun aber«, schließlich die Konklusion und am Ende das bekräftigende »Quod erat demonstrandum«, das bei Kant auf deutsch als »welches zu beweisen war« wiedergegeben wird.[2] Von Kants erster Antinomie scheint Büchner sogar ein Stück übernommen zu haben, nämlich den Widerstreit zwischen der Behauptung »Die Welt hat einen Anfang in der Zeit« und ihrem Gegenstück »Die Welt hat keinen Anfang«. Er läßt Payne ja sagen: »Entweder ist die Schöpfung ewig wie Gott, oder sie hat einen Anfang.« Für Kant geht es bei diesen Antinomien darum, zu zeigen, daß sich sowohl die These wie auch die Antithese »beweisen« läßt, daß folglich die je schlüssige Beweisführung in ihrem Ausgangspunkt ein Trügliches verbirgt und Thesis wie Antithesis somit bloße Konstruktionen der Vernunft sind. Kant sagt dazu: »Diese vernünftelnden Behauptungen eröffnen also einen dialektischen Kampfplatz, wo jeder Teil die Oberhand behält, der die Erlaubnis hat, den Angriff zu tun, und derjenige gewiß unterliegt, der bloß verteidigungsweise zu verfahren genötigt ist. Daher auch rüstige Ritter, sie mögen sich für die gute oder schlimme Sache verbürgen, sicher sind, den Siegeskranz davon zu tragen, wenn sie nur dafür sorgen, daß sie den letzten Angriff zu tun das Vorrecht haben und nicht verbunden sind, einen neuen Anfall des Gegners auszuhalten.«[3]

Von hier aus betrachtet, enthüllt sich die ganze Beweiskraft von Paynes Argumentation als Beweisohnmacht. Im Beweis, daß kein Gott sei, ist der antinomische Entweder-Oder-Satz ein sehr sonderbares Glied. Payne meint aber durchaus der Vernunft gemäß vorzugehen; das bloß Vernünftelnde, das in seinem Gedankengang enthalten ist, erkennt er nicht.

[2] Vgl. Kritik der reinen Vernunft, Immanuel Kants Werke, hg. v. Ernst Cassirer, Berlin 1923, Bd. III, S. 306.
[3] Ebd., S. 304.

Er denkt sich den Anfang der Welt in Analogie zu irgendwelchen kausal bedingten Anfängen, wie sie der Erfahrung vorliegen, etwa wenn im Billardspiel durch einen Anstoß eine Bewegung ausgelöst wird, und er sieht nicht, daß es trüglich sein könnte, sich nach einem solchen Modell den Anfang des Seienden im ganzen vorzustellen. Es hieße doch wohl Büchner unterschätzen, wollte man glauben, er habe von Kant nie etwas gehört, er sei ebenso unkritisch wie Payne und habe dieser Figur seine besten Gedanken anvertraut.

Da Büchner gegenüber der Payneschen Argumentation Abstand wahrt, wird man fragen müssen, in welcher Relation sie denn zu sehen sei. Hat Büchner einen zwingenderen Beweis, daß es keinen Gott gebe, im Hintergrund? Es wäre nicht einzusehen, warum er ihn verschweigen sollte, wenn er den Atheismus zu vertreten vorhätte. Will er darauf hinlenken, daß die Beweise für das Dasein Gottes eben doch von ganz anderer Überzeugungskraft seien als die Beweise dagegen? Nichts von dieser Art ist auch nur irgendwo sichtbar gemacht. Ist Paynes Beweisführung in einen Bezug zur grundsätzlichen Frage nach der Beweismöglichkeit gesetzt? Zeigt also Büchner in Payne einen Menschen, der einen theoretischen Erweis für etwas nicht Beweisbares zu erbringen trachtet, so daß einem bei diesem Unterfangen von vornherein das Vergebliche deutlich sein sollte? Dies würde jedenfalls der durch Kant geschaffenen Situation entsprechen. Kant setzt sich mit den verschiedenen Arten von Gottesbeweisen auseinander und legt ihre Unmöglichkeit dar. Der kosmologische Beweis, der vom ursächlichen Zusammenhang der Vorgänge in der Welt auf eine erste Ursache schließt, die selbst keine Ursache hat, sondern Ursache ihrer selbst ist — dieser Beweis wird verworfen, weil die Kausalität eine Form unseres Denkens ist, mit der wir den Erscheinungen begegnen und an ihnen Erfahrungen gewinnen. Der ontologische Beweis, der vom Begriff des Vollkommenen ausgeht und die Existenz als diesem Begriff notwendig zugehörend versteht, scheitert an der Unmöglichkeit, vom Begriff eines Dings auf dessen Existenz zu schließen. Der physikotheologische Beweis, der die sinnvolle Ordnung der Natur und des Kosmos auf einen Welturheber höchster Weisheit zurückführt, ist untauglich, weil er das, was menschliche Kunst schafft, zur Leitvorstellung hat und auf diesem Weg nur zu einem Weltbaumeister gelangt — der als solcher durch die Beschaffenheit des von ihm bearbeiteten Materials immer eingeschränkt wäre —, nicht aber zu einem Weltschöpfer, welcher nicht allein die Form der Dinge hervorbringt, sondern auch den Stoff, aus dem sie gemacht sind. Wenn Kant die Gottesbeweise, wie sie von Anselm oder von Descartes, von Leibniz oder von Wolff aufgestellt worden sind, angreift, so

97

will er damit nicht dartun, es gebe keinen Gott; denn dies ließe sich folgerichtig ebensowenig beweisen wie das Gegenteil. Das Kantische Unternehmen führt nicht zur Bestreitung oder auch nur Anzweiflung der Wirklichkeit Gottes; es weist vielmehr die Vernunft, die sich die Fähigkeit zutraut, alles zu erreichen, es sei noch so entfernt, ein jedes, sei es noch so verborgen, aufzudecken[4], in ihre Schranken: Beweise, die Gott das Sein zusprechen, sind Grenzüberschreitungen der Vernunft und führen daher zu keiner Erkenntnis, sondern nur zur Illusion einer solchen, zu eingebildetem Wissen.

Daß Büchner um diesen Stand der Diskussion weiß, ist mehr als wahrscheinlich; man kann deshalb mit guter Berechtigung annehmen, er habe Paynes Argumentation im Horizont des Kantischen Kritizismus konzipiert. Während sich aber Kant mit jenen Denkern befaßt, die glaubten, Gott das Sein zusprechen zu müssen, hat es Büchner mit solchen zu tun, die Gott das Sein absprechen zu können meinen. Mit dem Versuch, Gottes Nicht-Existenz zu beweisen, überschreitet die Vernunft wiederum ihre Grenzen. Gilt für Spinoza, wie Büchner mißbilligend anmerkt, der Satz: »Gott ist, weil wir ihn denken«[5], so steht Payne auf dem entgegengesetzten Standpunkt: Gott ist nicht, weil wir ihn — die Widersprüche zeigen es — nicht denken können. Paynes Beweisführung ist der Gegenschlag gegen Spinoza. Eines bleibt dabei freilich unverändert: das kritiklose Vertrauen zum Denken. Insofern Büchners Einwände gegen Spinoza diesen Punkt betreffen, richten sie sich auch gegen die Position Paynes. Natürlich kann Büchner in einem Drama nicht auf dieselbe Weise verfahren wie in seinen Anmerkungen zu Spinoza, aber er kann immerhin dafür sorgen, daß der Leser an dieser oder jener Stelle der Payneschen Ausführungen stutzig wird und nachzudenken beginnt. Die Fortsetzung des Gesprächs zwischen Payne und seinen Mitgefangenen ist dafür ein Beispiel.

Payne hat die Annahme erläutert, daß die Welt einen Anfang habe, und ist dabei zum Ergebnis gekommen, daß Gott die Welt nicht habe schaffen können, diese also ihren Grund nicht in Gott haben könne und es deshalb Gott nicht gebe, denn Gott sei nur dadurch Gott, daß er den Grund *alles* Seins in sich enthalte. Nun muß er noch den andern Fall erwägen, daß nämlich die Schöpfung keinen Anfang habe, also ewig und mit Gott eins sei. Den Gedanken vom Einssein Gottes und der Welt — es ist der pantheistische Grundgedanke — zieht er ins Lächerliche: »Dann

[4] Vgl. Büchners Notizen zu Cartesius, II, 137.
[5] Vgl. dazu Büchner über Spinoza, II, 275.

ist Gott in Allem, in Ihnen Werthester, im Philosoph Anaxagoras und in mir; das wäre so übel nicht, aber Sie müssen mir zugestehen, daß es gerade nicht viel um die himmlische Majestät ist, wenn der liebe Gott in jedem von uns Zahnweh kriegen, den Tripper haben, lebendig begraben werden oder wenigstens die sehr unangenehmen Vorstellungen davon haben kann.« (47) So kann einer vom Pantheismus nur reden, wenn er ihn völlig mißversteht. Was Büchner hier Payne sagen läßt, mutet wie eine vergröberte Version des bekannten Gesprächs zwischen Jacobi und Lessing an. Jacobi berichtet: »Da bey Gleim in Halberstadt (wohin mich Lessing, nach meinem zweiten Besuch bey ihm, begleitet hatte) während wir zu Tische saßen, unversehens ein Regen kam, und Gleim es bedauerte, weil wir nach Tische in seinen Garten sollten, sagte Lessing, der neben mir saß: ›Jacobi, Sie wissen, das thue *ich* vielleicht.‹ Ich antwortete: ›Oder *ich*.‹ Gleim sah uns etwas verwundert an; ohne aber weiter nachzufragen.«⁶ Lessing, der des öftern dergleichen »mit halbem Lächeln«⁷ vorzubringen pflegte, trieb mit Jacobi ein scherzhaftes Spiel, weil dieser wie manch anderer den Pantheismus mißverstand und, indem er gegen den Pantheismus polemisierte, ein Phantom bekämpfte. Man faßte nämlich die Identität von Gott und Welt, welche Spinoza gelehrt hatte, als Gleichheit, als Einerleiheit auf, statt zu sehen, daß in der Identität gerade die Verschiedenheit hervortritt, daß somit der Pantheismus nicht, wie man immer wieder behauptet hat, einer Vermischung des Schöpfers mit dem Geschöpf das Wort redet. Schelling hat über diese Probleme 1809 in seinen Untersuchungen über das Wesen der menschlichen Freiheit mit aller Gründlichkeit gehandelt, so daß sich Jacobi, dessen Besserwissertum den lächelnden Spott Lessings auf sich gezogen hatte, nun noch abgekanzelt sah: »Eine totalere Unterscheidung der Dinge von Gott, als in dem für jene Lehre als klassisch angenommenen Spinoza sich findet, läßt sich kaum denken. Gott ist das, was in sich ist und allein aus sich selbst begriffen wird; das Endliche aber, was nothwendig in einem andern ist, und nur aus diesem begriffen werden kann. Offenbar sind dieser Unterscheidung zufolge die Dinge nicht, wie es nach der oberflächlich betrachteten Lehre von den Modificationen allerdings scheinen könnte, bloß gradweise oder durch ihre Einschränkungen, sondern toto genere von Gott verschieden. Welches auch übrigens ihr Verhältniß zu Gott seyn möge, dadurch sind sie absolut von Gott getrennt, daß sie nur in und

---

⁶ »Über die Lehre des Spinoza in Briefen an Herrn Moses Mendelssohn«, Jacobi, Werke, Bd. IV, 1. Abt., Leipzig 1819, S. 79 (Nachdruck der Wissenschaftlichen Buchgesellschaft, Darmstadt 1968).
⁷ Vgl. ebd., S. 74.

nach einem Andern (nämlich Ihm) seyn können.«[8] »Eben dieses Unterschieds wegen«, heißt es dann weiter, »können nicht, wie gewöhnlich vorgegeben wird, alle einzelnen Dinge zusammen Gott ausmachen, indem durch keine Art der Zusammenfassung das seiner Natur nach Abgeleitete in das seiner Natur nach Ursprüngliche übergehen kann, so wenig als die einzelnen Punkte einer Peripherie zusammengenommen diese ausmachen können, da sie als Ganzes ihnen dem Begriff nach nothwendig vorangeht. Abgeschmackter noch ist die Folgerung, daß bei Spinoza sogar das einzelne Ding Gott gleich seyn müsse.«[9]

Büchner hat, um diese Abgeschmacktheit bloßzustellen, für Paynes Darstellung des Pantheismus die krassesten Beispiele gewählt. Wer bisher geneigt gewesen sein sollte, sich den Gedankengängen Paynes anzuschließen, müßte bei dieser Stelle Abstand gewinnen, er müßte sich sagen, daß hier das Einssein von Gott und Welt grob mißdeutet oder am Ende gar arglistig entstellt werde und daß auf diese Weise Spinoza im Ernst nicht zu bekämpfen sei. Sollte aber ein Leser das von Payne Vorgetragene weiterhin überzeugend finden, so wird er nun gleich auf eine Stelle stoßen, die er nicht anders als mit Befremden zur Kenntnis nehmen kann. Büchner zeigt nämlich, wie Payne, der sich auf sein folgerichtiges Denken nicht wenig zugute tut und Voltaire stümperhafte Inkonsequenz vorwirft, den Kampfplatz der logischen Auseinandersetzung räumt. Nachdem der Verfechter des Atheismus soeben noch siegesgewiß das Argument ins Feld geführt hat, es lasse sich aus einer unvollkommenen Wirkung, aus der Welt also, nicht auf eine vollkommene Ursache, auf Gott, schließen, kapituliert er vor der Frage, die Mercier einwirft: »Kann eine vollkommne Ursache eine vollkommne Wirkung haben, d. h. kann etwas Vollkommnes, was Vollkommnes schaffen? Ist das nicht unmöglich, weil das Geschaffne doch nie seinen Grund in sich haben kann, was doch wie Sie sagten zur Vollkommenheit gehört?« (48) Ganz unvermittelt gibt er seine bisherige Position auf, und er, der mit Verstandeskräften das Nichtsein Gottes zu beweisen trachtete, erklärt nun: »Nur der Verstand kann Gott beweisen.« (48)

[8] A. a. O., S. 284.
[9] Ebd., S. 284 f. — Während Payne den Satz »Gott ist alles« in dem Sinne auslegt, daß Gott jedes einzelne Ding sei, versteht ihn Hérault dahin, daß alles zusammen Gott ausmache: »Man könnte aber auch sagen, damit Gott Alles sey, müsse er auch sein eignes Gegentheil seyn, d. h. vollkommen und unvollkommen, bös und gut.« (49) Büchner bringt so, gleich wie Schelling in den eben zitierten Sätzen, beide Mißdeutungen des Pantheismus zur Sprache. Schelling erläutert übrigens anschließend das Gesetz der Identität, dessen Mißverständnis die erwähnten Mißdeutungen erzeugt, und exemplifiziert dabei mit den Gegensätzen vollkommen und unvollkommen, gut und böse.

Man wird dieser Kehrtwendung mit Mißtrauen begegnen, denn allmählich ist einem das Fragwürdige von Paynes Argumentation bewußt geworden. Der Satz »Nur der Verstand kann Gott beweisen« ist eine Aussage, deren Gültigkeit jetzt ebenfalls als zweifelhaft erscheint. Er ist so wenig verläßlich wie sein Gegenstück: Der Verstand kann beweisen, daß kein Gott ist. In ähnlicher Art stehen einander die beiden Behauptungen gegenüber: Das Unvollkommene kann nicht *vom Vollkommenen* abhängig sein — Was vom Vollkommenen *abhängig* ist, kann nicht anders als unvollkommen sein. Mit dem Gegenzug des zweiten Satzes wird eine Bewegung eingeleitet, die über die Ebene dieser Behauptungen hinausführt, denn beide widerlegen sich gegenseitig und machen so darauf aufmerksam, daß etwas an ihnen nicht stimmt. Zum Widerstreit ist es nämlich nur deshalb gekommen, weil sowohl im Begriff der Abhängigkeit wie im Begriff der Vollkommenheit Unangemessenes mitgedacht ist. Abhängigkeit besagt, »daß das Abhängige, was es auch immer sein möge, nur als Folge von dem sein könne, von dem es abhängig ist; sie sagt nicht, was es sei, und was es nicht sei«[10]. Daß etwas unvollkommen ist, schließt seine Abhängigkeit vom Vollkommenen nicht aus; Gott läßt sich mit der Unvollkommenheit des Menschen nicht widerlegen, wie Payne meint. Was die Vollkommenheit betrifft, so ist etwas nicht insofern vollkommen, als es das notwendig Existierende ist[11], also kann dasjenige, das als nicht notwendig Existierendes den Grund seiner selbst nicht in sich hat, nicht schon allein deswegen unvollkommen genannt werden. Merciers Satz, es sei unmöglich, daß das Vollkommene etwas Vollkommenes schaffen könne, wäre somit entkräftet. Abhängigkeit vom Vollkommenen schließt Vollkommenheit nicht aus. Der Gedanke führt hier auf das abhängige Vollkommene, auf Christus als den Sohn Gottes, was einem erneut nahelegt, daß bei dieser Stelle Schelling im Hintergrund stehe.[12] Darin kann man sich durch den weiteren Gang des Gesprächs noch bestärkt fühlen. Büchner lenkt die Rede — im Anschluß an Merciers Einwurf — auf die Sohnschaft, wobei er wiederum indirekt vorgeht: Payne spricht nicht von Christus, sondern davon, daß die Menschen sich zu Göttersöhnen machen wollen. Und wie gegen Schelling die Einwendung gemacht wurde, er übertrage Menschliches auf Gott, indem er z. B. Gottes Wesensgrund als Sehnsucht bestimme und von der Liebe der Gottheit spreche, so konfrontiert auch Büchner den Leser mit dem Bedenken des Anthropomorphis-

---

[10] Schelling, Philosophische Untersuchungen über das Wesen der menschlichen Freiheit, a. a. O., S. 290.
[11] Vgl. dazu II, 210 f.
[12] Vgl. a. a. O., S. 290.

mus. Für Payne ist Gott eine Projektion des Menschen: man habe sich ein Wesen mit menschlichen Eigenheiten erdichtet, mit einem Schaffensbedürfnis, mit einem überschwänglichen Liebesbedürfnis. Wie immer der Leser hier Stellung beziehen mag, eines kann er sich nicht sagen: daß nämlich der anthropomorphistische Einwand etwas beweise. Selbst Payne ist nicht dieser Meinung. Er ist sich bewußt, das Feld der Logik verlassen zu haben. Darum folgert er nicht mehr, wie er es am Schluß seines Beweisverfahrens getan hat: »So kann es keinen Gott geben« (47), sondern sagt jetzt: »Ich nehme mit einem geringern Vater vorlieb.« (48)

Daß es nicht mehr um Beweisbarkeit geht, wird vollends deutlich, wie Payne nach dem Satz »Nur der Verstand kann Gott beweisen« fortfährt: »Das Gefühl empört sich dagegen. Merke dir es, Anaxagoras, warum leide ich? Das ist der Fels des Atheismus.« (48) Nachdem der vor dem Verstand ausgetragene Prozeß um die Streitsache, ob Gott sei, nicht den erstrebten Ausgang genommen hat, wird an das Gefühl appelliert, das in letzter Instanz entscheiden soll. Das Gefühl kann nicht anders — dessen ist Payne gewiß — als gegen Gott sprechen, denn es würdigt die Tatsache des Leidens und muß sie als Widerlegung der göttlichen Liebe ansehen. Was Payne hier vorbringt, um seinen Atheismus zu behaupten, ist nichts Zwingendes mehr, nichts Allgemeingültiges; es ist seine persönliche Antwort auf das Leiden. Es wäre auch eine andere Antwort möglich gewesen, etwa die Hiobs oder die Büchners: »Wir haben der Schmerzen nicht zu viel, wir haben ihrer zu wenig, denn durch den Schmerz gehen wir zu Gott ein!«[13] Diese Worte und die Art, wie Payne dargestellt ist, machen es unmöglich, Büchner als einen Menschen zu bezeichnen, »der in den hilflosen Schmerzen der Kreatur den gültigsten Beweisgrund sah gegen das Vorhandensein Gottes, für den die Tatsache des Leidens ›der Fels des Atheismus‹ war.«[14] Büchner, dessen Denkvermögen zur Genüge ausgewiesen ist, hätte den Schmerz niemals zum Beweisgrund erklärt und ebensowenig vom Vorhandensein Gottes gesprochen. Der Schmerz als »Fels des Atheismus« ist auch für Payne kein Beweisgrund, aus welchem etwas zu erweisen wäre, sondern das Fundament, auf dem gebaut werden soll. Der Atheismus wird nicht deduziert, er wird postuliert. Analog zum Gang der Philosophiegeschichte, der in Kants Kritizismus zur Unerweislichkeit Gottes und — in seiner praktischen Philosophie — zur Postulierung Gottes führt, leitet Büchner, indem er das Thema in der Inversion

---

[13] Büchners Sterbeworte nach den Aufzeichnungen der Caroline Schulz (B 580).
[14] So Karl Viëtor in: Georg Büchner, Politik, Dichtung, Wissenschaft, Bern 1949, S. 257. Viëtor ist der Meinung, Paynes Beweis, daß kein Gott sei, werde »mit logischem Scharfsinn« geführt (S. 141).

aufnimmt, das Gespräch nach dem Scheitern von Paynes Beweisführung zum Postulat, es solle kein Gott sein. Auf Kant spielt er hier insofern an, als mit Merciers Frage nach der Moral das Problem angeschnitten wird, ob Gott nicht notwendig angenommen werden müsse, weil sonst das Sittengesetz und seine Befolgung als sinnlos erscheine. Paynes Erwiderung wendet sich gegen die Unentbehrlichkeit eines solchen postulierten Gottes, aber sein Einwand trifft nicht recht, denn er behandelt die Annahme so, als ob es sich um einen beweisbaren Satz handelte und als ob ihrem Bezug zum Sittengesetz ein Zirkelschluß vorgeworfen werden könnte: »Erst beweist ihr Gott aus der Moral und dann die Moral aus Gott.« (49)

Wie sich schon verschiedentlich hat beobachten lassen, stellt Büchner auch hier Gegensätzliches zusammen. Gegen die Ansicht, mit der Unumstößlichkeit des Schmerzes sei untrennbar die Annahme verbunden, daß Gott nicht sei, steht die Ansicht, der Gesetzlichkeit der Moral hange unabdingbar die Forderung an, daß Gott sei. Die beiden Standpunkte relativieren einander gegenseitig. Neben der einen Auffassung ist eine entgegengesetzte Möglichkeit sichtbar gemacht. Damit fällt der Absolutheitsanspruch dahin. Man ist genötigt, durch die Gegensätze hindurchzugehen; nur so wird man auf Wesentliches stoßen. Die Formulierung, der Schmerz, das Leiden sei der Fels des Atheismus, gibt dafür ein Beispiel. Es ist hier ein deutlicher, zweifellos von Payne beabsichtigter Anklang an Psalmworte und an eine Stelle des Matthäusevangeliums zu vernehmen. Man erkennt sogleich die Verkehrung: Payne spricht nicht vom Glauben, sondern vom Unglauben. Aber die Dinge sind noch auf andere Art pervertiert: die Empfindung, das Gefühl gibt die Grundlage ab, auf welcher der Glaube, beziehungsweise der Unglaube beruhen soll; nicht Gott, nicht der Glaube ist das Fundament. Nun sieht man, daß die sich widersprechenden Gedankengänge Paynes im Grunde genommen in die gleiche Richtung weisen. Das von ihm angestrengte logische Beweisverfahren und jenes andere Verfahren, das mit dem Faktum des Leidens eine Aussage über Gott verknüpft, haben bei allen Unterschieden das gemeinsam, daß sie über Gott befinden wollen, indem sie vom Endlichen, und zwar vom Endlichen in subjektivistischer Prägung ausgehen, zuerst vom Vorhandensein der Welt und von der Erkenntnis ihrer Beschaffenheit, sodann von Gegebenheiten, die in Empfindungen und Gefühlen vorliegen. Von diesen Ausgangspunkten her meinte man Wege zu Gott bahnen zu können. Büchner läßt Payne diese Wege gehen, aber er zeigt ihre Untauglichkeit, indem er ihn das gegenteilige Ziel anstreben läßt, nicht die Gottesgewißheit, sondern die Gewißheit, daß Gott nicht ist. Büchner lebt in einer Zeit, da sich bei all diesen als gangbar bezeichneten Wegen, auch bei dem von Kant eingeschlagenen, herausgestellt hat, daß sie nicht zu Gott führen, sondern zu einem bloß vorgestellten und gedachten Wesen oder zu einem Weltbaumeister oder zu einer moralischen Ordnung[15] oder zum Atheismus. Sie sind daher aufgegeben worden. Es bedurfte einer andern Sprache, wollte man von Gott reden. Diese Erkenntnis wird auch dem Leser der Payne-Szene nahegelegt, indem er durch die widersprüchlichen Behauptungen — der Verstand beweist, daß Gott nicht ist; nur der Verstand kann beweisen, daß Gott ist; das Gefühl empört sich dagegen, daß ein Gott sein soll — hindurchgeführt wird. Er könnte zur Einsicht kommen, daß, will man zu Gott gelangen, man von ihm ausgehen muß, nicht vom Denken oder Fühlen.

Payne aber durchschaut nicht, wie es eigentlich mit diesen Wegen bestellt ist. Ein Opfer jener, die sie gutmeinend gebahnt haben, leidet er denn auch in einer untergründigen Weise. Mochte es anfänglich fast den Anschein haben, es sei für ihn — wie für Peter Gilgus, den »Apostel des Atheismus« im »Grünen Heinrich«[16] — ein glückhaftes Ereignis, wenn Gott das Sein abgesprochen werden könne, so treten im spätern Verlauf des Gesprächs die Leidenszüge hervor. Mit der Frage »Warum leide ich?« kommt für einen Moment etwas Unverstelltes in den Blick, ähnlich wie bei Robespierre, wenn er sagt: »Ich weiß nicht, was in mir das Andere belügt« (28), oder wie bei Dantons »Ich kokettire mit dem Tod« (39). Ich leide: dies verbürgt Payne die unbezweifelbare Wirklichkeit seines Daseins; in Analogie zum Kartesischen »cogito, sum« könnte er sagen: »Patior, sum.« Er erfährt sich nicht als Denkenden, sondern als Leidenden; sein Denken ist daher kein eigenständiges, in sich selbst begründetes, in sich selbst stehendes Denken, sondern der Widerschein einer tiefen Not.

Von hier aus wird auch die Schmähung Spinozas (47) verstehbar. Als Aussage, für sich betrachtet, kann sie nicht ernstgenommen werden, aber sie ist als Symptom zu werten. Das wird einem klar bei den Worten:

---

[15] Fichte, der Gott als moralische Ordnung verstand, schrieb während des Atheismusstreites, daß der Mensch keines anderen Gottes bedürfe und keinen andern fassen könne (Über den Grund unsres Glaubens an eine göttliche Weltregierung, a. a. O., S. 35), daß »der Glaube an Gott und Unsterblichkeit auf die pflichtmäßige Gesinnung sich gründet« (Appellation an das Publikum, a. a. O., S. 109). Ein Jahrzehnt später — Fichte war überzeugt, er werde zu diesem Zeitpunkt die guten Köpfe und Herzen auf seine Seite gebracht haben — sagt Schelling in seiner Schrift über das Wesen der menschlichen Freiheit: »Gott ist etwas Realeres als eine bloße moralische Weltordnung, und hat ganz andere und lebendigere Bewegungskräfte in sich, als ihm die dürftige Subtilität abstrakter Idealisten zuschreibt.« (A. a. O., S. 300.)

[16] Gottfried Keller, Der grüne Heinrich, 4. Bd., 12. Kap.

»Schafft das Unvollkommne weg, dann allein könnt ihr Gott demonstriren, Spinoza hat es versucht. Man kann das Böse leugnen, aber nicht den Schmerz; nur der Verstand kann Gott beweisen, das Gefühl empört sich dagegen.« (48) Die Empörung des leidenden Menschen enthüllt sich hier als Reaktion auf jene im 18. Jahrhundert herrschend gewordene Ansicht, die Spinoza so formuliert hat: »Wenn uns daher irgend etwas in der Natur als lächerlich, widersinnig oder schlecht erscheint, so ist es nur, weil unsere Kenntnis von den Dingen Stückwerk ist, weil uns die Ordnung und der Zusammenhang der ganzen Natur zum größten Teil unbekannt bleibt und weil wir alles nach der Vorschrift unserer Vernunft geleitet sehen wollen. In Wahrheit ist aber, was die Vernunft für schlecht erklärt, nicht schlecht im Hinblick auf die Ordnung und die Gesetze der gesamten Natur, sondern nur im Hinblick allein auf die Gesetze unserer Natur.«[17] Jegliches Übel hat so den Charakter des bloß Vermeintlichen. Wir haben es unserem Standort in dieser endlichen Welt zuzuschreiben, daß sich den Augen der Anschein des Schlechten darbietet, und auch das Böse ist nichts anderes als Unvollkommenheit. Im Grunde genommen ist diese Welt — die beste aller möglichen Welten — lauter Harmonie. »Zwar können wir solche Ordnung nicht sehen«, sagt Leibniz, »weilen wir nicht in dem rechten Gesicht-Punkt stehen, gleichwie ein prospectivisch Gemählde nur aus gewissen Stellen am besten zu erkennen, von der Seite aber sich nicht recht zeigen kann. Allein wir müssen uns mit den Augen des Verstandes dahin stellen, wo wir mit den Augen des Leibes nicht stehen, noch stehn können. Zum Exempel wenn man den Lauf der Sterne auf unsrer Erdkugel betrachtet, darin wir stehen, so kommet ein wunderliches verwirretes Wesen heraus, so die Stern-Kündige kaum in etlich tausend Jahren zu einigen gewissen Regeln haben bringen können, und diese Regeln sind so schwer und unangenehm, daß ein König von Castilien, Alphonsus genannt, so Tafeln vom Himmelslauf ausrechnen lassen, aus Mangel rechter Erkenntniß gesaget haben solle, wenn er Gottes Rathgeber gewesen, da er die Welt geschaffen, hätte es besser herauskommen sollen. Aber nachdem man endlich ausgefunden, daß man das Auge in die Sonne stellen müsse, wenn man den Lauf des Himmels recht betrachten will, und daß alsdann alles wunderbar schön herauskomme, so siehet man, daß die vermeinte Unordnung unsers Verstandes schuld gewesen, und nicht der Natur.«[18] Dieser Vorstellung von einer harmo-

[17] Spinoza, Abhandlung vom Staate, übertr. v. Carl Gebhardt (Philosophische Bibliothek, Bd. 95), Leipzig 1907, 2. Kapitel, § 8 (S. 63 f.).
[18] »Von dem Verhängnisse«, G. W. Leibniz, Deutsche Schriften, 2. Band, hg. von G. E. Guhrauer, Berlin 1840, S. 51 f.

nischen Welt stellt Payne sein »Ich leide« entgegen. Der Riß in der Schöpfung wird wieder sichtbar: »Das leiseste Zucken des Schmerzes und rege es sich nur in einem Atom, macht einen Riß in der Schöpfung von oben bis unten.« (48) Indem Payne es ablehnt, an die verborgene Harmonie der Welt zu glauben, verwirft er auch die mit solchem Glauben verbundene Gottesvorstellung. Er empört sich gegen den Gott, der mit dem leidenden Menschen nichts zu schaffen haben kann, weil es für ihn ja gar kein Leiden gibt.

Der Gott, an den Payne glauben könnte, müßte das Leiden beseitigen, so daß man ganz der Natur gemäß (49), nämlich in ungetrübtem Wohlbefinden und Genießen dasein könnte und ihm, der in einer »harmonisch in sich ruhenden, ewigen Seeligkeit« ist (48), gleich wäre. Aber gerade weil ihm ein solches Wesen zugeschrieben wird, ist er von keinerlei Leiden betroffen und um keine Leidenden bekümmert. Von ihm kommt keine Hilfe. Deshalb ist dieser Gott — der Gott Spinozas — für Payne ein Ärgernis. Und der biblische Gott? An ihn — das zeigt unter anderm die Formulierung »Fels des Atheismus« — denkt Payne ja auch, wohl gar in erster Linie. Der Gott, der, statt das Leiden zu vertreiben, es erduldet und ein leidender Gott ist, muß ihm das größte Ärgernis sein. Daß sich Paynes Gefühl gegen Gott empört, dürfte hierin den Ursprung haben. Ein Blick auf den historischen Thomas Paine bestätigt das. Sein umfängliches Buch »The Age of Reason« ist eine einzige, von der Empörung diktierte Attacke gegen das Alte und Neue Testament, vor allem und immer wieder gegen »die so genannte Erlösung der Menschen durch den Todt des Sohnes Gottes«, gegen die er sich schon als Kind aufgelehnt habe, weil sie auf einer Untat des Allmächtigen beruhe, für die jeder Mensch gehängt würde.[19] Er findet die Erzählung, daß Gott von einem jungen Mädchen einen Sohn habe, der Würde der Gottheit abträglich und jedem Begriff von Anstand widersprechend[20]; er ärgert sich, daß Gott einen Unschuldigen anstatt eines Schuldigen könne leiden lassen[21], daß das Verbrechen triumphiere und der, welcher allmächtig sein sollte, unterliege[22]; er macht den Einwand geltend, Christus habe mit seinem Tod unser Sterben nicht verhindert[23]. Paine verwirft einen Glauben, welcher »der Vernunft ein Ärgernis« ist[24], und stellt die Forderung auf:

[19] Thomas Paine, Das Zeitalter der Vernunft, Eine Untersuchung über die wahre und fabelhafte Theologie, 1. Teil, 1794, S. 144.
[20] 1. T., S. 52; 2. T., 1796, S. 196.
[21] 1. T., S. 126.
[22] 1. T., S. 54.
[23] 1. T., S. 82.
[24] 1. T., S. 126.

»Was jedermann glauben soll, davon muß die Wahrheit auch für jedermann bewiesen und dargethan werden.«[25] Die einzige wahre Vorstellung, die man sich von einem Gottesdienst machen könne, bestehe in der Beförderung der Glückseligkeit auf Erden[26], sei doch die Welt, in die wir geboren würden, »für unsern Genuß bereitet«[27].

Büchner hat aus diesen Elementen — dem Rationalismus, dem Hedonismus, dem gegen das Leiden empörten Gefühl — seine Dramenfigur gebildet. Dabei arbeitet er das Zwiespältige heraus. Er zeichnet Payne einerseits als einen Menschen, dessen Vernunft geärgert ist, der sich auf ihre Seite stellt und ihren Beleidiger — den Gott der Bibel — angreift und nur das ihr Gemäße, das von ihr Bewiesene anerkennen will. Und anderseits zeigt er ihn als einen Menschen, der die gepriesene Vernunft im Stich läßt, sich mit dem Gefühl gegen sie verbündet und den von ihr bewiesenen, aber das Gefühl ärgernden Gott — den Gott der Philosophen — angreift. Für dieses Porträt hat Büchner eine auffallende Änderung vorgenommen. Der Quäkerssohn Thomas Paine bezeichnet nämlich den Deismus als die wahre Religion[28], wogegen ihm »das System des christlichen Glaubens wie eine Art von Atheismus, wie eine religiöse Gottesleugnung«[29] vorkommt. Büchner macht aus dem Deisten einen Atheisten. Daraus muß man entweder folgern, er sei über Paine schlecht informiert gewesen, die Dramenfigur dieses Namens sei eine Phantasiegestalt, oder man muß sich sagen, mit seinem Payne interpretiere er den historischen Paine. Nun kann man, soweit das nachprüfbar ist, immer wieder feststellen, daß er bei allen historischen Personen seiner Dichtungen über ausgedehnte Kenntnisse verfügt. Daher ist anzunehmen, daß es sich um seine Auslegung von Paine handelt, wenn er ihn als Atheisten auftreten läßt, daß für ihn also das, was Paine Deismus nennt, Atheismus ist. In diesem Zusammenhang ist wiederum auf seine Pascallektüre hinzuweisen. »Sie schmähen, was sie nicht kennen«, sagt Pascal, »sie schmähen die christliche Religion, weil sie sie schlecht kennen. Sie wähnen, sie bestehe einfach in der Verehrung eines Gottes, den man als groß, mächtig und ewig ansieht, was genau Deismus ist und fast ebenso fern der christlichen Religion wie der Atheismus, der ganz und gar ihr Gegenteil ist.«[30]

[25] 1. T., S. 44.
[26] 1. T., S. 173.
[27] 1. T., S. 55.
[28] 2. T., S. 228.
[29] 1. T., S. 103.
[30] Br. 556: »Ils blasphèment ce qu'ils ignorent [...] ils prennent lieu de blasphémer la religion chrétienne, parce qu'ils la connaissent mal. Ils s'imaginent qu'elle consiste simplement en l'adoration d'un Dieu considéré comme grand et puissant et éternel; ce qui est proprement le déisme, presque aussi éloigné de la religion chrétienne que l'athéisme, qui y est tout à fait contraire.«

Daß Büchner einen Deisten in einen Atheisten umwandelt, wird auf Grund dieser Pascalstelle, die den Unterschied zwischen ihnen als geringfügig betrachtet, besser verständlich. Auch an der Figur Chaumettes mag man ablesen, daß bei der Abfassung der Payne-Szene Pascal gegenwärtig gewesen sein könnte. Chaumette löst das Gespräch aus, indem er Payne ersucht, er möge ihm erneut die Beweise vorlegen, daß kein Gott sei. Schon vordem hat er sich durch Paynes Argumentation in seinem Atheismus bestärken lassen, dann sind ihm wieder Zweifel gekommen. »Hören Sie Payne es könnte doch so seyn, vorhin überkam es mich so; ich habe heute Kopfweh, helfen Sie mir ein wenig mit Ihren Schlüssen, es ist mir ganz unheimlich zu Muth.« (47) Hier ist, nur mit umgekehrtem Vorzeichen, das gezeigt, was Pascal folgendermaßen ausdrückt: »Die metaphysischen Gottesbeweise sind so weit weg vom gewöhnlichen Denken der Menschen und so verwickelt, daß sie wenig eingängig sind; und sollten sie doch einigen etwas nützen, so nur während des Augenblicks, da sie den Beweis vor Augen haben, eine Stunde danach fürchten sie, sich getäuscht zu haben.«[31] Es ist frappant, wie genau die Episode mit Chaumette diese Pascalstelle nachzeichnet. »Cela ne servirait que pendant l'instant qu'ils voient cette démonstration«: Chaumette fühlt sich erleuchtet, wie Payne das Nichtsein Gottes demonstriert — »Ey wahrhaftig, das giebt mir wieder Licht, ich danke, danke« —, »mais une heure après ils craignent de s'être trompés«: daß es Chaumette so ergehen wird, ist daraus ersichtlich, daß ein Einwurf Merciers ihn sogleich wieder zu ängstigen vermag: »Schweigen Sie! Schweigen Sie!« (48) Auch Payne weiß das, sagt er doch nach Chaumettes Abgang: »Er traut noch nicht, er wird sich zu guter Letzt noch die Ölung geben, die Füße nach Mecca zu legen, und sich beschneiden lassen um ja keinen Weg zu verfehlen.« (49)[32]

[31] Br. 543: »Les preuves de Dieu métaphysiques sont si éloignées du raisonnement des hommes, et si impliquées, qu'elles frappent peu; et quand cela servirait à quelques-uns, cela ne servirait que pendant l'instant qu'ils voient cette démonstration, mais une heure après ils craignent de s'être trompés.« — Ueber Pascals Verhältnis zu den Gottesbeweisen geben auch die in den meisten Ausgaben abgedruckten Aufzeichnungen seiner Schwester Aufschluß: Mme Périer, La Vie de M. Pascal.
[32] Büchner dürfte hier an eine Stelle aus dem »Zeitalter der Vernunft« gedacht haben. Paine sagt, man habe, um die Religionen einzuführen, vorgegeben, einzelne auserwählte Personen seien von Gott in besonderer Sendung bevollmächtigt worden: »So haben die Juden ihren Moses, die Christen ihren Jesus Christus, ihre Apostel und ihre Heiligen, und die Türken ihren Mahomet; als wenn der Weg zu Gott nicht dem ganzen Menschen-Geschlechte zugänglich wäre.« (1. T., S. 32.)
Der Gedanke, daß es keinen besonderen Weg brauche, damit man zu Gott gelange, wird von Büchners Payne indirekt ausgedrückt durch den Spott darüber, daß einer alle besondern Wege zugleich gehen möchte. Aber der Spott, so berechtigt er auch

Die Szene ist voll von ironischen Bezügen. Payne spottet über Chaumette, dabei ist dieser der einzige, der ihn ernst nimmt. Chaumette erscheint ihm wegen seiner Unsicherheit und Ängstigung als lächerlich — aber Paynes selbstgewisses Gebaren, das sich im rational Beweisbaren gesichert wähnt, ist nicht gegründet. Und wenn er erklärt, man müsse es mit Gott zu verderben wagen, so ist das eine seltsame Kühnheit, denn er hält es ja für erwiesen, daß Gott nicht sei. Der Wagemut Paynes und die Ängstlichkeit Chaumettes stehen in einem ähnlichen ironischen Wechselspiel zueinander, wie es Büchner im zweiten Akt an der Figur jenes Herrn zeigt, der von der Kühnheit des babylonischen Turms schwärmt und beim Anblick einer Pfütze Angst bekommt. Hier wie dort entspringt das Komische dem Gefälle zwischen Anmaßung und Nichtigkeit. Im Auftritt Paynes und Chaumettes ist dieses Gefälle schon mit der verdrehten katechetischen Situation gegeben: der Katechet führt nicht ein Gespräch über das Sein, welches Ein und Alles ist, sondern lehrt ein Nicht-Sein. Der Gegenstand der Unterweisung, das, wovon sich der Schüler Erleuchtung verspricht, ist ein Nichts. Während Anselm von Canterbury dem Toren in seinem Herzen, der da spricht: es ist kein Gott[33], beweisen will, wie sehr er in der Unwissenheit und damit im Unrecht sei, stellt sich bei Chaumette das Umgekehrte dar: er ist der Tor, der bewiesen haben will, daß die Weisheit in seinem Herzen unwissend sei und unrecht habe. Es ist vielleicht der stärkste Ausdruck der Ironie, wenn Chaumette sich gerade das Echte in ihm, die Angst, wegdisputieren lassen möchte, und zwar ausgerechnet dadurch, daß man ihm das Nichts, die tiefste Quelle aller Angst, bestätigt.

Indem Payne sich über Chaumette lustig macht, ohne zu sehen, daß er selber lächerlich ist, verhält er sich wie jene Spötter, welche »die Narrheit nur *außer sich* suchen«.[34] Gegen sie wendet Büchner ihre eigenen Waffen, besonders dann, wenn einer in seinem Bildungshochmut und Gelehrsamkeitsdünkel »die schändlichste Verachtung des heiligen Geistes im Menschen«[35] bekundet. Ein solcher Verächter ist der aufklärerische

---

ist, fällt auf den Spötter zurück, denn Payne verhält sich ja gar nicht anders, als Chaumette es angeblich tut: er will in seinem Beweisverfahren auch keinen Weg verfehlen, nur handelt es sich nicht um Wege zu Gott, sondern um Wege des Atheismus, sie haben jedoch einen Bezug zu dem jüdischen, dem islamischen und dem christlichen Gott, wie die von Payne aufgeworfenen Themen zeigen: Gott in seinem Schöpfertum, Gott als der Allesseiende — dem man nur in der Haltung des Fatalismus begegnen kann —, Gott und das Leiden.

[33] Anselm von Canterbury, Leben, Lehre, Werke, Wien 1936, S. 356 f.
[34] Brief an die Familie, Februar 1834, Nr. 15; II, 423.
[35] Ebd.

Bildungsphilister Thomas Paine, der den Standpunkt vertritt, man könne durch das Studium der Wissenschaften gleichsam Gott von Angesicht zu Angesicht schauen[36], und mit der tiefsten Verachtung auf alle herabblickt, welche in ihrer Unwissenheit noch nicht erkannt haben, daß die Bibel ein zusammengescharrter, widersprüchlicher, abgeschmackter Unsinn, ihr Studium das Studium eines Undings, eines Nichts ist.[37] So scharfzüngig nun Büchner auch spotten kann, hochmütig wird er nicht. Er stellt Payne so dar, daß die Anmaßung und Borniertheit, das Alberne und Selbstgefällige etwas Vordergründiges haben, daß dahinter Wesentlicheres, nämlich eine wirkliche menschliche Not spürbar wird, daß der Mensch also mehr ist, als was er sagt. Payne ist ins allgemein Menschliche einbezogen. Narr unter andern Narren, treibt er sein Wesen in der Welt.

Die Narrheit geht in mancherlei Gestalt durch Büchners Drama. Sie trägt das Gewand der Protagonisten wie das der Nebenfiguren. Payne wähnt sie ausschließlich in den andern, wogegen es in Robespierre momentweise aufdämmert, daß etwas von Narrheit in seinen Gedanken sei (30), wie umgekehrt Danton einmal erwägt, ob nicht in der Verrücktheit seines Gedankens doch etwas Wahres sei. (61) Hérault sieht das Närrische als etwas dem Menschen grundsätzlich Zugehöriges, wenn er sagt: »Er mag nun vernünftig oder unvernünftig, gebildet oder ungebildet, gut oder böse seyn [...]. Wir Alle sind Narren es hat Keiner das Recht einem Andern seine eigenthümliche Narrheit aufzudringen.« (11) Das erinnert an Pascals Wort: »Les hommes sont si nécessairement fous, que ce serait être fou, par un autre tour de folie, de n'être pas fou.«[38] Freilich folgert Hérault aus der Narrheit aller — gar nicht im Sinne Pascals, sondern aus epikureischem Geist —, daß jeder die ihm eigentümliche Narrheit solle ausleben können. Während Hérault somit jedem Menschen sein Narrenkostüm lassen will, kommt Camille Desmoulins im Angesicht des Todes dazu, das Entgegengesetzte zu fordern: »Wir sollten einmal die Masken abnehmen, wir sähen dann wie in einem Zimmer mit Spiegeln überall nur den einen uralten, zahllosen, unverwüstlichen Schaafskopf, nichts mehr, nichts weniger.« (70 f.) Die Demaskierung läßt das Narrentum als solches erkennen. Was sich als Tugendhaftigkeit oder Heroismus oder Witz gebärdete und sich damit den Anschein gab, alles

---

[36] A. a. O., 2. T., S. 296.
[37] Ebd., S. 295.
[38] Br. 414: »So notwendig sind die Menschen Narren, daß es nur eine andere Art von Narrheit wäre, kein Narr zu sein.« — Die Übersetzung folgt dem Sprachgebrauch Büchners und seiner Zeit, in welchem Narr soviel heißt wie Verrückter, Wahnsinniger.

110

andere als Narrheit zu sein, zeigt sich in seinem ungeschminkten Wesen. Damit demaskiert Camille auch sich selbst, er, der eben noch, den Schmerz um Lucile hinter dem Witz verbergend, gesagt hat: »Der Himmel verhelf' ihr zu einer behaglichen fixen Idee. Die allgemeinen fixen Ideen, welche man die gesunde Vernunft tauft, sind unerträglich langweilig. Der glücklichste Mensch war der, welcher sich einbilden konnte, daß er Gott Vater, Sohn und heiliger Geist sey.« (70) Wir alle sind Narren, sagt Camille wie Hérault, aber er sagt es in einem andern Sinn. Für ihn ist das Narrentum nicht ein Letztes, das man auf sich beruhen lassen soll. Er möchte, die Menschen wären anders. Und dieser Wunsch macht sichtbar, daß der Mensch eben doch nicht *nur* ein närrisch-dummes Wesen ist. Es spricht denn auch nicht der ganze Camille Desmoulins aus diesem Wort, das so einseitig die misère de l'homme, die menschliche Nichtigkeit demonstriert. Sein Diktum hat einen Anstrich von Menschenverachtung — deshalb unterscheidet es sich, wie Héraults Ausspruch, von der Bemerkung Pascals —, aber es wird durch das Dasein Camilles, durch seine Begabung zur Freundschaft, zur Liebe sogleich relativiert, und es erweist sich hier wiederum, daß Büchners Figuren mehr sind als ihre Aussagen.

Wenn es sich aber so verhält, wenn es zu Büchners Darstellungsprinzipien gehört, daß die Figur über das, was sie aussagt, hinausreicht, daß alle Aussagen somit fortwährend ironisiert sind und in ihrem behelfsmäßigen, illusionsverhafteten, oft auch stupiden Wesen durchschaubar gemacht werden — dann verbietet es sich doch wohl, Büchner mit Payne gleichzusetzen und dessen Äußerungen für die Meinung des Dichters zu nehmen. Das jedoch tut der Büchner-Herausgeber Werner Lehmann[39], und das Argument, auf das er sich dabei stützen kann, ist so gewichtig, daß hier darauf eingegangen werden muß. Eine Notiz Büchners zu Spinoza scheint nämlich auf seine volle Übereinstimmung mit Payne hinzudeuten. Spinozas 11. Proposition lautet: »Gott oder die aus unendlichen Attributen, deren jedes eine ewige und unendliche Wesenheit ausdrückt, bestehende Substanz existirt nothwendigerweise.« Dazu merkt Büchner an: »Wenn man auf die Definition von Gott eingeht, so muß man auch das Daseyn Gottes zugeben. Was berechtigt uns aber, dieße Definition zu machen? Der *Verstand*? Er kennt das Unvollkommne. Das *Gefühl*? Es kennt den Schmerz.«[40] Dies seien, so erklärt nun Lehmann, »völlig übereinstimmend« die gleichen Argumente, die Payne gegen

---

[39] Werner R. Lehmann, Textkritische Noten, Prolegomena zur Hamburger Büchner-Ausgabe, S. 43 f.
[40] II, 236 f. — Bergemann hat statt »das Unvollkommne« »das Vollkommne« gelesen.

Spinoza vorbringe[41]: »Schafft das Unvollkommne weg, dann allein könnt ihr Gott demonstriren, Spinoza hat es versucht. Man kann das Böse leugnen, aber nicht den Schmerz; nur der Verstand kann Gott beweisen, das Gefühl empört sich dagegen.« (48) Da muß man zunächst feststellen, daß die Übereinstimmung keine vollständige ist, setzt doch Payne das Gefühl dem Verstand entgegen, während Büchner Verstand und Gefühl parallelisiert. Payne behauptet, mit dem Verstand könne man zwar die Existenz Gottes beweisen, das Gefühl aber liefere das entscheidende Gegenargument: der Schmerz sei der Fels des Atheismus; Büchner dagegen sagt, daß weder der Verstand noch das Gefühl es rechtfertigen, die Spinozaische Definition von Gott zu machen, daß man daher dem Satz, Gott existiere, nicht zuzustimmen gezwungen sei. Aber hieße denn das nicht gerade, daß Büchner sogar der radikalere Atheist wäre als Payne? Payne räumt ja ein, der Verstand könne Gott beweisen; Büchner dagegen macht dem Verstand keinerlei Konzession. Paynes Zugeständnis an den Verstand ist übrigens bloß bedingt: Gott beweisen könne man nur unter der Voraussetzung, daß man das Unvollkommene, das Böse leugne; Büchner jedoch würde nicht einmal dem Verstand zubilligen, die Realität des Unvollkommenen bestreiten zu können. Wo liegt also der grundsätzliche Unterschied zwischen Büchners und Paynes Position?

Büchners Ausführungen stimmen mit denjenigen Paynes insofern überein, als er sich hier wie dieser auf dem Feld der Gottesbeweise bewegt und Einwände gegen Spinozas Demonstration vorbringt. Doch aus der Tatsache, daß der Gottesbeweis angefochten oder gar verworfen wird, kann nicht ohne weiteres auf Atheismus geschlossen werden. Sonst müßte ja z. B. Thomas von Aquin, der sich — wie Büchner in seiner Darstellung der Kartesischen Philosophie notiert[42] — gegen den ontologischen Gottesbeweis des Anselm von Canterbury gewandt hat, als Gottesleugner bezeichnet werden. Büchners Payne allerdings will mit den Einwänden gegen den Beweis vom Dasein Gottes dem Atheismus das Wort reden. Aber es ist zu fragen, ob Büchner mit seiner Kritik am Gottesbeweis dasselbe Ziel verfolge wie seine Figur. Die Antwort kann nur in seinen Darlegungen zur Philosophie Spinozas und Descartes' gefunden werden. Und nur falls sich hier eine atheistische Grundrichtung aufzeigen ließe, könnte man von einem Parallelismus zwischen Payne und Büchner sprechen.

Um Büchners Einwürfe zu verstehen, müssen wir zuerst den ontologischen Gottesbeweis formulieren. Zu Spinozas erstem Beweis zur

---

[41] A. a. O., S. 43.
[42] II, 194.

11. Proposition bemerkt Büchner, er laufe darauf hinaus, daß Gott nicht anders als seiend gedacht werden könne[43]; damit wird Spinoza auf Descartes zurückgeführt[44], so daß wir den Syllogismus gemäß dem Kartesischen Grundgedanken aufzustellen haben. Büchners Referat darüber vermittelt die nötigen Anhaltspunkte.[45] Demnach hat die Beweisführung folgende Gestalt: Wenn ich mir das vollkommene Wesen denke, kann ich es mir nicht anders als seiend denken, nämlich als ein Wesen, welches die Idee der Existenz nicht als eine mögliche und zufällige, sondern als eine ewige und notwendige in sich schließt (Obersatz). Gott ist das vollkommene Wesen (Untersatz). Also existiert Gott notwendig (Schlußsatz). Der Einwand, den Büchner macht, lautet nun: »Was zwingt uns aber ein Wesen zu denken, was nicht anders als seyend gedacht werden kann?«[46] Mit dieser Frage, die er sowohl an Spinoza wie an Descartes[47] richtet, meldet er den Zweifel an, ob es denn wirklich zwingend sei, daß Gott nicht anders als seiend gedacht werden könne. Büchner dürfte dabei an eine der objectiones denken, die Gassendi gegen Descartes ausgesprochen hat: »Es ist falsch, daß die Existenz Gottes von der Essenz Gottes nicht getrennt werden könne, und daß somit Gott als seyend gedacht werden müsse. Man kann die Essenz nur mit der Essenz und die Existenz nur mit der Existenz vergleichen. Man kann daher sagen, die Allmacht Gottes könne von der Essenz Gottes so wenig getrennt werden, als man von der Natur des Dreyeckes die Eigenschaft trennen könne, daß seine Winkel 2 R gleich seyen; dafür aber kann man die Existenz von der Essenz bey Gott so gut trennen als bei dem Dreyeck.«[48] Gassendi greift hier den Schlußsatz des ontologischen Gottesbeweises an. Nach ihm ist es nicht möglich, aus dem Was-sein Gottes den Schluß zu ziehen, daß er ist. In der Conclusio könnte nur eine Aussage über die Art dieses Seienden gemacht werden. Man könnte also bloß schließen: Folglich ist Gott das notwendig Seiende. Der Sinn des Schlusses wäre einzig der: Wenn Gott existiert, so existiert er notwendigerweise, nicht zufälligerweise. *Daß* er existiert, ist aber nicht bewiesen. Dieselben Überlegungen liegen einer weiteren Anmerkung zu Spinozas 11. Proposition zugrunde, ein Zeichen, daß Büchner bei der Abfassung der Spinozanotizen die gegen Descartes ins Feld geführten objectiones stets gegenwärtig hatte: »Der Beweis übrigens welcher aus dem Wesen Gottes, sein Daseyn demonstrirt, stützt

[43] II, 236.
[44] Vgl. II, 144.
[45] II, 143.
[46] II, 236.
[47] Vgl. II, 144.
[48] II, 210 f.

113

sich nur auf eine logische Nothwendigkeit, er sagt, wenn ich mir Gott denke muß ich ihn mir als seyend denken, aber was berechtigt mich denn, Gott zu denken?«[49] Die logische Notwendigkeit ist keine andere als die oben ausgedrückte: Wenn Gott existiert (= wenn ich mir Gott denke), so existiert er in notwendiger Weise (= muß ich ihn mir als seiend denken). Im Satz »Wenn ich mir Gott denke...« ist nicht bloß von einer Denkmöglichkeit die Rede; es wird damit auf den soeben sich vollziehenden Bewußtseinsakt hingewiesen. Aber das Bewußtsein gibt die gefragte Berechtigung nicht ab, weil es gar nicht fähig ist, erfahrungsunabhängig Aussagen zu machen. Was Descartes zu beweisen meint, daß Gott sei, ist einfach vorausgesetzt. Deshalb lautet Büchners drängende Frage: Was aber legitimiert mich dazu, diese Voraussetzung zu machen?

Mit der gleichen Frage wendet er sich auch direkt an Descartes: »Auf den Einwurf: freilich muß ich, sobald ich Gott setze auch das Seyn desselben setzen, aber was zwingt mich denn Gott überhaupt zu setzen? antwortet Cartesius: es sey freilich nicht nothwendig je auf den Gedanken von Gott zu verfallen, sobald man aber über das erste und höchste Wesen nachdenke, müsse man ihm auch nothwendig alle Vollkommenheiten und somit das Daseyn beylegen.«[50] Wiederum ist hier auf ein Gegenargument Gassendis hinzuweisen, das von Büchner zitiert wird. Es findet sich auch bei andern Philosophen und spielt später bei Kant eine wesentliche Rolle: die Existenz sei keine Vollkommenheit, sie sei vielmehr das, ohne welches es keine Vollkommenheit geben könne; was nicht sei, sei weder vollkommen noch unvollkommen; weil mithin Nichtsein keine Unvollkommenheit sei, könne Sein keine Vollkommenheit sein.[51] Büchner fügt dem bei, Cartesius antworte auf diesen Einwand »höchst unbefriedigend«. Gassendis Gegenargument behält also sein volles Gewicht. Auf die Frage: »Was zwingt mich denn, Gott überhaupt zu setzen?« bekommt man bei Descartes keine zufriedenstellende Antwort.

Dies alles macht deutlich, daß Büchner mit seinem Einwand gegen Spinoza auf die Brüchigkeit im Beweis der Existenz Gottes zielt. Und da Spinoza, wie Büchner hervorhebt, ganz auf Cartesius fußt[52], treffen ihn auch alle Einwürfe, die gegen den ontologischen Gottesbeweis von Descartes gerichtet sind. Wenn Büchner also vom Kartesischen System sagt, es sei schon mit seinem ersten Auftreten durch die objectiones halb ver-

[49] II, 238.
[50] II, 144.
[51] II, 211.
[52] Vgl. II, 269.

nichtet gewesen[53], so ist dies auch auf Spinozas System zu beziehen. Aber es geht Büchner nicht einfach um den Nachweis von Fehlern in der logischen Argumentation, es ist ihm um etwas Grundsätzliches zu tun. Man erkennt dies vor allem an seiner zweiten kritischen Frage. Zunächst hat er gefragt: »Was zwingt uns aber ein Wesen zu denken, was nicht anders als seyend gedacht werden kann?« Dann fährt er fort: »Wir sind durch die Lehre von dem, was in sich oder in etwas Anderm ist freilich gezwungen auf etwas zu kommen, was nicht anders als seyend gedacht werden kann; was berechtigt uns aber deßwegen aus dießem Wesen das absolut Vollkommne, Gott, zu machen?«[54] Büchner will damit sagen: Wenn wir Gott denken, und zwar als jenes Wesen, welches im Unterschied zu sonstigem Seienden seinen Grund nicht in anderm Seienden, sondern in sich selbst hat, so müssen wir ihn als seiend denken; ob das dergestalt gedachte Wesen aber Gott genannt werden könne, sei fraglich. Dieser Einwand richtet sich nun nicht mehr gegen die Schlußfolgerung des Syllogismus, sondern gegen dessen Untersatz, nämlich gegen die Behauptung, Gott als das vollkommene Wesen sei jenem vollkommenen Wesen gleichzusetzen, von welchem der Obersatz spricht. Wegen dieser Gleichsetzung erhebt Büchner gegen Spinoza den Vorwurf: »Er vergöttert willkührlich das, was in sich und worin Alles ist.«[55] Was in sich sei und durch sich selbst begriffen werde, sei für Spinoza — so erklärt Büchner — die Welturache, worin alles sei, sie sei ewig und unendlich, aber sie sei nicht Gott, sie sei nichts anderes, als was jeder Atheist, wenn er einigermaßen konsequent verfahren wolle, anerkennen müsse; was aber bloß Welturache sei, werde dann von Spinoza mit einemmal vergöttert.[56] Büchner und Spinoza meinen nicht dasselbe, wenn sie »Gott« sagen. Spinoza geht aus von dem, was den Grund seines Daseins in sich selbst hat; so wird er auf den Begriff des notwendig existierenden Wesens geführt — aber dieses Wesen »Gott« zu nennen, findet Büchner nicht gerechtfertigt. Seine Überlegung läßt sich so formulieren: Wenn ich mir Gott denke, kann ich nicht anders als ihn seiend, d. h. als das notwendig Existierende denken; indem ich aber Gott als das notwendig Existierende denke, denke ich nicht Gott, sondern vergöttere ich etwas, was gar nicht Gott ist.

Es geht also hier — im Unterschied zu andern Stellen — nicht um die logische Tragfähigkeit der Konklusion im Gottesbeweis, sondern um die Definition, die der Ausgangspunkt des Beweisverfahrens ist. »Wenn

[53] II, 194.
[54] II, 236.
[55] II, 240.
[56] II, 239 f.

man auf die Definition von Gott eingeht«, sagt Büchner, d. h. wenn man ihn, wie nicht anders möglich, als das notwendig Existierende definiert, »so muß man auch das Daseyn Gottes zugeben. Was berechtigt uns aber, dieße Definition zu machen?«[57] Büchner fragt nach der Rechtfertigung der Definition. Wiederholt verlangt er nach einem solchen Rechtstitel. Und er stellt fest, daß das Selbstbewußtsein des Menschen nicht im Besitze dieser Legitimation ist, daß weder Verstand noch Gefühl sie vorweisen können.[58]

Die Frage nach der Berechtigung der Definition Gottes enthält den Kerngedanken der Büchnerschen Spinozakritik. »Der Spinozismus ist der Enthusiasmus der Mathematik«, heißt es in den Spinoza-Notizen, »in ihm vollendet und schließt sich die Cartesianische Methode der Demonstration.«[59] Spinoza, dem ebenfalls die Demonstration das einzige Band zwischen dem Absoluten und der Vernunft sei, dehne, kühner als Cartesius, das Recht der Demonstration weiter aus: »Der demonstrirende Verstand ist Alles und ist Allem gewachsen.«[60] Das ist, wohlverstanden, in tadelndem Sinn vorgebracht. Büchner greift die Anmaßung an, die das mathematische Denken zum vorherrschenden Denken gemacht hat. Dieser Tadel trifft aber nicht etwa nur Spinoza, der über Cartesius hinausgegangen ist. Die Anmaßung beginnt nicht mit Spinoza, sondern mit Descartes. Denn Spinoza, erklärt Büchner, bringt gegenüber Descartes nichts grundsätzlich Neues[61]; er macht lediglich den Satz: »Wir können uns das vollkommene Wesen nicht anders als seiend denken« zu seinem Ausgangspunkt und setzt dabei die ganze Reihe von Schlüssen, die demselben Satz bei Descartes vorangeht, voraus. Er beginnt also mit einer Definition. Gott ist ihm das notwendig existierende Wesen, und alle Überlegungen, die Descartes anstellt, ehe er zu diesem Begriff kommt, läßt er außer acht, weil sie ihm als erwiesen gelten.[62] Diese kritiklos übernommenen Voraussetzungen sind nun gleichsam zugeschüttet, bleiben unbedacht und können sich ungestört und entsprechend hartnäckig behaupten. Büchner aber fragt hinter Spinozas Ansatz zurück, und so wird für ihn jene von Spinoza nicht weiter untersuchte, sondern einfach vorausgesetzte Schlußreihe des Cartesius wichtig. Das Wesentliche in Büchners Spinozakritik ist deshalb Kritik an Descartes.

[57] II, 236.
[58] II, 237.
[59] II, 270 f.
[60] II, 269.
[61] II, 276 f.
[62] II, 277 f.

Von ihm sagt Büchner einleitend, das Beispiel des Mathematikers habe den Neid des Philosophen erregt.[63] Der Mathematiker vermag die schwierigsten Dinge zur Evidenz zu bringen. Diesem Vorbild nacheifernd, unternimmt es Descartes, dem mathematischen Denken auch in der Philosophie Geltung zu verschaffen. Wie die Mathematik hat also die Philosophie von dem auszugehen, was das Einfachste, das erste Gewisse ist, um von da aus in der rechten Ordnung fortzuschreiten. Welches ist dieser erste schlechthin gewisse Satz? Ihn gilt es zu finden und als solchen zu legitimieren. »Wer sich diese Aufgabe stellt«, sagt Büchner, »der muß offenbar in demselben Augenblick eine Person spielen, die überall noch nichts Gewisses weiß.«[64] Büchner meldet hier Einwände gegen Descartes' Demonstrationsverfahren an, gegen die Methode, alles in Zweifel zu ziehen — ob ich bin oder mich bloß träume, ob die Dinge Wirklichkeit haben oder nur in meiner Einbildung vorkommen —, so daß dann das einzig Unbezweifelbare mein Zweifeln, mein Denken ist, nämlich das, was in mir den Akt des Selbstbewußtseins, also auch das Wollen, Einbilden, Fühlen hervorbringt.[65] An allem zu zweifeln ist für Büchner ein Tun als ob. Wir bezweifeln nämlich unsere Existenz und die der Dinge außer uns gar nicht, wir erkennen sie auf rein positive, unmittelbare, von der Funktion des Denkens unabhängige Weise.[66] Büchner setzt somit dem Kartesischen Zweifel und auch dem, was für Cartesius das Gewisse ist, »die unmittelbare Wahrheit« entgegen. Er wendet sich dagegen, daß bei Descartes das »Ich bin« unter das Vorzeichen »Ich denke« zu stehen kommt und die Bedeutung »Ich bin als Denkender« annimmt, daß die cogitatio dem cogitatum vorgezogen und das Sein mithin als Subjektität verstanden wird. Bei Descartes heiße es: Das Ich kann nicht denken, wenn es nicht ist, also ist es. Für das unmittelbare Wissen hingegen ist das Ich, bevor es denkt, d. h. dem Bewußtsein ist positiv gegeben, daß das Ich ist.[67] Descartes gelange mit Hilfe des Zweifels zu etwas bloß Negativem: er erkenne nur, daß es unmöglich zu denken sei, der Denkende sei nicht.[68] Was Büchner davon hält, drückt er in einem einprägsamen Bild aus: Des-

---

[63] Büchner folgt in diesen Partien (II, 137—141) einer Schrift von Johannes Kuhn (Jacobi und die Philosophie seiner Zeit, Mainz 1834, S. 65—73); er übernimmt dessen Formulierungen oft wörtlich, ohne sie als Zitate zu kennzeichnen, übrigens auch ohne den Namen Jacobi zu erwähnen. Der katholische Theologe J. Kuhn (1806—1887) war zur Zeit, da Büchner in Gießen studierte, Professor an der dortigen Universität.
[64] II, 138.
[65] II, 142 f.
[66] II, 140.
[67] II, 140.
[68] II, 141.

cartes habe »das Grab der Philosophie« abgemessen.[69] Daher kann man
sagen, Büchner stimme Gassendis Einwurf zu, die Methode, an allem zu
zweifeln, könne dem Auffinden der Wahrheit nicht nützlich sein, sie
könne nur dazu dienen, daß man neue und schädlichere Vorurteile an-
nehme als die abgelegten.[70] Ein solches Vorurteil ist in den Augen Büchners die Meinung, das Denken sei das Primäre und demzufolge sei nichts
als wahr anzunehmen, man hätte es denn vollkommen demonstriert.[71]
Danach würde gelten: Alles ist beweisbedürftig und auch beweisbar; sollte
etwas nicht zu beweisen sein, so hat es keine Realität; was nicht denkbar
ist, ist nicht. Für Büchner ist das Primäre nicht das Denken, sondern »das
Affirmiren schlechthin, durch das secundäre Geschäft des Denkens gar
nicht vermittelt, wesentlich nicht einmal berührt«.[72] Von hier aus sind
seine Einwände gegen den ontologischen Gottesbeweis zu beurteilen. Sie
richten sich gegen die Auffassung, daß Gott ein Gott sei, der ein Beweisverfahren nötig habe und je nachdem, ob er zur Evidenz gebracht werden könne oder nicht, angenommen oder verworfen werden müsse. Büchner opponiert dagegen, daß von Gott wie von geometrischen Figuren,
z. B. vom Dreieck, geredet wird. Hat man diese Grundeinstellung Büchners einmal erfaßt, kann man die folgende Bemerkung nicht mehr miß-
verstehen: »Wenn man auf die Definition von Gott eingeht, so muß man
auch das Daseyn Gottes zugeben.« Es geht hier nicht um die Frage, ob
Gott sei oder nicht sei, sondern um das Recht der Demonstration. »Das
Daseyn Gottes zugeben« heißt: kraft des Denkens, des Beweisens nicht
umhin können, einzuräumen, daß Gott ist. Der Einwurf spricht dem
Menschen das Recht ab, mit seiner Urteilskraft über Sein oder Nichtsein
Gottes zu befinden. Deshalb läßt sich Büchner gar nicht erst auf das
Beweisverfahren ein, sondern geht gegen jenen Punkt vor, an welchem es
in Gang gesetzt wird: gegen die Definition. »Was berechtigt uns aber,
dieße Definition zu machen?« Er bekämpft das Vorurteil, der demonstrierende Verstand sei alles und sei allem gewachsen, die Demonstration
sei das einzige Band zwischen Gott und Mensch.[73]

Der Kartesische Ansatz hat nun aber noch weitere Konsequenzen, die
von Büchner ebenfalls kritisch beleuchtet werden. Mittels des Zweifels
hatte sich Descartes des Cogito, ergo sum versichert, aber der Zweifel, ob
nicht vielleicht unser Erkenntnisvermögen derart beschaffen sei, daß es

[69] II, 153.
[70] II, 204.
[71] II, 193.
[72] II, 140.
[73] II, 269.

im Evidentesten betrogen würde und das Falsche für das Wahre nähme, war nicht besiegt. Gott hätte ja unsere Natur so einrichten können, daß wir uns über das, was uns völlig klar erscheint, täuschen. Wenn es aber so wäre, wenn Gott uns ein verwirrtes Erkenntnisvermögen gegeben hätte, so müßte er ein Betrüger genannt werden. Weil er jedoch höchst wahrhaft ist, kann das uns gegebene Erkenntnisvermögen überhaupt nie einen Gegenstand ergreifen, der nicht wahr wäre, sofern er nur klar und deutlich erfaßt wird.[74] Gottes Vollkommenheit beweist also, daß alles, was wir klar und deutlich, d. h. vernunftgemäß erkennen, wahr ist.[75] Den Versuch, sich mit Hilfe dieses Gedankens aus dem Zweifel zu befreien, taxiert Büchner als naiv. Descartes brauche den lieben Gott als Strick, um sich aus dem Abgrund des Zweifels zu retten, als Leiter, um aus dem Grab der Philosophie herauszukriechen.[76] Dieser Einwurf ist kein atheistisches Argument, er richtet sich nicht gegen Gott, sondern dagegen, daß Gott als Instrument gebraucht wird oder daß aus einem Instrument Gott gemacht wird, daß Descartes einen Abgrund zwischen Subjekt und Objekt aufgerissen hat, daher eine Brücke zwischen dem einsamen, nur des Selbstbewußtseins gewissen Denken und der Außenwelt konstruieren muß und nun dieses Hilfsmittel Gott nennt. Mit Genugtuung hält Büchner fest, daß schon des Cartesius Zeitgenossen das Fragwürdige daran erkannten: »Man fragte: Kann man von keiner Sache gewiß seyn, noch irgend etwas klar und deutlich erkennen, ehe das Daseyn Gottes mit Gewißheit erkannt worden ist, wie steht es dann mit den dem Beweis vom Daseyn Gottes vorhergehenden Sätzen, wie mit dem *cogito ergo sum*, wie mit dem Beweis selbst?«[77] Damit wird wiederum bestritten, daß man mit der Demonstration den Anfang machen könne. Dem Bewußtsein sei unmittelbar gegeben, daß das Ich sei, erklärt Büchner, und dieses Sein sei »dem Denken unzugänglich«.[78] Man kann es nicht definieren, nicht aus höheren Begriffen ableiten und nicht durch niedrigere darstellen. Versucht man es zu definieren, muß man sagen »es ist...« und braucht somit das zu Definierende in der Definition. Das definierende und demonstrierende Denken ist somit etwas Sekundäres, es sieht sich übertroffen durch das Hinnehmen- und Anerkennenmüssen.[79] Die Gewißheit jenes dem Denken unzugänglichen Seins aber kann nicht von der Art mathe-

[74] II, 151 f.
[75] II, 153.
[76] II, 153, 155.
[77] II, 153 f.
[78] II, 140.
[79] Karl Jaspers sagt von Schelling, daß sein Philosophieren an diesem Punkt beginne. (A. a. O., S. 128.)

matischer Evidenz sein. Wie wollte man also mit Descartes behaupten, keine Erkenntnis sei so entfernt, daß wir sie nicht erreichen, keine so verborgen, daß wir sie nicht aufdecken könnten?[80] Das Sein jedenfalls bekommen wir nicht in den Griff. Wir können es denkend, und das heißt hier: definierend und logisch beweisend, nicht bewältigen. »Wir finden nur«, notiert sich Büchner aus Gassendis objectiones gegen Descartes, »daß ein Etwas, das wir nicht kennen, den wahrgenommenen Accidenzien und Veränderungen zu Grunde liege. Dießes Etwas sey uns aber immer verborgen.«[81] Da es verborgen ist und sich nicht zu mathematischer Evidenz bringen läßt, kann für Büchner die mathematische Erkenntnis nicht die alleinige und nicht die in jedem Bereich gültige Erkenntnis sein. Ihr stellt er die intuitive Erkenntnis an die Seite. Von Spinoza dagegen sagt er, ihn habe nur die mathematisch gewisse Erkenntnis befriedigen können, von intuitiver Erkenntnis könne bei ihm nicht die Rede sein.[82] Dasselbe äußert er — mit andern Worten — auch über Descartes: Das cogito ergo sum gehöre nicht zu den unmittelbaren Wahrheiten, Descartes gelange über eine Reflexion zu seinem »Ich bin«, wogegen doch das »Ich bin« dem Bewußtsein unmittelbar gegeben sei.[83] Das führt ihn schließlich zur Feststellung, für Spinoza wie für Descartes, für jeden dogmatischen Philosophen[84], sei Denken und Sein einerlei.[85] Die mathematische, die logische Erkenntnis beruht darauf, daß Denken und Sein als in eins fallend angesetzt werden. Demgegenüber betont Büchner die Differenz und grenzt damit den Bereich des als Ratio verstandenen Denkens ein. Der Bezug des Menschen zum Sein ist nicht logischer Art, er ist in einer ursprünglicheren Weise erschlossen. Offensichtlich berührt sich Büchner auch hierin mit Pascal, der eine Gegenposition zu Descartes einnimmt, indem er gegenüber dem esprit de géométrie das Intuitive hervorhebt[86] und beides, raison und coeur, zusammenhält. »Nous connaissons la vérité, non seulement par la raison, mais encore par le coeur; c'est de cette dernière sorte que nous connaissons les premiers principes, et c'est en vain que le raisonnement qui n'y a point de part essaye de les combattre. Les pyrrhoniens qui n'ont que cela pour objet, y travaillent inutilement. Nous savons que nous ne rêvons point; quelque impuissance où nous soyons de

---

[80] II, 137.
[81] II, 205.
[82] II, 276.
[83] II, 140.
[84] II, 277.
[85] II, 275. — Auch dies geht auf Kuhn zurück: »Wenn Gott *ist,* weil wir ihn *denken,* so muß offenbar Denken und Sein *eins sein.*« (A. a. O., S. 89.)
[86] Vgl. Br. 1.

le prouver par raison, cette impuissance ne conclut autre chose que la faiblesse de notre raison, mais non pas l'incertitude de toutes nos connaissances, comme ils le prétendent. Car la connaissance des premiers principes, comme qu'il y a espace, temps, mouvements, nombres, est aussi ferme qu'aucune de celles que nos raisonnements nous donnent. Et c'est sur ces connaissances du coeur et de l'instinct qu'il faut que la raison s'appuie, et qu'elle y fonde tout son discours. — Et il est aussi inutile et aussi ridicule que la raison demande au coeur des preuves de ses premiers principes, pour vouloir y consentir, qu'il serait ridicule que le coeur demandât à la raison un sentiment de toutes les propositions qu'elle démontre, pour vouloir les recevoir.«[87]

Die Voraussetzungen, die einen Vergleich zwischen Büchners und Paynes Position ermöglichen, sind nun erfüllt. Daß sich der Dichter auf einem ganz andern Diskussionsniveau bewegt als seine Figur, dürfte klar geworden sein. In sachlicher Hinsicht ist festzustellen, daß sie in ihrer Argumentation gegen Spinoza bloß scheinbar übereinstimmen. Wohl lassen sich ihre Einwände auf den gemeinsamen Nenner bringen, daß Gott nicht zu beweisen sei, aber dieser Satz bedeutet ihnen völlig Verschiedenes. Was immer Payne gegen Spinoza vorbringen mag, die Meinung, es sei nur das als wahr anzuerkennen, was bewiesen sei, bleibt unangetastet. Payne hält Gott für beweisbedürftig, und die Beweisbarkeit ist ihm das Kriterium dafür, ob Gott sei oder nicht sei. Nur unternimmt er es im Gegensatz zu Descartes und Spinoza, einen Beweis der Nichtexistenz Gottes zu führen. Da er dabei die Kartesische und Spinozaische Voraussetzung — die Voraussetzung jeder dogmatischen Philosophie, wie Büchner sagt[88] — beibehält, ist er als dogmatischer Atheist zu bezeichnen,

---

[87] Br. 282: »Wir kennen die Wahrheit, und zwar nicht allein durch die Vernunft, sondern auch durch das Herz; das Allererste nämlich wird durch das Herz erkannt, und vergeblich sucht die Urteilskraft, die hieran nicht beteiligt ist, das zu bekämpfen. Die Zweifler, die ja nur dieses Ziel verfolgen, mühen sich da zwecklos ab. Wir wissen, daß wir keineswegs träumen; doch wie unfähig wir auch immer sein mögen, dies mit Vernunftgründen zu beweisen, diese Unfähigkeit läßt einzig auf die Schwäche unserer Vernunft und nicht etwa, wie sie behaupten, auf die Ungewißheit aller unserer Kenntnisse schließen. Denn das Wissen um die allerersten Dinge, wie z. B. daß es Raum, Zeit, Bewegungen, Zahlen gibt, ist ebenso gewiß wie irgendeine durch die Vernunft vermittelte Erkenntnis. Und auf dieses Wissen des Herzens und des Instinkts muß sich die Vernunft stützen, es muß das Fundament von allem sein, was sie sagt. — Und es ist ebenso nutzlos und ebenso lächerlich, wenn die Vernunft vom Herzen Beweise für seine Prinzipien fordert, ehe sie ihnen zuzustimmen gewillt ist, wie es lächerlich wäre, wenn das Herz von der Vernunft bei allen Lehrsätzen, die sie beweist, ein Gefühl verlangte, ehe es sie anzunehmen bereit ist.«
[88] Vgl. S. 120.

er ist dem Barbier, dem dogmatischen Atheisten im »Woyzeck« (155), zu vergleichen. In beiden Figuren verspottet Büchner menschliche Narrheit. Der Spott trifft aber nicht nur die dogmatischen Atheisten, sondern ebenso die dogmatischen Philosophen und ihre Gottesbeweise. Büchner stellt an Payne dar, wie das durch Cartesius in Übung gekommene, für den Gang der Philosophiegeschichte so folgenreiche Beweisverfahren, das in irriger Weise zu beweisen trachtet, was keinem Beweis unterliegt, zur ebenso illegitimen Widerlegung von Gottes Existenz führt. Vielleicht müßte man sogar sagen, daß an einer Figur wie Payne der atheistische Grundzug, der sich im Ansatz von Descartes' und Spinozas Denken verbirgt, an den Tag gebracht werde. Denn gottlos ist nicht nur, wer Gott nicht glaubt, weil er nicht bewiesen ist, sondern auch derjenige, der Gott bloß glaubt, weil er ihn für bewiesen hält.[89]

Anders als bei Payne bedeutet bei Büchner die Gegnerschaft zu Spinoza nicht Gottesleugnung. Büchner stellt sich gegen die Ansicht, Sein und Denken sei das nämliche, und daher ist für ihn Gott weder mit einem widerspruchsfreien Denken zu beweisen, noch wird er von der Widersprüchlichkeit, vom Undenkbaren widerlegt. Gott gehört nicht der Ordnung des Beweisbaren an. Was beweisbar sei und von Spinoza bewiesen werde, sei nicht Gott, sondern etwas, was jeder Atheist, wenn er einigermaßen konsequent verfahren wolle, anerkennen müsse[90], nämlich die Welturache, worin alles sei. Daß sich Payne gegen Spinoza wendet, ist also auf einen Atheismus zurückzuführen, der inkonsequent ist. Aber er selbst glaubt sich seiner Konsequenz rühmen zu können (48). Es liegt auf der Hand, daß Büchners Opposition andere Beweggründe hat. Wenn er gegen Spinoza einwirft, der Verstand kenne das Unvollkommene, so bestreitet er damit, daß man Gott definieren dürfe, wie es Spinoza getan hat; der Einwand richtet sich gegen das von Büchner als naiv bezeichnete Kartesische Argument, Gottes Vollkommenheit beweise, daß unser Erkenntnisvermögen vollkommen, d. h. nicht verwirrt sei, sie beweise also »die subjective Möglichkeit der Erkenntniß, ferner daß Alles wahr ist, was wir klar und deutlich, d. h. vernunftgemäß erkennen, also die Objectivität des Gedachten.«[91] »Wenn es Gründe gegen das Daseyn Gottes

---

[89] Jacobi, der gesagt hat, Spinozismus sei Atheismus, argumentierte anders: er leitete die Gottlosigkeit aus Spinozas Fatalismus ab und setzte diesen dem Pantheismus gleich. Er verfolgte damit die Absicht, alle Philosophie als verderblich zu brandmarken. Wenn sich Schelling in dieser Sache gegen Jacobi stellte, so vor allem wegen des generellen Angriffs auf die Philosophie, wegen der Verkennung des Pantheismus und wegen der Ungereimtheit, daß einer, der behauptet, Gott lasse sich in keiner Weise erkennen, andern Gottlosigkeit vorwirft.

[90] Vgl. S. 115.

[91] II, 153.

giebt,« — so formuliert Büchner, wobei das Wort »Gott« hier das meint, was Spinoza darunter verstanden haben will — »so beweisen sie nicht, daß das als Gott definirte Wesen nicht existiren könne, sondern sie beweisen, daß wir durch nichts berechtigt sind eine solche Definition zu machen.«[92]

Büchner sträubt sich dagegen, daß hier der Name Gottes gebraucht wird. Dies hat aber nur unter einer bestimmten Voraussetzung einen Sinn. Da es nämlich durchaus erlaubt ist, einer Sache, die man deutlich beschrieben hat, den Namen zu geben, den man will, steht es Spinoza frei, das von ihm Definierte »Gott« zu nennen. An sich kann Büchner dagegen nichts einwenden. Tut er es dennoch, so muß ihm das Wort »Gott« etwas anderes bedeuten. Wäre es so, daß es ihm nichts bedeutet, daß für ihn Gott nicht ist, dann fiele der Anlaß dahin, gegen die von Spinoza aufgestellte Definition zu streiten und nach ihrem Rechtstitel zu fragen. Ein konsequent verfahrender Atheist, sagt Büchner, muß das anerkennen, was Spinoza als »Gott« bezeichnet, er kann sich rechtens mit Spinoza gar nicht in einen Streit verwickeln. In der Szene mit Payne zeigt Büchner einen solchen gegenstandslosen Streit, aber er zeigt auch, daß dieser Streit doch nicht nur auf einem Mißverständnis beruht, sondern einen echten, obgleich versteckten Antrieb hat. Wenn sich Payne gegen Spinoza wendet, denkt er beim Wort »Gott« im Grunde genommen an den Gott der Bibel. Gegen ihn empört er sich. Wenn Büchner das System des Spinoza bekämpft, geschieht es nicht auf Grund der Unklarheiten, die für Payne bezeichnend sind. Er ist sich — wie übrigens Spinoza selbst — darüber im klaren, daß der Gott der Philosophen nicht der Gott der Bibel ist. Indem er sich gegen Spinoza wendet, bekämpft er den Gott der Philosophen. Das Unvollkommene, das Endliche, der Irrtum, das Böse, für Payne lauter Argumente gegen die Existenz Gottes, sind für Büchner Argumente gegen das, was Spinoza wie Descartes sich unter Gott vorstellen.

Ebenso verhält es sich mit dem Argument des Schmerzes. Indem Payne dem Schmerz eine Rolle im Beweisverfahren zuerkennt, ergibt sich das Unsinnige, daß er von der Instanz, die allein Beweise zu führen imstande ist, vom Verstand, ein Gefühl fordert. Die Glückseligkeit wäre ihm ein Gottesbeweis; da er aber nicht glückselig ist, sondern Schmerz empfindet, hält er den Atheismus für gegründet. Nach Büchners Auffassung hingegen sprechen Glück und Unglück, Freud und Leid nicht für und nicht

[92] II, 238.

wider die Existenz Gottes. Wohl aber ist der Schmerz ein Einwand gegen Spinozas Gottesverständnis. Über dem Spinozismus liegt nämlich, wie Büchner sagt, eine unendliche Ruhe, die Ruhe der Glückseligkeit, die sich im Anschauen des Ewigen, Unveränderlichen einstellt.[93] Die Ewigkeit und Unveränderlichkeit Gottes ist hier der zeitlosen Idee einer geometrischen Figur zu vergleichen. Der Gott Spinozas, als das notwendig existierende Wesen gedacht, ist kein lebendiger Gott. Da stellt sich die Frage, was ein solcher Gott mit dem Menschen zu tun habe, was die Menschen mit ihm. Tennemann zitierend, weist Büchner darauf hin, daß man nach Spinozas Grundsätzen nie vom Endlichen auf das Unendliche und von diesem nie auf das Endliche komme, daß zwischen beiden eine Kluft sei[94], die es durchaus unbegreiflich mache, wie aus dem ewigen und unendlichen Wesen Gottes endliche Dinge entspringen sollten.[95] Im Spinozismus verschwinde alles Werden aus der Natur, Entstehen und Vergehen seien bloß Scheinbegriffe, es bleibe nur ein ewiges, unwandelbares Sein.[96] Man sieht, durch welchen Eliminationsprozeß die über dem Spinozismus liegende Ruhe zustande kommt. Die Dinge des Lebens sind hier in mathematische Gegenstände verwandelt. Die Glückseligkeit im Anschauen des Unveränderlichen ist jene Befriedigung, welche man in der Evidenz findet, wie sie auf dem Wege der Demonstration hervorgebracht wird. Dies muß zum Gegenschlag führen, dazu nämlich, daß all das Eliminierte wieder hervortritt, daß gegenüber dem als Idee verstandenen Sein das Werden, gegenüber der Glückseligkeit das Leiden in seiner mannigfaltigen Gestalt, als Not, Irrtum, Bosheit betont wird. Danton stellt sich so dem Spinozisten Philippeau entgegen. Aber solche Opposition ist immer noch durch und durch von ihrem Gegner beherrscht. Sie gelangt nicht weiter als zu einem umgedrehten Spinozismus und Kartesianismus. Büchner erkennt diesen Vorgang: intellektuale Erkenntnis Gottes und die aus dem Anschauen des Zeitlosen resultierende Glückseligkeit auf der einen Seite, Schmerz als Grund, Gott zu leugnen und die Hoffnung ins Nichts zu setzen, auf der andern — sein Blick erfaßt beides und sieht, wie das Gegensätzliche verknüpft ist. Büchner selbst steht über dieser Antithetik, darum konnte er sagen: »Durch den Schmerz gehen wir zu Gott ein.« Der Schmerz wird hier nicht etwa als Argument für die Existenz Gottes gebraucht. Es verhält sich damit umgekehrt: Der in Christus Mensch gewordene und gekreuzigte Gott ist die Voraussetzung dafür,

[93] II, 268 f.
[94] II, 287.
[95] Ebd.
[96] II, 290.

daß dieser Satz gesagt werden kann. In allen Dichtungen Büchners wird denn auch der Schmerz immer wieder auf Christus bezogen. Von neuem erweist es sich, daß Gott für Büchner etwas anderes ist als das — positive oder negative — Ergebnis unseres Denkens oder Fühlens.

Zum Gott Spinozas findet man durch die Glückseligkeit, die im Anschauen des Unveränderlichen liegt[97]; das Leiden ist aber damit aus dem Blickfeld gerückt. Wäre hingegen das Nichts der Gott, dann könnte nicht eingesehen werden, wie Vernichtung etwas Schmerzliches bedeuten soll; als schmerzlich gilt ja in diesem Fall, daß überhaupt etwas ist und daß, wie Danton sagt (61), etwas nicht zu nichts werden kann. Abstrakt betrachtet, könnten Büchners Sterbeworte auch in dieser Weise verstanden werden. Im Schmerz darüber, daß überhaupt etwas ist und nicht vielmehr nichts, kann einer die Vernichtung preisen und sagen: Durch den Schmerz gehen wir zum Nichts ein. Diese Möglichkeit war Büchner sehr wohl bekannt. Das geht nicht nur aus den Briefen hervor, die vom Zustand tiefer Schwermut berichten, sondern auch aus mancher Äußerung seiner dichterischen Gestalten. Was nun aber einer solchen Auslegung der Sterbeworte widerspricht, ist die Tatsache, daß Büchner der Schwermut nicht verfiel, daß er dem Leben gegenüber nicht in einer verneinenden Einstellung blieb, daß er sich verlobte, daß er, unermüdlich tätig, sich dem Forschen und Dichten hingab, daß ihm an einer Änderung der politischen und sozialen Lage der Menschen gelegen war. Gegen die erwähnte abstrakte Interpretation spricht auch die Art, wie Büchner in der Erzählung »Lenz« vom Atheismus und vom Nichts redet[98], desgleichen der Umstand, daß er nicht das Schicksal Lenzens hatte. Aus alledem wird klar, wo für Büchner die wesentlichen Fragen liegen. Das Gespräch darüber, ob Gott sei oder nicht sei, wer er allenfalls sei und in welchem Bezug der Mensch zu ihm stehen könne, handelt von Dingen, die über sein Leben entschieden haben.

In diesem Zusammenhang muß wiederum an Büchners Pascallektüre erinnert werden. »Dantons Tod« nimmt sich aus wie eine Illustration zu Pascals Wort: »La connaissance de Dieu sans celle de sa misère fait l'orgueil. La connaissance de sa misère sans celle de Dieu fait le désespoir.«[99] Dem ersten Satz entspricht Paynes »Schafft das Unvollkommne weg, dann allein könnt ihr Gott demonstriren.« Das Wissen von Gott,

---

[97] II, 268 f.

[98] Vgl. S. 130 f., 149 f. und 174 f.

[99] Br. 527: »Das Wissen von Gott ohne Kenntnis unseres Elends bringt den Hochmut hervor. Die Kenntnis unseres Elends ohne Wissen von Gott führt in die Verzweiflung.«

welches die Leidensseite des Daseins außer Betracht läßt, bezieht sich auf den Gott der Philosophen; daß damit in den Augen Büchners eine Überheblichkeit verbunden ist, zeigt sich an seiner Bemerkung, für Spinoza sei der demonstrierende Verstand alles und sei allem gewachsen.[100] Dem zweiten Satz des Pascalzitats entspricht Paynes »Warum leide ich? Das ist der Fels des Atheismus.« Es ist das Thema, das Büchner immer wieder zur Sprache bringt: mit der Verzweiflung im Sinne Pascals haben es Danton, Lenz und Leonce zu tun. Pascal fügt noch einen dritten Satz bei, der in Büchners Drama nicht gesagt wird: »La connaissance de Jésus-Christ fait le milieu, parce que nous y trouvons et Dieu et notre misère.«[101] Eine andere Stelle führt dies weiter aus. Es heißt hier von der christlichen Religion: »Elle enseigne donc ensemble aux hommes ces deux vérités: et qu'il y a un Dieu, dont les hommes sont capables, et qu'il y a une corruption dans la nature, qui les en rend indignes. Il importe également aux hommes de connaître l'un et l'autre de ces points; et il est également dangereux à l'homme de connaître Dieu sans connaître sa misère, et de connaître sa misère sans connaître le Rédempteur qui l'en peut guérir. Une seule de ces connaissances fait, ou la superbe des philosophes, qui ont connu Dieu et non leur misère, ou le désespoir des athées, qui connaissent leur misère sans Rédempteur.«[102] Wenn in Büchners Drama die Struktur der Entgegensetzungen mit der Pascalschen Denkform übereinstimmt und demzufolge den Leser veranlaßt, im Durchgang durch die Gegensätze auf ein anderes hinzudenken, dann wird der Gedanke zu dem geleitet, was Pascal an den eben zitierten Stellen ausspricht. Das führt den Leser nicht in den Glauben, aber er wird vor die Bedingung der Möglichkeit des Glaubens gebracht, und nur sofern er in dieser Stellung ist, bekommt der Atheismus der dichterischen Figuren für ihn einen Sinn.

Die Thematik, die Büchner zu Beginn des dritten Aktes in der Szene mit Payne entwickelt, wird im folgenden Aufzug erneut aufgegriffen

---

[100] II, 269.

[101] Br. 527: »Jesus Christus zu kennen ist die Mitte, denn hier finden wir Gott und unser Elend vereint.«

[102] Br. 556: »Sie lehrt also die Menschen diese doppelte Wahrheit: daß ein Gott ist, für den der Mensch das Gefäß zu sein vermag, und daß der Mensch in seinem Wesen verunstaltet ist, weshalb er ein unwürdiges Gefäß darstellt. Dieses wie jenes zu wissen ist dem Menschen gleichermaßen notwendig, denn es ist für ihn ebenso gefährlich, wenn er um Gott weiß, ohne sein eigenes Elend zu kennen, wie wenn er sein Elend kennt, ohne vom Erlöser zu wissen, der ihn daraus befreien kann. Kennt man nur eine der beiden Seiten, so führt das entweder zum Hochmut der Philosophen, die Gott, aber nicht ihr Elend gekannt haben, oder zur Verzweiflung der Atheisten, die ihr Elend, nicht aber den Erlöser kennen.«

und variiert. Der Gott, von dem Philippeau im Gespräch mit seinen Mitgefangenen redet, ist im Pascalschen Sinne der Gott der Philosophen, der mit dem Elend dieser Welt nichts zu schaffen hat: »Meine Freunde man braucht gerade nicht hoch über der Erde zu stehen um von all dem wirren Schwanken und Flimmern nichts mehr zu sehen und die Augen von einigen großen, göttlichen Linien erfüllt zu haben. Es giebt ein Ohr für welches das Ineinanderschreien und der Zeter, die uns betäuben, ein Strom von Harmonien sind.« (71) Es tut nichts zur Sache, ob man bei diesen Sätzen an Spinoza oder an Leibniz[103] oder auch an Fichte[104] denke: von den Leiden der Menschheit her gesehen, rücken ihre Gottesvorstellungen, so sehr sie sich in mancherlei Betracht unterscheiden, eng zusammen. Jedenfalls setzt Büchner auch hier, analog zu Paynes Äußerungen, der Auffassung von harmonischer Vollkommenheit den Schmerz entgegen, und zwar tut er es mit aller Ausdruckskraft, indem er das Thema gleichsam einem ganzen Chor überträgt: »Danton: Aber wir sind die armen Musicanten und unsere Körper die Instrumente. Sind die häßlichen Töne, welche auf ihnen herausgepfuscht werden nur da um höher und höher dringend und endlich leise verhallend wie ein wollüstiger Hauch in himmlischen Ohren zu sterben? Hérault: Sind wir wie Ferkel, die man für fürstliche Tafeln mit Ruthen todtpeitscht, damit ihr Fleisch schmackhafter werde? Danton: Sind wir Kinder, die in den glühenden Molochsarmen dießer Welt gebraten und mit Lichtstrahlen gekitzelt werden, damit die Götter sich über ihr Lachen freuen? Camille: Ist denn der Äther mit

---

[103] Vgl. das Zitat auf S. 105.
[104] Philippeau (vgl. 60 f.) ist einem transzendentalen Idealisten zu vergleichen, der, wie Fichte sagt, dieses Leben für eine Prüfungs- und Bildungsanstalt, für eine Schule zur Ewigkeit anerkennt: »Diejenigen, die da sagen durften: Unser Bürgerrecht ist im Himmel, wir haben hier keine bleibende Stätte, sondern die zukünftige suchen wir; diejenigen, deren Hauptgrundsatz es war, der Welt abzusterben, von neuem geboren zu werden, und schon hier in ein anderes Leben einzugehen — setzen ohne Zweifel in alles Sinnliche nicht den mindesten Werth, und waren, um des Ausdruckes der Schule mich zu bedienen, praktisch transcendentale Idealisten.« (Die Bestimmung des Menschen, Fichtes Werke hg. von Immanuel Hermann Fichte, Bd. II, Berlin 1971, S. 307 und 308.) Von Philippeau gilt, daß er »über sich selbst schwebt, und noch einen Blick auf die verlassene Hülle wirft, um sodann in höheren Sphären zu leben und zu walten.« (Ebd. S. 309.) Wie Fichte könnte er sagen: »Nicht mehr durch das Herz, nur durch das Auge ergreife ich die Gegenstände, und hänge zusammen mit ihnen, und dieses Auge selbst verklärt sich in der Freiheit, und blickt hindurch durch den Irrthum und die Misgestalt bis zum Wahren und Schönen, so wie auf der unbewegten Wasserfläche die Formen rein und in einem milderen Lichte sich abspiegeln. — Mein Geist ist auf ewig verschlossen für die Verlegenheit und Verwirrung, für die Ungewißheit, den Zweifel und die Ängstlichkeit; mein Herz für die Trauer, für die Reue, für die Begier. [...] Kein Ereigniß in der Welt kann durch Freude, keins durch Betrübnisse mich in Bewegung setzen; kalt und ungerührt sehe ich auf alle herab.« (Ebd., S. 311 f.)

seinen Goldaugen eine Schüssel mit Goldkarpfen, die am Tisch der seeligen Götter steht und die seeligen Götter lachen ewig und die Fische
sterben ewig und die Götter erfreuen sich ewig am Farbenspiel des Todeskampfes?« (71 f.)

Daß durch das Gewicht dieser Fragen Philippeaus Ansicht als zu leicht
befunden wird, scheint wiederum als Beleg für Büchners Atheismus zu
gelten. Man übersieht dabei, daß das Nein, welches diese rhetorischen
Fragen in sich schließen, von verschiedener Art sein kann. Es kann die
Bedeutung haben, die Danton ihm gibt. Sein nihilistisches Nein will das
Nichts zum Weltgott erheben, genauer: es will diesen Gott hervorbringen. Es leugnet damit nicht nur den Gott der Bibel, sondern verneint
zugleich den Menschen und alles Seiende. Mit schopenhauerischem Pessimismus wird hier alles und jedes, das Seiende und das Sein, verworfen.
Leben ist nichts als ein Irrtum, ein Fehltritt, etwas, das besser nicht wäre
und wovon uns zurückzubringen der eigentliche Zweck des Lebens ist.[105]
Mit Dantons Worten gesagt: »Die Schöpfung hat sich so breit gemacht,
da ist nichts leer, Alles voll Gewimmels. Das Nichts hat sich ermordet,
die Schöpfung ist seine Wunde, wir sind seine Blutstropfen, die Welt ist
das Grab worin es fault.« (61) Danton gibt hier eine Antwort auf die
Frage: Warum ist überhaupt etwas, warum ist nicht nichts?[106] Er führt
die Schöpfung auf eine Untat, auf einen Sündenfall zurück, sie ist ein
verwesender Leichnam, der zum Nichts auferstehen soll, damit der Sündenfall rückgängig gemacht wäre. Danton versteht sein Postulat, das
Nichts solle der zu gebärende Gott sein, offensichtlich als Konkurrenz-
unternehmen zur Schöpfungsgeschichte, zur Geburt Christi, zur Wieder-
bringung aller Dinge am Jüngsten Tag. In seinem Willen zum Nichts
äußert sich der Wille zur Macht. Danton will, wie eh und je, der Über-
legene sein, die Situation meistern, auch noch im Tod obenauf bleiben. Es
geht ihm, indem er das Nichts will, um das Herr-Sein. Er setzt also dem
Überlegenheitsgebaren Philippeaus einfach eine andere Art der Überlegenheit entgegen. Darin verrät sich eine tiefe Übereinstimmung zwischen den beiden. Danton wie Philippeau überheben sich des Lebens, indem sie es verachten, es als Wirrnis und Chaos abtun, um sich so von

---

[105] Arthur Schopenhauer, Die Welt als Wille und Vorstellung (1818), Bd. II, 4. Buch,
Kap. 41, Über den Tod, Ausgabe der Wissenschaftlichen Buchgesellschaft, Darmstadt 1961, S. 628.

[106] Der Unterschied zu Büchner ist an dieser Stelle besonders deutlich zu fassen. In
Dantons Antwort behauptet das Denken den Vorrang; von der allem Denken
vorangehenden Notwendigkeit des Seins ist darin nichts zu spüren, nichts davon,
daß sich das Denken übertroffen sehen könnte durch das Hinnehmen und Anerkennen, das für Büchner wesentlich ist. (Vgl. S. 119.)

allem Quälenden zu distanzieren. Sie glauben einen Standort außerhalb des Lebens einnehmen zu können, dieser im Übersinnlichen, jener im Nichts. Nicht einmal dem Tod gedenken sie sich zu unterwerfen, vielmehr soll er ihnen dazu dienlich sein, das leidvolle Chaotische endgültig zu überwinden, sei es daß er den Übergang aus dieser bloß halb seienden Welt zu dem als Seiendstes verstandenen Gott garantiere, sei es daß er den Übergang aus dieser bloß halb nichtigen Welt zu dem als Nichts postulierten Gott gewährleiste. Dantons atheistisches und nihilistisches Nein ist die genaue Umkehrung von Philippeaus Ja. Daß die Dinge auf solche Weise einfach umgedreht werden können, ist das Anzeichen dafür, daß das, wogegen sich Danton hier mit seinem Nein wendet, nicht Wahrheit ist, daß er mit seinem Nein aber auch nicht in die Wahrheit hineinkommt. Er gerät nur von einer Verkehrung in die andere, die deren Gegenstück ist.[107] Der Nihilismus ist im Grunde schon in der deistischen Gottesvorstellung angelegt.

Nun aber braucht ja das Nein, das durch die Fragen Dantons und seiner Gefährten suggeriert wird, kein atheistisches und nihilistisches Nein zu sein. Nicht gegen Gott ist es dann gerichtet, sondern gegen eine bestimmte Vorstellung von ihm: gegen die in Unbewegtheit und Ungerührtheit jenseits aller Nöte thronende Gottheit, die gleichsam den Fluchtpunkt der perspektivisch gesehenen Welt darstellt, gegen den Gott, der in Analogie zum Seienden als Seiendster aufgefaßt wird, der den Bereich der Ideen und Ideale repräsentiert. Dieses Nein ist gleicherweise gegen Danton wie gegen Philippeau gesprochen, die beide nicht zu unterscheiden wissen zwischen Gott und dem Bild, das man sich von ihm gemacht hat; es stellt sich gegen den, der nichts sieht als Elend und darum Gott leugnet, wie gegen den, der das Elend für nichts ansieht und deshalb Gott bejaht. Hier wie überall in Büchners Figurenkonstellationen wird ein Prinzip doppelter Kritik wirksam: in der Gegenüberstellung der beiden Sätze »Es ist elend, sterben zu müssen« und »Es ist elend, nicht sterben zu können« enthüllt sich dieser durch jenen und jener durch diesen als fragwürdig, und so wird nicht nur Philippeau von Danton, sondern auch Danton von Philippeau in Frage gestellt, und es besagt dabei nichts, welcher von beiden auf diesem Feld der Diskussion das letzte Wort hat. Dantons »Das Nichts ist der zu gebärende Weltgott« ist denn auch gar

---

[107] Auch Helmut Krapp faßt den Nihilismus als Gegenschlag gegen den Idealismus auf und betont, daß Büchner weder die eine noch die andere Position vertrete. (Der Dialog bei Georg Büchner, Darmstadt 1958, S. 24 f.) Wenn aber Krapp erklärt, Büchner stelle dem Nihilismus den einsam sich behauptenden Menschen entgegen S. 101), so kann ich nicht zustimmen. Büchner zeigt ja gerade, daß es mit der Selbstbehauptung nichts ist.

nicht das letzte Wort; es wird sogleich ironisiert durch die Ankündigung, alles sei zur Hinrichtung bereit, man könne abfahren: das letzte Wort hat der Tod, vor dem Dantons Wille zum Nichts so nichtig ist wie Philippeaus Wille zum Seienden. Vom Tod aber wird gesagt, er habe »Gewalt vom höchsten Gott«. (75)

Wollte man nun immer noch daran festhalten, Danton sei Büchners Sprachrohr, der Satz vom Nichts als dem zu gebärenden Weltgott spiegle Büchners eigenste Gedanken, so müßte schließlich darauf hingewiesen werden, daß Danton selbst an seinem Nihilismus irre wird: er, der im Nichts die Ruhe sucht, der die Hoffnung ausspricht, daß der Tod »einem *Alles* verlieren mache« (39), fühlt sich an anderer Stelle zu sagen genötigt: »Da ist keine Hoffnung im Tod«. (61) Noch mehr: Danton spürt — und in gewissen Momenten weiß er es auch —, daß etwas in ihm sich auch dann gegen den Tod sträuben würde, wenn er ihm die Gewißheit völliger Vernichtung zu geben vermöchte. Wie er sich einzureden versucht, es sei besser, die Flucht aufzugeben und sich hinrichten zu lassen, muß er sich alsbald eingestehen, daß er mit dem Tod nur kokettiere, und wenn er dann doch zurückkehrt, so deshalb, weil er nicht an seine Verurteilung glaubt. Er bezeichnet das Leben als »eine verwickeltere, organisirtere Fäulniß«, aber — so muß er im gleichen Augenblick zugeben — »ich bin gerad' einmal an dieße Art des Faulens gewöhnt, der Teufel weiß wie ich mit einer andern zu Recht komme.« (61) Er hofft im Nichts zu verschwinden, und doch wünscht er sich, daß Julie ihm in den Tod folge: wozu aber sollte ihm daran gelegen sein, wenn er nicht irgendwie an einem Fortleben festhielte? Wie Robespierre müßte er sagen: »Ich weiß nicht, was in mir das Andere belügt.« (28) Wenn Danton daher erklärt: »Der verfluchte Satz: etwas kann nicht zu nichts werden! und ich bin etwas, das ist der Jammer!« (61), so drückt sich darin nicht allein die Erkenntnis aus, Vernichtung sei unmöglich. In diesem »Ich bin etwas« ist auch von dem die Rede, was der Vernichtung widerstehen will. Es zeigt den Menschen ausgespannt zwischen den beiden Bereichen des Alles und des Nichts wie Pascals »Nous sommes quelque chose, [...] un milieu entre rien et tout«.[108] Während sich Philippeau, indem er sich über das Etwas hinwegsetzen und im All aufgehen zu können meint, mit Scheinruhe betrügt, sieht sich Danton, indem ihm das Etwas in den Weg tritt, um die Ruhe betrogen. Statt im Nichts zu verschwinden und dergestalt in die Ruhe einzugehen, nähert er sich bloß dem Zustand des Nicht-Lebens, den Büchner an Lenz so beschreibt: »Er hatte keinen Haß, keine

[108] Br. 72: »Wir sind etwas, [...] ein Mittelding zwischen nichts und alles.«

130

Liebe, keine Hoffnung, eine schreckliche Leere und doch eine folternde Unruhe, sie auszufüllen. Er hatte *Nichts*.« (98) Solche ahasverische Unruhe des im Nichts umgetriebenen Etwas, das nicht leben und nicht sterben kann, ist das Wesen des Nihilismus, wie Büchner es sieht, indem er es als Gegenstück zu dem im Seiendsten verankerten Etwas begreift, zu jener andern Art des Nicht-Lebens, dem das Sterben nur deshalb leicht wird, weil ihm in seiner Impassibilität das Lebendigsein nichts bedeutet. Diese Konfiguration läßt erkennen, daß dem Etwas, das der Mensch ist, soll es wahrhaft lebendig sein, ein anderer Bezug als der zum Nichts oder zum Seiendsten gegeben sein müßte.

Versteht man die Entgegensetzungen in Büchners Drama als Hindeutungen dieser Art, so schließt sich auf, was sonst befremdlich abweisend bleiben muß. Zwei Beispiele mögen dies nochmals erläutern. Robespierre beruft sich auf die Autorität des Gewissens, worauf ihm Danton entgegnet: »Das Gewissen ist ein Spiegel vor dem ein Affe sich quält.« (27) Robespierre sieht im Gewissen den zuverlässigen Führer, der weiß, worin die Pflicht besteht; Danton hat zum Gewissen kein Vertrauen, denn es läßt uns glauben, daß wir die Pflicht vor uns haben, wo wir doch nur unser eigenes Konterfei, bloß unsere Vorstellungen von der Pflicht erblicken. Wie das Gewissen für den einen nicht trügen kann[109], so ist es für den andern trügerisch; diesem bedeutet es nichts, jenem alles. Büchner erschüttert durch den Mund Dantons die Autorität des Gewissens. Heißt dies, daß es mit dem Gewissen nichts sei, daß Büchner also der Gewissenlosigkeit das Wort redet? Das kann nicht sein, denn er zeigt ja, wie Danton in der Nacht vom Ruf »September« aufgeschreckt, vom Gewissen zu sich selbst gerufen wird (40). Und so wie es hier Danton widerfährt, daß das Gewissen nicht nichts ist, wird Robespierre inne, daß das Gewissen nicht alles ist, daß es nicht den unbestechlichen Gerichtshof einer moralischen Weltordnung repräsentiert, sondern, korrupt wie der Mensch selbst, den Menschen belügt (28). Blickt man von diesen beiden Stellen her auf das Gespräch zwischen Danton und Robespierre, so erkennt man, daß nicht nur Robespierre durch Danton, sondern auch Danton durch

---

[109] Robespierres Auffassung läßt sich wiederum durch eine Stelle bei Fichte verdeutlichen. Der Verfasser der »Sittenlehre« stellt sich gegen »die nach den meisten Moralsystemen noch stattfindende Ausflucht *eines irrenden Gewissens*« und behauptet: »Das Gewissen irrt nie, und kann nicht irren.« (Fichtes Werke, hg. v. I. H. Fichte, Bd. IV, Berlin 1971, S. 173.) Gewissen ist dabei verstanden als *»das unmittelbare Bewußtseyn unserer bestimmten Pflicht«* (ebd. S. 173). Das Gewissen wird also der Erkenntnis der Pflicht zugeordnet und bekommt Kompaßfunktion für das Handeln. Wer die vorgeschriebene Richtung einhält, hat ein reines Gewissen.

Robespierre in Frage gestellt wird, daß das Gewissen weder alles noch nichts ist: will man es für ein Nichts nehmen, ist es plötzlich alles — das erfährt Danton —, will man es aber für soviel wie alles nehmen, ist es — so erfährt es Robespierre — unversehens ein Nichts. In dieser wechselweisen Bezogenheit wird das Etwas, das wir Gewissen nennen, zu seinem Wesen gebracht: das Gewissen ist dann die Stimme, die dem Menschen das Schuldigsein in Erinnerung ruft, damit er, wie es ihm gemäß ist, ein Schuldiger sein könne und nicht auf seine Unschuld poche oder seine Schuld abschiebe. Was Danton geschieht, indem er den Schrei »September« hört, spielt sich nicht auf jener Ebene ab, auf der zwischen Robespierre und Danton die Auseinandersetzung um das Gewissen geführt wird. Das zeigt sich schon daran, daß der Gewissensruf nicht aus dem Bewußtsein über ihn kommt. Offenbar ist das Gewissen etwas anderes als der Aufruf zur Pflicht. Der Ruf kündet von der Schuld, in die Danton geraten ist, und damit wird Danton zu fragen genötigt, wie es denn zugegangen sei, daß er habe schuldig werden können. Mit dieser Frage beschäftigt er sich im Gespräch mit Julie; der Gedanke an die Pflicht dient ihm dabei zur Besänftigung des Gewissens. Der Ruf wird zum Schweigen gebracht, indem das Schuldiggewordensein in die Erörterung der Pflicht manövriert wird. Schenkte man ihm Gehör, würde er darauf aufmerksam machen, daß dem faktischen Verschulden das Schuldigsein vorausgeht, welches nicht auf ein Abweichen von der Pflicht oder auf eine Täuschung darüber, was Pflicht sei, zurückgeführt werden kann.

Das andere Beispiel gibt sich nicht gleich dem ersten Blick zu erkennen; gerade deswegen sei es angeführt. Es soll zu bedenken geben, daß bei Büchner die Konfigurationen auch versteckt angelegt sein könnten und wir im Umgang mit seinem dichterischen Wort vielleicht noch nicht hellhörig genug sind. Philippeau sagt, indem er aufs Schafott steigt: »Ich vergebe euch, ich wünsche eure Todesstunde sey nicht bittrer als die meinige.« (74) Der Kommentar dazu, Hérault zugeteilt, klingt wie ein Echo auf die Kontroverse über das Gewissen: »Dacht' ich's doch, er muß sich noch einmal in den Busen greifen und den Leuten da unten zeigen, daß er reine Wäsche hat.« Diese Glosse ironisiert Philippeaus Überzeugung, er sterbe mit reinem Gewissen, als ein Unschuldiger, und darum falle ihm das Sterben leicht. Seine Haltung erscheint nun als Gehabe, wobei auch das »Ich vergebe euch« mitbetroffen wird. Dies mag den Leser zunächst irritieren. Ist es denn nicht gut, wahr und schön, den andern zu vergeben und ihnen einen leichten Tod zu wünschen? Büchner scheint dafür nicht eben viel übrig zu haben. Um das zu verstehen, suchen wir, von bisherigen Erfahrungen geleitet, nach Entsprechungen. Ein leichtes Sterben ist auch in der unmittelbar vorangehenden Szene dargestellt: Julie scheidet aus dem Leben, indem sie Gift nimmt.[110] Es ist auffallend, daß sie die Giftphiole mit »liebster Priester« (72) anredet. Dieser Priester also wird gerufen, das Viatikum zu bringen; der Gedanke an die Absolution knüpft sich an. Dürften Julie und Philippeau in solcher Weise zusammengesehen werden, dann wären die beiden Szenen pervertierende Abwandlungen des Themas Vergebung und gutes Sterben. Aber liest man so nicht etwas aus dem Text heraus, was Büchner ferne lag? Hier mag nun wieder eine »Quelle« mithelfen, die Dinge klarer zu sehen. 1834 erschien Heines Schrift »Zur Geschichte der Religion und Philosophie in Deutschland«, und Büchner könnte diese Ergänzung zur »Romantischen Schule« sehr wohl gekannt haben.[111] Dort findet sich die Stelle: »Ich kenne, mein Herr, diese deutsche Ruhe, sagte jüngst eine Dame, indem sie mich mit großgeöffneten Augen ungläubig und beängstigt ansah; ich weiß, Ihr Deutschen gebraucht dasselbe Wort für Verzeihen und Vergiften. Und in der Tat sie hat Recht, das Wort *Vergeben* bedeutet beides.«[112] Geht es Büchner an den beiden Stellen darum, dem Wort »vergeben« analog zu diesem Zitat die schlimme Bedeutung abzugewinnen? Dann wäre die eine Szene das Spiegelbild der andern. Philippeaus »Ich

---

[110] Die letzte Szene bildet dazu einen Gegensatz. Wenn Lucile auf den Werdaruf mit der Parole »Es lebe der König!« antwortet, so ist das nicht als eine Art von Selbstmord zu verstehen. Die Regieanmerkung, die Bergemann druckt: »sinnend und wie einen Entschluß fassend, plötzlich« (B 82), läßt an ein eigenmächtiges Sterbenwollen denken, aber sie ist in die Ausgabe Lehmanns nicht aufgenommen. Lucile hat sich auf die Stufen der Guillotine gesetzt — »Ich setze mich auf deinen Schooß, du stiller Todesengel« — und sagt das Wort »Es lebe der König!« aus einer Versunkenheit heraus, als sei es ihr vom Todesengel eingegeben. Dieses Wort ist weder das Bekenntnis einer Monarchistin noch das bloße Mittel zum Zweck; Erinnerungen aus Luciles Kindheit mögen daran einen Anteil haben, aber damit ist es nicht ausgedeutet, weil hier ja gleichsam der Todesengel spricht. — Walter Höllerer parallelisiert Lucile und Julie; er ist der Auffassung, das Wort »Es lebe der König!« besage das gleiche wie: »Keinen Augenblick möchte ich ihn warten lassen.« (72) (Büchner — Dantons Tod, in: Das deutsche Drama vom Barock bis zur Gegenwart, hg. v. Benno von Wiese, 2. A., Düsseldorf 1960, S. 88.) Aber wird bei Büchner nicht gerade mit Hilfe von Ähnlichkeiten das Unterschiedene hervorgehoben?

[111] Ein Indiz dafür scheint der Name der Londoner Irrenanstalt Bedlam zu sein: Heine berichtet von seinem Besuch in Bedlam, und Büchner braucht dieses Wort in einem Brief an Minna (Nr. 20, II, 427). Aber das Indiz hält einer genaueren Überprüfung nicht stand. Heine gibt schon 1830, im IV. Teil der »Reisebilder«, eine Schilderung von Bedlam, und lange vor ihm erwähnt Jean Paul die damals bekannteste Irrenanstalt, so im »Siebenkäs« (1. Bd., 4. Kap.) und in der »Vorschule der Aesthetik«. (Jean Paul, Sämtliche Werke, Erste Abteilung, Bd. 11, Vorschule der Aesthetik, hg. v. E. Berend, Weimar 1935, § 35, Abs. 5, S. 127.)

[112] Heinrich Heines Sämtliche Werke, hg. von Oskar Walzel, 7. Bd., Leipzig 1910, S. 275.

vergebe euch« erschiene vor dem Hintergrund des Vorangegangenen als eine zweifelhafte Gabe, er selbst gleichsam als sein eigener liebster Priester, der der Seele Ruhe zu geben weiß, und die beruhigende Vorstellung von seiner Unschuld als ein Schlafmittel, demjenigen zu vergleichen, bei dem Julie ihre Zuflucht nimmt. Und in Julies Abschiedsworten träte, da von Philippeaus Vergebungswort ein Widerschein hinübergeworfen würde, die gefühlig getönte Weltversöhnungsstimmung deutlicher ins Licht. Julie und Philippeau sind aber vor allem deswegen zu einer Konfiguration zusammenzuhalten, weil für beide Gott als Versöhner eine leere Stelle ist. Philippeau vergibt in eigener Vollmacht, daher das Eitle seiner Geste, und Julies liebster Priester bringt ihr den Heiland in Gestalt einer vergifteten Hostie.[113] Daß es sich hier um Pervertierungen dessen handelt, was wirkliche Vergebung sein könnte, wird durch zahlreiche Beziehungslinien bestätigt. Man denke an die Blasphemien über Christi Kreuzestod einerseits, anderseits an Camilles Bitte »Erbarmen«, die ans Miserere gemahnt, und an jenes Wort Dantons, das im Unterschied zu seinen atheistischen Äußerungen so ganz und gar nicht deklamatorisch tönt und wohl auch nicht als Floskel aufgefaßt werden darf: »Ich bitte Gott und Menschen dafür um Verzeihung.« (52)

Das Reden in Büchners Drama muß andauernd auf seine Wahrhaftigkeit und auf seine Wahrheit hin überprüft werden. Was einer sagt, kann aufrichtig gemeint und dennoch ein Selbstbetrug sein; und wenn einer noch so sehr damit beschäftigt ist, sich und andern etwas vorzumachen, kann er doch mitunter Wahres reden. Es kann die Vernunft sprechen, und man vernimmt lauter Närrisches. Es kann aber auch aus dem Mund des Wahnsinnigen das Wort der Wahrheit kommen. Die Figuren bedienen

---

[113] Es sei hier angemerkt, daß Heine es in den beiden erwähnten Büchern liebt, das Bild von der vergifteten Hostie zu gebrauchen. Über Schelling ist in der »Romantischen Schule« zu lesen: »Andächtig kniet diese Jugend nieder vor dem Manne, den sie für den Hohepriester der Wahrheit hält, und arglos empfängt sie aus seinen Händen die vergiftete Hostie.« (A. a. O., S. 98.) Und in der andern Schrift sagt Heine, auf den Abbé Félicité Robert de Lamennais anspielend: »Sie lesen Messe in der Sprache des Jakobinismus, und wie sie einst dem Cäsar das Gift beigebracht, versteckt in der Hostie, so suchen sie jetzt dem Volke ihre Hostien beizubringen, indem sie solche in revolutionärem Gifte verstecken.« (A. a. O., S. 262.) Es sind dies Musterbeispiele für den depravierenden Gebrauch religiösen Sprachgutes, ist es doch Heine — im Gegensatz zu Büchner — nicht darum zu tun, Pervertierungen des christlichen Glaubens darzustellen, denn: »Die Menschheit ist aller Hostien überdrüssig, und lechzt nach nahrhafterer Speise, nach echtem Brot und schönem Fleisch.« (Ebd., S. 263) Wie Büchner sich in diesen Dingen zu Heine stellt, kann man einem Brief an die Eltern entnehmen, in dem er erklärt, er teile keineswegs Heines Meinung über das Christentum. (Nr. 51, 1. Januar 1836; II, 451 f.)

sich der Sprache wie einer Maske[114]: sie geben sich einen Anschein, hinter dem sie sich verbergen, sie verschweigen sich im Reden. Doch geschieht es auch, daß sie die Masken ablegen, dann mag es einem plötzlich bewußt werden, daß das Wort nicht Maske zu sein braucht. Macht man sich das Maskenwesen dieser Sprache nicht klar, so wird man von den Reden genarrt. Man hört sie dann in der Art, wie man die Rede klassischer Dramen zu vernehmen gewohnt ist: man verläßt sich auf die Aussage, die Gültiges vermittelt, sei es im Sinne einer allgemeinen Wahrheit, sei es im subjektiven Sinn, d. h. ausschließlich auf die Person bezogen, deren Wesensart dargestellt werden soll. Bei Büchner aber ist kein solcher Verlaß. Seine Figuren decken sich nicht mit dem, was sie sagen. Sie sind mehr als ihr Wort, und so ist auch Danton mehr als der Atheist, der zu sein er erklärt.[115] Darum wird man, wenn sich schon die dichterischen Figuren nicht auf ihre Aussagen einschränken lassen, erst recht nicht den Dichter selbst auf einen reduzierten Danton reduzieren wollen.

Die Figuren sind auf Widersprüchlichkeit hin angelegt. Sie widerrufen frühere Behauptungen, verleugnen sich selbst, ohne es zu merken, stellen sich in ihrer Inkonsequenz bloß. In diesem inneren Widerstreit zerbrechen die Aussagen. Was ausgemacht schien, erweist sich als ungewiß, was einer feststellen zu können meinte, wird umgeworfen. Und doch wollen Büchners Figuren ja gerade die Sprache als ein der Feststellung dienliches Werkzeug handhaben, um sich selbst zu bestätigen, zu sichern, zu behaupten. Indem sie aber fest-stellen, machen sie alles, womit sie zu tun haben, zu Gegenständen. Sie vergegenständlichen auch das, was seinem Wesen nach nicht Gegenstand sein kann. So wird der Mensch zum Gegenstand der Berechnung und Planung oder des Genusses gemacht, Gott zum Gegenstand einer Beweisführung, mit der man über sein Vorhandensein befindet. Das Leben wird, wie für den Maler David (37), ein Beobachtungsobjekt, der Tod, wie für Danton, etwas, was aus der Ferne durchs Lorgnon betrachtet werden kann (39). In seiner Geschwätzigkeit und Phrasenhaftigkeit müßte dieses Drama unerträglich sein, würde nicht auf Schritt und Tritt deutlich, wie brüchig die fortlaufend aufgestellten Behauptungen sind. Durch solches Zerbrechen der Aussage, das den Menschen aus allen Vergegenständlichungen zurückholt, ereignet sich Wahrheit. In ihrem Dienst steht auch der Tod.

---

[114] Das ist wohl mit der Grund dafür, daß Büchner den Reden seiner Personen wörtliche Passagen aus einer Vorlage einfügen kann.

[115] Auch Anneliese Bach führt aus, daß Büchner nicht den Atheismus vertrete, sondern Menschen darstelle, die Atheisten sein möchten (a. a. O., S. 229); freilich sieht sie Christliches auch an Stellen, wo dies nicht angeht.

LENZ

Der leidende Mensch

Büchners »Lenz« ist, verglichen mit seinen andern Werken, von den Interpreten vernachlässigt worden. Vielleicht hängt dies damit zusammen, daß man dieser Erzählung, die auf weite Strecken dem Bericht Oberlins folgt, wenig dichterische Eigenständigkeit beimaß[1]; vielleicht auch sah man darin vor allem die pathologische Studie, die das Absonderliche beschreibt und sich damit abseits des allgemein Menschlichen begibt. Aber das Pathologische liegt nicht außerhalb, sondern innerhalb des Menschlichen. Im krankhaften Geschehen zeigt sich anderes als bloße Anomalie, die uns aus dem Bereich des Humanum abdrängt, und mehr als nur Fehlleistung, die uns um den Vollbesitz menschlichen Vermögens bringt. Das wird einem bei jeder Dichtung Büchners bewußt. In allen seinen Werken stellt er den leidenden Menschen und dessen Verhalten zum Leiden dar: der Mensch ist ihm dasjenige Wesen, dem das Leiden, da es sich verbindet mit dem Wissen um Schuld und Tod, in besonderer Art zugeteilt ist. Dem Menschen gehört das Leiden solchermaßen zu, daß er weder ihm auszuweichen noch es zu beseitigen vermag und auch dann, wenn er selbst nicht leidet, am Leiden teilhat, indem er in andern mitleidet. In keiner von Büchners Dichtungen aber ist das dargestellte Leiden so eng mit Persönlichem verknüpft wie im »Lenz«, jedenfalls ist diese Verknüpfung nirgends so deutlich faßbar. Wenn wir aus diesem Grunde Biographisches heranziehen, geht es indessen nicht darum, im Leben des Dichters nach dem Ursprung der Dichtung zu suchen oder Dichtung ins Lebensgeschichtliche zurückzuübersetzen. In der Biographie lassen sich jedoch Anhaltspunkte finden, die einer Interpretation der Dichtung förderlich sein könnten. Figuren und Dichter träten dann schärfer auseinander, und damit könnte man auch angeben, inwiefern sie zusammenhangen. So wäre es möglich, der Verwirrung zu entgehen, die von der Unklarheit über das Verhältnis von Dichter und Figur immer wieder angestiftet wird. Was

---

[1] Hofmannsthal allerdings dachte hierüber anders, sonst hätte er den »Lenz« nicht in seinen Band »Deutsche Erzähler« aufgenommen.

auf Danton und andere Gestalten Büchners zutrifft, gilt auch hier: Lenz mit seinem bis in die geistige Zerrüttung hineinführenden Leiden ist nicht Büchner, wohl aber eine Möglichkeit Büchners, und weil diese Figur auch die Möglichkeit eines jeden Menschen ist, kann sie uns in einem wesentlichen Sinne etwas angehen.

Der Punkt, an welchem sich Büchners Leben und seine Dichtung »Lenz« berühren, ist mit der folgenden Stelle gegeben: »Er faßte sich ein Herz, er konnte nicht mehr schweigen, er mußte davon sprechen. ›Beste Madame Oberlin, können Sie mir nicht sagen, was das Frauenzimmer macht, dessen Schicksal mir so centnerschwer auf dem Herzen liegt?‹« Es ist von Friederike Brion die Rede, der Sesenheimer Pfarrerstochter, die von Goethe geliebt und dann verlassen worden war und um die sich hernach Lenz bemüht hatte. Büchner sieht in seiner Liebe zur Straßburger Pfarrerstochter Minna Jaeglé eine gewisse Verwandtschaft mit Goethes und Lenzens Liebe zu Friederike. In einem Brief vom März 1834[2] deutet er diesen Bezug an, indem er zwei Strophen aus dem Gedicht »Die Liebe auf dem Lande« von Reinhold Lenz zitiert. Sie beginnen so:

> War nicht umsonst so still und schwach,
> Verlaß'ne Liebe trug sie nach.

und:

> Denn immer, immer, immer doch
> Schwebt ihr das Bild an Wänden noch
> Von einem Menschen, welcher kam
> Und ihr als Kind das Herze nahm.

Wie Friederike war Minna eine verlassene Liebende. Büchner mochte sich dabei mit Goethe vergleichen: der deutsche Student in Straßburg, der ein Mädchen liebgewinnt und dann miteins am Ende dieser Liebe steht. Nach zweijähriger Studienzeit hatte Büchner, wie die hessischen Landesgesetze es verlangten und wie es dem Willen des Vaters entsprach, Straßburg verlassen und heimkehren müssen. Der Abschied löste in ihm einen lange anhaltenden Zustand der Schwermut aus. »Seit ich über die Rheinbrücke ging«, schrieb er an Minna, »bin ich wie in mir vernichtet, ein einzelnes Gefühl taucht nicht in mir auf.«[3] Ihm widerfährt also weit Schlimmeres, als daß sein Gemüt bekümmert und betrübt wäre. Die Gefühle sind in

[2] Nr. 20; II, 428.
[3] Nr. 18; II, 426.

138

ihm erstorben. Der Übergang über den Fluß hat ihn gleichsam ins Toten-reich geführt. Sein Leben endet, kaum daß es begonnen hat. Den Früh-ling auf den Wangen, den Winter im Herzen, ist er jung schon alt. Das Künftige ist nicht mehr das Offene, alles ist vollzogen und abgeschlossen. »Das Gefühl des Gestorbenseins war immer über mir«, sagt er in einem andern Brief an Minna.[4] So ist auch seine Liebe in der Schwermut leben-dig begraben und hat nur eins, womit sie sich unablässig beschäftigt: die Schuld gegenüber der Liebenden. Er weiß, daß er Minna dem Gram über-antwortet hat[5], daß sie krank geworden ist.[6] Wie Friederike war Minna aber auch die von neuem Umworbene. In gewissem Sinne konnte sich Büchner als Lenz sehen, der sich der von Goethe Verlassenen nähert, um sie zu trösten. Er schickt ihr jene Verse, die als »Wiegengesang« Ruhe über ihr von Kummer verzehrtes Gemüt bringen sollen. Was Lenzens Gedicht, als es an Friederike gerichtet war, nicht vermocht, vermag es nun, da es Minna zugedacht wird. Indem Büchner ihr diese Verse zu-kommen läßt, vertauscht sich gewissermaßen die Autorschaft: sie werden zu Versen Goethes. Was Goethe nicht gegeben war — als Liebender zu-rückzukehren, wie es Friederike ersehnte —, Büchner war es vergönnt. Der Brief, von jenen Strophen begleitet, in denen es heißt: »Und wenn ein Schlaf sie übernahm, / Er immer, immer wieder kam«, kündigt ihr an, daß die Rückkehr kein bloßer Traum ist: die verschwiegene Liebe wird öffentliches Bekenntnis werden, vorerst sollen die Eltern von der Ver-lobung erfahren.

Die wunderliche Ineinanderspiegelung von Goethe und Lenz in Büch-ners Dasein hebt die Unterschiede hervor: daß Büchner anders als jener die Geliebte nicht endgültig verlassen hat und, anders als dieser, nicht abgewiesen, sondern geliebt wird — sie läßt zugleich erkennen, daß Büch-ners Liebe in der Mitte zwischen der Liebe Goethes und der Liebe Len-zens zu Friederike situiert werden muß. Es sollte möglich sein, die Figur Lenz in dieser Konstellation genauer zu erfassen, hat sie doch so ihren Ort und ihre Relationen. Lenz und Goethe sind, von Büchners Mittel-stellung her gesehen, Gegensätze. Das je entgegengesetzte Mißlingen des-sen, was Büchner gewährt ist, bildet in der Erzählung »Lenz« den Hin-tergrund. Indem wir Goethe als Kontrast zu Lenz hinzudenken — in der Erzählung, so wie sie nach der Vorlage von Oberlins Bericht angelegt ist, kann er nicht zu Wort kommen —, wird sich das Relief herausbilden, in

[4] Nr. 17; II, 424.
[5] Nr. 16; II, 424.
[6] Nr. 20; II, 427.

welchem Oberlins unglücklicher Gast sich dem Dichter dargestellt haben mag.

Daß man in der Tat bei Büchners Lenz die Gestalt Goethes mitzudenken hat, drängt sich besonders an der oben zitierten Stelle auf, da Lenz sagt, Friederikes Schicksal liege ihm »so centnerschwer auf dem Herzen«. Es ist nicht Anteilnahme allein, die hier redet; so drückt sich das Schuldbewußtsein aus. Das ist seltsam, denn wessen sollte sich Lenz anzuklagen haben? Viel eher wäre die bange Frage nach dem Befinden Friederikes aus Goethes Mund zu erwarten, war er es doch, der an ihr schuldig geworden und dies auch sehr wohl wußte. In »Dichtung und Wahrheit« hat Goethe von dieser seiner Schuld so gesprochen: »Eine solche jugendliche, aufs geratewohl gehegte Neigung ist der nächtlich geworfenen Bombe zu vergleichen, die in einer sanften glänzenden Linie aufsteigt, sich unter die Sterne mischt, ja einen Augenblick unter ihnen zu verweilen scheint, alsdann aber abwärts, zwar wieder dieselbe Bahn, nur umgekehrt, bezeichnet, und zuletzt da, wo sie ihren Lauf geendet, Verderben hinbringt.«[7] Was die jugendliche Leidenschaft angerichtet hat, kann man aus dem Brief vernehmen, den Goethe an Frau von Stein richtet, nachdem er, acht Jahre nach seinen Sesenheimer Erlebnissen, im September 1779 Friederike besucht hatte: »Die Zweite Tochter vom Hause hatte mich ehmals geliebt schöner als ichs verdiente, und mehr als andre an die ich viel Leidenschafft und Treue verwendet habe, ich mußte sie in einem Augenblick verlassen, wo es ihr fast das Leben kostete, sie ging leise drüber weg mir zu sagen was ihr von einer Kranckheit iener Zeit noch überbliebe.«[8] Da mag man sich fragen, ob Lenz in der Last, die ihm zentnerschwer auf die Seele drückt, nicht Goethes Schuld trägt. Sah sich Lenz, indem er sich Friederike näherte, vielleicht weniger als Nachfolger denn als Stellvertreter Goethes[9], als dessen anderes Ich, das zurückgekehrt war, um wieder gutzumachen? Jedenfalls scheint die Erklärung für sein Verhalten, die sich Goethe anläßlich seines Besuches in Sesenheim zurechtlegt, allzu einfach: »Der größte Teil der Unterhaltung war über Lenzen. Dieser hatte sich nach meiner Abreise im Hause introduziert, von mir was nur möglich war zu erfahren gesucht, bis sie endlich dadurch, daß er sich die größte Mühe gab meine Briefe zu sehen und zu erhaschen mißtrauisch geworden. Er hatte sich indessen nach seiner gewöhnlichen Weise verliebt in sie

---

[7] 11. Buch, Artemis-Ausgabe Bd. 10, S. 545.
[8] 24. September 1779, Artemis-Ausgabe Bd. 18, S. 444.
[9] Damit hängt es wohl auch zusammen, daß Lenz die Verbindung zwischen sich und Goethe als Ehe bezeichnete. (Dichtung und Wahrheit, 14. Buch, Artemis-Ausgabe Bd. 10, S. 657.)

gestellt, weil er glaubte, das sei der einzige Weg hinter die Geheimnisse der Mädchen zu kommen.«[10] Die Bemerkung, Lenz habe, indem er sich verliebt gestellt, nach seiner gewöhnlichen Weise gehandelt, rührt von den früheren Vorfällen her, über die Goethe in »Dichtung und Wahrheit« berichtet: »Der ältere Baron« — Lenz war als Begleiter livländischer Adliger nach Straßburg gekommen — »ging für einige Zeit ins Vaterland zurück, und hinterließ eine Geliebte an die er fest geknüpft war. Lenz, um den zweiten Bruder, der auch um dieses Frauenzimmer warb, und andere Liebhaber zurückzudrängen, und das kostbare Herz seinem abwesenden Freunde zu erhalten, beschloß nun selbst sich in die Schöne verliebt zu stellen, oder, wenn man will, zu verlieben.«[11] Goethe sieht das Gestellte und Gemimte dieser seltsamen Liebesbeziehung, über deren sämtliche »Kreuz- und Querbewegungen«[12] ihn Lenz unterrichtet hat, scheint sich aber nicht völlig bewußt gemacht zu haben, welche Rolle Lenz hier eigentlich spielt. Es muß sich um die Rolle des Doppelgängers handeln, anders könnte man ja nicht verstehen, daß er dem abwesenden Freund das Herz der Geliebten durch seine Verliebtheit erhalten zu können wähnt. Büchners Blick, an den Erzählungen E.T.A. Hoffmanns geschult, mag hier schärfer gesehen und das Doppelgängerhafte erkannt haben.

Von den zurückliegenden, aber keineswegs erledigten Sesenheimer Ereignissen herkommend, tritt Lenz in die Erzählung Büchners, bedrängt, verstört, voller Unruhe. Was sich früher mehrmals abgespielt, wird sich, zwanghaft und gesteigert, in dem Versuch wiederholen, gleich Christus ein totes Mädchen zu erwecken. Das Doppelgängertum ist damit ins Äußerste, nicht mehr zu Überbietende getrieben. Die schon lange gefährdete Identität der Person bricht nun vollends zusammen: »Dachte er an eine fremde Person, oder stellte er sie sich lebhaft vor, so war es ihm, als würde er sie selbst.« (98)

Die Frage nach der Identität — das Grundthema der Erzählung — wird auch in »Leonce und Lena« aufgenommen. König Peter, sich ängstigend, es könnte, wenn er redet, ein anderer sein, der spricht, sucht sich selbst, indem er sich vorsagt: »Ich bin ich.« (109) Umgekehrt ruft Leonce aus: »O wer einmal jemand Anders sein könnte!« (106) Aber auch er ist auf der Suche nach sich selbst. Für ihn hat der Satz »Ich bin ich« seinen Sinn verloren, die beiden darin vorkommenden Ich sind ihm zu bloßer

---

[10] Lenz, Artemis-Ausgabe, Bd. 12, S. 608 f.
[11] 14. Buch, Artemis-Ausgabe, Bd. 10, S. 656.
[12] Ebd., S. 657.

Gleichförmigkeit eingeebnet, und dementsprechend ist für ihn das Leben ein ödes Einerlei. Nur wenn aus dieser Nivelliertheit ein anderes Ich entstünde, wenn er ein anderer würde, könnte er zu sich selbst kommen. Die Identität der Person besagt ja, daß ich mit mir eins sein kann, indem ich mit mir als einem andern zusammen bin. Das Wort Leonces steht also nicht, wie man zunächst denken könnte, in ausschließendem Widerspruch zu dem König Peters; vielmehr weisen die beiden Sätze in ihrer Zusammengehörigkeit auf das wahre Wesen der Identität. Diese kann in zwiefacher Weise bedroht sein: dadurch daß sie in eine Einerleiheit aufgelöst wird und dadurch daß sie sich in ein Auseinander zerspaltet. Bei beiden Vorgängen wird die Selbigkeit betroffen, die Fähigkeit, mit mir derselbe zu sein.

Was Büchner in den Figuren König Peters und des Prinzen Leonce gesondert zur Sprache bringt, ist in Lenz zusammengenommen. Er möchte an die Stelle eines andern treten und damit ein anderer sein können; hierin gleicht er Leonce. Es geschieht aber auch, daß ihm ist, als sei er in der Tat ein anderer; darin ist er Leonces Vater ähnlich. Der Unterschied besteht darin, daß im Lustspiel der Identitätsverlust als drohende Möglichkeit sichtbar gemacht wird, die Erzählung hingegen seine Wirklichkeit darstellt. Während bei Leonce der Wunsch, sich aufgeben zu können, um ein anderer zu sein, eine Anwandlung ist, gibt sich Lenz ganz diesem Verlangen preis. Wenn er ein anderer sein möchte, so ist dies — wie bei Leonce — ein Anzeichen dafür, daß er darunter leidet, zu sein, wie er ist. Er möchte von diesem Leiden erlöst sein, genauer: er unternimmt es, sich von solchem Leiden dadurch zu erlösen, daß er die Stelle eines andern einzunehmen sucht. Er inszeniert die Selbsterlösung. Dabei ist der moralische Antrieb entscheidend. Die verdienstvolle Tat, die er an Friederike Brion vollbringen wollte, hätte ihm aus dem Leiden am Ich heraushelfen sollen. Weit Größeres hatte er sich hier vorgenommen als vordem, da er einem abwesenden Freund das Herz der Geliebten zu erhalten trachtete: er wollte für Friederike der Trostbringende sein, wollte wiedergutmachen, was ein anderer verschuldet. Daß seine Bemühungen nichtig waren, daß Friederike ihn nicht für Goethe nahm, sondern die Personen klar auseinanderhielt, das hat sein Leiden ins Unermeßliche wachsen lassen. Er wirft sich vor, Friederike im Stich gelassen zu haben: »Verfluchte Eifersucht, ich habe sie aufgeopfert — sie liebte noch einen andern —« (95). Ja, er bezichtigt sich geradezu des Mordes an Friederike. Sein Versagen, seine Unfähigkeit, dort wo er helfen zu können meinte, bürdet er sich als Schuld auf. Diese Reaktion auf das Mißlingen seines Vorhabens leuchtet tief in die Hintergründe seiner Handlungsweise. Die Schuldgefühle, mit denen er sich quält, deuten auf den eigentlichen Ursprung seines Leidens an sich selbst. Was er mit seinem Tun erstrebt, ist Rechtfertigung.

Es konnte Büchner, wenn er den Bericht Oberlins[13] mit den entsprechenden Seiten aus »Dichtung und Wahrheit« verglich, nicht entgehen, daß Lenz in bezug auf das Verhältnis zur Schuld das Gegenstück zu Goethe darstellt. Goethe scheint erstaunlich gut aus allem Beengenden und Beklemmenden herausgekommen zu sein. Diesen Eindruck gibt jedenfalls seine Darstellung der Ereignisse, die ebenso von einem bestimmten Stilisierungswillen wie von bezeichnenden Gedächtnislücken geprägt ist. Man mag daran erkennen, welcher Gefährdung Goethe zu begegnen hatte. Er hat sie später so formuliert: »In jeder großen Trennung liegt ein Keim von Wahnsinn; man muß sich hüten, ihn nachdenklich auszubrüten und zu pflegen.«[14] Er hielt sich vor den Abgründen des Verlustes und der Schuld zurück. Peinigendes suchte er zu vergessen; den lebenerhaltenden Kräften sollte ihr Recht nicht geschmälert werden. Die Schilderung des Abschieds von Friederike vermittelt davon einen Begriff: »Es waren peinliche Tage, deren Erinnerung mir nicht geblieben ist. Als ich ihr die Hand noch vom Pferde reichte, standen ihr die Tränen in den Augen, und mir war sehr übel zumute. Nun ritt ich auf dem Fußpfade gegen Drusenheim, und da überfiel mich eine der sonderbarsten Ahnungen. Ich sah nämlich, nicht mit den Augen des Leibes, sondern des Geistes, mich mir selbst, denselben Weg, zu Pferde wieder entgegen kommen, und zwar in einem Kleide, wie ich es nie getragen: es war hechtgrau mit etwas Gold. Sobald ich mich aus diesem Traum aufschüttelte, war die Gestalt ganz hinweg. Sonderbar ist es jedoch, daß ich nach acht Jahren, in dem Kleide, das mir geträumt hatte, und das ich nicht aus Wahl, sondern aus Zufall gerade trug, mich auf demselben Wege fand, um Friederiken noch einmal zu besuchen. Es mag sich übrigens mit diesen Dingen wie es will verhalten, das wunderliche Trugbild gab mir in jenen Augenblicken des Scheidens einige Beruhigung. Der Schmerz das herrliche Elsaß, mit allem was ich darin erworben, auf immer zu verlassen, war gemildert, und ich fand mich, dem Taumel des Lebewohls endlich entflohn, auf einer friedlichen und erheiternden Reise so ziemlich wieder.«[15] Mit derselben Fähigkeit, zu enden und weiterzugehen, wird er sich im Jahr darauf »mit reinerem Gewissen als von Friederiken, aber doch nicht ohne Schmerz« aus der Beziehung zu Charlotte Buff lösen: »Da der Mensch, wenn er einigermaßen resolut ist, auch das Notwendige selbst zu wollen über-

---

13 Vgl. die Hamburger Büchner-Ausgabe, Bd. I, S. 462.
14 Maximen und Reflexionen, Artemis-Ausgabe, Bd. 9, S. 627 (Nr. 998).
15 Dichtung und Wahrheit, 11. Buch, Artemis-Ausgabe, Bd. 10, S. 547 f.

nimmt, so faßte ich den Entschluß, mich freiwillig zu entfernen, ehe ich durch das Unerträgliche vertrieben würde.«[16] Und in kurzem wird er sich wiederum attachieren, diesmal an Maximiliane La Roche, wobei er bemerkt: »Es ist eine sehr angenehme Empfindung, wenn sich eine neue Leidenschaft in uns zu regen anfängt, ehe die alte noch ganz verklungen ist. So sieht man bei untergehender Sonne gern auf der entgegengesetzten Seite den Mond aufgehn und erfreut sich an dem Doppelglanze der beiden Himmelslichter.«[17]

Die Art dieses Daseins, das sich allem Natürlichen anvertraut, sich den Neigungen überläßt, in vielgestaltiger Beschäftigung die Bitternis des nicht zu Ändernden vergißt und mit neuer Kraft aufzuleben versteht, hat Goethes Urteil über Lenz bestimmt, ein Urteil, das seine Maßgabe in der als Norm gesetzten Gesundheit findet. Goethe sieht bei Lenz nur Selbstquälerei, wie sie damals, »da man von außen und von andern keine Not hatte, an der Tagesordnung war, und gerade die vorzüglichsten Geister beunruhigte«, ein »Abarbeiten in der Selbstbeobachtung«, wodurch die Un- oder Halbbeschäftigten, allen voran Lenz, ihr Inneres untergruben und sich jener Zeitgesinnung auslieferten, »welche durch die Schilderung Werthers abgeschlossen sein sollte.«[18] Wenn man bedenkt, daß Goethe sich aus gleicher Bedrohung in Sicherheit bringen mußte, versteht man das Harte und Abweisende dieser Formulierungen sehr wohl, sie werden aber Lenz keineswegs gerecht. Gewiß handelt es sich bei ihm um Selbstquälereien von unbestreitbar pathologischem Ausmaß, und Büchner hat denn auch an Lenz Symptome geschildert, die eindeutig auf Hypochondrie weisen. »Es ist mir dabei oft«, läßt er ihn sagen, »als fühlt' ich physischen Schmerz, da in der linken Seite, im Arm, womit ich sie sonst faßte.« (92) Und er hat das Krankhafte bis in »die Kluft unrettbaren Wahnsinns« (99) sichtbar gemacht. Aber es gilt, nach dem Allgemeinmenschlichen in der Psychose zu fragen und in den Wahnvorstellungen das Verstehbare zu suchen. Wenn Lenz sich selbstquälerisch vorwirft, Friederike zugrunde gerichtet zu haben, so ist das freilich unsinnig, aber seine Schuldgefühle deuten auf das prinzipielle Schuldigsein des Menschen, in dem das jeweilige Schuldigwerden gründet. Im Leiden am grundsätzlichen Schuldigsein wurzelt es, daß Lenz, wie Goethe sagt, »die strengsten sittlichen Forderungen an sich und andere«[19] stellt. Dieser moralische Wille, den status corruptionis zu überwinden, die Welt, die aus den Fugen ist, einzurenken,

[16] Ebd., 12. Buch, S. 607.
[17] Ebd., 13. Buch, S. 614.
[18] Ebd., 14. Buch, S. 654 f.
[19] Ebd., 14. Buch, S. 654.

rückt ihn in die Nähe Robespierres, und wie dieser muß er erfahren, daß keiner den andern erlöst. Lenz vermag es nicht, Friederike aus ihrem Gram herauszulösen und damit Goethes Schuld zu tilgen und seines eigenen Gutseins gewiß zu werden. Solches Scheitern bringt Lenz in die tiefste Verzweiflung, in eine Verzweiflung, die sich nicht im Gedanken auffangen kann, die menschliche Natur sei — bei allen erblichen Mängeln — in ihrem innersten Kern unverdorben. Was längst in ihm gelegen, das Gefühl, ein Verdammter zu sein, bricht sich in ihm Bahn. Das durch keinen guten Willen auszulöschende Schuldigsein steigert sich ihm zum äußersten Schuldiggewordensein, zur Verworfenheit. Daher kommt die qualvolle Einbildung, er sei Friederikes Mörder, der Mörder seiner Mutter. Er sieht sich nicht nur des allgemeinen menschlichen Loses teilhaftig, daß nämlich mit der Vertreibung aus dem Paradies Verdammungsworte über den Menschen gesprochen sind; er glaubt, er sei von Anbeginn zu Gräßlichem ausersehen, und so sieht er sich als einen Verworfenen von der Art Ahasvers: »Ich bin abgefallen, verdammt in Ewigkeit, ich bin der ewige Jude.« (94) Er reiht sich zu jenen, auf die sich das Wort bezieht: »Es muß ja Ärgerniß kommen, doch wehe dem, durch welchen Ärgerniß kommt.« (41)[20] Wie Danton fühlt er den Fluch des Muß auf sich lasten; Themen aus Büchners erstem Drama kehren hier wieder. Dantons Wort: »Puppen sind wir von unbekannten Gewalten am Draht gezogen; nichts, nichts wir selbst!« (41) könnte in gewissem Sinne auch von Lenz gesprochen sein.

Das Hin und Her zwischen maßloser Überschätzung der eigenen Kraft und dem Gefühl der Nichtigkeit, zwischen Größenwahn und tiefer Niedergeschlagenheit äußert sich gleich zu Beginn der Erzählung in den jäh wechselnden Stimmungen. Einmal ist es Lenz zumute, als könne er »Alles in sich fassen«, so ausgedehnt, so gewaltig kommt er sich vor; in solchem Zustand begreift er nicht, daß er so viel Zeit braucht, »um einen Abhang hinunter zu klimmen, einen fernen Punkt zu erreichen«, er meint, »er müsse Alles mit ein Paar Schritten ausmessen können«. (79) Dann wiederum entzieht sich ihm, was er so nahe wähnte, in eine ungreifbare Ferne, und er, der eben noch alles in sich zu fassen glaubte und sich in das All hineinwühlte, findet sich im Leeren, zu einem Nichts geworden, von namenloser Angst erfaßt. In »Dantons Tod« ist dieser Widerstreit von Anmaßung und Verzweiflung als Antagonismus zweier Figuren dargestellt, aber auch dort schon hat Büchner die in Robespierre und Danton auseinandergelegten Komponenten in einer Person verknüpft, nämlich in

[20] Vgl. Matth. 18, 7.

dem Herrn, der angesichts einer Pfütze nicht weiterzugehen wagt, nachdem er eben noch voller Enthusiasmus an einem Beispiel dargetan hat, daß die Menschheit mit Riesenschritten ihrer hohen Bestimmung entgegeneile.[21] Während hier das Thema burlesk behandelt und Pathologisches nur angedeutet ist, macht Büchner im »Lenz« diese Grundstruktur menschlichen Daseins durch den Zerrspiegel eines Krankheitsgeschehens sichtbar. Auffallend ist dabei, wie er in den beiden gegensätzlichen Zuständen, dem der Megalomanie und dem des verzagtesten Kleinmutes, die unheimliche Mischung von Lust und Qual aufzeigt. Wenn Lenz die ganze Erde zu umfassen meint, empfindet er eine Lust, die ihm weh tut. (80) Wenn er am Abgrund steht und ins Bodenlose und Leere hineinschaut, ist das eine Qual, die er sich wiederholt, da eine Lust ihn dazu treibt. (94) Dieses Ineinander ist unauflösbar verknotet. Das paradoxe Wesen des Menschen tut sich darin kund: unfähig reiner Empfindungen, spürt er im Beglückenden den Schmerz andringen und hat sich mit ihm auseinanderzusetzen, spürt er im Qualvollen die Lust, die ihn festhält, wo er doch entfliehen möchte, und ihm den Schmerz stets erneut. Zwischen schmerzlichem Genuß und lustvoller Qual ist Lenz hin und her geworfen. »Ein gewaltsames Drängen, und dann erschöpft zurückgeschlagen. [...] Je höher er sich aufriß, desto tiefer stürzte er hinunter« (91): das ist die Signatur dieses Lebens. Am höchsten versucht er sich aufzureißen, wie er es unternimmt, in Fouday das tote Kind namens Friederike zum Leben zu erwecken. In Bußübungen will er sich für diese Tat würdig machen und damit Gott veranlassen, an ihm ein Zeichen zu tun. (93) Hier erfahren wir am deutlichsten, daß Lenz ein von Gott Verworfener zu sein wähnt. Aus dieser Ängstigung kommt all sein Bemühen, einen Beweis zu erlangen, daß dem nicht so sei, daß er von Gott nicht gehaßt, sondern geliebt werde. Schon das Verdienst, das er sich um die verlassene Sesenheimer Pfarrerstochter zu erwerben gedachte, muß in diesem Zusammenhang gesehen werden. Und wie er für Friederike nichts vermochte, so scheitert er auch jetzt. Man ist geneigt, Lenzens Vorhaben, das tote Mädchen mit den Worten Christi »Stehe auf und wandle«[22] ins Leben zurückzurufen, blasphemisch zu nennen, um so eher, als er nach solcher Anmaßung tiefer denn je stürzt: in die völlige Ohnmacht, die sich als Empörung gegen Gott gebärdet. Was einen zögern läßt, ist die Tatsache, daß vor diesen Szenen ein Hinweis auf Jakobs Kampf mit dem Engel eingeflochten ist. Der Mann, in dessen Hütte Lenz übernachtet, erzählt, »wie er eine Stimme im Gebirge gehört, und dann über den

[21] Vgl. S. 60.
[22] Vgl. Matth. 9, 5; Luk. 5, 23; Mark. 5, 42.

Thälern ein Wetterleuchten gesehen habe, auch habe es ihn angefaßt und er habe damit gerungen wie Jakob«. (90) Wenn man Büchners Technik, den Dingen durch vielseitige Bezüge Relief zu geben, bedenkt, muß man erwägen, ob nicht von dieser Episode her ein Licht auf Lenz geworfen werden soll. Müßte Lenz nicht als eine Jakobsfigur begriffen werden, geängstet vom Versagen gegenüber sittlichen Forderungen, überzeugt von der eigenen Unwürdigkeit und doch unablässig Würdigkeit suchend, ein Verworfener, der doch nicht davon absteht, ein Gesegneter werden zu wollen? Und müßte man dann vielleicht nicht sagen, in diesem Ringen werde ihm, so wie Jakob das Gelenk der Hüfte verrenkt wurde, jenes Leiden zugefügt, das ihn in den Abgrund des Nichts zu blicken zwingt, so daß er fortan ein Geschlagener ist und dergestalt das Zeichen trägt, um das er gefleht?

Die Auferweckungsszene, in der Lenz es Christus gleichtun will, kann aber auch als eine verwirrte Weise der Nachfolge interpretiert werden; dann wäre sie aus jenem Zeitalter heraus zu verstehen, das in Christus den Lehrer, das Vorbild der Menschheit gesehen, von daher das unbegrenzte Vertrauen in die Erziehbarkeit des Menschen gewonnen und damit der Überschätzung sittlicher Kraft und der Überspanntheit moralischen Anspruchs Vorschub geleistet hat. Grenzen des Menschseins werden hier mißachtet. Dadurch verzerrt sich das Bedürfnis, von sich selbst erlöst zu werden, ein anderer zu sein; es wird zum Bestreben, an die Stelle eines andern zu treten, ja sogar die Stelle Christi einzunehmen. So ist Lenz schon seit langem auf dem Weg zur Alienation, der ihn zu dem führen könnte, wovon Camille im Zusammenhang mit Luciles Wahnsinn erzählt: zur Einbildung, Gott Vater, Sohn und Heiliger Geist zu sein. Was im Bereich der Aktivität, des sittlichen Handelns zu beobachten ist, zeigt sich auch in der Sphäre des Passiven, der Stimmung. Wenn es Lenz zumute ist, als dehne er sich aus und liege über der Erde, in das All hineingewühlt (79), so werden hier ebenfalls die Grenzen, die dem Menschen gesetzt sind, verwischt, und das Vermögen, sich selbst in anderem zu fühlen und zu erleben, geht über in die Auflösung des Selbst, weshalb denn auch dieses Allgefühl unvermittelt in das der Nichtigkeit umschlägt.

Diese manisch-depressive Antinomik mit ihrem Auf und Ab von Eingestimmtsein und Verstimmtheit, von übersteigertem Tätigsein und untätiger Lethargie, mit ihrem jähen Wechsel zwischen begnadeten Augenblicken und solchen der Verworfenheit — diese Antinomik hat sich zur Zeit des Sturm und Drangs in extremen Formen ausgeprägt und so ihren gültigen Ausdruck gefunden. Büchner greift also mit seiner Erzählung

»Lenz« etwas auf, was schon Goethes »Werther« gleichsam pathographisch festgehalten hatte. So würde es sich hier einfach um Variationen zu einem bekannten Thema handeln? Doch im Wiederholen liegt mehr als bloße Abwandlung. Büchner, in der Zeit nach Goethe und Schiller lebend, setzt nochmals ein bei dem, woraus sich die Klassik entwickelt hat, weil er die Wege, die aus dem Sturm und Drang herausführten, enden sieht und er von ihrem Ausgangsort her einen andern suchen muß.

Goethe hielt dafür, daß jene Epoche durch die Schilderung Werthers als ihres Repräsentanten abgeschlossen sei. Er hatte das Regulativ gefunden, das die auch ihn bedrohenden Gefahren meisterte, ihn davor bewahrte, im Übermaß von Entzückungen und Qualen zum unbehausten Menschen zu werden, und ihn in schonender, lebengewährender Mitte wohnen ließ. Er konnte den verzweifelnden Tasso sagen lassen:

> Nein, alles ist dahin! — Nur eines bleibt:
> Die Träne hat uns die Natur verliehen,
> Den Schrei des Schmerzens, wenn der Mann zuletzt
> Es nicht mehr trägt — Und mir noch über alles —
> Sie ließ im Schmerz mir Melodie und Rede,
> Die tiefste Fülle meiner Not zu klagen:
> Und wenn der Mensch in seiner Qual verstummt,
> Gab mir ein Gott, zu sagen, wie ich leide. (V, 5)

Das Wort ist ihm eine rettende Gabe. Es vermag die Starrnis des Schmerzes in ein Strömen von Klängen und Rhythmen zu verwandeln. Das Leben, das zu ersticken drohte, kann wieder atmen, die im Schmerz zerstückte Welt fügt sich neu zusammen, und dieses Ganze ordnet sich auch den Schmerz ein, so daß er das Zerstörerische verliert. Aber nicht nur aus der Versteinerung rettet die Gabe des Wortes, sie bewahrt auch vor dem Verfließen in himmelhoch jauchzender Stimmung. Das Aufjauchzen wird zurückgebunden in ein Sprachgebilde mit seinem Anfang und seinem Ende. Indem die Götter ihren Lieblingen zusammen mit den unendlichen Freuden das Wort geben, schützen sie sie davor, sich selbst entrissen zu werden und sich an die Fülle ekstatischen Überschwanges zu verlieren. Die Rede holt das Außer-sich zurück in den lebensgeschichtlichen Zusammenhang. Einblick in diesen Vorgang gewinnen wir durch folgende biographische Notiz Goethes: »Niemals glaubte ich, daß etwas zu erreichen wäre, immer dacht' ich, ich hätt' es schon. Man hätte mir eine Krone aufsetzen können, und ich hätte gedacht das verstehe sich von selbst. Und doch war ich gerade dadurch nur ein Mensch wie andere. Aber daß ich das über meine Kräfte Ergriffene durchzuarbeiten, das über mein Verdienst Erhaltene zu verdienen suchte, dadurch unterschied ich mich bloß von einem wahrhaft Wahnsinnigen.«[23] Mit solchem Durcharbeiten und Verdienen, mit dem Erwerb dessen, was ihm zuteil geworden, hält sich Goethe in den Grenzen des Menschenwesens. Dank dem Dichtertum vermag er sich in den Gefährdungen zu behaupten.

Von Lenz kann das nicht gesagt werden. Ihn bestimmt dieselbe Thematik von Begabung und Verdienst, Gnade und Werk, verknüpft mit der Möglichkeit des Dichtertums und der Gefahr des Wahnsinns, aber er ist ein Scheiternder: er muß erfahren, daß das Wort nicht aus der Erstarrung befreit, daß die unendlichen Freuden nicht ins Wort zu fassen sind. Es verschlägt ihm das Wort, oder er wird daraus vertrieben, und darob verstummt das Dichtertum. Schließlich wird der Wahnsinn sein Geschick.

Wo hat nun Büchner in dieser Konstellation seinen Ort? Hat er als Dichter die Gabe, zu sagen, was er leidet, und so dem Überwältigtwerden zu widerstehen? Aber Büchner erlitt nach seinem Abschied von Straßburg eine Verstörung der natürlichen Kräfte, wie sie Goethe bei der Trennung von Friederike nicht widerfahren war, eine Verstörung, die gar keine bestimmte Ursache, sondern lediglich einen Anlaß hatte, bedeutete doch seine Abreise nur schmerzliche Trennung von Minna, aber keinen Bruch. Gerade dies, daß er nicht in einer Ursache einen Anhalt finden konnte, daß auch nichts vorlag, weswegen er sich Vorwürfe hätte machen müssen, war das Unheimliche seines Zustandes. Rückblickend spricht er sich darüber so aus: »Ich war im Äußeren ruhig, doch war ich in tiefe Schwermuth verfallen; dabei engten mich die politischen Verhältnisse ein, ich schämte mich, ein Knecht mit Knechten zu sein, einem vermoderten Fürstengeschlecht und einem kriechenden Staatsdiener-Aristokratismus zu Gefallen.«[24] Und in einem Brief an Minna umschreibt er die Schwermut mit den Worten »Ich fühlte mich wie zernichtet«.[25] Tiefe Schwermut — wie zernichtet: die folgende Stelle aus dem »Lenz« liest sich wie eine Erläuterung zu diesen Ausdrücken. »Er hatte keinen Haß, keine Liebe, keine Hoffnung, eine schreckliche Leere und doch eine folternde Unruhe, sie auszufüllen. Er hatte N i c h t s.« (98) Büchner muß damals, als er Abschied zu nehmen hatte, dem Nichts ausgesetzt gewesen sein. Das

[23] Biographische Einzelheiten: Aus meinem Leben — Spätere Zeit. Artemis-Ausgabe, Bd. 12, S. 605.
[24] An die Familie, April 1834, Nr. 22; II, 429. — Man beachte, daß die politischen Verhältnisse nicht als Ursache der Schwermut betrachtet, sondern als zusätzliche Erschwerung angeführt werden.
[25] Nach dem 10. März 1834, Nr. 18; II, 425.

Nichts machte es unmöglich, Liebe und Leben eins sein zu lassen[26], und zerstörte ihm beides. Ihm wäre nicht geholfen gewesen, hätte man zu ihm gesagt, man müsse sich davor hüten, den Keim des Wahnsinns, der in jedem Abschied liege, auszubrüten. Die Begegnung mit dem Nichts war die Begegnung mit dem Wahnsinn selbst. Doch zwischen dem Sommer 1833, da er Straßburg verlassen muß, und dem Frühjahr 1834 ereignet es sich, daß er aus der Schwermut herausgehoben wird. »Ich war in tiefe Schwermuth verfallen«, sagt er im April 1834: also ist er nun nicht mehr darin gefangen. Der Brief, den er im Monat zuvor an Minna richtet, spiegelt einen Zustand der Schwebe, in welchem das Vergehende mit dem Kommenden vermischt ist: »Alles verzehrt sich in mir selbst; hätte ich einen Weg für mein Inneres, aber ich habe keinen Schrei für den Schmerz, kein Jauchzen für die Freude, keine Harmonie für die Seligkeit. Dies Stummsein ist meine Verdammniß.«[27] Die Verdammnis des Stummseins weist nach rückwärts, in die Zeit, da er ein lebendig Begrabener war, ihm alles abgestorben schien und das zugeschüttete Leben nur darin, daß er dies zu empfinden vermochte, sich noch regte; zugleich spricht er jetzt aber davon, daß in seinem Innern Schmerz, Freude und Seligkeit sind, daß sie sich nur nicht äußern können; diese Stummheit wird alsbald überwunden werden, und zwar ist es nicht sein Dichten, das ihn aus der Schwermut befreit, sondern zuerst geschieht es, daß er kein lebendig Begrabener mehr ist, erst dann setzt das dichterische Schaffen ein. Während der Dichter Lenz in seiner Qual verstummt, wird Büchner zum Dichter, aber als ein aus der Schwermut hervorgehender Dichter ist er in seinem Dichtertum anders bestimmt als Goethe, dem die Schwermut zwar keineswegs fremd war, der sie aber gerade mit Hilfe der Dichtung in Schach zu halten wußte.

Wie sind die Gefühle zu verstehen, die in Büchner erwachen und für die er noch keinen Ausdruck findet? Es kann sich dabei nicht einfach um die Bedrücktheit handeln, an der er in Gießen leidet, und um die Vorfreude auf das Wiedersehen in Straßburg. Das wird einem klar, wenn man sich vergegenwärtigt, auf welche Weise Büchner das »Gefühl des Gestorbenseins« schildert, von dem er sich nun befreit fühlt[28], und mit was für Worten er seine Rückkehr ankündigt: »Siehst du denn nicht den neuen lichten Tag? Hörst du meine Tritte nicht, die sich wieder rückwärts

[26] Vgl. das Wort Leonces, heiraten heisse »Leben u. Liebe eins seyn lassen, daß die Liebe das Leben ist, und das Leben die Liebe«. (142)
[27] Gießen, um den 10. März 1834, Nr. 17; II, 425.
[28] Ebd., S. 424.

zu dir wenden?«[29] Schmerz, Jubel und Seligkeit haben mit dem Zustand
der Akedia und der Befreiung daraus zu tun. Aber nicht die Liebe zu
Minna kann ihn befreit haben, denn diese Liebe hat ihn ja schon vorher
erfüllt und es nicht zu verhindern vermocht, daß er in tiefe Schwermut
geriet. Und ebensowenig kann man annehmen, die Liebe habe sich abge-
schwächt und sei dann wieder aufgelebt, denn dann hätte von Schwermut
nicht die Rede sein können. Büchner jedoch weiß, was er sagt, wenn er
von Schwermut redet. In der Schwermut ist die Liebe lebendig begraben:
sie kann nicht sterben, denn sie hat nicht gelebt, sie kann nicht leben,
denn sie ist ja gestorben. Wie sollte sie da einfach wieder aufleben
können?

Einsicht in die Befreiung aus der Schwermut gewährt jene Stelle des
»Lenz«, die der lichteste Moment der ganzen Erzählung ist. Der Zusammenhang mit persönlich Erlebtem liegt hier offen zutage. Bedeutsam ist
dabei, daß Lenz vor die Öffentlichkeit tritt, um zu reden: er hat einen
Weg, das, was in ihm ist — Schmerz, Freude, Seligkeit —, zu äußern.
Dieser helle, erfüllte Augenblick — in Kontrast gesetzt zu den späteren
Stockungen im Gespräch, da unbeschreibliche Angst ihn befällt (98), und
zum nichtssagenden Reden, da er nichts mehr empfindet und bloß noch
so dahinlebt — ist der Sonntag, an dem er predigt. »Der Gesang ver-
hallte, Lenz sprach, er war schüchtern, unter den Tönen hatte sein Starrkrampf sich ganz gelegt, sein ganzer Schmerz wachte jetzt auf, und legte
sich in sein Herz. Ein süßes Gefühl unendlichen Wohls beschlich ihn.« (84)
Auch Büchners Brief an Minna spricht von der Lösung aus dem Starrkrampf[30], zunächst unter dem Eindruck des anbrechenden Frühlings, dann
aber eindeutig mit Bezug auf den Bereich des Glaubens, so daß die Zusammengehörigkeit der beiden Stellen unverkennbar ist. Beidemal steht
die Befreiung vom Starrkrampf in Verbindung mit Gesang und Musik.
Es geht um die »Harmonie für die Seligkeit«[31], die sich im Brief so bezeugt: »Ein einziger, forthallender Ton aus tausend Lerchenkehlen schlägt
durch die brütende Sommerluft, ein schweres Gewölk wandelt über die
Erde, der tiefbrausende Wind klingt wie sein melodischer Schritt.«[32] Die
brütende Sommerluft und das schwere Gewölk, den Regen bringend, bilden den Gegensatz zur früheren Erstarrnis, nicht anders als im »Lenz«
das Tauwetter jenes Sonntagmorgens; der eine Ton, von tausend Ler-
chenstimmen hervorgebracht, hat die häßlichen Töne schreiender Musi-

---

[29] An die Braut, Gießen, März 1834, Nr. 20; II, 427.
[30] II, 424.
[31] II, 425.
[32] II, 424.

kanten abgelöst. Wo eben noch ein Charivari herrschte, ist Einklang zu vernehmen.

Um das Gelöstsein aus dem Starrkrampf darzustellen, braucht Büchner eine paradoxe Ausdrucksweise. Er sagt von Lenz, sein ganzer Schmerz sei aufgewacht und ein süßes Gefühl unendlichen Wohls habe ihn erfüllt. Beides ist zugleich, das eine nicht ohne das andere. Es bedarf des ganzen Schmerzes, damit das unendliche Wohl zu erfahren ist. Dies bedeutet etwas anderes als das Wechselspiel der Extreme, das dem Sturm und Drang das Unstete gibt, etwas anderes auch als die ruhige, das Extreme vermeidende Stetigkeit der Klassik. Schmerz und Wohl stoßen nicht in unvermitteltem Wechsel aufeinander, werden aber auch nicht in den Gleichmut gefaßt oder verschwinden gar in ihm; vielmehr treten Schmerz und Wohl in ihrer Verschiedenheit hervor, diese zerklüftet sich jedoch nicht in Zwietracht, sondern ist zum Einssein geschlichtet. Das Leiden bleibt Leiden, aber es ist nicht ohne Trost. »Er sprach einfach mit den Leuten«, heißt es von Lenzens Predigt weiter, »sie litten alle mit ihm, und es war ihm ein Trost, wenn er über einige müdgeweinte Augen Schlaf, und gequälten Herzen Ruhe bringen, wenn er über dieses von materiellen Bedürfnissen gequälte Seyn, diese dumpfen Leiden gen Himmel leiten konnte.« (84) Dazu bemerkt Werner Lehmann, Büchner sei weit davon entfernt, »dieses von materiellen Bedürfnissen gequälte Seyn, diese dumpfen Leiden gen Himmel« zu leiten; das unterscheide ihn von jenen Interpreten, deren unmenschliche Arglosigkeit darin bestehe, materielle Bedingungen der menschlichen Existenz idealistisch zu ignorieren.[33] Nun liegt es Büchner allerdings fern, die materiellen Bedürfnisse des Daseins zu ignorieren — es ist ja in unserem Text mit aller Deutlichkeit von ihnen die Rede —, aber wie kann daraus geschlossen werden, er sei weit davon entfernt, die dumpfen Leiden gen Himmel zu leiten? Lehmann scheint den Ausdruck »gen Himmel leiten« zu mißdeuten. Für ihn liegt dieser Stelle offenbar der deistische Glaube zugrunde, der sich in Philippeaus Worten so ausdrückt: »Meine Freunde man braucht gerade nicht hoch über der Erde zu stehen um von all dem wirren Schwanken und Flimmern nichts mehr zu sehen und die Augen von einigen großen, göttlichen Linien erfüllt zu haben.« (71) Aber Lenz versetzt sich nicht an einen Standort über der Erde, das Leiden ist ihm nicht ein bloßer Anschein, und er spricht nicht vom Gott der Philosophen, sondern, da es ja eine christliche Predigt ist, von Jesus Christus, dem Gekreuzigten und Auferstandenen. Die dumpfen Leiden gen Himmel leiten heißt somit:

[33] Textkritische Noten, a. a. O., S. 54.

das, was für sich genommen nichts als Schmerz ist, zu Christus hinführen, zur Zusammengehörigkeit von Karfreitag und Ostern. Büchner sagt denn auch nicht, wie Lehmann ungenau zitiert, es sei Lenz ein Trost gewesen, dieses von materiellen Bedürfnissen gequälte Sein gen Himmel zu leiten, sondern: »über dieses von materiellen Bedürfnissen gequälte Seyn« die dumpfen Leiden gen Himmel zu leiten, d. h. es wird, wie wenig später zu lesen ist, an »ein anderes Seyn« erinnert, an eines über dem menschlichen Dasein, das göttliche, dem es zugehört. Diese Zugehörigkeit verwirklicht sich in jenem Leiden, welches das Wohl nicht außerhalb seiner hat und deshalb froh zu machen vermag. Ein weiterer Hinweis auf diese Dinge findet sich im Gespräch über die Kunst. Lenz bringt die Rede auf das Bild »Christus in Emmaus«. Auch hier kann man sehen, was mit dem Wort »die Leiden gen Himmel leiten« gemeint ist. Gegen den Himmel geleitet können die Leiden nur deshalb werden, weil Gott — anders als es sich Philippeau denkt — mit ihnen zu tun hat und weil in diesen Leiden nicht der Tod, sondern der Glaube an die Auferstehung das Letzte ist, was wiederum etwas anderes bedeutet als Philippeaus Unsterblichkeitsglaube. Damit ist in der Tat eine andere Position als die des Idealismus bezogen, doch freilich auch nicht die jener Interpreten, welche über der Perfektibilität der materiellen Bedingungen die durch keinen Fortschritt zu behebende Not des Menschen zu ignorieren pflegen, so den Tod, angesichts dessen Lucile von Verzweiflung bedroht ist und der Dichter in tiefe Schwermut fällt.

So darf man wohl sagen, die Schilderung jenes Sonntagmorgens, da Lenz predigt, stelle gleichsam die Mitte der Erzählung dar, wo sich alles Verworrene klärt, das Verirrte sich orientiert, das Leiden seinen Sinn gewinnt, das Unstete zur Ruhe gelangt. In diese Mitte weisen auch die pietistischen Liedverse, mit denen der Gottesdienst ausklingt:

Laß in mir die heil'gen Schmerzen,
Tiefe Bronnen ganz aufbrechen;
Leiden sey all mein Gewinnst,
Leiden sey mein Gottesdienst.[34]

Wie nahe die Gestalt des Lenz an dieser Stelle dem Dichter verwandt ist, erhellt aus einer auffallenden Parallele. In der Erzählung wird von Lenz

[34] Die Herkunft dieser Strophe ist nicht nachgewiesen, doch hat August Langen entdeckt, daß die beiden letzten Verse auf das 1735 erschienene pietistische Erbauungsbuch »Der leidende Christ, wie er am Kreuz überwindet« von Wilhelm Hoffmann zurückgehen, wo es heißt: »Leiden ist jetzt mein Gewinnst« und »Leiden ist mein Gottesdienst« (Zum Problem der sprachlichen Säkularisation in der deutschen Dichtung des 18. und 19. Jahrhunderts, in: ZfdPh 83, 1964, Sonderheft, S. 31).

gesagt: »Das All war für ihn in Wunden; er fühlte tiefen unnennbaren Schmerz davon. Jetzt, ein anderes Seyn, göttliche, zuckende Lippen bückten sich über ihm nieder.« (84) Und in einem Brief an Minna schrieb Büchner, auf die Zeit schwerer Krankheit zurückblickend: »Ich verwünsche meine Gesundheit. Ich glühte, das Fieber bedeckte mich mit Küssen und umschlang mich wie der Arm der Geliebten. Die Finsterniß wogte über mir, mein Herz schwoll in unendlicher Sehnsucht, es drangen Sterne durch das Dunkel, und Hände und Lippen bückten sich nieder. Und jetzt? Und sonst? Ich habe nicht einmal die Wollust des Schmerzes und des Sehnens.«[35] Die göttliche Hinwendung zum Menschen ist so, wie sie Büchner während seiner Fieberphantasien erfuhr — als Bild von den Lippen, die sich niederbücken —, in die Dichtung eingegangen, ein Zeichen, daß Büchner jene Erfahrung ernst genommen hat.

Warum aber vermag Lenz in dem lichten Bereich, den ihm dieser Sonntag erschließt, nicht zu bleiben? Zwar heißt es, er sei, wie er die Predigt schloß, fester geworden, doch diese Festigkeit ist nicht von Dauer. Alsbald bemächtigt sich seiner der Atheismus (94), und es ist ihm, »als sey nichts, als er, er sey das ewig Verdammte, der Satan.« (99) Soll damit zum Ausdruck gebracht werden, daß jenes Gnadenzeichen eine Illusion, der Glaube an Christus ein unwirksamer Glaube sei? Aber Lenzens dunkles Schicksal läßt sich auch anders deuten, mit dem Hinweis nämlich, daß der Glaube kein Besitztum ist, das man sich ein für allemal erwirbt und dann fraglos zu eigen hat, auch kein Besitz, den man sich immer wieder von neuem erwerben müßte, sondern der Glaube ist eine bestimmte Weise des Existierens, ein Daseinsvollzug, der das Widerstreitende der Paradoxalität einend zusammenhält, der aber auch immer wieder dem Versagen ausgesetzt ist. So erlebte Büchner während seiner Krankheit das Göttliche als hilfreich, ihm zugeneigt, aber gesund geworden, verfiel er wieder dem Gefühl des Vernichtetseins, so daß man geradezu sagen könnte, er sei als Kranker gesund und als Gesunder krank gewesen. Daß einer in der Krankheit dem Glauben näher ist als nach der Genesung, ist kein Argument gegen den Glauben, und wenn etwas nicht mehr ist, kann das nicht heißen, es sei nie gewesen. Das wäre auch für die Erzählung in Betracht zu ziehen. Abgesehen davon, daß wir nicht wissen, was Büchner noch hinzuzufügen vorhatte, bleibt die Möglichkeit offen, daß das Lichte, das gewesen ist, wiederum sein wird; und falls dieses Dasein wie das

[35] Nr. 18, II, 426. — Das kann wohl kaum so verstanden werden, daß von den Händen und Lippen der Geliebten die Rede ist. Die Parallelstelle im »Lenz« spricht gegen eine solche Auslegung. Zudem ist es das Fieber, welches mit dem Arm der Geliebten verglichen wird, nicht das, was ihm im Fieberzustand widerfährt.

Hölderlins verdämmern sollte, so wäre das Lichte doch nicht widerrufen. Zudem: wer dürfte sich über solchen Gang in Dämmer und Dunkel ein Urteil herausnehmen?

So wird in dieser Dichtung auf die grundsätzliche Schwierigkeit des Glaubens aufmerksam gemacht. Darüber hinaus aber ist zu erwägen, ob die Labilität bei Lenz nicht mit der besonderen Art seines Glaubens zu tun habe, ob hier nicht auf eine fragwürdige Seite der pietistisch geprägten Frömmigkeit hingewiesen werde. Auffallend ist ja, wie stark Büchner das Stimmungselement hervorhebt. »Ein süßes Gefühl unendlichen Wohls« beschleicht Lenz, und er fühlt »tiefen unnennbaren Schmerz«; in sein Zimmer zurückgekehrt, wird er vollends von den Gefühlen überwältigt. (84 f.) Der Glaube ist hier als Sache des Gefühls, das Gefühl als das eigentliche Organ des Religiösen aufgefaßt. Gott verkündigen heißt dann die eigene Frömmigkeit verkündigen; die Predigt ist so ihrem Wesen nach Selbstmitteilung des Predigers und hat Aussagen des religiösen Gefühls über sich selbst zu enthalten.[36] Es weist in diese Richtung, wenn von Lenzens Predigt gesagt wird: »Er sprach einfach mit den Leuten, sie litten alle mit ihm.« (84) Diese Auffassung vom Glauben hat noch eine weitere Konsequenz. Wenn mit dem Unendlichen und Unnennbaren einzig das Gefühl in angemessener Weise kommuniziert, wenn daher vom Unendlichen und Unnennbaren zu reden immer nur etwas Vorläufiges sein kann, dann ist der Gottesdienst in der Kirche erst die Vorbereitung auf den eigentlichen, im einsamen Zimmer und in wortloser Innerlichkeit stattfindenden Gottesdienst.

Der Umschlag des Glaubens in Unglauben, wie ihn Büchner im »Lenz« darstellt, erlaubt darum wohl den Schluß, die Darstellung dieser Instabilität ziele nicht auf den Glauben überhaupt, sondern auf die subjektiv-gefühlshafte Glaubensweise, die seit dem Pietismus über Herder bis hin zu Schleiermacher den Widerpart zum aufklärerisch-rationalistischen Glaubensverständnis bildet. Büchner würde sich also gegen die bekannte Definition der Frömmigkeit wenden, die Schleiermacher gegeben hat: sie sei »rein für sich betrachtet weder ein Wissen noch ein Tun, sondern eine Bestimmtheit des Gefühls oder des unmittelbaren Selbstbewußtseins«, nämlich diejenige Bestimmtheit, kraft welcher »wir uns unsrer selbst als schlechthin abhängig, oder, was dasselbe sagen will, als in Beziehung mit Gott bewußt sind.«[37] Eine solche Kritik, bei der sich Büchner auf Schel-

---

[36] So äußert sich Karl Barth zu Schleiermachers Theologie, in: Die protestantische Theologie im 19. Jahrhundert, 3. Aufl., Zürich 1960, S. 406 f.
[37] Friedrich Schleiermacher, Der christliche Glaube, hg. von Martin Redeker, Berlin 1960, § 3 (Bd. I, S. 14) und § 4 (Bd. I, S. 23).

ling gestützt haben könnte[38], würde besagen, daß der Glaube nicht im sogenannten religiösen Gefühl gründe, sowenig er auf der Denknotwendigkeit oder auf der Denkmöglichkeit beruhe. Dies ist es ja auch, was Büchner in seiner Notiz zu Spinoza zum Ausdruck bringt: Was uns berechtige, von Gott zu reden, könne nicht der Verstand und nicht das Gefühl sein.[39] Nicht im Selbstbewußtsein des Menschen also, sei es nun so oder so verstanden, findet sich nach ihm die hinreichende Begründung des Bezuges zu Gott. Durch die jähe Wendung vom Glauben zum Unglauben, wie sie an Lenz gezeigt wird, träte dann zutage, daß der auf das Gefühl bauende Glaube gleich dem in der Vernunft verankerten Glauben ein fragwürdiges Fundament hat. In Büchners Erzählung würde sich somit die Desequilibriertheit eines Zeitalters spiegeln, das einerseits die Vernunft, anderseits das Gefühl verherrlicht und bald in einer absoluten Freiheit, die die Abhängigkeit übersieht, bald in einer schlechthinnigen Abhängigkeit, die mit der Freiheit nichts anzufangen weiß, selig oder unselig ist.

Sollte es zutreffen, daß Büchner in der Darstellung jenes Sonntagmorgens auch auf Fragwürdiges deuten will, müßten wir, das Augenmerk auf den Ablauf des Geschehens richtend, genauer differenzieren. Lenz legt einen Weg zurück, auf dem er aus seinem Starrkrampf hinausgeführt wird und schließlich in einen Zustand gelangt, da ihm ist, als müsse er sich auflösen (85). Im Zustand der Erstarrung, des Lebendigbegrabenseins ist dem Menschen, wie Büchner in einem Brief sagt, die Seele genommen, er ist ein Automat[40]; er ist also nicht er selbst, sondern gleichsam ein bloßer Körper. Im Zustand der Auflösung ist er auch nicht er selbst, ihm ist dann nicht die Seele, sondern der Leib genommen. Die Bewegung geht vom Erwachen des Schmerzes hinüber in die Empfindung einer Wollust, die uferlos ist. Bei diesem Übergang gibt es eine Mitte, die durch den Satz »Er war fester geworden, wie er schloß« und durch das Kirchenlied gebildet wird. Und wie zu Beginn des Weges etwas am Werk ist, was den Menschen aus der Starrnis löst, so wirkt am Ende auch etwas der völligen Auflösung entgegen: »Endlich dämmerte es in ihm, er empfand ein leises tiefes Mitleid mit sich selbst, er weinte über sich.«

Der Mensch soll also zu sich selbst gebracht werden. Er ist dort wirklich er selbst, wo Leiden und Gewinn — und andere derartige, scheinbar sich ausschließende Gegensätze wie Freiheit und Abhängigkeit — in para-

[38] Vgl. S. 80.
[39] Vgl. S. 111.
[40] Nr. 18; II, 426.

156

doxer Weise zusammengehalten sind. Der Ausdruck »Wollust« gehört nicht zu diesem Ort, er signalisiert einen Abstand vom Selbstsein. Deshalb ist in Büchners Brief die Formulierung »Wollust des Schmerzes« mit einem Vorbehalt versehen: »Ich habe nicht einmal die Wollust des Schmerzes«[41], deshalb auch erscheint sie in Robespierres Unterstellung, Christus habe »die Wollust des Schmerzes« gehabt (30). Leiden als Gewinn kann in ein fragwürdiges Gemisch von Qual und Lust verunstaltet sein, so wenn Lenz, sich ins All hineinwühlend, eine Lust empfindet, die ihm weh tut (80), oder wenn er sich die Qual, in den Abgrund hineinzuschauen, wiederholt, weil eine Lust ihn dazu treibt (94); aber schon diese Mischungen scheinen Anzeichen dafür zu sein, daß Lenz davon zurückgehalten werden soll, sich an die Qual oder an die Lust zu verlieren. Sie lassen die Gültigkeit des Satzes »Leiden ist Gewinn« hervortreten. Nach dem Gesetz der Identität meint dieser Satz kein Einerlei, er wehrt das Ineinanderfließen ab. Er sagt, daß Leiden und Gewinn eine Einheit sind, daß sie zusammengehören, aber nur insofern es das, worin sie zusammengehören, gibt. Das Lied mit dem Vers »Leiden sey all mein Gewinnst« hebt sich durch seine besondere Tonlage von der Aufweichung in die Wollust des Schmerzes ab. Es ist mit jenen Worten zu vergleichen, die der sterbende Büchner »mit ruhiger, erhobener, feierlicher Stimme« gesprochen hat: »Wir haben der Schmerzen nicht zu viel, wir haben ihrer zu wenig, denn durch den Schmerz gehen wir zu Gott ein! — Wir sind Tod, Staub, Asche, wie dürften wir klagen?«[42]

Büchners dichterisches Werk überblickend, erkennt man, daß darin eine Phänomenologie des Leidens gegeben ist. In allen Variationen wird das Thema des Leidens durchgeführt. Da ist die Rede von elementarstem Leiden, wie es sich im transitiven Gebrauch des Verbs ausdrückt: Hunger, Durst, Entbehrungen leiden. Alles ist diesen Nöten ausgesetzt: Mensch, Tier und Pflanze. Sodann wird das Leiden geschildert, in welchem eine Distanz gesetzt ist zwischen dem Leidenden und dem Leiden, was die Sprache mit Hilfe von Präpositionen wiedergibt: unter der Verständnislosigkeit oder gar der Unterdrückung leiden, an einer Krankheit oder an der Tatsache der Vergänglichkeit leiden. Solches Leiden ruft nach einer Deutung, es ist begleitet von der Frage nach dem Warum und wird erst durch die Auslegung voll bewußt und in ganzem Schmerz erfahren. In dieser Weise leidend, ist der Mensch nicht nur ins Leiden verstrickt, er steht ihm auch gegenüber. Weiter ist das Mitleiden dargestellt. Dieses ist

[41] II, 426.
[42] B 580.

nicht mehr ein bloßes Erleiden, sondern, da es sich dem Leiden eines andern zuwendet, eine Tätigkeit, ein Handeln. Es äußert sich darin eine Regung des Willens: ich könnte mich von diesem Leiden abwenden, aber ich will es leiden. Und schließlich wird darauf hingewiesen, daß es ein Leiden für etwas oder für jemanden gibt. Es bedarf der Entschlossenheit, solches Leiden auf sich zu nehmen. Dies geschieht in völliger Freiheit. Tun und Leiden vereinigen sich. Das Leiden von solcher Art ist nicht nur von der Frage nach dem Warum bewegt, sondern gibt auch Antwort auf das Wozu. Es schließt alles andere Leiden in sich, es ist die eigentliche Gestalt des Leidens. Wer den Anspruch erheben darf, für die Menschheit zu leiden, leidet mit den Menschen, leidet an ihrem Elend, unter der Peinigung, und er leidet die Schmerzen aller Kreatur. Das Hingeordnetsein jeglichen Leidens auf diese volle Erscheinung des Leidens ist in allen Werken Büchners durch Hinweise auf Christus sichtbar gemacht.

Büchners Dichtungen zeigen auch die verschiedenen Arten des Verhaltens zum Leiden: die Stillung der Bedürfnisse, damit das Quälende sich lege; die Ablenkung von dem, worunter und woran man leidet; den Versuch, sich, falls man dem Leiden nicht entgehen kann, in das Bewußtsein zu retten, man leide zu Unrecht; die trotzige Versteifung in den Gedanken, man vermöge die Leiden als Ungebeugter zu ertragen; die Pose, mit der man im Leiden unter der Maske des Witzes Überlegenheit mimt; die Empörung gegen das Leiden, die alles vernichtet sehen möchte; das Ersticken an der Qual, so daß einer in den Tod getrieben wird; das Schreien im Leiden, welches ein Ausdruck der Qual und zugleich ein Schrei nach Rettung ist, Eingeständnis der Hilflosigkeit und der Hilfsbedürftigkeit, und endlich die Verwandlung dieses Aufschreis ins Gotteslob, wie Büchner sie an Lucile, in der letzten Szene des »Danton«, darstellt.

Lenz und Oberlin

Die Veränderungen, welche Oberlins Bericht in die Dichtung »Lenz« verwandeln, bestehen nicht nur in den Zusätzen, die Büchner erfunden hat, die das Tatsachenmaterial teils profilieren, teils deuten und so, gleichsam ein Postulat Goethes erfüllend, diesen Lebensgang bis zu der Zeit, da er sich in Wahnsinn verlor, anschaulich zu machen suchen.[1] Der Bericht wird auch dadurch entscheidend verändert, daß sich Büchner zum Erzähler macht und daß er der Gestalt Oberlins neben Lenz ihren bestimmten Ort

[1] Vgl. Dichtung und Wahrheit, Artemis-Ausgabe, Bd. 10, S. 657.

im Ganzen der Dichtung einräumt. Lenz und Oberlin bilden eine Konfiguration, eine Gegensätzlichkeit und Zusammengehörigkeit zugleich, wie Büchner sie immer wieder gestaltet hat. Einen Anhaltspunkt für diese Gegenüberstellung fand der Dichter in Oberlins Aufzeichnungen bereits vor, nämlich dort, wo der Berichterstatter von der Sache, die festzuhalten sein Zweck ist, abweicht und sein persönliches Verhältnis zu Lenz schildert: »Fürchterlich und höllisch war es, was er ausstund, und es durchbohrte und zerschnitt mir das Herz, wenn ich an seiner Seite die Folgen der Principien, die so manche heutige Modebücher einflößen, die Folgen seines Ungehorsams gegen seinen Vater, seiner herumschweifenden Lebensart, seiner unzweckmäßigen Beschäftigungen, seines häufigen Umgangs mit Frauenzimmern, durchempfinden mußte. Es war mir schrecklich und ich empfand eigene, nie empfundene Marter, wenn er, auf den Knieen liegend, seine Hand in meiner, seinen Kopf auf meinem Knie gestützt, sein blasses, mit kaltem Schweiß bedecktes Gesicht in meinen Schlafrock verhüllt, am ganzen Leibe bebend und zitternd; wenn er so, nicht beichtete, aber die Ausflüsse seines gemarterten Gewissens und unbefriedigten Sehnsucht nicht zurückhalten konnte. — Er war mir um so bedauernswürdiger, je schwerer ihm zu seiner Beruhigung beizukommen war, da unsere gegenseitigen Principien einander gewaltig zuwider, wenigstens von einander verschieden schienen.« (478) Oberlin glaubt die »unermeßliche Qual«, die Lenz zu leiden hat, als Auswirkung verkehrter Lebensführung verstehen zu können und findet dazu einen letzten Grund in der Irreleitung durch die Modeliteratur, wobei er auch Goethes »Werther« im Auge haben mag. Was er aber als Prinzipien bezeichnet, ist ebensosehr Folge, wie dasjenige, worin er Wirkung sieht, Ursache ist. Die Kausalitätsverhältnisse, wie sie Oberlin sieht, kommen dadurch zustande, daß die Dinge auf die Ebene der Moral projiziert werden. Richtige oder falsche Handlungsweise erscheint so als das Vorausliegende, woraus Glückseligkeit oder Qual resultiert. Wenn von da aus nicht weitergefragt wird, zum Beispiel, was denn die Ursache der »herumschweifenden Lebensart« sei, so liegt dies daran, daß die Lebensführung als dem freien Willen des Menschen anheimgestellt gilt. Die Freiheit, eines oder ein anderes zu wählen, herumzuschweifen oder sich anzusiedeln, unbeschäftigt oder tätig zu sein, ist dann das Ursprüngliche, hinter das nicht zurückgegriffen werden kann. Nicht daß hier die Freiheit als Beliebigkeit aufgefaßt würde: denn der Mensch kann wohl dies oder jenes wählen, aber er soll das eine wählen, das Richtige, das vom Sittengesetz Geforderte. Und was er soll, dazu ist er — so wird angenommen — auch imstande.

Büchner steht nicht auf dem Boden dieser Anschauung. Wie aus dem früher zitierten Brief an Minna[2] und auch immer wieder aus seinen Dichtungen hervorgeht, sieht er den Menschen dem Muß unterstellt, das von höherer Macht über sein Leben gesprochen ist. Seine Fragen hören dort, wo sie für Oberlin zu Ende sind, nicht auf. Er geht tiefer in die Ursprünge zurück. Was bei Oberlin den Charakter bloßer Auswirkungen, wünschenswerter oder unerwünschter Folgen hat, erstreckt sich für Büchner in einen größeren Zusammenhang, in welchem das Leiden nicht einfach das zu Vermeidende und auch Vermeidbare ist. Büchner hat also von Oberlins Aufzeichnungen wohl die Fakten, nicht aber die Perspektive übernommen. Er hat einen andern Standort, von dem aus er auf Oberlin wie auf Lenz, sie einander gegenüberstellend, hinblickt.

Büchners Erzählung zeigt den Behausten und den Unbehausten, die Geborgenheit des Familienlebens und die Ausgesetztheit dessen, der unverheiratet ist und mit den Seinen im Zerwürfnis lebt, den Familienvater und den verlorenen Sohn, den fest in einem Gemeinwesen Stehenden und den umhergetriebenen Entwurzelten, unermüdliches Tätigsein und unentrinnbares Erleiden. Oberlins Wesen tritt dem Leser dort am anschaulichsten entgegen, wo er im Umgang mit den Leuten seiner Pfarrgemeinde gezeigt wird: »Er wies zurecht, gab Rath, tröstete; [...] Wege angelegt, Kanäle gegraben, die Schule besucht.« (82) Um Oberlin ist die Welt hell, ein Umkreis klar begrenzter Gegenständlichkeit, in dem die Dinge als Mittel und Zwecke einander sinnvoll zugeordnet sind und den Menschen zu Nutz und Frommen dienen. Die Vertrautheiten des Tages sind auch nachts nicht ausgelöscht: aus dem Schatten treten die stillen, hellen Gesichter hervor (81). Mit Lenz wird uns die Nachtseite des Lebens zugekehrt, ein Dunkel, das sich bis zu undurchdringlicher Finsternis verdichtet, das alle Gegenstände verschlingt und damit den Halt, den das Gegenständliche zu geben vermag, entzieht. In solcher Umnachtung ist Lenz der Verlorenheit preisgegeben, er kann sich selbst nicht mehr finden: er ist sich nur noch ein Traum (81), und der Gedanke bemächtigt sich seiner, auch das ihn Umgebende »sey Alles nur sein Traum« (82). In diesen Zuständen verlorener Identität gibt es nur Zufälliges, nichts Notwendiges, nichts, wozu man sich zu entschließen hätte, bloß solches, dem man ausgeliefert ist, nicht einmal Erinnerungen, die den Menschen sich selbst aus seinem Herkommen verstehen ließen, sondern nur einzelne aufhuschende Gedanken. Mit der Zeit bekommt Lenz »diese Zufälle« (99) auch bei Tage, die Helle bewahrt ihn nicht mehr davor.

---

[2] Nr. 18; II, 425 f. — Vgl. S. 10.

Die Tatsache, daß bei Büchners Gegenüberstellungen die Gewichte ungleich verteilt sind, vermag die Konfiguration nicht zu verwischen oder gar zu zerstören. Wenn auch der Akzent auf Lenz, nicht auf Oberlin, auf Danton, nicht auf Robespierre liegt — was dem Geschehen das Gespannte und Dynamische gibt —, hat doch die Hauptfigur immer einen strengen Bezug zur Gegenfigur, sie ist von dieser nicht abzulösen. Beide sind nicht allein aus ihrer Gegensätzlichkeit, sondern ebensosehr aus ihrer Zusammengehörigkeit zu verstehen. Lenz repräsentiert ja nicht nur die eine Seite, er hat die andere gleichfalls in sich; deshalb kann ihm Oberlin so viel bedeuten. Auch Lenz hat die Welt, wie es Oberlin so trefflich versteht, nutzen wollen, aber diese Welt hat für ihn »einen ungeheuren Riß« bekommen (97 f.). Lenz ist so ernstlich wie Oberlin ein Mensch guten Willens, aber ihm mißrät, was dem andern gelingt. Er möchte Taten vollbringen können und muß Geschicke erleiden. Er sucht Ruhe in der ruhvollen Natur und in Oberlins ruhigem Auge, und er wird doch von einer folternden Unruhe befallen. Das ehrwürdige, ernste Gesicht Oberlins ist ihm wohltuend, und dennoch schützt es ihn nicht davor, seine Phantasie mit aberwitzigen Possen zu beschäftigen: die Häuser auf die Dächer zu stellen, die Menschen an- und auszukleiden (98).

Lenz ist, im Unterschied zu Oberlins einfacher Art (86), voller Zwiespältigkeiten und Ambivalenzen; dies macht es schwierig, von ihm zu reden. Nichts scheint sich hier eindeutig festlegen zu lassen. Wollte man zum Beispiel in den Zwangsvorstellungen und Zwangshandlungen ein bloßes Versagen der Natur sehen und damit die Konfiguration von Lenz und Oberlin als das klar zu bewertende Gegenüber von Krankheit und Gesundheit begreifen, so müßte man sich bald einmal dahin belehren lassen, daß in den Zwängen nicht nur Zerstörerisches, sondern auch Rettendes am Werk ist. »Ein dunkler Instinkt«, sagt Büchner, »trieb ihn, sich zu retten, er stieß an die Steine, er riß sich mit den Nägeln, der Schmerz fing an, ihm das Bewußtsein wiederzugeben.« (81) Das Unsinnige, dem Lenz unterliegt, indem er gegen Steine stößt, ist nicht nur sinnlos: es ist ein Rettungsversuch. Der Zwang stellt offenbar nicht allein ein Symptom der Krankheit dar, in ihm manifestieren sich auch Kräfte, die der Genesung dienen wollen. Wenn Lenz meint, er müsse das zuletzt gesprochene Wort behalten und immer vor sich hinsagen (98), so ist das nicht nur ein krankhafter Vorgang; es soll ja damit der Zusammenhang von Gesagtem und noch zu Sagendem bewahrt und Anfang und Ende zu einem Ganzen gefügt werden. Das tote Mädchen ins Leben zurückrufen zu wollen ist wohl ein irres Unterfangen, dennoch ist es nicht ohne Sinn. Lenz, der sich wie Lucile (74) vom Sterben zutiefst verstören läßt, sucht

161

das Heil, das aus diesem Unheil rettet. Büchner sieht die Krankheit nicht bloß negativ, als Mangel an Gesundheit, als Fehlleistung der Natur. Sie hat für ihn auch etwas, wozu Ja zu sagen ist; darum kann er in einem Brief sogar schreiben, er verwünsche seine Gesundheit.[3]

Daß Lenzens Krankheit, welche die Identität der Person bedroht, nicht nur auf Zerstörung hin angelegt ist, wird wohl dort am besten faßbar, wo es heißt: »Es war als sey er doppelt und der eine Theil suchte den andern zu retten, und rief sich selbst zu.« (99) Es geht in diesem Geschehen darum, daß die beiden zertrennten Teile einander retten, daß also Lenz mit sich selbst eins sein kann. Die Gefahr gibt der Rettung den notwendigen Gegensatz, sie bringt den »mächtigen Erhaltungstrieb«, von dem Büchner spricht, in Bewegung. Durch die Gesundung würde aber nicht einfach ein früherer Zustand wiederhergestellt; Lenz käme vielmehr zu etwas Neuem, zum eigentlichen Wesen der Identität. Gesundung wäre, wie Büchner verschiedentlich klarmacht, ein Zu-sich-selbst-kommen; soll einer aber zu sich kommen, muß er von sich getrennt sein, soll er sich finden können, muß er sich erst verloren haben. Wenn nun die Erzählung nicht mit der Heilung der Krankheit endet, ändert dies nichts daran, daß die Möglichkeit der Rettung immer gegenwärtig ist. Diese Möglichkeit ist es ja gerade, die Büchner, über Oberlins Bericht hinausgehend, im pathologischen Geschehen wahrnimmt und dem Leser entgegenhält. Und damit kommt auch etwas vom mitmenschlichen Sinn der Krankheit in den Blick. Der Leser, wenn er nicht bloß unbeteiligter Zuschauer ist, sondern sich die Geschehnisse etwas angehen läßt, wenn er das Erzählte nicht nur zum Anlaß für sein Mitfühlen nimmt, vielmehr den davon ausgehenden Stoß empfindet — wie kann er anders als im Kern seiner Person mitbetroffen sein und sich in die Frage nach dem Wesen der Identität, nach seinem eigenen Selbsteinkönnen hineingezogen sehen? Dies müßte erst recht von Oberlin gelten: dadurch, daß ihm mit eins die Sorge für diesen Unglücklichen überbunden wird, ist er in den vollen mitmenschlichen Zusammenhang mit ihm gestellt. Auf diesen Zusammenhang hin gilt es die Konfiguration Lenz - Oberlin zu befragen.

Besonders aufschlußreich für das Wesen der Beziehung zwischen Lenz und Oberlin ist die nachstehende Stelle: »Am folgenden Morgen kam Lenz lange nicht. Endlich ging Oberlin hinauf in sein Zimmer, er lag im Bett ruhig und unbeweglich. Oberlin mußte lange fragen, ehe er Antwort bekam; endlich sagte er: ›Ja Herr Pfarrer, sehen Sie, die Langeweile! die Langeweile! o! so langweilig, ich weiß gar nicht mehr, was ich

---

[3] An die Braut, Nr. 18; II, 426.

sagen soll, ich habe schon alle Figuren an die Wand gezeichnet.‹ Oberlin
sagte ihm, er möge sich zu Gott wenden; da lachte er und sagte: ›Ja
wenn ich so glücklich wäre, wie Sie, einen so behaglichen Zeitvertreib
aufzufinden, ja man könnte sich die Zeit schon so ausfüllen. Alles aus
Müßiggang. Denn die Meisten beten aus Langeweile; die Andern verlieben sich aus Langeweile, die Dritten sind tugendhaft, die Vierten lasterhaft und ich gar nichts, gar nichts, ich mag mich nicht einmal umbringen:
es ist zu langweilig!

> O Gott in Deines Lichtes Welle,
> In Deines glüh'nden Mittags Helle
> Sind meine Augen wund gewacht.
> Wird es denn niemals wieder Nacht?‹

Oberlin blickte ihn unwillig an und wollte gehen.« (95 f.) Dem Leser
dürfte es ähnlich ergehen wie Oberlin: er fühlt Unwillen in sich aufstei-
gen. Die Äußerungen eines kranken Geistes werden schwer erträglich,
wenn sie unser spotten, uns nichts Ernsthaftes zutrauen, den Unterschied
zwischen guten und schlechten Handlungen einebnen und jede menschliche
Haltung mit einem verächtlichen Nichts-als versehen. Die Behauptung,
was immer einer tue, unternehme er aus Müßiggang, um einen Zeitvertreib für seine Langeweile zu haben, mag für uns denjenigen charakterisieren, der des Vormittags als Nichtstuer im Bett liegt und ebenso müßige
wie unsinnige Gedanken spinnt; und darum, weil sie lediglich für den
untätigen und sich darum langweilenden Menschen kennzeichnend ist,
scheint sie uns keine allgemeine Gültigkeit beanspruchen zu können. Nun
beruht jedoch das, was Büchner Lenz hier sagen läßt, auf den Pascalschen »Pensées«. Lenz nennt Oberlin glücklich, und über das Glücklichsein heißt es bei Pascal: »Tous les hommes recherchent d'être heureux;
cela est sans exception; quelques différents moyens qu'ils y emploient, ils
tendent tous à ce but. Ce qui fait que les uns vont à la guerre, et que les
autres n'y vont pas, est ce même désir, qui est dans tous les deux, accom-
pagné de différentes vues. La volonté ne fait jamais la moindre démarche
que vers cet objet. C'est le motif de toutes les actions de tous les hommes,
jusqu'à ceux qui vont se pendre.«[4] In allen möglichen Dingen hofft der

---

[4] Br. 425: »Alle Menschen suchen glücklich zu sein, und das ohne Ausnahme; wie
verschieden auch immer die Mittel sein mögen, die sie dafür einsetzen, sie streben
alle nach diesem Ziel. Das, was die einen dazu bringt, in den Krieg zu ziehen, die
andern, zu Hause zu bleiben, ist dieser selbe Wunsch; er ist in beiden, nur von verschiedenen Ansichten begleitet. Der Wille tut niemals den geringsten Schritt, es sei
denn auf dieses Ziel hin. Das ist der Antrieb, der in allen Handlungen aller Menschen wirkt, auch dort noch, wo einer hingeht und sich aufhängt.«

Mensch sein Glück finden zu können: »Les uns le cherchent dans l'autorité, les autres dans les curiosités et dans les sciences, les autres dans les voluptés.«[5] Keine Beschäftigung zu haben, das wäre dem Menschen so unerträglich wie nichts sonst: »Le repos devient insupportable; car, ou l'on pense aux misères qu'on a, ou à celles qui nous menacent. Et quand on se verrait même assez à l'abri de toutes parts, l'ennui, de son autorité privée, ne laisserait pas de sortir du fond du coeur, où il a des racines naturelles, et de remplir l'esprit de son venin.«[6] »De là vient que les hommes aiment tant le bruit et le remuement; de là vient que la prison est un supplice si horrible.«[7] Was Büchner seinen Lenz sagen läßt, sind Variationen zu dem Satz: »La seule chose qui nous console de nos misères est le divertissement.«[8] Den nämlichen Grundgedanken wird Leonce abwandeln; allerdings spricht er, der weniger tief versehrt ist als Lenz, mit einem witzigen Unterton: »Was die Leute nicht Alles aus Langeweile treiben! Sie studiren aus Langeweile, sie beten aus Langeweile, sie verlieben, verheirathen und vermehren sich aus Langeweile und sterben endlich an der Langeweile und — und das ist der Humor davon — Alles mit den wichtigsten Gesichtern, ohne zu merken warum, und meinen Gott weiß was dabei. Alle diese Helden, diese Genies, diese Dummköpfe, diese Heiligen, diese Sünder, diese Familienväter sind im Grunde nichts als raffinirte Müßiggänger. — Warum muß ich es grade wissen? Warum kann ich mir nicht wichtig werden und der armen Puppe einen Frack anziehen und einen Regenschirm in die Hand geben, daß sie sehr rechtlich und sehr nützlich und sehr moralisch würde?« (106) In einem Punkt weichen indes diese Äußerungen Leonces und Lenzens entscheidend von Pascal ab: in den »Pensées« steht nirgends, daß die Menschen aus Langeweile beten. Der Standort der beiden Figuren ist nicht derjenige Pascals. Sie sprechen aus schwermütiger Verzweiflung, reden nicht von, sondern aus der »misère le l'homme sans Dieu«.

Die Tatsache eines engen Zusammenhangs mit Pascal macht es unmöglich, das, was Lenz hier sagt, schlechtweg als unsinnig abzutun. Wohl sind diese Äußerungen Ausdruck eines kranken Geistes, aber sie spiegeln die Krankheit der condition humaine. Die persönliche Verstörung macht die allgemeine Verstörtheit sichtbar. Lenz redet als einer, der um seine Vernunft gebracht ist, aber gerade als solcher erkennt er das menschliche

---

[5] Br. 425: Vgl. S. 49, Anm. 5.
[6] Br. 139: Vgl. S. 58, Anm. 38.
[7] Br. 139: »Daher kommt es, daß die Menschen den Lärm und die Unruhe so sehr lieben, daher, daß das Gefängnis eine so entsetzliche Strafe ist.«
[8] Vgl. S. 52, Anm. 13.

Elend in seinem ganzen Ausmaß; unvermindert und ungemildert spricht es zu ihm, und weil er es zu vernehmen imstande ist, muß man sagen, er habe Vernunft, freilich Vernunft von anderer Art als die Oberlins. Oberlin hingegen, die Vernünftigkeit selbst, ist in dieser Hinsicht verstockt. Er sieht nur insofern Elend, als einem Übelstand abgeholfen werden muß und auch kann; daher sieht er gar nicht das wirkliche Elend, so daß er in diesem Nicht-Sehen und Nicht-Vernehmen unvernünftig ist. Man kann auf Oberlin beziehen, was Büchner in einem Brief über die Leute schreibt, die es nicht vertragen, »daß man sich als Narr producirt«. Er sucht die Narrheit nur außer sich und erträgt es nicht, daß man über ihn spottet.[9] Deshalb wendet er sich unwillig ab. Bis zu diesem Punkt der Erzählung hat von Oberlin und Lenz gelten können, was Büchner von dem gleichsam doppelt gewordenen Lenz sagt: »Der eine Theil suchte den andern zu retten, und rief sich selbst zu.« (99) Nun aber setzt die Trennung ein; die beiden sind einander nicht länger zugeordnet und können nicht mehr bedenken, worin ihr Zusammengehören gründet.

Die Konfiguration Lenz - Oberlin erinnert an das Wort Goethes: »Der Sinn erweitert, aber lähmt; die Tat belebt, aber beschränkt.«[10] Lenz ist ein komplexer Mensch, der unruhevoll die ganze Skala des Empfindens und Erkennens durchmißt, darob mehr und mehr der Tatkraft verlustig geht, nur bisweilen sich zu unerhörtem Tun emporreißt; er hat Züge Hamlets, wie er im »Wilhelm Meister« gesehen wird.[11] Oberlin, von ruhiger, einfacher, eingeschränkter Sinnesart, zeichnet sich durch unermüdliches Tätigsein aus. Untätigkeit und Geschäftigkeit, Tiefsinn und Beschränktheit stehen sich auch in der shakespearehaften Szene zwischen Leonce und dem Hofmeister gegenüber und lassen ebenfalls an das zitierte Goethewort denken. Aber damit ist noch nicht gesagt, daß Büchner die Problematik von Besinnung und Tun in der Art Goethes sieht, daß es ihm nämlich auch darum geht, unter Verzicht auf die Extreme den Ausgleich, die Mitte zu finden, um dergestalt den Sinn zu haben und zugleich der Tat fähig zu sein. Es ist eher anzunehmen, daß er mit dem Rückgriff in die Zeit, da Aufklärung und Sturm und Drang miteinander konfrontiert sind, auf etwas anderes abzielt, daß also die Gegenüberstellung von Lenz und Oberlin nicht besagen soll, die gegenseitige Annäherung und Durchdringung bringe das wahre Maß des Menschen hervor. Dann aber muß es Büchner darum zu tun sein, über die Ebene, auf welcher Annäherung und Ausgleich sich abspielen, hinauszugelangen. Er

[9] Vgl. II, 423.
[10] Wilhelm Meisters Lehrjahre, 8. Buch, 5. Kapitel, Artemis-Ausgabe, Bd. 7, S. 590.
[11] Ebd., 4. Buch, 13. Kapitel, S. 262 f.

stellt zwei Menschen dar, denen ihre Gegensätzlichkeit den Anstoß zur Bereitschaft geben könnte, sich von Grund auf verwandeln zu lassen. Diese Verwandlung würde ein Ganzsein ermöglichen, welches die volle Einsicht in das Elend des menschlichen Daseins hätte, ohne der lähmenden Verzweiflung zu verfallen, welches die volle Tatkraft hätte, ohne daß dabei jene Einsicht verdeckt würde.

Was Büchner am Schicksal des unglücklichen Lenz zeigt, ist das Zuschandenwerden aller Bemühungen, die völlige Ohnmacht des Menschen. Als bestimmendes Element schon am Anfang der Erzählung spürbar, nämlich im Preisgegebensein an übermächtige Stimmungen, tritt diese Ohnmacht im Verlauf immer wieder und immer stärker in Erscheinung: durch die Hinweise auf den zurückliegenden vergeblichen Versuch, Friederike aus dem Gram herauszuholen, im nichtigen Versuch, durch die Auferweckung des gestorbenen Kindes den Tod zu überwinden, in der schauerlich-lächerlichen Empörergebärde, mit der Lenz Gott zutode schleifen und die Welt zermalmen möchte. In der Abfolge all dieses fruchtlosen Beginnens spiegelt sich die mehr und mehr überhandnehmende Krankheit, wobei stets die Frage nach des Menschen Mächtigkeit als Leitthema erkennbar bleibt. Man darf nun nicht außer acht lassen, daß die Anforderungen, die Lenz an sich selbst stellt, zunächst in den Rahmen jenes philanthropischen Zeitalters gehören, welches im fruchtbaren Wirkenkönnen den Sinn des Lebens verbürgt sah. Oberlin repräsentiert diese Welt in ihrer Ungebrochenheit, daher vermag er auch — freilich nur vorübergehend — für Lenz eine Zuflucht zu sein und ihm zeitweilig das darniederliegende Selbstvertrauen wieder aufzurichten. In der ersten Zeit, da sich Lenz in Waldbach aufhält, scheinen sich zerrissene Fäden wieder anzuknüpfen und ihn erneut mit seinem Herkommen zu verbinden: daß er von seiner Heimat zu erzählen beginnt, daß ihm ist, als träten alte Gestalten, vergessene Gesichter wieder aus dem Dunkel — dies sind Anzeichen dafür (81). Heilsame Kräfte der Natur, dem Nährboden entspringend, den die Kindheit darstellt, sind hier am Werk. Aber sie sind keine dauerhafte Hilfe. Lenz fällt in den Zustand zurück, dem zu entrinnen er umsonst gehofft hat, und gerät tiefer und tiefer in die Zerrüttung seines Wesens hinein. Und je mehr er sich vom Zerstörenden bedroht fühlt, desto größere Leistung fordert er sich ab. Je höher er sich aufreißt, desto tiefer stürzt er hinunter. Doch nicht erst durch die Krankheit hat das Verlangen, Unerhörtes zu leisten, von ihm Besitz ergriffen; die Krankheit enthüllt nur, was in ihm angelegt ist, und das ist, wie angedeutet, nichts ausschließlich Individuelles, sondern etwas der Epoche Zugehöriges. Der Wille, Außerordentliches zu vollbringen, ist ein Merkmal der Geniezeit. Er zeigt sich vor allem bei den künstlerisch Schaffenden, den Dichtern; aber was in ihnen als den Exponenten des ganzen Zeitalters besonders prägnant hervortritt, findet sich auch sonst. Selbst im religiösen Bereich läßt sich, nach Karl Barth, dieser Zug als wesentliches Charakteristikum nachweisen: die pietistische Ethik trage — im Gegensatz zur altlutherischen und altcalvinistischen — das Kennzeichen der Forderung außerordentlicher Taten und Lebensgewohnheiten; sie empfehle wieder allerlei Übungen äußerer und innerer Askese zur Erlangung höherer Vollkommenheitsgrade; die große Wahrheit, daß der Weg des Christen immer ein eigener Weg vor Gott sei, bekomme im Pietismus die Gestalt, daß der Weg des Christen auch in seinen eigenen Augen und in denen seiner Umgebung, also durchaus auch von unten gesehen, ein eigener, origineller Weg sein müsse; deshalb bringe der Pietismus, anders als der alte Protestantismus, wieder Heiligengestalten hervor, Heroen der Reinheit, des Gebetslebens, der Liebe und des Glaubenseifers, in der Meinung, daß diese Menschen durch die Gnade Gottes seien, was sie sind, aber eben doch direkt aus ihren Werken, ihrer Lebensführung, ihrer Haltung als Heilige erkenntlich, biographisch als solche zu beschreiben und wie Heroen auf andern Gebieten als solche zu feiern.[12] Das Außerordentliche, das Lenz als ihm geboten tun möchte und das, ein Zeichen aufrichtend, ihn auszeichnen soll, liegt also durchaus in der Konsequenz pietistischer Ethik, und die Auferweckung eines toten Kindes unterscheidet sich, so gesehen, nicht prinzipiell, sondern nur graduell von den Werken der Philanthropie, von der Fürsorge für Waisenkinder, der Rettung Verwahrloster, der Heidenmission. Ihre Vernünftigkeit verdanken die Pietisten der Inkonsequenz: daß sich nämlich ihr Bemühen, die Menschheit der Glückseligkeit entgegenzuführen, nicht auf jenes Gebiet erstreckt, wo das tiefste Elend zu überwinden wäre, nicht auf die Hinfälligkeit eines jeden Wesens im Tod. Vielleicht ist von hier aus die Stelle zu verstehen, wo es, unabhängig von den Aufzeichnungen Oberlins, heißt: »Er jagte mit rasender Schnelligkeit sein Leben durch und dann sagte er: ›consequent, consequent‹; wenn Jemand was sprach: ›inconsequent, inconsequent‹.« (99) Lenz kann insofern sagen, er sei konsequent, als er mit seinen Versuchen, die im Gram lebendig begrabene Friederike zum Leben zurückzubringen und das tote Mädchen zu erwecken, ja nur etwas zu leisten trachtete, was folgerichtig dem Menschen möglich sein sollte, wenn man von der Voraussetzung ausgeht, daß er durch Christi Erscheinen,

---

[12] Karl Barth, Die protestantische Theologie im 19. Jahrhundert, Ihre Vorgeschichte und ihre Geschichte, § 3: Das Problem der Theologie im 18. Jahrhundert, a. a. O., S. 99.

durch Christi Geburt im menschlichen Herzen zum Mitarbeiter am Erlösungswerk oder gar zu dessen Vollender gemacht worden sei.[13] Die Konsequenz bringt die verborgene Widersprüchlichkeit an den Tag, die darin besteht, daß man sich einerseits einen Bereich des Humanum zurechtgelegt hatte, in welchem die Autarkie des vernünftigen Menschen ihren Spielraum haben sollte und für welchen die Gottheit nur insofern zuständig war, als sie die menschliche Selbstbestimmung garantierte, und daß man anderseits im Bedarfsfall dann doch wieder die Allmacht Gottes in Anspruch nehmen zu können meinte. Dieser Widerspruch hat die Tendenz, sich in dieser oder jener Richtung aufzulösen, also so, daß entweder die völlige Selbstmächtigkeit des Menschen unter Preisgabe der Gottheit etabliert oder die Entmächtigung des Menschen zugunsten überpersönlicher Mächte durchgeführt würde — es sei denn, Gottes Allmacht könnte in gültiger Weise mit der Freiheit des Menschen verknüpft werden.[14] An dem Punkt der Geistesgeschichte, da all das sichtbar zu werden beginnt, steht Büchner. In der Figurenkonstellation Robespierre - Danton sind diese Probleme ebenso gespiegelt wie in der Erzählung »Lenz«.

Die Stellung, von der aus Büchner das 18. Jahrhundert, sein großes Wollen und das Scheitern dieses Wollens, ins Auge faßt, läßt sich mit derjenigen Shakespeares am Ausgang der Renaissance vergleichen.[15] In Pico della Mirandolas Rede von der Würde des Menschen — Jacob Burckhardt nennt sie eines der edelsten Vermächtnisse der Renaissance — sagt der Schöpfer zu Adam: »Mitten in die Welt habe ich dich gestellt, damit du um so leichter um dich schauest und sehest alles was darinnen ist. Ich schuf dich als ein Wesen weder himmlisch noch irdisch, weder sterblich noch unsterblich allein, damit du dein eigener freier Bildner und Überwinder seiest; du kannst zum Tier entarten und zum gottähnlichen Wesen dich wiedergebären. Die Tiere bringen aus dem Mutterleib mit was sie haben sollen, die höhern Geister sind von Anfang an oder doch bald hernach was sie in Ewigkeit bleiben werden. Du allein hast eine Entwicklung, ein Wachsen nach freiem Willen, du hast Keime eines allartigen Lebens in dir.«[16] Shakespeare dagegen läßt Hamlet sagen: »Welch ein Meisterwerk ist der Mensch! Wie edel durch Vernunft! Wie unbegrenzt an Fähigkeiten! In Gestalt und Bewegung wie bedeutend und

---

[13] Vgl. S. 28, Anm. 5.

[14] Diese Verknüpfung ist das Hauptthema in Schellings Schrift über das Wesen der menschlichen Freiheit.

[15] Der Gedanke an Shakespeare stellt sich vor allem deswegen ein, weil sich Büchner mit dessen Stücken eingehend beschäftigt hat.

[16] Jacob Burckhardt, Die Kultur der Renaissance in Italien, hg. v. Werner Kaegi, 5. Band der Gesamtausgabe von Burckhardts Werken, Basel 1930, S. 256.

wunderwürdig! Im Handeln wie ähnlich einem Engel! Im Begreifen wie ähnlich einem Gott! Die Zierde der Welt! Das Vorbild der Lebendigen! Und doch, was ist mir diese Quintessenz von Staube?«[17] Alle Größe des Menschen ist nichtig im Hinblick auf seine Sterblichkeit. In der Totengräberszene, da Hamlet Yoricks Schädel in der Hand hält, wird das Thema aufgegriffen und weitergeführt: »Ich kannte ihn, Horatio, ein Bursche von unendlichem Humor, voll von den herrlichsten Einfällen. Er hat mich tausendmal auf dem Rücken getragen, und jetzt, wie schaudert meiner Einbildungskraft davor! mir wird ganz übel. Hier hingen diese Lippen, die ich geküßt habe, ich weiß nicht wie oft. Wo sind nun deine Schwänke, deine Sprünge? deine Lieder, deine Blitze von Lustigkeit, wobei die ganze Tafel in Lachen ausbrach? [...] Zu was für schnöden Bestimmungen wir kommen, Horatio!«[18] So wie das hochgemute Lebensgefühl der Renaissance an der Macht des Todes zerbricht, so erliegt schließlich die emporstrebende Selbstgewißheit der Aufklärungszeit dem Gewicht der Schwermut, das sich aus all dem anreichert, was man aus dem Gesichtskreis hinausgeschoben hat. Schon bei Novalis spürbar, wird in der Spätromantik das Dunkle dichter und das Schwere lastender, ob man sich nun bei E.T.A. Hoffmann oder bei Justinus Kerner oder bei einem andern umsieht, und dieser Geist der Schwermut teilt sich Kierkegaard ebenso wie Büchner mit. »Das Gefühl des Gestorbenseins war immer über mir. Alle Menschen machten mir das hippokratische Gesicht, die Augen verglast, die Wangen wie von Wachs«, schreibt Büchner im März 1834 an Minna.[19] Und in seiner Erzählung sagt er: »Lenz schauderte, wie er die kalten Glieder berührte und die halbgeöffneten gläsernen Augen sah. Das Kind kam ihm so verlassen vor, und er sich so allein und einsam; er warf sich über die Leiche nieder; der Tod erschreckte ihn, ein heftiger Schmerz faßte ihn an, diese Züge, dieses stille Gesicht sollte verwesen.« (93)

Nichts kann den Zeitenwandel deutlicher machen als ein Vergleich dessen, was hier zum Ausdruck kommt, mit der Hamlet-Interpretation in Goethes »Wilhelm Meister«. Den Schlüssel zu Hamlets ganzem Betragen sieht Wilhelm in den Worten: »Die Zeit ist aus dem Gelenke; wehe mir, daß ich geboren ward sie wieder einzurichten.« Er bemerkt dazu: »Mir ist deutlich, daß Shakespeare habe schildern wollen: eine große Tat auf eine Seele gelegt, die der Tat nicht gewachsen ist. [...] Ein schönes, reines, edles, höchst moralisches Wesen, ohne die sinnliche Stärke, die den

---

[17] II. Akt, 2. Szene.
[18] V. Akt, 1. Szene.
[19] Nr. 17; II, 424.

Helden macht, geht unter einer Last zugrunde, die es weder tragen noch abwerfen kann; jede Pflicht ist ihm heilig, diese zu schwer. Das Unmögliche wird von ihm gefordert, nicht das Unmögliche an sich, sondern das, was ihm unmöglich ist.«[20] Die Tat, die Hamlet auferlegt ist, wird hier als die Erfüllung der Rachepflicht aufgefaßt, und mit Hilfe eines Bildes wird seine Situation psychologisch erklärt: »Hier wird ein Eichbaum in ein köstliches Gefäß gepflanzt, das nur liebliche Blumen in seinen Schoß hätte aufnehmen sollen; die Wurzeln dehnen sich aus, das Gefäß wird zernichtet.«[21] Damit ist das Problem höchst kunstvoll eingeschränkt, so daß es nicht bedrohlich werden kann. Wie nämlich, wenn die Ausrenkung, für die seit Kain und Abel der Brudermord als Zeichen steht, durch den Vollzug der Rache keineswegs geheilt wäre? Wenn dies dem Prinzen von Anfang an, wie er Böses ahnt, klar wäre und er sich zur Rache spornen müßte, nicht weil ihm die Stärke fehlte, die den Helden macht, sondern weil mit solcher Tatkraft nicht zu leisten ist, was eigentlich getan werden sollte? Wie, wenn die Melancholie, die den Blick darauf gerichtet hat, daß der Mensch eine Quintessenz von Staub ist, nicht ein Zeichen individueller Schwäche wäre, sondern einem jeden Menschen zugehörte, sofern er sich nur nicht ins Wegsehen einübte und ihm daher Vergänglichkeit wirklich vor Augen träte? Von derartigen Fragen wird Wilhelm Meister nicht bedrängt. Sein Blick — und das mag für diese Phase seiner Entwicklung kennzeichnend sein — ist so sehr auf das dem Menschen Mögliche eingestellt, daß er in Hamlet einen Menschen sieht, der das *ihm* Unmögliche leisten soll. Büchner dagegen zeigt in Lenz einen Menschen, der — wie er meint — das ihm Mögliche zu tun sich vornimmt, und akzentuiert so das Menschenunmögliche. Die außerordentliche Tat, das menschliche Vermögen überhaupt wird damit relativiert. Was immer der Mensch vermag, es ist ein Geringes, selbst dann, wenn ungewöhnliche Leistungen vollbracht werden: »Die Größe ein bloßer Zufall, die Herrschaft des Genies ein Puppenspiel.«[22]

Die Frage nach der Macht des Menschen ist auch an Oberlin gerichtet, nicht nur an Lenz; daraus ergibt sich der Sinn dieser Konfiguration. Oberlin betrachtet es als eine Schickung Gottes, daß ihm Lenz zugeführt worden ist: er nimmt ihn auf, pflegt ihn, liebt ihn herzlich. (86) Er erfüllt damit eine Christenpflicht, und es verhält sich dabei nicht so, daß er aus Achtung vor dem Gebot der Nächstenliebe sich selbst überwinden müßte, sondern er erfüllt seine Pflicht mit einer Leichtigkeit, »als wenn bloß der

[20] Viertes Buch, 13. Kapitel, Artemis-Ausgabe S. 263 f.
[21] Ebd., S. 263.
[22] II, 425.

Instinkt aus ihm gehandelt hätte«: Pflicht ist ihm wie Natur, sein moralisches Handeln ein schönes Handeln, denn es sieht aus, »wie eine sich
von selbst ergebende Wirkung der Natur«.[23] Aber wie gut und schön all
sein Helfen ist, an Lenz wird es zuschanden. Müßte er sich da nicht sagen,
daß ihm Lenz ins Haus geschickt worden sei, damit er eben dies erfahre?
Müßte er nicht ahnen, daß etwas nicht stimme mit der Auffassung, der
rechte Gottesglaube müsse unmittelbare, sichtbare Wirkung zeitigen und
in der Verbesserung und Veredelung des Menschen, im Rückgang der Unvernunft und des Lasters seine Früchte erkennen lassen? Man meint,
Oberlin sei dieser Einsicht nahe gewesen, wenn man in seinem Bericht
liest: »Ich empfand eigene, nie empfundene Marter, wenn er, auf den
Knieen liegend, seine Hand in meiner, seinen Kopf auf meinem Knie
gestützt, [...] die Ausflüsse seines gemarterten Gewissens und unbefriedigten Sehnsucht nicht zurückhalten konnte.« (478) Gemartertes Gewissen, unbefriedigte Sehnsucht — solches scheint diesem verständigen, rechtschaffenen Mann unbekannt, seiner wohlgeratenen Lebensführung fremd
zu sein, und nun dringt es auf ihn ein; aber er läßt sich doch nicht ganz
davon ergreifen. Daß er nicht helfen kann, daß er selbst als Hilfloser
diesem Leiden gegenübersteht, wird ihm aufs schmerzlichste bewußt, aber
den Gedanken, es könnte eine grundsätzliche Vergeblichkeit des menschlichen Tuns geben, weist seine Seele ab. Er setzt sich dem Unbegreifbaren
nicht aus, sondern verharrt in seiner Position, indem er sich hinter seinen
Prinzipien verschanzt. Ihm gilt für ausgemacht, daß die Sittenlehre das
Wesen der Religion sei, und er würde Fichtes Auffassung zustimmen: »Es
läßt sich als unwidersprechlicher Grundsatz aufstellen: wo noch gute Sitten sind und Tugenden: Verträglichkeit, Menschenliebe, Mitleid, Wohlthätigkeit, häusliche Zucht und Ordnung, Treue und sich aufopfernde
Anhänglichkeit der Gatten gegen einander, und der Eltern und Kinder
— da ist noch Religion.«[24] Oberlin hält denn auch Lenz das Gebot »Ehre
Vater und Mutter« entgegen und ermahnt ihn, »sich in den Wunsch seines
Vaters zu fügen, seinem Berufe gemäß zu leben, heimzukehren« (94). In
seinem Christentum scheint es keinen Platz zu geben für das Wort: »So
jemand zu mir kommt und haßt nicht seinen Vater, Mutter, Weib, Kinder, Brüder, Schwestern, auch dazu sein eigen Leben, der kann nicht mein
Jünger sein.«[25] Darum meldet wohl Büchner, wenn er schreibt: »Er sagte
ihm: ›Ehre Vater und Mutter‹ und dergleichen mehr«, mit dem summarischen Zusatz einen Vorbehalt an. Hier und andernorts ist zu erkennen,

[23] An Gottfried Körner, 19. Februar 1793.
[24] Grundzüge des gegenwärtigen Zeitalters, 16. Vorlesung, a. a. O., Bd. VII, S. 230.
[25] Luk. 14, 26.

wie die unbeirrte Sicherheit und Ruhe in Oberlins Christenglauben damit
zusammenhängt, daß sich ihm die Dinge in einer vereinfachten, eingeschränkten Weise darstellen. Sein Rechenschaftsbericht enthält die Bemerkung, Lenz habe »eine schöne Predigt, nur mit etwas zu vieler Erschrockenheit« gehalten (444). Furcht und Zittern läßt sich mit seinem
Begriff von Frömmigkeit offenbar nicht recht vereinbaren. Wo sich Erschrockenheit bekundet, sieht Oberlin den Glauben beeinträchtigt. Demgegenüber ist für Lenz der Mangel an Erschrockenheit das Zeichen einer
Beschränkung. Denn — so erklärt er — je mehr die Seligkeit in sich
zurückgedrängt sei, um so sicherer ruhe sie in sich selbst, je weiter hingegen die Seligkeit aus sich herausgreife, desto tiefer werde sie affiziert
(86). Die Erschrockenheit kann deshalb als die tiefste Affizierung der
Seligkeit verstanden werden. Auf dieses Verbundensein von Seligkeit und
Erschrockenheit kommt Lenz auch im Zusammenhang mit den Jüngern in
Emmaus zu sprechen.

Büchner bringt die unerschütterliche, selbstgewisse Getrostheit Oberlins
dadurch zum Ausdruck, daß er ihn wiederholt auf das durch Christus
erworbene Heil hinweisen läßt: »Dafür sey Jesus gestorben, er möge
sich brünstig an ihn wenden, und er würde Theil haben an seiner
Gnade.« (94) »Alle möglichen Schläge würden keine einzige seiner Sün-
den tilgen; dafür hätte Jesus gesorgt, zu dem möchte er sich wenden.« (95)
Diese Hinweise implizieren den Gedanken, seit Christi Heilstat erübrige
sich jede Ängstigung um das Seelenheil, eine Ansicht, die, wie Fichte feststellt, die ganze Epoche kennzeichnet. Sein Zeitalter sei weit davon entfernt, die Gottheit zu scheuen, und diesen Mangel an Gottesfurcht rechnet
er ihm als Vorzug an[26]; das furchtbare Schreckbild einer menschenfeind-
lichen Gottheit sei entflohen und dem Menschengeschlecht Ruhe und Freiheit erworben; dieses Wunder habe die christliche Religion vollbracht[27];
da die Furcht vor Gott in der Unbegreiflichkeit und Unerforschlichkeit
des göttlichen Ratschlusses gründe, das Prinzip des Zeitalters es aber sei,
»durchaus nichts gelten zu lassen, als das, was man begreife«, müsse alles
Furchtbare in der Religion völlig wegfallen.[28] Religion hat den Charakter
einer Versicherung angenommen, die im irdischen und himmlischen Bereich ein seliges Dasein zu garantieren vermag. Auffällig ist dabei die
Vertraulichkeit im Umgang mit religiösen Dingen. Bei Oberlins wird
Gott gleichsam in den Familienkreis einbezogen und hat dementsprechend
keine Geheimnisse; man kann sich mit ihm »unterhalten« (97), man hört

---

[26] Grundzüge des gegenwärtigen Zeitalters, 3. Vorlesung, a. a. O., Bd. VII, S. 45.
[27] Ebd., 4. Vorlesung, S. 53.
[28] Ebd., 16. Vorlesung, S. 228.

seine Stimme, man fühlt sich als Eingeweihter, der weiß, welches die Wege sind und wohin sie führen (83). In dieser trauten Welt wird auch Lenz, dessen Gottesverhältnis von angstvollem Zweifel geprägt ist, während seines Aufenthaltes bei Oberlin eine Zeitlang wieder heimisch. Es tut ihm wohl, zu sehen, »wie den Leuten die Natur so nah« tritt, »alles in himmlischen Mysterien; aber nicht gewaltsam majestätisch, sondern noch vertraut!« (83) So geschieht es, daß ihn ein heimliches Weihnachtsgefühl überkommt und er meint, seine Mutter müsse hinter einem Baum hervortreten und ihm sagen, sie habe ihm alles beschert: Wald, Sonne, Luft, Schnee. Alte, vergangene Hoffnungen gehen in ihm auf (83). Erinnerung ruft ihn zurück in das Leben, der Glaube des kindlichen Gemüts ist ihm wieder nahe, »dieser ewige Himmel im Leben, dies Seyn in Gott«. Dann aber bricht erneut das Fremde herein, das alle Vertraulichkeiten zurückstößt, das Lenz zu einem sich selbst entfremdeten Menschen macht, das ihn auch seinen Mitmenschen entfremdet. Man könnte diesen Einbruch eines völlig Fremdartigen mit Worten Schellings beschreiben: »Ein Hemmendes, Widerstrebendes drängt sich überall auf: dieß andere, das, so zu reden, nicht seyn sollte und doch ist, ja seyn muß, dieß Nein, das sich dem Ja, dieß Verfinsternde, das sich dem Licht, dieß Krumme, das sich dem Geraden, dieß Linke, das sich dem Rechten entgegenstellt, und wie man sonst diesen ewigen Gegensatz in Bildern auszudrücken gesucht hat.«[29]

In Büchners Dichtung verschafft sich wieder Geltung, was der Mensch weithin aus seinem Gedankenkreis ausgeschlossen hatte. Da Gott keinerlei Schrecken mehr bedeutete, war mit dem Jüngsten Gericht nichts mehr anzufangen; Lenz aber liest »wie Stilling die Apocalypse« (86). Im Mitmenschen sah man seinesgleichen, den Menschen, in welchem man sich selber wiederfinden, in dessen Gemeinschaft man sich bestätigt fühlen konnte; Lenz aber ist der Mitmensch, der durch seine Andersheit beunruhigt und stört, in dessen Gesellschaft der beste Wille unwillig wird. Alles schien einem zu eigen geworden zu sein, war es doch dem Menschen gegeben, »jedes Wesen in der Natur in sich aufzunehmen« und »für Gesteine, Metalle, Wasser und Pflanzen eine Seele zu haben« (85), ja sogar in seine Innerlichkeit auch Gott einkehren zu lassen (83); und in diese Welt, die gar kein Fremdes mehr kennen will, tritt die Fremdheit in ihrer erschütterndsten Form, in der Gestalt der Alienation. Man glaubte an die Vorzüglichkeit und Vorbildlichkeit einzelner Menschen,

[29] Die Weltalter (Aus dem handschriftlichen Nachlaß), Schriften von 1813 bis 1830, Ausgabe der Wissenschaftl. Buchgesellschaft, Darmstadt 1968, S. 17.

die berufen schienen, das Heilswerk der Vollendung entgegenzuführen, denen man zutraute, die Willenskraft eines jeden zu wecken und auf das eine Ziel auszurichten; so meint auch Lenz, den Weg zu Gott in Oberlin zu haben (94, 99), aber es zeigt sich, daß es mit diesem Weg nichts ist.

Das Fremde, Bestürzende, Bedrängende, das da in Oberlins wohlgeordnetes, frommgesinntes Haus einbricht, will offenbar Anstoß zur Einsicht sein, daß man von Gott anders reden müßte, als es im 18. Jahrhundert geläufig geworden, daß seine Wege nicht die Wege des Menschen, daß sie unerforschlich sind, daß er zwar der geoffenbarte, aber doch zugleich ein verborgener Gott ist, daß man folglich nicht in einseitiger Weise von ihm reden kann, nicht von Güte und Gnade allein, ohne Schrecken und Gericht zu nennen. Der Mensch sieht sich wieder einem Bereich des Unbetretbaren gegenüber. Die Wege hören hier auf, das Verstehenwollen kommt nicht weiter. Büchner bringt den Leser an dieses Unnahbare heran, wie er von der abgelegen wohnenden Familie mit dem kranken Mädchen erzählt (90 f.) oder dort, wo er Lenzens Wahnsinn einen »Wahnsinn durch die Ewigkeit« nennt (99). In der Gestalt des Leidens, so darf man vielleicht sagen, begegnet das Heilige. Miser res sacra: dies gilt nicht nur von dem Mädchen, dessen Leiden sich in einer Aura von Gesang und Gebet vollzieht, sondern auch von Lenz, wenn ihm zumute ist, als sei er vom Nichts umgeben. Wer nun aber meinen sollte, Büchner setze an die Stelle des liebenden Gottes den schrecklichen Gott, der hätte das Ganze der Erzählung aus den Augen verloren und sähe nur noch den Lenz der tiefsten Verzweiflung, der zu Oberlin sagt: »Aber ich, wär' ich allmächtig, sehen Sie, wenn ich so wäre, ich könnte das Leiden nicht ertragen, ich würde retten, retten« (99); er hätte jenen Lenz vergessen, der von Gott anders sprach, genau so, wie Lenz sich selbst vergessen und verloren hat. Wollte man behaupten, Büchner sei mit Lenz gleichzusetzen, das verzweiflungsvolle Elend sei ihm die ganze Wahrheit, würde man auch durch den Brief widerlegt, den Büchner um den 10. März 1834 an Minna geschrieben hat. Er deutet darin an, daß er Gott verflucht habe, aber er stellt auch klar, daß dies im nunmehr zurückliegenden Gefühl des Gestorbenseins geschehen sei; er vergegenwärtigt sich sein Fragen wieder, ob denn in den Ohren Gottes das Stöhnen und Schreien der Menschen ungehört verhalle, aber er weist nun solche Gedanken ab. Er hat die Gefahr erkannt, der er ausgesetzt war, und das Erschrecken über sich selbst wirkt in ihm so sehr nach, daß er sich vor seiner Stimme und vor seinem Ebenbild im Spiegel fürchtet.[30] Wenn er sich später dem

---

[30] Nr. 17; II, 424.

Schicksal Lenzens zuwendet, bekundet er weder ein Einverständnis mit dessen Auflehnung wider Gott, noch hat er es nötig, mißbilligend dazu Stellung zu nehmen, er sieht darin vielmehr den Ausdruck tiefsten Unglücks. Es könnte einer aber von diesem Unglück nicht schreiben, wenn er selber mitten drin wäre und auf ihn die Worte bezogen werden müßten: »Er hatte keinen Haß, keine Liebe, keine Hoffnung, eine schreckliche Leere und doch eine folternde Unruhe, sie auszufüllen. Er hatte N i c h t s.« (98) Wer in einer solchen Verfassung ist, bringt von einer Dichtung nicht eine Zeile hervor, er hat derartiges auch gar nicht im Sinn.

Eine Äußerung der tiefsten Schwermut, der »Ausdruck unendlichen Leidens« (99) ist es, wenn Lenz sich fragt, warum der Allmächtige nicht rettend eingreife. Es kann sich dabei aus den dargelegten Gründen unmöglich um Büchners Credo handeln. So wäre er auf der Seite Oberlins, der Lenz »Profanation« vorwirft? Aber da müßte erst geklärt werden, in welchem Sinn Oberlin Lenzens Worte als lästerlich empfindet. Er glaubt an Gott als den Retter, denn Christus hat im Heilswerk den Anfang gesetzt, ein für allemal, so daß Gottes Gnade vorausgesetzt werden kann, der Mensch sich nun zum Guten zu entscheiden vermag und die Gnade bloß zu ergreifen braucht, um in die Nachfolge einzutreten und das Erlösungswerk der Vollendung entgegenzuführen. Mit diesem Historisierungsprozeß, der aus Christus als dem Dagewesenen den Initiator macht, ist also die Auffassung verknüpft, daß Heil und Unheil nunmehr vom Willen des Menschen abhangen. Profanation heißt in solchem Zusammenhang: sich weigern, den Schritt zu tun, der einen ins Heil brächte. Lenz müßte ja nur, so meint Oberlin, auf das hören, was er ihm von Gott sagt, aber er nimmt das ihm Dargebotene nicht an. Gott wird hier insofern gelästert, als ihm verwehrt wird, in den Menschen einzukehren. Büchners Erzählung stellt das Unzulängliche eines solchen Glaubensverständnisses dar, indem sie Oberlins pelagianisch gefärbte Getrostheit mit einem Leiden konfrontiert, das durch aufklärerisches, philanthropisches Bemühen nicht zu überwinden ist. Sie läßt erkennen, wie die Christlichkeit zum Humanismus verflacht ist. Man hat sich dabei wiederum an Büchners Pascallektüre zu erinnern. Blickt man von den »Pensées« aus auf Oberlin, muß man sagen: Er glaubt wohl an Gott als den Retter, aber er kennt die wahre Bedürftigkeit des zu Rettenden nicht; er kennt das Elend des Menschen nicht, solange er meint, es sei nur von solcher Art, daß es durch den als Werkzeug Gottes verstandenen Menschen behoben werden könne; weil er aber nicht das ganze Elend ermißt und ihm somit auch der Schrecken Gottes, wie er darin zum Ausdruck kommt, verborgen bleibt, denkt er von dem rettenden Gott zu gering. Das legt einem die Frage nahe, ob denn nicht auch die Auffassung, Gottes Rettungswerk bestehe einfach darin, daß der Mensch Gott in seine Innerlichkeit aufnehme und ihn von da aus wirken lasse, eine Profanation sei.

In der Gegenüberstellung von Lenz und Oberlin tritt nun aber auch das hervor, was an Lenzens Verhältnis zu Christus fragwürdig ist. Büchner spricht von »religiösen Quälereien« (92). Alles Verdienstliche, das Lenz zu vollbringen willens ist, beruht nicht wie bei Oberlin auf selbstverständlich gewordener Heilsgewißheit, sondern hat im Gegenteil eine tiefe Ängstigung zum Hintergrund. Er ist von der Ungewißheit bedrängt, ob er zu den Erwählten oder zu den Verworfenen gehöre. Dieses Verborgene möchte er enthüllt haben, und dadurch bekommt sein Gottesverhältnis das Zudringliche. Was er unternimmt, ist apokalyptisch akzentuiert. Er will sich ein Wissen von letzten Dingen verschaffen; sein Wunsch, Tote auferwecken zu können, entspringt dem Verlangen nach einem göttlichen Gnadenerweis, nach einem sichtbaren Zeichen dafür, daß er dereinst nicht dem Tod verfalle, sondern ins ewige Leben erhöht werde.[31] In diesen Versuchen, aus dem Glauben ein Schauen zu machen, das Gute vom Bösen, das Lichte vom Finstern scharf geschieden zu sehen und so das Ende vorwegzunehmen, sind gnostisch-manichäische Tendenzen zu erkennen. Es ist auffallend, daß die Krankheit Lenz gerade an dieser Stelle anfaßt: statt daß sich ihm, wie er erwartet, der Horizont der Zukunft lichtet, verdunkelt er sich, das Ende der Sätze geht ihm verloren, ihm ist, als könne er wie der ewige Jude nicht sterben, und später kennt er nur noch ein Dahinleben ohne jegliche Richtung. Lenz möchte im vollen Licht Gottes stehen können — und ist genötigt, sich von des »glüh'nden Mittags Helle« (96) abzuwenden und die Nacht zu ersehnen. Die Beziehung zu Gott zerbricht ihm. Im Gegensatz dazu möchte Oberlin

---

[31] Es kann bei der Affinität des Sturm und Drangs zu Rousseau nicht verwundern, daß sich Paralleles hiezu in den »Rêveries d'un promeneur solitaire« nachweisen läßt. Auch dort zeigt sich die Ausrichtung auf das Apokalyptische: Rousseau redet, wie wenn er am Jüngsten Tag vor Gott stünde und sich rechtfertigte, wie wenn es darum ginge, vorwegnehmend den Spruch des Weltenrichters zu enthüllen; er beteuert mit einem großen Aufwand an Rhetorik — worin eine geheime Beunruhigung sich verrät — die Unschuld seines Herzens, die innere Treue, mit der er bei allem äußeren Irren dem ursprünglichen Gutsein unwandelbar angehangen habe. Während Rousseau bemüht ist, alles Beunruhigende zum Schweigen zu bringen, und als Gerechtfertigter dazustehen meint, stellt Büchner in seiner Erzählung gerade das heraus, was bei Rousseau verdeckt ist. Man könnte sagen, daß Lenz, sich von Gott verworfen und verfolgt wähnend, von guten Menschen liebevoll aufgenommen, in einem dialektischen Verhältnis zu Rousseau stehe, der sich als ein vor Gott Unschuldiger, von der bösen Gesellschaft der Menschen zu Unrecht Verfolgter betrachtet. In ähnlicher Weise hat Büchner im Rousseauanhänger Robespierre, der auf seine Unschuld pocht, das Gegenwendige sichtbar gemacht.

Gott ganz in die Menschlichkeit hereinnehmen können — und sieht sich dazu gebracht, den unglücklichen Lenz aus seiner Fürsorge zu entlassen und fortzuschaffen. Der christliche Humanismus ist sich selber untreu geworden.

Die Konfrontation, welche Büchners Erzählung vornimmt, zeigt nicht nur Fragwürdigkeit in zwei gegensätzlichen Ausprägungen, als Verflachung und als Überspanntheit, sondern auch das relative Recht dieser wie jener Seite, so daß jede das Korrektiv der andern ist. Oberlins ruhige Zuversicht, die ihr Fundament in der Zusage der Gnade hat, darin also, daß Christus dagewesen ist, vermag das Große im Menschen zu sehen. Lenzens angstvolle Unruhe, die dem Gefühl der Schuld entspringt, so daß ihm die Gnade nichts Verbürgtes, sondern etwas zu Erflehendes ist, ja sogar das Verweigerte sein kann — diese Unruhe sieht den Menschen in seinem Elend, seiner Erbärmlichkeit. Das Zusammensein von Lenz und Oberlin enthält in sich die Richtung auf die Einheit. Lenz braucht Oberlin. Er, der sich bald an das Leiden, bald an die Wonne und auch an beides zugleich zu verlieren droht, bleibt bei ihm in Fühlung mit der Möglichkeit, einen Halt zu gewinnen, was freilich nicht heißen kann, daß dieser Halt in Oberlin oder auf Oberlinsche Weise zu finden wäre. Und Oberlin hat Lenz nötig; vor allem dies wird in der Erzählung betont. Was Büchner von dem in Oberlins Familie weilenden Lenz sagt: »Auch war es Allen nothwendig, daß er da war« (86), darf als Schlüsselwort gelten. Es ist diesen Glücklichen notwendig, einen Unglücklichen bei sich zu haben, nicht nur um ihm beizustehen, sondern um in ihm unglücklich sein zu können. Es ist ihnen auch notwendig, daß da einer ist, der sich anders verhält, als es dem gesunden Menschenverstand entspricht, einer, der das Bedürfnis verspürt, auf dem Kopf gehen zu können (79), so daß er — wie Paul Celan dazu bemerkt[32] — den Himmel als Abgrund unter sich hätte. Dieselbe Notwendigkeit mag auch der Frage zukommen, die Lenz an Oberlin richtet: »Hören Sie denn nichts, hören Sie denn nicht die entsetzliche Stimme, die um den ganzen Horizont schreit, und die man gewöhnlich die Stille heißt?« (100) Oberlin vernimmt in der Stille seines ruhigen Tals nichts als Stille und nimmt sie wohl für den Ausdruck der ursprünglich-guten, unverdorbenen Natur; Lenz hört in dieser Stille das Seufzen aller Kreatur, und nicht bloß dies: er hört das unaussprechliche, nicht laut werdende Seufzen als ein Schreien.[33] Was gewöhnlich

---

[32] Der Meridian, Rede anläßlich der Verleihung des Georg-Büchner-Preises, in: Ausgewählte Gedichte, Frankfurt a. M. 1968, S. 141.

[33] Es ist daran zu erinnern, daß für Danton das ganz Leise, Heimliche, das sich höchstens in einem Stöhnen äußert, ein Schrei ist (40).

Stille genannt wird, ist ein Schrei: diese Umkehrung durchbricht die Ebene des alltäglichen, rationalen Verständnisses. Notwendig ist dies, weil nun erst zur Entscheidung steht, wie das unerträgliche Schreien zum Schweigen gebracht werden könne.

Den Schrei der Stille vermag weder Oberlin noch Lenz zu stillen. Es erweist sich hier wiederum — wie angesichts des Todes —, daß der Mensch keine Erlösungswerke vollbringt. Damit zerbricht jenes Verständnis der Christusnachfolge, welches den Messias in die Innerlichkeit aufnehmen zu können glaubte und so den innern Menschen zum geliebten Sohn Gottes, zum Erlöser machte. Das auf solche Weise erlöste Ich, so meinte man, sei befähigt, die Menschen von den Leiden zu erlösen. Das Leiden ist, wie sich vor allem an Oberlin darstellt, zum Gegenstand des Handelns geworden. Bei dieser Art von Christusnachfolge kann es aber auch geschehen, daß für das erlösende Ich das Leiden Mittel der Erlösung wird. Das tritt besonders an Lenz hervor. Er will als Leidender — indem er sich ganz an den Schmerz hingibt — Werke der Erlösung tun. Aber durch das Scheitern kommt zum Vorschein, daß das Leiden weit mehr als das Objekt des menschlichen Handelns ist und daß der Mensch, so sehr er auch das Leiden anzunehmen gewillt ist, stets weniger ist als ein Erlösender. Im »Lenz« kann man also dieselbe Frage hören, der man in »Leonce und Lena« begegnet: »Mein Gott, mein Gott, ist es denn wahr, daß wir uns selbst erlösen müssen mit unserm Schmerz? Ist es denn wahr, die Welt sei ein gekreuzigter Heiland, die Sonne seine Dornenkrone und die Sterne die Nägel und Speere in seinen Füßen und Lenden?« (118) Es ist eine Frage, die jedesmal, wenn Büchners Dichtung darauf eingeht, verneint wird. So sagt Robespierre: »Wahrlich des Menschensohn wird in uns Allen gekreuzigt, wir ringen Alle im Gethsemanegarten im blutigen Schweiß, aber es erlöst Keiner den Andern mit seinen Wunden.« (31) Und wenn sich Lena aus ihrer Schwermut befreit sieht, so schreibt sie es nicht sich selbst zu, sie preist vielmehr die Vorsehung (133).

Mit Oberlin und Lenz werden nicht einfach die glaubensgewisse Getrostheit und die Verzweiflung einander antithetisch gegenübergestellt. Man muß das Gemeinsame erkennen, das ihrer Konfiguration zugrundeliegt, nämlich jene Auffassung des Christseins, die sich dann ergibt, wenn der Mensch als Innerlichkeit verstanden, als Subjekt vorausgesetzt wird. So zeigt sich, daß Büchner mit Lenz sichtbar macht, was bei Oberlin noch verhüllt ist und sich erst ab und zu durch Beunruhigung äußert. In der Konfiguration spiegelt sich ein Prozeß. Daher ist der einen Figur ein größeres Gewicht als der andern gegeben. Diese Verhältnisse lassen sich ja auch an Robespierre und Danton beobachten. Die beiden Protagonisten

der Französischen Revolution kommen darin überein, daß sie die Glückseligkeit des Menschen zu verwirklichen suchen, wobei die gegensätzliche
Auffassung von Glückseligkeit daher rührt, daß ihrem Menschenbild die
Zweiteilung in ein Vernunft- und in ein Sinnenwesen zugrundeliegt. Bei
Danton hat aber die Zuversicht der Revolution längst in Verzweiflung
umgeschlagen, während derselbe Prozeß bei Robespierre eben erst einsetzt. Die Akzentuierung der Spätphase hebt das Fragwürdige in dem
hier vorliegenden Verständnis des Menschen und seiner Glückseligkeit
hervor und zielt auf eine andere Auslegung. Daß die Konfigurationen
ein Gefälle nach der einen Seite hin haben, zeigt an, daß mit ihnen nicht
die Summation der Gegensätze und auch nicht die ausgleichende Mitte
zwischen den Gegensätzen intendiert ist. Der Leser soll aus der Ebene,
auf der sich solche Konfigurationen in Szene setzen, hinausgeführt
werden.

Das Gespräch über Kunst

Büchner hat in seine Erzählung »Lenz«, wie auch in seine Dramen, Bemerkungen zur Kunst eingefügt. Man darf wohl annehmen, daß diese
Gedanken nicht nur die jeweils redende Person charakterisieren, sondern
weitgehend auch Büchners eigene Ansicht ausdrücken, denn sie decken sich
mit entsprechenden Briefstellen.[1] Ihr Grundzug ist die Polemik gegen die
idealistische Kunst. Sie legen den Nachdruck auf die Negation und zeigen
nur in Andeutungen, was Büchner mit seinem Schaffen zu geben unternimmt. So könnte es sinnvoller scheinen, im dichterischen Werk selbst
und nicht in verstreuten Äußerungen des Dichters Aufschluß über Büchners Kunstverständnis und über das Wesen seiner Kunst zu suchen. Das
aber ist nur im Zuge der allmählichen Erschließung von Büchners Werk
möglich. Die verschiedenen Aussagen über die Kunst können dabei als
Wegweiser wertvolle Dienste leisten. Wenn nun also Lenzens Kunstauffassung derjenigen Büchners gleichgesetzt, der Dichter in dieser Hinsicht
mit seiner Figur identifiziert wird, so geschieht es unter dem Vorbehalt,
daß sich zu gegebener Zeit auch die Frage nach ihrer Differenz stellen
muß.

---

[1] Vgl. dazu Karl Viëtor, Lenz, Erzählung von Georg Büchner, in: Germanisch-
Romanische Monatsschrift, 25. Jahrg., 1937, S. 7; ferner Benno von Wiese, Georg
Büchner, Lenz, in: Die deutsche Novelle von Goethe bis Kafka, Düsseldorf 1962,
Bd. II, S. 107.

Büchner läßt es zwischen Lenz und Christoph Kaufmann, der 1778 bei Oberlin einen Besuch machte, zu einem Streitgespräch kommen: »Die idealistische Periode fing damals an, Kaufmann war ein Anhänger davon, Lenz widersprach heftig.« (86) Zur Diskussion steht der künftige Weg der Dichtung, der Wandel vom Sturm und Drang zur Weimarer Klassik. Büchner mochte voraussetzen, daß Lenz, der sich im Sommer 1776 in Weimar aufhielt, und Kaufmann, der etwas später ebenfalls dort weilte, von Goethe über das sich anbahnende Neue unterrichtet worden seien; ob dem tatsächlich so war oder nicht, tut hier nichts zur Sache, sowenig wie die Frage, ob Kaufmann, der für ein Drama Klingers den Titel »Sturm und Drang« und damit die Formel einer Epoche gefunden, wirklich für die neue Stilrichtung habe eintreten können. Am Ausgang der idealistischen Periode stehend, sieht Büchner den literaturgeschichtlichen Weg in einer gewissen Verkürzung: Anfang und Ende erscheinen ihm derart zusammengerückt, daß er Grundgedanken von Lenzens »Anmerkungen übers Theater«, die sich 1774 »bilderstürmerisch gegen die Herkömmlichkeit des Theaters«[2], gegen die als musterhaft geltenden französischen Bühnenwerke richteten, kurzerhand gegen die erst später entstandene Dichtung der deutschen Klassik wendet. Die Verehrung Shakespeares, für Büchner — freilich im Zeichen der Romantik — ebenso bestimmend wie für die Dichter des Sturm und Drangs, ist zwischen den Gegengrenzlern der Klassik vielleicht das stärkste Band; sie läßt die geistesgeschichtliche Verwandtschaft hervortreten und drängt die Verschiedenheit in den Hintergrund.

Der Streit zwischen Lenz und Kaufmann wird nicht nur auf dem Feld der Literatur ausgetragen, auch die bildenden Künste sind einbezogen. Kaufmann argumentiert mit dem Apoll von Belvedere, er weist damit auf die Verbindung zwischen der »idealistischen Periode« und der griechischen Antike hin, desgleichen auf Johann Joachim Winckelmann, durch dessen Beschreibung das Werk des Leochares zum Inbegriff des Klassischen geworden ist. Überdies bringt er, wenigstens andeutungsweise, die Vorbildlichkeit der Renaissancekunst zur Sprache: Raffael gilt ihm offensichtlich als der Höhepunkt der Malerei. Was Büchner die idealistische Periode nennt, meint somit nichts Einmaliges; es ist die Wiederholung einer bestimmten, von Zeit zu Zeit erneut sich ausprägenden Grundauffassung.

Um Bundesgenossen ist auch der nicht verlegen, der die Gegenposition vertritt. Nicht allein auf Shakespeare, auch auf Rembrandt kann er sich

[2] Dichtung und Wahrheit, a. a. O., S. 542, vgl. auch S. 658.

berufen. An ihn, obschon sein Name nicht erwähnt wird, denkt man un-
willkürlich, wenn Lenz die holländische Malerei gegen die italienische
ausspielt und von dem tiefen Eindruck spricht, den die Darstellung Christi
und der Jünger von Emmaus auf ihn gemacht hat. Der Gegenstand des
Bildes, vor allem aber die Malweise, der einförmige, bräunliche Ton, das
Trübe des dämmernden Abends, der rote Streifen am Horizont, das Heraustreten eines Unbegreiflichen (88) — all dies ist rembrandtisch. Büchner dürfte an ein Gemälde der Darmstädter Galerie gedacht haben, das
früher Rembrandt zugeschrieben wurde.[3]

Im Streit um Raffael und Rembrandt scheiden sich über Jahrzehnte
hin die Auffassungen von der Kunst; auch das Kunstgespräch der Erzählung »Lenz« ist in diesen Zusammenhang einzuordnen. Der junge
Goethe bewunderte den niederländischen Maler der Barockzeit: daß
Rembrandts Auge »an dem Schrank voll alten Hausrats und wunder-
baren Lumpen« hafte, habe diesen Künstler zu dem Einzigen gemacht,
der er sei.[4] In jener Zeit will Goethe von einer Rangordnung der Bild-
themen noch nichts wissen, denn in Gottes Schöpfung ist alles bildwürdig,
nicht nur das Große, sondern auch das Unscheinbare: die Werkstätte
eines Schusters, ein Stall, ein Paar Stiefel. Später aber gewinnt Raffael
für ihn überragende Bedeutung. Im Jahre 1804 bespricht er ein Zeichen-
buch, das den Kunstbeflissenen Vorlagenmaterial bieten will, und resü-
miert dabei zunächst die Vorbemerkung des Herausgebers: »Die vortreff-
lichen Werke der alten Griechen stehen von dem Zögling zu weit ab; an
die Natur gleich hinzuführen sei weder möglich noch rätlich, weil sie ja
schon mit Kunstsinn betrachtet werden wolle. Anfängern gleich bei den
ersten Versuchen einen reinen Geschmack einzuprägen und ihre Schritte
zu den Werken der Natur und der Griechen zu erleichtern, seien die
besten Werke Raffaels geeignet, aus welchen denn auch diese sämtlichen
Studien gezogen sind.«[5] Dann fährt Goethe fort: »Künstler und Liebhaber, welche beizeiten durch solche Umrisse zu Raffaels Werken und
von da zur Antike und zur Natur geleitet werden, wird ein guter Genius
vor manchen Gebrechen unserer Zeit bewahren: vor der Neigung zur
Karikatur, in der sich der formlose Witz gefällt, und vor der Halb-
kultur, die uns gern die altflorentinisch-deutschen mönchischen Holz-
schnittanfänge als das letzte Ziel der Kunst aufstellen möchte.« Die Aus-

---

[3] Vgl. Karl Viëtor, Lenz, a. a. O., S. 15.
[4] Nach Falconet und über Falconet, in: Schriften zur Kunst, Artemis-Ausgabe Bd. 13,
     S. 53.
[5] Besprechung des Zeichenbuches von J. C. v. Mannlich, Artemis-Ausgabe Bd. 13,
     S. 403 f.

fälle sind gegen Friedrich Schlegel gerichtet, wie einem Aufsatz zu entnehmen ist, der allerdings nicht von Goethe, sondern von Johann Heinrich Meyer stammt, aber des Dichters Ansicht getreulich widerspiegelt: »Im Jahr 1803 trat Friedrich Schlegel, in der von ihm herausgegebenen Zeitschrift, Europa genannt, zuerst als schriftlicher Lehrer des neuen altertümelnden, katholisch-christelnden Kunstgeschmacks auf, streitend gegen die bisher gehegten Meinungen über echte Kunst und die Art sie zu fördern. Religion, Mystik, christliche Gegenstände, oder wie es heißt Sinnbilder, werden für Malerei und deren künftiges Gedeihen als unerläßliche Erfordernisse ausgegeben. Der ältern Schule, das will sagen Meistern und Werken aus der Zeit vor Raffael, wird über alle spätern der Vorzug eingeräumt.«[6] Auch wenn Goethe schließlich wieder häufiger und mit Anerkennung von Rembrandt spricht, scheint sein Lob von Vorbehalten begleitet zu sein, wie etwa in der folgenden Äußerung aus dem Jahre 1816: »So hat Rembrandt das höchste Künstlertalent betätigt, wozu ihm Stoff und Anlaß in der unmittelbarsten Umgebung genügte, ohne daß er je die mindeste Kenntnis genommen hätte, ob jemals Griechen und Römer in der Welt gewesen.«[7] Kommt er dagegen auf Raffael zu reden, so geschieht es im Ton uneingeschränkter Bewunderung: »Gemüts- und Tatkraft stehen bei ihm in so entschiedenem Gleichgewicht, daß man wohl behaupten darf, kein neuerer Künstler habe so rein und vollkommen gedacht als er und sich so klar ausgesprochen. Hier haben wir also wieder ein Talent, das uns aus der ersten Quelle das frischeste Wasser entgegen sendet. Er gräzisiert nirgends, fühlt, denkt, handelt aber durchaus wie ein Grieche. Wir sehen hier das schönste Talent zu ebenso glücklicher Stunde entwickelt, als es unter ähnlichen Bedingungen und Umständen zu Perikles Zeit geschah.«[8]

Büchner teilt diese Vorliebe für Raffael nicht. Die klassizistische Malerei, die sich an Raffael orientiert, lehnt er — man beachte das Urteil über Jacques Louis David in »Dantons Tod« (37) — vollends ab. Demgegenüber macht er die Wertschätzung, die der Sturm und Drang Rembrandt entgegenbrachte, neu geltend und grenzt so die idealistische Periode nach zwei Seiten ab. Welche Beweggründe ihn dabei bestimmen, wird mit den von Lenz gegebenen Erläuterungen auf ähnliche Weise dargelegt wie in einem Brief[9]. Es erregt seinen Widerspruch, daß die Kunst »die Wirklichkeit verklären« will, daß sie etwas Besseres machen zu können glaubt, als

[6] Neudeutsche religios-patriotische Kunst, Artemis-Ausgabe Bd. 13, S. 716 f.
[7] Heidelberg, Artemis-Ausgabe Bd. 13, S. 700.
[8] Antik und modern, Artemis-Ausgabe Bd. 13, S. 845.
[9] An die Familie, 28. Juli 1835; Nr. 42; II, 444.

die von Gott geschaffene Welt es ist (86). Wie man das zu verstehen hat, verdeutlicht sich in der folgenden, als Kontrast gesetzten Schilderung: »Wie ich gestern neben am Thal hinaufging, sah ich auf einem Steine zwei Mädchen sitzen, die eine band ihre Haare auf, die andre half ihr; und das goldne Haar hing herab, und ein ernstes bleiches Gesicht, und doch so jung, und die schwarze Tracht und die andre so sorgsam bemüht. Die schönsten, innigsten Bilder der altdeutschen Schule geben kaum eine Ahnung davon. Man möchte manchmal ein Medusenhaupt seyn, um so eine Gruppe in Stein verwandeln zu können, und den Leuten zurufen. Sie standen auf, die schöne Gruppe war zerstört; aber wie sie so hinabstiegen, zwischen den Felsen war es wieder ein anderes Bild. Die schönsten Bilder, die schwellendsten Töne, gruppiren, lösen sich auf. Nur eins bleibt: eine unendliche Schönheit, die aus einer Form in die andre tritt, ewig aufgeblättert, verändert.« (87) Was Lenz hier Schönheit nennt, ist eine andere Schönheit als die, welche Goethe an den Kunstwerken der Antike und der Renaissance bewundert. Die unendliche Schönheit ist nicht das Zeitlose, sondern der fortwährende Gestaltwandel: Werden und Entwerden, Vernichtung und Neugeburt. Wenn Lenz sagt, der liebe Gott habe die Welt wohl gemacht, wie sie sein solle, und das einzige Bestreben des Künstlers müsse darin bestehen, ihm ein wenig nachzuschaffen (86), so ist damit die Zeitlichkeit ins Auge gefaßt und gewürdigt. Die Schöpfung, die, wie Camille Desmoulins es ausdrückt, glühend, brausend und leuchtend sich jeden Augenblick neu gebiert (37), ist zeitlichen Wesens, und diesem zeitlichen Wesen müßte man auch in der Kunst begegnen. Der Klassiker Goethe hat da eine andere Auffassung; darüber gibt der Abschnitt »Schönheit« in der Schrift »Winckelmann und sein Jahrhundert« Auskunft: »Das letzte Produkt der sich immer steigernden Natur ist der schöne Mensch. Zwar kann sie ihn nur selten hervorbringen, weil ihren Ideen gar viele Bedingungen widerstreben, und selbst ihrer Allmacht ist es unmöglich, lange im Vollkommnen zu verweilen und dem hervorgebrachten Schönen eine Dauer zu geben. Denn genau genommen kann man sagen, es sei nur ein Augenblick, in welchem der schöne Mensch schön sei. — Dagegen tritt nun die Kunst ein, denn indem der Mensch auf den Gipfel der Natur gestellt ist, so sieht er sich wieder als eine ganze Natur an, die in sich abermals einen Gipfel hervorzubringen hat. Dazu steigert er sich, indem er sich mit allen Vollkommenheiten und Tugenden durchdringt, Wahl, Ordnung, Harmonie und Bedeutung aufruft, und sich endlich bis zur Produktion des Kunstwerkes erhebt, das neben seinen übrigen Taten und Werken einen glänzenden Platz einnimmt. Ist es einmal hervorgebracht, steht es in seiner idealen Wirklichkeit vor der Welt, so bringt es eine dauernde Wirkung, es bringt die höchste hervor: denn indem es aus den gesamten Kräften sich geistig entwickelt, so nimmt es alles Herrliche, Verehrungs- und Liebenswürdige in sich auf, und erhebt, indem es die menschliche Gestalt beseelt, den Menschen über sich selbst, schließt seinen Lebens und Tatenkreis ab, und vergöttert ihn für die Gegenwart, in der das Vergangene und Künftige begriffen ist.«[10] Nach Goethes Meinung leistet das Kunstwerk also Größeres, als in der Natur vorliegt: es verleiht dem Wechselnden Dauer, es gestaltet das, was in der Natur nur einen Augenblick lang ist, zum Ewigen um. Nicht daß dies eine besondere Resistenz des Kunstwerks gegenüber der Vergänglichkeit bedeuten würde; die Ewigkeit des Kunstwerks besteht nicht darin, daß das von Künstlerhand Gebildete dank pfleglicher Behandlung uns heute noch vor Augen steht, wogegen die Modelle längst zu Staub geworden. Im Kunstwerk kommt Dauer dadurch zustande, daß der Künstler die Dinge in ihrer Wesenheit schaut und in ihnen die jenseits von Zeit und Raum wesende Idee aufscheinen läßt. Dieses Wesenhafte gilt als die eigentliche Wirklichkeit, nämlich als das Seiende und Unvergängliche, weil von keiner Zeit Berührte und Berührbare. Wahre Kunst zeigt demgemäß das Wesen, die Natur der Dinge unverfälscht und kann deshalb als die reine Natur angesprochen werden. Zu ihr bildet sich der Mensch empor, der solche Kunstwerke auf sich einwirken läßt; sie heben ihn aus dem herabgeminderten Sein, dem entstehend-vergehenden Leben also, heraus und ermöglichen ihm, über sich selbst hinaus zur göttergleichen Gegenwart zu gelangen, d. h. zu jener Gegenwart, der sich alles in der Unveränderlichkeit der Idee zeigt, so daß für sie das Vergangene beständig und das Künftige voraus lebendig ist.

Die solchermaßen von der idealistischen Kunstauffassung gesetzte Rangordnung ist es, gegen die sich Büchners Polemik wendet.[11] Die Kunst ist ihm keinesfalls etwas Höheres als das Leben. Im Gegenteil. Er macht dies deutlich, indem er Camille Desmoulins auf die von Pygmalion geschaffene Mädchenstatue hinweisen läßt, die von Aphrodite beseelt wurde, damit der Künstler sich mit ihr vermählen könne: »Die Griechen wußten, was sie sagten, wenn sie erzählten Pygmalions Statue sey wohl lebendig geworden, habe aber keine Kinder bekommen.« (37) Die Kunst gehört somit einer andern Ordnung an als die Schöpfung, die sich jeden Augenblick neu gebiert; die Lebendigkeit der Kunstwerke ist um eine Dimen-

---

[10] Artemis-Ausgabe Bd. 13, S. 421 f.

[11] Damit soll natürlich nicht gesagt werden, daß Büchner sich gerade mit diesen Äußerungen Goethes auseinandersetzt; wir haben sie angeführt, um einen Sachverhalt darzustellen, in welchen Büchner auf mancherlei Wegen Einblick gewonnen haben kann.

sion ärmer als des Lebens Lebendigkeit. Daß das Kunstwerk als das Höchste des Menschen, der seinerseits das Höchste der sich immer steigernden Natur ist, zu betrachten sei — dieser Auffassung gibt Büchner den Abschied. Deshalb betont er immer wieder, die Kunst könne es der lebendigen Wirklichkeit nicht gleichtun. »Fiedelt Einer eine Oper, welche das Schweben und Senken im menschlichen Gemüth widergiebt wie eine Thonpfeife mit Wasser die Nachtigall — ach die Kunst!« (37) So sagt es Camille, und ähnlich Leonce: »Die Nachtigall der Poesie schlägt den ganzen Tag über unserm Haupt, aber das Feinste geht zum Teufel, bis wir ihr die Federn ausreißen und in die Tinte oder die Farbe tauchen.« (116) Es wäre ein Irrtum, zu meinen, hier spreche der Verdruß eines Dichters, der spüre, daß er den Anforderungen der Kunst nicht genüge. Die Klage über die Kunst entspringt der Einsicht, daß der bisherige Weg nicht mehr gangbar sei, daß das Wesen der Kunst grundsätzlich neu gefaßt werden müsse. Jene Kunst, welche sich als »ideale Wirklichkeit« verstand und die Schönheit als das sinnliche Scheinen der Idee bestimmte, bildet den Menschen, indem sie ihn über sich selbst erhebt, zu einem fragwürdigen Hohen empor. Sie lehrt ihn wohl die Verehrung der Vollkommenheit — der Idealität — und ein immer strebendes Bemühtsein um Vervollkommnung, zugleich aber die Verachtung all dessen, was Bildung in diesem Sinne weder aufweist noch zu erlangen trachtet. Die Gebildeten sehen im Wirklichen, weil es nur von ferne und trüb an das Reich der Ideen erinnert, nichts als Gewöhnlichkeit, ja Erbärmlichkeit. »Sezt die Leute«, sagt Camille, »aus dem Theater auf die Gasse: ach, die erbärmliche Wirklichkeit! — Sie vergessen ihren Herrgott über seinen schlechten Copisten. Von der Schöpfung, die glühend, brausend und leuchtend, um und in ihnen, sich jeden Augenblick neu gebiert, hören und sehen sie nichts. Sie gehen in's Theater, lesen Gedichte und Romane, schneiden den Fratzen darin die Gesichter nach und sagen zu Gottes Geschöpfen: wie gewöhnlich!« (37) Der Ausdruck »Fratze«, den Goethe gern brauchte, wenn ihm Nicht-Klassisches in den Weg kam, bezeichnet jetzt bemerkenswerterweise das zur Idealität erhöhende Klassizistische. Die Auffassung, daß die Kunst dem Leben übergeordnet sei, wird auch im »Woyzeck« verspottet, nur ist hier die kultivierte Welt des Theaters durch einen volkstümlicheren Bereich ersetzt. Ein Marktschreier führt auf dem Rummelplatz Affen vor und kommentiert seine Vorstellung mit den Worten: »Meine Herren! Meine Herren! Sehn Sie die Creatur, wie sie Gott gemacht, nix, gar nix. Sehen Sie jezt die Kunst, geht aufrecht hat Rock und Hosen, hat ein Säbel! Ho! Mach Compliment! So bist Baron. Gieb Kuß!« (145)

Indem Büchners Polemik die Rangordnung angreift, die das durch Kunst Erreichbare zum höchsten Gut macht, richtet sie sich auch gegen die herkömmliche Unterscheidung schön - häßlich. Nach dem idealistischen Kanon gilt als schön, was in seiner Erscheinung dem Wesen vollkommenen und reinen Ausdruck verleiht. Schönheit ist die Harmonie von Sinnlichem und Ideellem. Ein Baum ist dann schön, wenn er, als Apfelbaum oder Linde oder was immer, seine Idee der Baumheit ganz zur Darstellung bringt; da aber der Baum, behindert von mancherlei Ungunst des Standorts und der Witterung, also durch räumliche und zeitliche Faktoren beeinträchtigt, dies auch im besten Fall nur unvollständig zu erreichen vermag, ist nicht der Baum, sondern das Bild des Baumes wahrhaft schön, das Wesensbild, das der Künstler nach einem Wort Dürers aus der Natur zu reißen und in den Riß, in die Zeichnung, zu bringen weiß. Als häßlich dagegen wird empfunden, was mit seiner Mißgestalt das auf die Idee hinblickende Auge beleidigt. Für Büchner sind solche Unterscheidungen unwesentlich; gewiß würde er nicht bestreiten, daß man nach diesen Kriterien urteilen kann, aber sie sind, in größerem Zusammenhang gesehen, relativ. »Wir haben dann nicht zu fragen, ob es schön, ob es häßlich ist«, sagt Lenz, »das Gefühl, daß Was geschaffen sey, Leben habe, stehe über diesen Beiden.« (86) Mit »Leben« ist das gemeint, was die Schöpfung auszeichnet: die unendliche Schönheit, die aus einer Form in die andere tritt, ewig aufgeblättert, verändert. Von dieser Schönheit her betrachtet, kann jenes Schöne, das in der Annäherung an die Idee besteht, gar nicht als ein besonders Ausgezeichnetes erscheinen. In der unendlichen Schönheit ist, eben auf Grund ihrer Unendlichkeit, auch das Häßliche schön. Auch das »Leben des Geringsten« ist dann darstellungswürdig, und »das unbedeutendste Gesicht macht einen tiefern Eindruck als die bloße Empfindung des Schönen« (87). Auch das Unscheinbare, das, woraus einem nicht der Glanz der Idee herrlich entgegenleuchtet, selbst das Verbogene und Verkrüppelte, das Mißgeschaffene und Bresthafte ist Ausdruck des Einen und Selben: der unendlichen Schönheit des Lebens. Und wenn man anderseits das Wohlgeratene ins Auge faßt, so muß man sagen: Nicht nur einen Augenblick lang ist der Mensch schön, nämlich im Zenit seines Lebens, da er kein unentfaltetes Wesen mehr ist, da das in ihm Angelegte sich vielmehr voll ausgebildet hat und sich auswirken kann, ehe es wieder aus der Erscheinung zurücktreten muß; ein Mädchen also ist nicht nur in dem Augenblick seines Lebens schön, da es zur Jungfrau erblüht ist und seine Bestimmung in der Liebe zu einem Jüngling findet — Schönheit zeigt sich ebensowohl im zerfurchten Gesicht des alten Menschen wie im Spiel von Kindern.

Es könnte nun der Gedanke naheliegen, Büchner bekämpfe die Ausrichtung auf die zeitlose Idee, weil er für die Hingabe an das Momentane eintrete. Wäre dem so, müßten die Äußerungen zur Kunst und das Wort von der glühenden, brausenden Schöpfung Danton in den Mund gelegt sein. Denn er ist es ja, der in der Momentaneität zu leben versucht. Büchner läßt aber Camille sprechen, die Person unter den Männern seines Dramas, die ihm wohl menschlich am nächsten steht und die er möglicherweise aus diesem Grund mit der Nennung des Vornamens auszeichnet.[12] Wenn Camille sagt, die Schöpfung gebäre sich jeden Augenblick neu, so hat man sich kein momentanes Geschehen vorzustellen, das sich in einem Beinahe-Nichts an Gegenwart zwischen Zukunft und Vergangenheit abspielt und sich als Aufeinanderfolge derartiger Jetztpunkte fortwährend repetiert. Gebiert sich die Schöpfung in jedem Augenblick neu, muß der Augenblick ein Augenblick der Fülle sein. In ihm muß das Gewesene und das Künftige mit dem Gegenwärtigsein zusammengehören. Die Schöpfung ist immer zugleich an ihrem Ende wie an ihrem Beginn. Diese Gleichzeitigkeit ist kein stehendes Jetzt, keine solche Gegenwart, in der das Gewesensein und das Künftigsein zum Verschwinden gebracht wäre. Sie ist ein Werden, freilich kein Werden, das dem Sein entfremdet wäre; sie ist ein Sein, aber kein Sein, das als zeitlose »Ewigkeit« der Zeitlichkeit entgegenstünde.

Was wir in dieser Weise auszudrücken suchen, ist Schelling verpflichtet. In seiner Schrift über das Wesen der menschlichen Freiheit heißt es, daß »in der Schöpfung der höchste Zusammenklang und nichts so getrennt und nacheinander ist, wie wir es darstellen müssen, sondern im Früheren auch schon das Spätere mitwirkt und alles in Einem magischen Schlage zugleich geschieht«[13]. Da es kaum denkbar ist, daß Büchner diese Schrift

---

[12] Büchner folgt hierin zwar Thiers, aber man muß sich fragen, warum er es tue.

[13] A. a. O., S. 331. — Vgl. dazu Martin Heidegger, Schellings Abhandlung über das Wesen der menschlichen Freiheit, Tübingen 1971, S. 136. — In diesem Zusammenhang sei aus dem Schelling-Buch von Karl Jaspers ein Wort angeführt, das auch zum Verständnis der Büchnerschen Dichtung beizutragen vermag: »Wir sehen heute die unberechenbare Wirkung der universalen Gegenwärtigkeit alles Vergangenen in der äußerlichen Sichtbarkeit, in dem wörtlichen Hineinnehmen vergangener Sätze, Melodien, Denkfiguren in die gegenwärtige Dichtung, Musik und Philosophie, das wie Plagiat aussieht, aber nicht ist, weil es in einem eigenen Zusammenhang Sprache gewinnt oder mißhandelt wird. Dieses Eigene oder Ursprüngliche aber ist durchaus nicht ein Inhalt unseres Wissens, keineswegs an einem gültigen objektiven Merkmal kenntlich, sondern die große Frage, die wir durch kein Nachdenken, sondern allein durch unser Leben, Tun, Mitleiden beantworten. In dieser geschichtlichen Situation der zur vollen Bewußtheit gelangenden Geschichtlichkeit des Menschen ist Schelling eine der frühen Erscheinungen, für uns einer der Versuche, an denen wir uns orientieren.« (Karl Jaspers, Schelling, München 1955, S. 336.)

— Schellings bedeutendste Abhandlung — nicht gekannt hat[14], darf man vielleicht auch die folgende Briefstelle im Lichte des zitierten Satzes sehen. Büchner schreibt an Minna: »Eben komme ich von draußen herein. Ein einziger, forthallender Ton aus tausend Lerchenkehlen schlägt durch die brütende Sommerluft, ein schweres Gewölk wandelt über die Erde, der tiefbrausende Wind klingt wie sein melodischer Schritt.«[15] Liest sich das nicht so, als sei ihm der Zusammenklang, von dem Schelling spricht, im Gesang der Vögel und im Windesbrausen konkret geworden, als sei mit diesem Brausen das gemeint, was in Camilles Worten von der glühenden, brausenden Schöpfung ausgedrückt ist, als symbolisiere der eine Ton aus tausend Stimmen die Identität, der nachzudenken und nachzuforschen die Naturphilosophie sich zur Aufgabe stellt? Hier ist wohl auch daran zu denken, daß im »weißen Gluthstrahl der Liebe« (112), dem Leonces Sehnsucht gilt, die vom Dunst über der Erde auseinandergefächerten Farben eins sind, daß das Glühende dieses Strahles eine Entsprechung in Camilles Worten hat, daß Liebe hier, ganz wie bei Schelling, als das innerste Wesen der Identität, der Zusammengehörigkeit des Verschiedenen, als das Wesen des Seins verstanden wird.[16] So mag sich auch erklären, weshalb Lenz in Ängste gerät, wie Oberlin einem jeden der zwölf Apostel eine bestimmte Farbe zuteilt (86): selbst einem Apostel käme also bloß eine eng begrenzte Valenz im Spektrum zu, der weiße Glutstrahl der Liebe hätte auch ihn nur gebrochen erreicht? Im Auseinander und Nacheinander fürchtet Lenz das Zugleich zu verlieren.

Eine Stelle der »Anmerkungen zum Theater« gewährt tiefen Einblick in diese Not. »So viel ist gewiß«, erklärt Jakob Michael Reinhold Lenz, »daß unsere Seele von ganzem Herzen wünscht, weder sukzessiv zu erkennen, noch zu wollen. Wir möchten mit einem Blick durch die innnerste Natur aller Wesen dringen, mit einer Empfindung alle Wonne, die in der Natur ist, aufnehmen und mit uns vereinigen. Fragen Sie sich, m. H., wenn Sie mir nicht glauben wollen. Woher die Unruhe, wenn Sie hie und da eine Seite der Erkenntnis beklapst haben, das zitternde Verlangen, das Ganze mit Ihrem Verstande zu umfassen, die lähmende Furcht, wenn Sie zur andern Seite übergehn, werden Sie die erste wieder aus dem Gedächtnis verlieren. Eben so bei jedem Genuß, woher dieser Sturm, das All zu erfassen, der Überdruß, wenn Ihrer keichenden Sehnsucht kein

[14] Vgl. S. 77.
[15] Nr. 17; II, 424.
[16] Vgl. a. a. O., S. 352.

neuer Gegenstand übrig zu bleiben scheint.«[17] Büchner hat die Unruhe zum Ausdruck gebracht, indem er, am Anfang seiner Erzählung, von Lenz sagt: »Er begriff nicht, daß er so viel Zeit brauchte, um einen Abhang hinunter zu klimmen, einen fernen Punkt zu erreichen.« (79) Er hat Lenz in der lähmenden Beklemmung dargestellt: »Im Gespräch stockte er oft, eine unbeschreibliche Angst befiel ihn, er hatte das Ende seines Satzes verloren.« (98) Anderseits hat er die Augenblicke lebensvoller Ruhe hervorgehoben, in denen Lenz die Simultaneität erfährt. Dann ist es Lenz jeweils, als sei in allem »eine unaussprechliche Harmonie, ein Ton« (86). Den gleichen Zusammenklang vernimmt er auch im Läuten der Glocken, so daß sich ihm alles »in eine harmonische Welle« auflöst. (84)[18] In solchen Augenblicken weiß Lenz, daß dieses Zugleich von Mannigfaltigkeit und Einheit, von Bewegung und Ruhe die überall wirkende Lebendigkeit ist, ein Gegebenes und nicht ein erst zu Erringendes, daher er auch das Streben nach Idealität abweist: »Immer steigen, ringen und so in Ewigkeit Alles was der Augenblick giebt, wegwerfen und immer darben, um einmal zu genießen; dürsten, während einem helle Quellen über den Weg springen.« (89)

Das Wort »Augenblick«, das Lenz hier für ein jederzeitiges Geschehen, für die Lebendigkeit der Schöpfung braucht, heißt nicht dasselbe wie bei Goethe, wenn er sagt, der Mensch sei bloß einen Augenblick lang schön.[19] Es ist nicht der einmalige, nur vom Kunstwerk festzuhaltende Kulmina-

[17] Jakob Michael Reinhold Lenz, Werke und Schriften I, hrsg. v. Britta Titel und Hellmut Haug, Stuttgart 1966, S. 334 f.
[18] Den Gegensatz zur Harmonie des vollen Glockenklanges bildet das leere Getön einer Schelle. Valerio, dazu aufgefordert, den Staatsräten das Geleite zu geben, entgegnet dem Prinzen: »Das Geläute? Soll ich dem Herrn Präsidenten eine Schelle anhängen? Soll ich sie führen, als ob sie auf allen Vieren gingen?« (115) Da in »Leonce und Lena« mit den Worten »Glaube, Liebe, Hoffnung« (131) auf das 13. Kapitel des ersten Korintherbriefes angespielt wird, liegt es nahe, das Wort von der Schelle im Zusammenhang mit dem Anfang desselben Kapitels zu sehen: eine klingende Schelle wird dort der Mensch genannt, dem die Liebe fehlt. Es geht Valerio nicht in erster Linie darum, den Präsidenten des Staatsrates in dieser Weise zu kennzeichnen, er gibt vielmehr zu verstehen, wie lieblos der Prinz soeben die Staatsräte behandelt hat. Leonce faßt das auch richtig auf — im darauffolgenden Monolog wird er sich seine Gemeinheit vorhalten — und sucht es Valerio damit heimzuzahlen, daß er ihn ein »schlechtes Wortspiel« schimpft, also durchblicken läßt, Valerio sei selber eine klingende Schelle. Das »schlechte Wortspiel« dieser Szene bildet den Kontrast zu einem Wort, das Büchner, ein biblisches Bild brauchend (vgl. etwa Röm. 5, 5), seiner Braut schreibt: »Könnte ich nur über dich einen vollen Ton ausgießen.« (Nr. 17; II, 425) Es könnte seine Dichtung nicht das leere Schellengeschepper und mißtönende Charivari, das drehorgelgleiche Geleier und Geknarre enthalten und als solches hören lassen, wäre ihr nicht auch der volle Ton gegeben.
[19] Vgl. das Zitat S. 183.

tionspunkt gemeint, in welchem Gestalt und Idee im Gleichgewicht ruhen, das Veränderliche mit dem Seiendsten aufs engste vereint ist. Und ebensowenig ist dieser Augenblick das gleiche wie jenes Momentane, von dem sich Danton Ruhe verspricht, weil es mit dem Nichts gepaart ist. Daß die Begriffe auf ihren jeweiligen Sinnzusammenhang hin befragt werden müssen, gilt vor allem auch für das Wort »Natur«. Da erklärt Lenz einmal: »Dieser Idealismus ist die schmählichste Verachtung der menschlichen Natur.« (87) Was bedeutet hier »menschliche Natur«? Nur so viel wird deutlich, daß »Natur« etwas anderes besagt, als der Idealismus darunter verstand, denn ihm wird ja nun gerade dort die Anerkennung verweigert, wo er besondere Verdienste aufweisen konnte: im Achten auf die menschliche Natur, in der Pflege dessen, was der Mensch zu sein hat, damit er wesenhaft und seiend genannt werden kann. Es ist also offensichtlich, daß Büchner hier eine bestimmte Vorstellung von der menschlichen Natur — die idealistische — ablehnt, unklar aber ist dabei, ob er an die Stelle der abgelehnten Vorstellung eine andere setzt oder ob am Ende mit dem Ausdruck »menschliche Natur« überhaupt keine Vorstellung zu verbinden ist, weil der Mensch als nicht vorstellbar und feststellbar aufgefaßt und gerade hierin seine Natur gesehen wird. In diesem Fall bestünde die Verachtung darin, daß der Idealismus den Menschen nicht in seiner Nichtvorstellbarkeit achtet, sondern ihn auf das Vorstellbare reduziert. Will man zu ermitteln suchen, wie es sich damit verhält, muß man weitere gegen den Idealismus gerichtete Stellen heranziehen.

Auf den Idealismus kommt Büchner auch in »Leonce und Lena« zu reden. Valerio spottet über Leonce, daß er darauf verzichten wolle, König zu werden und eine schöne Prinzessin zu heiraten; eine solche Resignation sei ihm unbegreiflich, ebenso unverständlich aber sei ihm, daß er, wenn er schon derart resigniere, seinem Leben nicht konsequenterweise ein Ende gesetzt habe. Leonce gibt zur Begründung, warum er noch am Leben sei, eine ironische Antwort: »Aber Valerio, die Ideale! Ich habe das Ideal eines Frauenzimmers in mir und muß es suchen.« Er beschreibt dieses Ideal mit den Vokabeln »schön« und »geistlos« und erläutert dies so: »Es ist ein köstlicher Contrast. Diese himmlisch stupiden Augen, dieser göttlich einfältige Mund, dieses schafnasige griechische Profil, dieser geistige Tod in diesem geistigen Leib.« Dadurch werden die beiden Seiten des Kontrasts geistlos - schön näher bestimmt. Von Schönheit, wie sie hier verstanden wird, kann dann die Rede sein, wenn das Geistige verkörpert, das Leibliche vergeistigt ist, wenn alles Innere veräußert und alles Äußere geformt ist, wenn Wesen und Erscheinung koinzidieren. Mit solchen Worten spricht Schiller von der Schönheit.[20] Und Goethe sagt dasselbe in den Versen:

> Der Schein, was ist er, dem das Wesen fehlt?
> Das Wesen, wär' es, wenn es nicht erschiene?[21]

Doch was für die Klassiker Schiller und Goethe Leben in höchstem Sinn bedeutete, hat nun den Grundzug der Zwiespältigkeit: wohl ist es Leben — »Leib« hat ja durchaus auch die Bedeutung von »Leben« —, aber zugleich Tod, wohl ist es geistig, zugleich jedoch geistlos. Darum steht Leonces Sinn nach einem andern: es ist ihm, indes er vom geistigen Tod redet, um die Lebendigkeit des Geistes zu tun. »Geist« kann dann aber nicht das gleiche heißen wie im Ausdruck »geistiger Leib«. »Geist« ist jetzt offenbar das, was nicht in die Erscheinung treten kann, was vielmehr erstirbt, wenn man meint, es lasse sich in die Erscheinung bringen. Der Leib zeigt nicht her, was »Geist« zu nennen wäre, aber er könnte Signale geben, Andeutungen, daß der Geist ist. Diese Vermutung wird durch die Art bestätigt, in der Lenz von diesen Dingen spricht. Nachdem er erklärt hat, der Idealismus sei die schmählichste Verachtung der menschlichen Natur, legt er seine eigene Ansicht von der Aufgabe der Kunst dar: man »senke sich in das Leben des Geringsten und gebe es wieder, in den Zuckungen, den Andeutungen, dem ganzen feinen, kaum bemerkten Mienenspiel« (87). Demnach zeigt sich in der nicht-idealistischen Darstellung das, worauf es ankommt, eben gerade nicht an ihm selbst. Die Zuckungen, das Mienenspiel sind Indikationen von etwas Verborgenem. Die Erscheinung ist dann — mit Heideggers Worten — das Sichmelden von etwas, das sich nicht zeigt, durch etwas, was sich zeigt.[22] Erscheinung in diesem Sinn darf mithin auch nicht verstanden werden als ein Scheinbares, das bloß aussieht, aber in Wirklichkeit nicht ist, als was es sich gibt. Denn das Scheinbare kann dem Wahren Platz machen, die Erscheinung hingegen ist nichts im Wege Stehendes, im Gegenteil: auf sie ist man angewiesen. Auf Grund des Indikationscharakters ist die Erscheinung weder etwas bloß Trügerisches, hinter welchem erst die Wirklichkeit zu finden wäre, noch ist sie als das in Raum und Zeit Verifizierbare das einzig

---

[20] Vgl. z. B. Über Anmuth und Würde. Nat.Ausg. Bd. 20, S. 254, Über die ästhetische Erziehung des Menschen. Nat.Ausg. Bd. 20, S. 344, An Körner, 23. Febr. 1793, 19. Febr. 1793.

[21] Die natürliche Tochter, 2. Akt, 5. Auftritt. — Inwiefern Goethe und Schiller, wenn sie »Wesen« und »Erscheinung« sagen, nicht übereinstimmen, kann hier außer acht gelassen werden.

[22] Sein und Zeit, 6. Auflage, Tübingen 1949, S. 29.

Wirkliche, außerhalb dessen nichts ist: sie ist aber auch nicht die mehr oder weniger gelungene Übereinstimmung von Sinnlichem und Ideellem.

Wenn es sich mit dem Erscheinenden verhält, wie eben beschrieben, dann darf die Kunst die Dinge nicht so zeigen, daß sie lediglich einen schönen, aber lügenhaften Schein darstellen, den es zu durchschauen gilt, auch nicht so, als ob es damit getan wäre, sie bloß zu sehen, in ihrer Feststellbarkeit zu nehmen und aus ihrer Registrierung Nutzen zu ziehen; die Dinge sollen aber auch nicht so dargeboten werden, daß das Auge anschauend — weil es im sinnlichen Scheinen die Idee schaut — auf ihnen ruhen könnte. Die Kunst hat dann vielmehr dafür zu sorgen, daß mit den Dingen auf das, was sich nicht zeigt, hingelenkt wird.

Durch ein »gegenständlich tätiges« Denkvermögen, in welchem das Anschauen selbst ein Denken, das Denken ein Anschauen ist[23], wird die klassische Kunst hervorgebracht; Büchners Kunst entstammt einem andern Sinn und richtet sich an einen andern Sinn. Ihr Gegenstand geht nicht im Gegenständlichen auf, ihr Sichtbares verweist auf ein Jenseits der Sichtbarkeit, ihre Worte deuten auf Ungesagtes und Unsagbares. Von diesem Nicht-Ostensiblen und Nicht-Palpablen, dem Ungreifbaren und daher Unbegreiflichen spricht Lenz bei der Beschreibung des Bildes »Christus und die Jünger von Emaus«: »Da erkennen sie ihn, in einfach-menschlicher Art, und die göttlich-leidenden Züge reden ihnen deutlich, und sie erschrecken, denn es ist finster geworden, und es tritt sie etwas Unbegreifliches an, aber es ist kein gespenstisches Grauen.« (88) Die Darstellung macht nicht sichtbar — denn das ist unmöglich —, sondern bringt einem nahe: Ein Unbegreifliches tritt den Menschen an. Und ebenso ist beim andern Bild das Dargestellte auf das Nicht-Darstellbare bezogen: »Die Frau hat nicht zur Kirche gekonnt, und sie verrichtet die Andacht zu Haus, das Fenster ist offen, sie sitzt darnach hingewandt, und es ist als schwebten zu dem Fenster über die weite ebne Landschaft die Glockentöne von dem Dorfe herein und verhallet der Sang der nahen Gemeinde aus der Kirche her.« (88) Es ist ein Gemälde, das den Betrachter nicht im Anschauen der dasitzenden Frau verweilen läßt, vielmehr ihn dazu veranlaßt, sich in sie zu versenken — wie es der Künstler getan und Lenz es nachvollzieht — und mit ihr das durchs offene Fenster Heranschwebende zu vernehmen, den vollen Ton und zugleich das, wovon er Kunde

---

[23] Mit diesen Worten bezeichnet Johann Christian August Heinroth die Schaffensweise Goethes, welcher dazu bemerkte: »Was nun von meinem gegenständlichen Denken gesagt ist, mag ich wohl auch ebenmäßig auf eine gegenständliche Dichtung beziehen.« (Bedeutende Fördernis durch ein einziges geistreiches Wort, Artemis-Ausgabe Bd. 16, S. 879 f.)

gibt. Gemäß diesen Beispielen wird man auch in Büchners Dichtung auf alle die Zeichen zu achten haben, die eine Entgrenzung des Gegenständlichen, ein Freiwerden ins Offene andeuten, und wird ein Gespür haben müssen für das aus dem Offenen Andringende. Dann erkennt man am Geringfügigen das Bedeutsame, etwa wenn Marie in ihrer Zerknirschung das Fenster aufmacht (180). Und man erkennt auch, wie das Eigentliche, weil es nicht darstellbar ist, zumeist durch widersprüchliche Aussagen hindurch anvisiert wird, zum Beispiel an der folgenden, besonders einprägsamen Stelle. Valerio meint, die Welt sei doch ein ungeheuer weitläufiges Gebäude, worauf Leonce entgegnet: »Nicht doch! Ich wage kaum die Hände auszustrecken, wie in einem engen Spiegelzimmer, aus Furcht überall anzustoßen, daß die schönen Figuren in Scherben auf dem Boden lägen und ich vor der kahlen, nackten Wand stünde.« (118) Die Weite, in der die Offenheit zur Leere verödet ist und der Mensch sich zu verlieren droht, die Enge, in der kein Offenes dem Menschen Atem und Bewegung gibt, so daß er reglos in sich selbst — in seiner Selbstbewahrung — eingeschlossen bleibt, rundherum nichts als immer wieder er[24]: beides durchkreuzt sich wechselweise und macht damit auf jene andere Möglichkeit aufmerksam, daß der Mensch sich nicht als Gefangener und nicht als Herumirrender vorkommen muß, weil er der Welt — wie man nicht anders als paradox sagen kann — als einer engen Weite innegeworden ist, in der sich die Enge des Endlichen entgrenzt, die Weite der Unendlichkeit auch dem Begrenzten zukommt.

Daß Büchner Aussage gegen Aussage ausspielt, Figur gegen Figur führt, nötigt einen, durch die Entgegensetzungen hindurchzudringen und auf ihr Einssein hinzudenken. In dieser Bewegung verändert sich, was sich hinstellt und darstellt, was mit anderm zu Konstellationen zusammentritt. Mit Worten von Lenz gesagt: Das Aufgeblätterte löst sich auf, das Gruppierte wird zerstört. Es kann nichts stehenbleiben und sich behaupten. Aber in dieser Auflösung und Zerstörung ehrt Büchner das Hohe, das als ein Zeichen seiner selbst die Hinfälligkeit gesetzt hat. Im Volkslied, das Lucile singt, ist dies am einfachsten ausgedrückt:

> Es ist ein Schnitter, der heißt Tod,
> Hat Gewalt vom höchsten Gott.

---

[24] In einer Bemerkung über Lenz ist aufs deutlichste gezeigt, was es heißt, in ein solches Spiegelzimmer eingeschlossen zu sein: »Es war ihm dann, als existire er allein, als bestünde die Welt nur in seiner Einbildung, als sey nichts, als er, er sey das ewig Verdammte, der Satan.« (99) — Dem Thema von der zu engen oder zu weiten Welt begegnet man in der Erzählung verschiedentlich, so auch auf S. 92, wo Lenz und Friederike einander gegenübergestellt sind.

Büchners letzte Worte: »Wir sind Tod, Staub, Asche, wie dürften wir
klagen« sind, lange bevor sie Wilhelm Schulz gehört, in seiner Dichtung
gesprochen. Daß das Hohe nun auf diese Weise geehrt wird, ist der auf-
fallendste Unterschied zum Aufklärungszeitalter, das in der Schönheit
und Zweckmäßigkeit des Seienden den Beweis für das Dasein Gottes
evident vor Augen zu haben und mit der Bewunderung des Geschaffenen
den Schöpfer gebührend zu ehren meinte. Büchners Dichtung gehört einer
Zeit an, da sich erwiesen hat, daß der physikotheologische Beweis, wie
der ontologische, der Kritik nicht standzuhalten vermag, und da auch
der moralische Gottesbeweis, der sich einzig noch anzubieten schien, aufgegeben werden mußte. In dieser Situation rückt der Tod und mit ihm,
dem Inbegriff des Leidens, all die quälende Bedrängnis des Daseins ins
Blickfeld. Wesentlich am Menschen ist nun, daß ihm, anders als den
übrigen Lebewesen, dieser Bezug zum Tod gegeben ist und daß er mit
dem Wissen um das Ende des Endlichen in ein Umgreifendes eingelassen
ist. Menschliche Natur, so wie Büchner sie versteht, meint demnach das
Vermögen, in einem Verhältnis zum Ende und damit auch zu dem,
worein die Endlichkeit gefügt ist, zu stehen. Der Idealismus ist die Verachtung der menschlichen Natur, insofern er, der Zeitlosigkeit und Un-
verweslichkeit des Ideellen gewiß, den Menschen seinem Wesen nach als
vom Tod nicht berührbar, als unsterblich auffaßt und so dessen nicht
wahrhaft achtet, was den Menschen auszeichnet: daß er sich als sterb-
liches Wesen weiß. Den Menschen in der idealischen Schönheit darstellen
heißt von diesem Wissen absehen. Deshalb vergleicht Leonce die Schönheit des Ideals mit der Schönheit des neugeborenen Kindes (119). Das
Gegenstück zu ihr, die noch nicht berührt ist vom Leiden und dem Wissen um den Tod, zeigt sich auf dem Bild »Christus in Emmaus«. Während Leonce vom göttlich einfältigen Mund, von den himmlisch stupiden
Augen spricht, ist hier die Rede von den göttlich leidenden Zügen; hier
ist das menschliche Dasein auf das Todesleiden und die Auferstehung
gerichtet, dort ist es in der Anamnesis zurückbezogen auf die präexistente
Idee, auf die Abkunft und den Eintritt ins Leben. An diesem Gegensatz
ist wiederum zu ermessen, wie sehr sich der Begriff der menschlichen
Natur gewandelt hat. Die ganze Natur, läßt Büchner seinen Lenz sagen,
liege in den paar Worten, mit denen Lukas vom Gang der beiden Jünger
nach Emmaus berichte. Die ganze Natur: damit ist gemeint, daß die Jünger mit ihren Gedanken beim Tod sind, den sie miterlebt, daß sie, in
ihren Erwartungen zuschanden geworden, zutiefst entmutigt sind und
von der Verdammnis des Todes sprechen, daß sie sodann ihre Verzweiflung als Trägheit des Herzens zu erkennen vermögen und von neuem

Leben erfüllt werden. Menschliche Natur in ihrer Ganzheit besagt, daß dem Menschen gegeben ist, sich Vergänglichkeit und Tod vor Augen zu halten, und daß ihm zugleich der Glaube gegeben ist, der ihn davor bewahrt, sich an die Schwermut oder den Leichtsinn zu verlieren und lebendig-tot oder tot-lebendig sein zu müssen. Somit macht es das Wesen des Menschen aus, daß für ihn Tod und Leben — in richtig verstandener Identität — eins sind. Die menschliche Natur zeigt sich nicht in der bestimmten Beschaffenheit und Wesensgestalt, mit welcher der Mensch zur Welt kommt und zu welcher er sich heranbildet, sie manifestiert sich darin, daß er, der Vernichtung und Verweslichkeit bewußt geworden, kraft einer neuen Lebendigkeit — nicht bloß auf Grund der Vitalität — lebt.

Es kann daher nicht überrasdhen, daß bei Büchner an Stelle des Ausdrucks »menschliche Natur« auch das Wort vom »heiligen Geist im Menschen« zu finden ist. Lenz sagt: »Dieser Idealismus ist die schmählichste Verachtung der menschlichen Natur.« Und Büchner schreibt seinen Eltern im Februar 1834: »Der Aristocratismus ist die schändlichste Verachtung des heiligen Geistes im Menschen.«[25] Was mit »Aristocratismus« gemeint ist, wird vorangehend klargestellt. Büchner hat jene Leute im Auge, die, »im Besitze einer lächerlichen Äußerlichkeit, die man Bildung, oder eines todten Krams, den man Gelehrsamkeit heißt, die große Masse ihrer Brüder ihrem verachtenden Egoismus opfern«. Bildung und Gelehrsamkeit gehören zu den Grundlagen der idealistischen Periode. Als Ergebnis gelehrter Beschäftigung mit der Antike verkündete Winckelmann das Ideal von der »edlen Einfalt und stillen Größe«. Indem man sich zu diesem Vorbild heranbildete, wuchs man in die wahre Gestalt des menschlichen Wesens hinein. Büchner spricht abschätzig von Bildung und Gelehrsamkeit, und dies nicht nur deshalb, weil beides die Sache einer Minderheit ist. Der verachtende Egoismus ist nicht in erster Linie darin zu sehen, daß die wenigen ein Bildungsmonopol errichtet haben, statt die Chancengleichheit zu verwirklichen, sondern darin, daß sie den Anspruch erheben, das Wesentliche zu vertreten, und dabei verkennen, wie sehr dieses Wesentliche eine Äußerlichkeit ist und daher niemandes Hauptsache sein kann. Aus dieser Kritik ist nicht zu schließen, Büchner sei kulturfeindlich

---

[25] Nr. 15; II, 423. — Es sei hier daran erinnert, daß Büchner im Jahr zuvor »in tiefe Schwermuth verfallen« war (II, 429). Daß er nun vom »heiligen Geist im Menschen« spricht, ist ein wichtiger Hinweis auf seine Befreiung aus der Schwermut. Man pflegt diese biblische Formulierung stillschweigend zu übergehen, als sei sie nicht ernst zu nehmen, und ist dabei inkonsequent genug, den Kontext gleichwohl beachtenswert zu finden.

eingestellt. Er eignet sich ja selbst aufs intensivste eine literarische Bildung und gelehrte Kenntnisse an, nur ist ihm ihr Wert durch das, was er den heiligen Geist im Menschen nennt, relativiert. Sie sind bloße Werte, sie haben einen Stellenwert innerhalb von etwas anderem, das nicht nach Maßgabe von Werten einzuschätzen ist. Gerade diese Spannweite und Spannkraft verbietet den Gedanken, es sei Büchner alles einerlei, was immer er tue. Nur der oberflächliche Blick mag diese oder jene Briefstelle so auslegen, etwa wenn zu lesen steht: »Man muß aber unter der Sonne doch auf irgend einem Esel reiten, und so sattle ich in Gottes Namen den meinigen«[26], oder: »Ich habe mich jetzt ganz auf das Studium der Naturwissenschaften und der Philosophie gelegt, und werde in Kurzem nach *Zürich* gehen, um in meiner Eigenschaft als überflüssiges Mitglied der Gesellschaft meinen Mitmenschen Vorlesungen über etwas ebenfalls höchst Überflüssiges, nämlich über die philosophischen Systeme der Deutschen seit Cartesius und Spinoza, zu halten.«[27] Büchner sagt damit nämlich das Gegenteil von dem, was Marion äußert: »Es läuft auf eins hinaus, an was man seine Freude hat, an Leibern, Christusbildern, Blumen oder Kinderspielsachen, es ist das nemliche Gefühl, wer am Meisten genießt, betet am Meisten.« (22) Womit auch immer der Mensch, seiner Anlage und Neigung folgend, sich beschäftigt, es ist gleichgültig, gleich viel wert: darin kommen Marion und Büchner überein; aber es ist aus verschiedenen Gründen gleichgültig, und darin unterscheiden sich Marion und Büchner. Für ihn ist dies alles gleich unwesentlich — und damit verweist er auf das einzig Wesentliche; für sie ist all dies gleich wesentlich — und damit gibt es für sie überhaupt nur Unwesentliches, denn wenn alles wesentlich ist, ist nichts wesentlich. Während Marion in vollständiger Nivellierung jede Art angenehmen Beschäftigtseins als Gebet meint ansprechen zu können, setzt Büchner die Beschäftigungen und anderseits das Tun, das dem heiligen Geist im Menschen entspräche, weit auseinander. Die Beschäftigungen haben den Charakter der Beliebigkeit, nicht den der Notwendigkeit. Jeder sattelt irgendeinen Esel und macht sich auf den Weg, wie es ihm sein eigener Geist eingibt. Damit aber ist der menschlichen Gemeinschaft nicht Genüge getan.

Verachtung des heiligen Geistes im Menschen, dies bedeutet für Büchner, daß das allen Gemeinsame für nichts geachtet und so die Zusammengehörigkeit aufgelöst wird. Was man gleichwohl als verbindend preist, Büchner hebt daran das Zertrennende hervor, handle es sich um die All-

---

[26] An August Stöber, 9. Dezember 1833 (Nr. 14; II, 421 f.).
[27] An Wilhelm Büchner, 2. September 1836 (Nr. 58; II, 460).

gemeingültigkeit der Idee, um die Idealität, zu der angeblich ein jeder sich als zu seiner eigentlichen Natur emporzubilden imstande sei, oder handle es sich um das Allgemeingültige der Triebe und Neigungen, welche, Genuß gewährend, einem jeden angeblich zu einem Leben gemäß seiner Natur verhelfen. Weder dieses noch jenes Gemeinsame ist ins Auge gefaßt, wenn Lenz den Ausdruck »menschliche Natur« braucht. Vielmehr meint er — so ist aus der parallelen Briefstelle wie aus den Bildbeispielen zu folgern — eine solche Beschaffenheit des Menschen, daß der heilige Geist darin wirken kann. Lenz betont das Gemeinsame auch mit den Worten: »Die Gefühlsader ist in fast allen Menschen gleich, nur ist die Hülle mehr oder weniger dicht, durch die sie brechen muß.« (87) »Gefühl« und »Geist« rücken einander sonderbar nahe. Befremdlich ist das, weil wir bei »Geist« an Verstand und Vernunft, bei »Gefühl« an die Gestimmtheit denken, also zwei Bereiche nennen, die wir zu trennen pflegen. Aber wie das Wort »Geist« verschiedenes heißen kann — »Geist« als pneuma und »Geist« als intellectus —, so gilt es genauer zu untersuchen, was unter »Gefühl« zu verstehen sei. Lenz unterscheidet Stufungen des Fühlens. Den elementarischen Sinn — das Wonnegefühl, von dem eigentümlichen Leben jeder Form berührt zu werden, für Gesteine, Metalle, Wasser und Pflanzen eine Seele zu haben — hält er nicht für einen hohen Zustand; je feiner der Mensch geistig fühle und lebe, desto stumpfer werde der elementarische Sinn. Elementarisch fühlend, vermag der Mensch jedes Wesen der Natur so traumartig in sich aufzunehmen »wie die Blumen mit dem Zu- und Abnehmen des Mondes die Luft« (85); geistig fühlend, vernimmt er den Zusammenklang von allem, den einen Ton des Vielstimmigen (86)[28]. In dieser wie jener Art des Fühlens ist das Einssein zugänglich: das einemal auf eine beschränkte Weise, dafür so, daß die Ruhe in sich größer ist, das anderemal umfassend, aber verbunden mit stärkerer Gefährdung. An das, was Lenz hier sagt, hat man zu denken, wenn er später auf den Gang nach Emmaus zu sprechen kommt. Die Jünger sind ein Beispiel tiefster Affizierung. Nach dem Tode Jesu hat Verzweiflung sich ihrer bemächtigt. Auf halbfinsterer Straße unterwegs, sind sie überdies — und wegen ihrer Verstörtheit in besonderem Maße — vom Elementarischen berührt, vom trüben, dämmernden Abend. Aber da ereignet sich etwas, wodurch sich in ihnen das geistige Fühlen wieder aufrichtet, wodurch sie erst eigentlich geistig Fühlende zu werden beginnen. Es dürfte nun auch

---

[28] Der Satz: »Er sprach sich selbst weiter aus, wie in Allem eine unaussprechliche Harmonie, ein Ton, eine Seeligkeit sey« berührt sich mit der Briefstelle: »Ein einziger, forthallender Ton aus tausend Lerchenkehlen schlägt durch die brütende Sommerluft« (Nr. 17; II, 424).

zu verstehen sein, weshalb Lenz sagt, in den wenigen Worten, die von diesem Gang berichten, liege »die ganze Natur«. Man erkennt zudem, wie Lenz aus der Verstörtheit und der so oft erlebten Überwältigung durch die hereinbrechende Nacht befreit zu werden hofft. Er sucht der stärksten Stimmungsmacht nicht mit dem Gleichmut entgegenzutreten, der, weil er des Zeitlosen gewiß ist, von Vergänglichkeit und Tod unangefochten bleibt. Er möchte vielmehr in jene Bewegung des Gemüts hineinkommen, in der alles Leidvolle empfunden und zugleich als der Seligkeit zugehörig erfahren wird, so daß Zeit und Ewigkeit einander nicht ausschließen. Deshalb erwartet er auch von der Kunst, daß sie einen Impuls gebe, der das Gemüt in dieser Weise bewegt. Die Verkrustungen, die sich um die Gefühlsader gebildet haben, würden dann durchbrochen werden.

Die klassische Kunst hat anderes im Sinn. Schiller erklärt, der unausbleibliche Effekt des Schönen sei Freiheit von Leidenschaften, denn nichts streite mehr mit dem Begriff der Schönheit, als dem Gemüt eine bestimmte Tendenz zu geben; je allgemeiner die Stimmung und je weniger eingeschränkt die Richtung sei, welche unserm Gemüt durch die Kunst gegeben werde, desto edler sei die Kunst. Die »hohe Gleichmüthigkeit und Freyheit des Geistes, mit Kraft und Rüstigkeit verbunden, ist die Stimmung, in der uns ein ächtes Kunstwerk entlassen soll, und es giebt keinen sicherern Probierstein der wahren ästhetischen Güte. Finden wir uns nach einem Genuß dieser Art zu irgend einer besondern Empfindungsweise oder Handlungsweise vorzugsweise aufgelegt, zu einer andern hingegen ungeschickt und verdrossen, so dient dieß zu einem untrüglichen Beweise, daß wir keine *rein ästhetische* Wirkung erfahren haben.«[29] Bei Schiller, wie ja auch bei Goethe, ist das Bedürfnis nach einer Gemütsverfassung von ruhiger Klarheit und Reinheit sehr wohl zu verstehen: sie mußten sich aus dem Tumult der Affekte retten, der ihre Jugendzeit beherrscht hatte. Was ihre persönliche Notwendigkeit war, verband sie mit der breiten Strömung des europäischen Klassizismus; aus ihrem Erlebnishintergrund aber teilte sich ihren klassischen Werken so viel an Spannung mit, daß sie, wollten sie den Forderungen ihrer Theorie genügen, jenen Widerstand zu bewältigen hatten, ohne den die Gleichmütigkeit zur Gleichgültigkeit würde. Büchner dagegen ist in anderer Situation. Das zur Klassik Beruhigte bedroht nun Dichter und bildende Künstler — in Büchners Ausdrucksweise gesagt — mit dem geistigen Tod. Und da

---

[29] Über die ästhetische Erziehung des Menschen in einer Reihe von Briefen, 22. Brief, Nationalausgabe, Bd. 20, S. 380.

drängt sich Früheres wieder hervor. Es scheint sich mit der Berufung auf das Gefühl etwas zu wiederholen, was schon einmal ausprobiert und durchlitten worden war; aber das Wiederholte ist, wie es nicht anders sein kann, kraft der Wiederholung verändert. Kommen Büchner und Lenz auch in diesem und jenem überein, sie sind doch voneinander verschieden. Das Gespräch über die Kunst zeigt wohl Aspekte von Büchners eigener Auffassung, zugleich aber charakterisiert es die vom Erzähler abgelöste Figur des Lenz. Bei der Gleichsetzung, von der wir ausgegangen sind, können wir es nicht bewenden lassen.

Büchner schließt das, was Lenz im Kunstgespräch äußert, mit der zustimmenden und dennoch einschränkenden Bemerkung ab: »Man horchte auf, es traf Vieles.« (88) Lenz sagt viel Treffendes, doch nicht alles ist getroffen. Wo aber wäre ein Verfehlen nachzuweisen? Nach einem Beispiel suchend, stößt man auf den Satz: »Der Dichter und Bildende ist mir der Liebste, der mir die Natur am Wirklichsten giebt, so daß ich über seinem Gebild fühle, Alles Übrige stört mich.« (88) Als wirklich wird hier angesprochen, was das Gefühl erregt. Geht von einem künstlerischen Gebilde keine Gemütsbewegung aus, fühlt sich Lenz, wie er sagt, sehr tot. Lebendigkeit zu fühlen, darum ist es ihm zu tun. Daß das Wirkliche das Lebendige sei, ist auch Büchners Auffassung; ob ihm hingegen das Lebendige ausschließlich das zu Fühlende sei, muß als fraglich bezeichnet werden. Wenn man vergleicht, wie Büchner und wie, in seiner Erzählung, Lenz etwas beschreibt, bestätigt sich dieser Unterschied. Lenz spricht von den Bildern empfindsam, einfühlend, miterlebend, aber man gewinnt keine deutliche Vorstellung von ihnen; einzig die abgebildete Situation wird kurz umrissen, vom Aufbau des Bildes dagegen, von seinen Teilen und ihrem gegenseitigen Bezug, von der Ordnung des Ganzen vernimmt man nichts. Lenz gibt nicht die Bilder wieder, sondern die Emotion, die sie in ihm bewirkt haben. Das Objekt verschwindet gleichsam in der Subjektivität. Das kann man von Büchners Darstellungsweise nicht sagen. Man ermißt den Unterschied sogleich, wenn man etwa auf den Anfang der Erzählung blickt. Gewiß, auch hier ist der Eindruck, den die Landschaftsbilder im Gemüt des Wanderers Lenz erzeugen, festgehalten, aber zugleich gestaltet sich vor dem Auge des Lesers das Land in seiner Gliederung, mit Flächen und Tälern, mit weithin glänzenden Gipfeln und nahen Felsen und Tannen. Es äußert sich dabei ein Sinn für das Strukturelle, den man beim Lenz der Erzählung nicht findet. Denkt man nun gar daran, in wie hohem Maß Büchners Dramen durch Figurenkonstellationen und Motivkorrespondenzen als Gefüge gebildet sind, und hält

Bühnenwerke von J. M. R. Lenz daneben[30], so vergrößert sich der Abstand zwischen den beiden Dichtern noch, zumal man überdies Büchners philosophische und naturwissenschaftliche Schulung in Betracht zu ziehen hat. Natürlich sprechen seine Dichtungen auch das Gefühl an, aber gleichzeitig lösen sie in ausgeprägter Weise eine Denkbewegung aus. Von ihnen gilt nicht, daß man über einem künstlerischen Gebilde ausschließlich soll fühlen können. Denken und Fühlen bedeuten somit für Büchner nicht durchaus dasselbe wie für Lenz. Im Sturm und Drang ist das Gefühl der Widerpart zum Denken, das, auf die Rationalität der Mathematik ausgerichtet, ein urteilendes, schließendes, beweisendes Denken ist. Auf Grund dieser Gegensätzlichkeit hat das Fühlen wie das Denken einen eingeschränkten Sinn. Das Denken wird in der Botmäßigkeit der Mathesis gehalten, so daß es sich nicht in eine höhere Denkweise verwandeln kann; das Gefühl, das Gemüt, das Herz, statt zu dem Grund zu werden, aus dem das Denken seine Kraft beziehen könnte, ist dann kaum noch etwas anderes als der Zufluchtsort, an welchem man vom Denken in Ruhe gelassen wird.

Um die Frage, welches das Verhältnis zwischen Denken und Fühlen sei, geht es in Schellings Polemik gegen Jacobi. Schelling billigt Jacobi zu, sich gegenüber der mathematischen Denkweise, wie sie durch Descartes in der Philosophie vorherrschend geworden, zu Recht auf das Gemüt berufen zu haben; aber sich einfach auf das Gemüt zu berufen und sich nicht vom Gemüt zu einem ursprünglichen Denken bringen zu lassen, gilt ihm als verderblich. Er wendet sich damit gegen Jacobis Behauptung, die Philosophie führe zu Fatalismus und Atheismus. Er geißelt die Ungereimtheit, die darin liegt, daß Jacobi einerseits sagt, man könne von Gott nichts wissen, keine Vorstellung von ihm haben und ihn in keiner Weise erkennen, und anderseits dennoch bei den Philosophen Atheismus konstatieren zu können meint.[31] Auch Johannes Kuhn, dessen Buch »Jacobi und die Philosophie seiner Zeit« Büchner gelesen hat[32], erhebt Einwände, die grundsätzlich in die gleiche Richtung zielen. Er tadelt, daß man bei Jacobi weder vom Wissen auf den Glauben noch von diesem auf jenes

[30] Damit soll nicht gesagt werden, daß die Kompositionsweise bei Lenz formlos und zufällig sei. Vgl. dazu Albrecht Schöne, Säkularisation als sprachbildende Kraft, 3. Kapitel, in: Palästra Bd. 226, Göttingen 1958.

[31] F. W. J. Schellings Denkmal der Schrift von den göttlichen Dingen etc. des Herrn Friedrich Heinrich Jacobi und der ihm in derselben gemachten Beschuldigung eines absichtlich täuschenden, Lüge redenden Atheismus, Schriften von 1806 bis 1813, Darmstadt 1968, S. 537 ff. — Vgl. zu Schellings Auseinandersetzung mit Jacobi auch die Schrift über das Wesen der menschlichen Freiheit.

[32] Vgl. S. 117.

übergehen könne[33], daß Jacobi einen falschen Begriff von Wissenschaft zur Voraussetzung habe und mißleitet werde von der Unkenntnis des Verhältnisses, in welchem die Grundmomente des Bewußtseins, das unmittelbare und das mittelbare, zueinander stünden[34], daß durch Jacobi die Wissenschaft um den Anspruch auf Wahrheit gebracht werde[35]. Jacobi selbst hat die ganze Problematik seiner Auffassung, freilich ohne daß er das Bedenkliche daran eingesehen hätte, am bündigsten ausgedrückt, indem er sich einen Menschen nannte, der mit dem Gemüt ein Christ, mit dem Verstand ein Heide sei. Wenn sich Fühlen und Denken derart auseinandergelebt haben, kann weder auf das eine noch auf das andere ein Verlaß sein, so daß eine gründliche Besinnung auf beides nottut.

In diesem Horizont wird man Büchners Lenzdarstellung zu sehen haben. Der Berufung auf das Gefühl stimmt Büchner insofern zu, als sie gegenüber dem sekundären Geschäft des mathematischen Denkens die unmittelbare Wahrheit zur Geltung bringt[36]; sie ist ihm aber fragwürdig, sobald sie Ausschließlichkeit beansprucht, sobald das Gefühl sich als Gegensatz zur Ratio versteht und, weil es von keinem andern Denken weiß, das Denken nicht aufkommen lassen kann. Nicht nur das Denken hat sich zu wandeln, auch das Gefühl muß in ursprünglicherer Weise gefaßt werden, soll ihm das Denken nicht entfremdet bleiben. Bei Lenz ist manches von dem, was für Büchner grundsätzliche Bedeutung hat, angelegt, aber es ist weder in derselben Tiefe noch mit derselben Energie geistiger Durchdringung gesehen. Ihn kennzeichnet daher, wie es die Erzählung darstellt, die Labilität des Fühlens, der Umschlag von einem Gemütszustand in den andern, der Sturz aus dem Fluidum der Religiosität in die Starrnis des Atheismus. Lebendigkeit ist ihm nur momentweise erschlossen und ist demzufolge für ihn etwas Punktuelles. Er braucht immer wieder Ungewöhnliches, damit ihm das Pochen des Lebenspulses fühlbar wird. Stellt sich eine solche Erregung nicht ein, kommt sich Lenz tot vor. Er muß dann seinen Willen aufzubieten versuchen, um über die Strecken öden Daseins hinwegzugelangen. So steht

---

[33] A. a. O., S. 373.
[34] S. 375 f.
[35] S. 414. — Ähnliche Einwürfe bringt auch Hegel gegen Jacobi vor: das Mangelhafte der Erkenntnisart, die sich bei ihren Gottesbeweisen auf das Verfahren der mathematischen Berechnung stütze, habe bewirkt, daß man in das andere Extrem hinübersprang und ein erkenntnisloses Glauben, ein gedankenloses Fühlen für die einzige Weise ausgab, die göttliche Wahrheit zu fassen und in sich zu haben. (Vorlesungen über die Beweise vom Dasein Gottes, Jubiläumsausgabe, hrsg. von Hermann Glockner, Stuttgart 1932, Bd. 16, S. 377 f.)
[36] Vgl. Büchners Notizen zu Cartesius; II, 140 f.

sein Leben bald unter dem Akzent von etwas Gnadenhaftem, bald unter dem Begriff der Tugend, die sich Verdienste erwerben will. Dem Tugendbegriff entstammt auch das Imperativische der Formulierung, man müsse die Menschheit lieben, es dürfe einem keiner zu gering sein (87). Da sich ein Gegenstück dazu in »Leonce und Lena« findet, ergibt sich eine weitere Möglichkeit, den Unterschied zwischen Büchner und seiner Figur Lenz zu bestimmen. Die beiden Stellen aufeinander zu beziehen ist nicht nur durch Ähnlichkeiten des Wortlauts legitimiert — hier wie dort ist von der Liebe und von den Geringen unter den Menschen die Rede —, sondern auch durch die Verknüpfung mit dem Thema des Idealismus, kommt doch Leonce auf eine gewisse Art von Menschen zu sprechen, die sich einbilden, nichts sei so schön und heilig, daß sie es nicht noch schöner und heiliger machen müßten[37]. Büchner läßt Leonce sagen: »Weißt du auch, Valerio, daß selbst der Geringste unter den Menschen so groß ist, daß das Leben noch viel zu kurz ist, um ihn lieben zu können?« (126) Zur Liebe bedarf es — da das Leben dafür zu kurz ist — der Ewigkeit. Leonce antwortet damit auf Valerios spöttische Frage: »Heirathen? Seit wann hat es Eure Hoheit zum ewigen Kalender gebracht?« In diesem Wort »ewiger Kalender« ist die Differenz zu dem für Lenz eigentümlichen Punktuellen ausgedrückt. Verhält es sich so, daß wahrhaft zu lieben nur möglich ist, wenn im Menschen die Ewigkeit zugegen ist, dann ist die von der Tugend betriebene Willensanstrengung nicht nötig. Leonce spricht daher vom Liebenkönnen, nicht von einem Müssen. Büchner hat das in einem Entwurf so formuliert: Heiraten heiße »Leben und Liebe eins seyn lassen« (142). Es braucht einer keine Willenskraft, wohl aber Beherztheit, um sich einzulassen auf das, worin für alle Zeit Leben und Liebe eins sind. Während »Herz« für Lenz vor allem das Organ bedeutet, das auf die Momente der Lebensfülle anspricht und mit ihrem Aufhören die Resonanz verliert, verbindet sich für Büchner damit die Entschlossenheit, die zu vertrauen vermag.[38] Man kann das auch daran erkennen, daß Büchner für den »Woyzeck« erwogen hat, an einer Person den Mangel an Beherztheit zu zeigen, am Barbier nämlich, der, ein »dogmatischer Atheist«, als »feig« charakterisiert (155) und in geschwätziger Weinerlichkeit dargestellt wird. Vor einem Unteroffizier, einem Mann von soldatischer Courage also, erklärt er, ein ordentlicher

---

[37] Vgl. die näheren Ausführungen hiezu S. 234 ff.

[38] Des öftern hat man den Eindruck, Büchner habe in Lenz sich selbst, so wie er zur Zeit der Briefe Nr. 17 und 18 — vor seiner Verlobung — war, porträtiert. Als er seine Erzählung schrieb, war er nicht mehr der, welchem man in jenen Briefen begegnet.

Mensch, der sein Leben liebe, habe keine Courage: »Wer Courage hat ist ein Hundsfott.« (148) Büchner stellt Couragiertheit und Feigheit einander entgegen und verweist, indem er beides karikiert, auf ein Drittes. Jener Lebensmut, den einer von Natur aus hat und in sich stärken kann, ist dem Barbier zerbrochen; ein Rückenleiden gibt ihm das Gefühl, ein lebendiges Skelett zu sein, er sieht den Menschen in seiner Hinfälligkeit: »Was ist der Mensch? Knochen! Staub, Sand, Dreck.« (149) Um gleichwohl leben zu können, hat aber auch er Mut nötig. Der Branntwein soll ihm dazu verhelfen:

> Branntewei das ist mein Leben,
> Branntwei giebt Courage. (148)

Da diesen Versen eine hämische Schmähung der Allmacht Gottes vorausgeht, werden sie als Pervertierung des Wortes »Christus ist mein Leben«[39] erkennbar. Sie bilden das Gegenstück zu dem, was in der Erzählung »Lenz« mit dem Emmaus-Bild zur Sprache gebracht wird, so wie es ein Gegenstück zu Büchners Sterbeworten darstellt, daß für den Barbier der Mensch nichts als Staub, Sand, Dreck und somit beklagenswert ist.[40] Indem Büchner den Leser mit der Couragiertheit, Feigheit und Pseudocourage konfrontiert, lenkt er auf die Beherztheit hin, in welcher die Umkehr der Verkehrung vollzogen ist.

Für Lenz ist es bezeichnend, daß er von der »Gefühlsader« spricht (87): unter Herz versteht er das fühlende Herz. Empfindungen und Gemütsbewegungen verbürgen ihm die Lebendigkeit. Der Mensch wird hier in einer Weise ausgelegt, die vom Sensualismus, mithin von der Gegnerschaft zum Rationalismus beeinflußt ist. Aber wenn man demzufolge auch wieder ins Einseitige und Eingeschränkte geraten war, mit dem Wort »Herz«, das in der Epoche der Empfindsamkeit solche Bedeutung bekam, war Größeres berührt, als man davon begriff, indem man das Fühlen betonte. Die Sprache zeigt das in mannigfaltigen Wendungen an. Das Herz kommuniziert mit den Bereichen des Empfindens und mit denen des Erkennens, weshalb man ein warmes oder kaltes, ein weiches oder hartes Herz wie auch ein verständiges, kluges, weises oder aber törichtes Herz haben kann; in ihm sind Zeit und Raum erschlossen, so daß es schneller schlagen oder träge sein kann und einem eng oder weit ums Herz ist; in ihm ist jeglicher Bezug gestiftet, nicht nur zum Gegen-

---

[39] Vgl. Phil. 1, 21, dazu das Kirchenlied aus dem Anfang des 17. Jahrhunderts: »Christus, der ist mein Leben ...«
[40] Vgl. S. 194.

wärtigen, sondern auch zum Gewesenen und zum Künftigen, zum Nichts wie zum Sein, ob wir nun in unserm Herzen anhänglich oder trotzig, vertrauend oder verzagt, geängstet oder entschlossen, verstockt oder gläubig sind. Mit ihrer Redeweise vom Herzen nennt die Sprache das Ganze des menschlichen Daseins: der Mensch ist ihr nicht zweigeteilt in eine res cogitans und eine res extensa. »Herz« bezeichnet das Unmittelbare, das Jacobi dem Kartesischen Ansatz gegenüber geltend machte. Seiner Auffassung schließt sich Büchner an, aber er gelangt zu einem tieferen Verständnis dessen, was mit dem Wort »Herz« gesagt ist. Dabei dürfte ihn nicht nur die von Schelling und andern an Jacobi geübte Kritik geleitet haben, sondern auch Pascal, bei dem er hat lesen können, daß dem Herzen »la connaissance des premiers principes, comme qu'il y a espace, temps, mouvements« gegeben sei[41]. Im Widerstreit von Sensualismus und Rationalismus stellt sich Büchner weder auf diese noch auf jene Seite, er richtet seinen Sinn auf das Zugrundeliegende, angesichts dessen das Denken in solchen Entgegensetzungen gegenstandslos wird. Die Lebendigkeit, die in uns und um uns wirkt, ist ihm weder das momenthaft Wirkliche noch das zeitlos Wirkliche. Sie ist nicht zu sehen und nicht zu schauen. Was man davon zu sehen bekommt, sind Andeutungen, was man davon schauen kann, sind Bilder. Das als Momentaneität Gegebene ist ein bloßer Hinweis auf die Lebendigkeit, das in der Idee Gegebene ist die bloße Vorstellung von der Lebendigkeit. Auf der einen Seite fehlt die Fülle, die alles Vergangene und Künftige mitumfaßt, auf der andern Seite fehlt die Regung und Bewegung. Der Lebendigkeit ist aber nach Büchners Ansicht auch dadurch nicht Genüge getan, daß man zwischen den Gegensätzen vermittelt, auf den Ausgleich bedacht ist und die maßvolle Mitte sucht. Denn die antithetische Grundstellung, in der dem entstehend-vergehenden Leben das als Zeitlosigkeit ausgelegte Sein entgegensteht, bleibt dabei erhalten. Und da ihre vollkommene Übereinstimmung — als sinnliches Scheinen der Idee — im Kunstwerk zustandegebracht wird, müßte man sagen, die Kunst sei das wahrhaft Lebendige. Dem kann Büchner nicht beipflichten. Seine Dichtungen verstehen die Lebendigkeit anders.

Zu fragen bleibt nun, mit welchem Begriff Büchners Kunst bezeichnet werden könnte. Da Büchner gegen den Idealismus polemisiert, scheint es nahezuliegen, sein Schaffen dem Realismus einzuordnen. Man kann sich dabei auf den Dichter selbst berufen, heißt es doch in einem Brief, die höchste Aufgabe des dramatischen Dichters sei, »der Geschichte, wie sie sich wirklich begeben, so nahe als möglich zu kommen«[42]. Ähnliches sagt

---

[41] Br. 282, vgl. auch 277 und 278.
[42] An die Familie, Nr. 42, 28. Juli 1835; II, 443.

ja auch Lenz: »Der Dichter und Bildende ist mir der Liebste, der mir die Natur am Wirklichsten giebt.« (88) Und man kann, vorwiegend mit Beispielen aus dem »Woyzeck«, auf verschiedene Züge hinweisen, die der Dichtung Büchners und der Darstellungsart der Realisten und Naturalisten gemeinsam sind, etwa auf das Interesse für die soziale Frage, auf die Bedeutung der Milieubedingtheit, auf die mundartlich gefärbte Sprache. Dem ist allerdings entgegenzuhalten, daß sich Büchner, wie die Entstehungsstufen des »Woyzeck« lehren, über die motivischen Entsprechungen früher im klaren war als über die Zeichnung der auftretenden Figuren.[43] Es liegen also der Sicht auf die Wirklichkeit »Mensch« bestimmte Prinzipien zugrunde, und Büchner ist sich dessen bewußt. Er verfährt daher in der Darstellung des Menschen anders als zum Beispiel Gerhart Hauptmann, was man auch daran ablesen mag, daß er die ausführliche Beschreibung der Szenerie nicht für nötig erachtet, somit das Verhältnis des Menschen zur dinghaften Umwelt nicht gleich sieht wie der Naturalist.[44] Wo von Büchners Realismus die Rede ist, wird die Bezeichnung »Wirklichkeit« erstaunlich kritiklos verwendet, als ob es *die* Wirklichkeit gäbe, als ob sie nicht immer schon die ausgelegte Wirklichkeit wäre; so kann es nicht verwundern, daß beim Proteushaften dieses Begriffs — auch die Idealität kann ja Wirklichkeit genannt werden — die Interpreten das unterstellen, was *sie* als wirklich betrachten: der eine die materiellen Bedürfnisse, ein anderer die gesellschaftliche Repression, ein dritter die Sinnlosigkeit des Lebens.

Die Schwierigkeiten mehren sich noch dadurch, daß die Komödie »Leonce und Lena« ausgeprägt romantische Stilelemente aufweist.[45] Um nun die dichterische Einheit im Werk des Frühverstorbenen zu retten, versucht man sich so zu helfen, daß man dieses romantische Lustspiel im Sinne einer bestimmten Auffassung von Realismus umdeutet oder daß

[43] Werner R. Lehmann, Textkritische Noten, a. a. O., S. 53.
[44] Horst Oppel hebt diesen Unterschied hervor: »Wenn die Naturalisten die Umstände und Verhältnisse so wichtig nehmen, daß sie sie genau und zuverlässig schildern, so liegt darin doch noch ein letzter Rest von Lebensgläubigkeit und von Vertrautheit mit den Dingen. Noch immer bleibt uns die Zuflucht offen, dann wenigstens darauf zu bauen, daß unter weniger drückenden Verhältnissen und weniger widrigen Umständen auch noch der grausigste Ablauf zu vermeiden oder doch wenigstens zu lindern war. Büchner hingegen stellt das sinnlose Geschehen in den dinglosen Raum.« (Die tragische Dichtung Georg Büchners, Stuttgart 1951, S. 8.) — Wenn man bedenkt, daß Büchner der Praxis Shakespeares folgt, erkennt man allerdings leicht, daß die Folgerungen, welche Oppel aus der Knappheit der Szenerieangaben zieht, nicht stichhaltig sind.
[45] Vgl. dazu Paul Landau, für den »Leonce und Lena« das Musterbeispiel einer romantischen Komödie ist. (Georg Büchners Gesammelte Schriften, hg. von Paul Landau, Berlin 1909, Bd. I, S. 127.)

man sich weigert, es den eigentlichen Werken zuzuzählen: man sagt entweder, Büchner habe die Unvereinbarkeit von Komödie und Realismus
darstellen, das Scheitern der Liebe, des Unwirklichen, des Märchenhaften,
eben des Romantischen in der realen Welt zeigen wollen[46], oder man
bestreitet den künstlerischen Wert des Stücks, indem man es als Gelegen-
heitsarbeit von bloß bücherkundlichem und nicht lebensmächtigem Charakter bezeichnet[47], indem man von zeitweiliger Flucht aus der Realität[48],
von literarischem Abweg in die verlassene Romantik[49] redet. Und falls
einen diese Bemühungen, Büchner in die Abfolge der literarhistorischen
Epochen einzureihen, nicht befriedigen, bleibt immer noch die Möglichkeit, zu erklären, seine Dichtung stehe über den Geistesströmungen und
sei in seinem Zeitalter unzeitgemäß[50].

Wenn wir unter diesen nicht gerade ermutigenden Auspizien die geistesgeschichtliche Stellung Büchners zu bestimmen suchen, haben wir zunächst darauf zu achten, auf welche Weise er sich von überkommenen
Wirklichkeitsbegriffen absetzt. Dazu läßt sich folgende Stelle aus dem
Kunstgespräch heranziehen: »Die Dichter, von denen man sage, sie geben
die Wirklichkeit, hätten auch keine Ahnung davon, doch seyen sie immer
noch erträglicher, als die, welche die Wirklichkeit verklären wollten.« (86)
Zwei Auffassungen von Wirklichkeit werden hier in scharfem Gegensatz
miteinander konfrontiert und bilden somit eine Konfiguration. Was Lenz
ins Auge faßt, kann darum keine Einseitigkeit sein.[51] Weder die eine noch
die andere Wirklichkeit ist jene Wirklichkeit, um die es sich in der Forderung handelt, es sei die Natur »am Wirklichsten« zu geben und es sei
der Geschichte, »wie sie sich wirklich begeben, so nahe als möglich zu
kommen«. Abgelehnt wird der Wirklichkeitsbegriff, dem das Seiende auf
die Idee hin transparent ist, so daß sich das Individuelle zum Typischen
verklärt, abgelehnt aber auch der Wirklichkeitsbegriff, dem das Seiende
das den Sinnen Gegebene und durch Erfahrung zu Kennende ist, weshalb
er der angeborenen Ideen entraten zu können meint. Büchners Wirklichkeitsbegriff wendet sich gegen die beiden entgegengesetzten Richtungen
neuzeitlichen Denkens, wie sie sich auf Grund der Spaltung zwischen

---

[46] Gonthier-Louis Fink, Léonce et Léna, Comédie et réalisme chez Büchner, Etudes
      Germaniques 1961, p. 234.
[47] Horst Oppel, a. a. O., S. 6.
[48] Armin Renker, Georg Büchner und das Lustspiel der Romantik, Eine Studie über
      »Leonce und Lena«, Germanische Studien, Heft 34, Berlin 1924, S. 15.
[49] Friedrich Gundolf, Georg Büchner, in: Romantiker, Berlin 1930, S. 391.
[50] Karl Viëtor, Georg Büchner, Bern 1949, S. 269.
[51] So rechtfertigt es sich, daß man an dieser Stelle Lenzens Äußerungen für eine per-
      sönliche Aussage Büchners nimmt.

Subjekt und Objekt entwickelt haben: gegen die von Descartes ausgehende, welche das vorstellende Denken, das »Ich denke« zur Grundlage macht, und gegen die vom englischen Empirismus, von Bacon und Locke herkommende, welche ihren Anhalt bei der ichlosen, dinghaften Gegenständlichkeit sucht. Man muß bei seinem Wirklichkeitsbegriff berücksichtigen, daß sich, anders als es die klassische Kunst darstellte, das Wesen nicht mehr in der Erscheinung zeigt, daß somit Erscheinung wie Wesen ihren Sinn geändert haben. Erscheinung besagt nun — wie schon früher erwähnt[52] — das Sichmelden von etwas, das sich nicht zeigt, durch etwas, was sich zeigt; das den Sinnen Gegebene hat einen Bezug zu etwas Verborgenem. Wesen besagt nicht das Aussehen, sondern das Sein, das Verborgensein von etwas, das sich nicht zeigt, wie das Erscheinende es tut, und also in einer grundsätzlichen Differenz zu ihm steht. Zwei Wege bringen einen fortan dem nahe, was nunmehr Wirklichkeit heißt. Geht man vom vorstellenden Denken aus, so muß man über das Vorgestellte hinauszugelangen streben. Denn das Denken, geleitet von der Vernunft, hat nicht zur Wirklichkeit selbst, sondern zum Begriff der Wirklichkeit geführt; man muß also die Setzungen der Vernunft ironisieren und sich so in eine dauernde Bewegung bringen. Wohl ist es im Prozeß des Erkennens unumgänglich, objektivierende Vorstellungen zu machen, aber zugleich müssen diese Objektivierungen wieder überwunden werden, weshalb es keine festen Positionen geben kann. Nur so gelingt die Fühlung mit dem Wirklichen, welches das allem Denkbaren vorausgehende Sein ist. Es ist dabei nicht etwa eine Auflösung und Verflüchtigung, sondern das Konkretwerden des Menschen intendiert. Geht man anderseits von den empirisch feststellbaren Gegebenheiten aus, so muß man jene Erscheinungen aufsuchen, welche als Signale auf ein Nichterscheinendes verweisen. Nicht um die Erscheinungen miteinander zu verknüpfen[53],

---

[52] Vgl. S. 191.

[53] Um die Verknüpfung von Erscheinungen war es sowohl der mechanistischen wie der teleologischen Betrachtungsweise zu tun. Büchner wendet sich in seiner Probevorlesung »Über Schädelnerven« gegen den Zweckmäßigkeitsbegriff der teleologischen Methode. Er führt dabei das Beispiel an: »Wir haben nicht Hände, damit wir greifen können, sondern wir greifen, weil wir Hände haben.« (II, 292) Man darf sich durch diese Formulierung nicht täuschen lassen und meinen, Büchner stelle der Zweckursache die bedingende Wirkursache entgegen. Der Satz »Wir haben nicht Hände, damit wir greifen« lehnt es ab, die Hand in Analogie zu den zweckbestimmten Werkzeugen zu denken (wir haben den Hammer, damit wir Nägel einschlagen können). Und der Satz »Wir greifen, weil wir Hände haben« gibt keine kausale Erklärung, sondern sagt weiter nichts als: Wir bewegen die Hände, weil wir eben Hände haben. Damit ist der Weg freigelegt zur Frage, wie wir denn die Hand zu denken haben. »Wo die teleologische Schule mit ihrer Antwort fertig ist, fängt die Frage für die philosophische an.« Diese Frage, die uns auf allen

beachtet man sie; man will sie auf ein Verborgenes beziehen, ihnen auf den Grund kommen, was nicht mit dem Erforschen ursächlicher Verkettung zu verwechseln ist. Manifestationen wahrnehmend, fragt man nach dem Grundgesetz, von dem sie getragen sind, nach dem Sein des Seienden. Man zielt nicht auf ein Festmachen im Tatsächlichen, vielmehr will man die Tatsachen in ihrem Durchwirktsein von einem Prinzip erfahren.

Die beiden Wege zur Wirklichkeit — in der Geschichte der Literatur sind sie mit den Bezeichnungen »Romantik« und »Realismus« versehen — gehören also zusammen. Weil Büchner um diesen Zusammenhang weiß, wäre es falsch, bei ihm das Realistische gegen das Romantische auszuspielen und etwa zu sagen, die realistischen Züge dokumentierten seine Fortschrittlichkeit, die romantischen hingegen seine Bindung an Traditionelles, er sei, zwischen den Zeiten stehend, eine schwankende Gestalt. Überhaupt bedarf die übliche Darstellung, wonach der Realismus auf die Romantik folgt, der Revision. Zieht man die Geschichte der Musik mit in Betracht, kann man ohnehin nicht mehr behaupten, die Romantik gehe mit der Restaurationszeit um 1830 zu Ende. Man kann sich die Verhältnisse doch wohl kaum so zurechtlegen, daß die Komponisten zu einer Zeit, da in der Literatur die Romantik überwunden sei, unbelehrterweise fortfahren, Romantiker zu sein, weil sie die Fühlung mit dem wahren Zeitgeist, mit dem schöpferischen Neuen verloren hätten. So wird man sich die Parallelität von Realismus und Romantik vor Augen halten müssen; man muß sehen, daß die Musik besonders gut die dem Unendlichen nachahmende Bewegung ausdrücken konnte, weshalb schließlich ihr allein der Part der Romantik verblieb, wogegen sich dem Dichter vor allem im Roman die ausgezeichnete Möglichkeit bot, in beharrlicher Beobachtung und Aufzeichnung dem verborgen wirkenden Kräftespiel nachzuspüren und dessen Prinzip zu ergründen. Solange die Korrelation spielt, sind die beiden Richtungen einem Höhern eingefügt, so daß das ihren Ausgangspunkt bestimmende Ideale beziehungsweise Reale nicht als solches ist, sondern nur das Dritte, in welchem sie eins sind. Am besten wäre dieses Dritte das Lebendige zu nennen. Es ist dasjenige, welches nicht gegenständlich gemacht werden kann, welches somit das über allem Herrschende ist. Weil es nicht zum Objekt wird, kann man von ihm nur sagen, daß es sich

Punkten anrede, fährt Büchner fort, könne ihre Antwort nur in einem Grundgesetz für die gesamte Organisation finden; das ganze körperliche Dasein werde »die Manifestation eines Urgesetzes« (II, 292). In diesem Horizont bewegt sich für Büchner das Fragen, welches ihn nicht nur bei seiner naturwissenschaftlichen, sondern auch bei seiner dichterischen Beschäftigung leitet. Weder auf Zwecke noch auf Ursachen ist es gerichtet, sondern auf den Grund, dessen Manifestationen die Erscheinungen sind.

manifestiere, daß es also nicht unmittelbar wirke, sondern durch anderes hindurch.[54]

Wesentlich am neuen Wirklichkeitsbegriff ist die Verweisung auf ein Wirkungszentrum, das nicht gestalthaft anschaulich werden kann, sich vielmehr in Manifestationen, oft kaum merklichen, kundtut. Wenn Büchner vom Dramatiker fordert, er habe der Geschichte, wie sie sich wirklich begeben, so nahe als möglich zu kommen, so ist damit nicht einfach gemeint, es sei die historische Faktizität getreulich festzuhalten; von Wirklichkeit kann nur dann gesprochen werden, wenn die Fakten das Wirken einer Gesetzmäßigkeit melden. In Hinsicht auf »Dantons Tod« bedeutet dies, daß in der Französischen Revolution ein »ehernes Gesetz« wirkt, an welchem der gute Wille, alle Intelligenz und Anstrengung des Menschen zuschanden wird, ein Gesetz, auf Grund dessen immer wieder Böses hervorgebracht wird. An dieser Wirklichkeit zerbrechen die Vorstellungen von dem anzustrebenden Glückszustand, ob sie nun vom Rationalismus oder vom Sensualismus geprägt sind. So geraten Robespierre und Danton ans Ende ihres Denkens, und nun erst, verstummend, berühren sie das Wirkliche: sie sind, für Augenblicke wenigstens, über das vorstellende Denken hinausgelangt.

Der Verweis auf das »eherne Gesetz« nennt nicht das Ganze der Wirklichkeit. Wenn Lenz sagt, jener Dichter und Bildende sei ihm der liebste, der ihm die Natur am wirklichsten gebe, und das damit Gemeinte durch das Beispiel des Bildes »Christus in Emmaus« näher umschreibt, so spricht er von der Wirklichkeit als dem Wirken der Gnade. Beides — Gesetz und Gnade, Zwang und Freiheit — gehört zusammen in das Eine, welches das Ganze ist. Im Bezug zu diesem Ganzen, in welchem sich die Gegensätze nicht ausschließen, können die Aussagen nicht eindeutig sein. Es läßt sich nicht sagen, der Mensch sei dem Zwang unterworfen — wenn damit gemeint sein soll: also ist es nichts mit der Freiheit. Und ebensowenig kann behauptet werden, der Mensch sei frei — falls dies zu bedeuten hätte: also ist er vom Zwang nicht betroffen. Die Aussagen über den Menschen sind, weil ihnen die Eindeutigkeit abgeht, auch nie endgültig. Wohl sagt Büchner, das Muß sei eins von den Verdammungsworten, mit denen der Mensch getauft worden, aber damit hat er noch nicht alles gesagt. Und umgekehrt kann der Hinweis auf Christus nicht den Sinn haben, den Oberlin damit verbindet: das Zeitalter des ehernen Gesetzes sei durch das angebrochene Reich der Gnade abgelöst, Gott habe

---

[54] Vgl. dazu Schelling, Zur Geschichte der neueren Philosophie, Kapitel »Die Naturphilosophie«, Schriften von 1813 bis 1830, Darmstadt 1968, S. 392 und 399.

nun ein für allemal darauf verzichtet, ein zürnender Gott des Gerichtes zu sein. Die Aussage, die ja nur das einzelne festhalten kann, ist ihrem Wesen nach nichts Abschließendes und in sich Geschlossenes. So sieht sich Büchners Leser dazu veranlaßt, Festlegungen des Urteils zu durchbrechen und über sie hinauszudenken. Er hat zur einzelnen Aussage nicht das ihr gemäße Verhältnis, solange er meint, sie einfach übernehmen oder ablehnen zu können, er muß vielmehr durch sie hindurch auf das Wesentliche stoßen. Wenn man Oberlin zu Lenz sagen hört, er möge sich an Jesus wenden, dann werde er teilhaben an seiner Gnade (94), gilt es, das Fragwürdige einer Glaubensgewißheit zu erkennen, die sich als Garant der Gnade versteht. Und wenn man Lenzens religiöse Quälereien und seine Empörung wider Gott vor Augen hat, wird man vor die Frage gelangen, ob die Gnade nicht etwas Größeres sei als der Glaube an die Gnade und ob ihr denn durch den Unglauben eine Schranke gesetzt sei. Man wird also nicht bei der Ansicht stehen bleiben können, am Leben Oberlins stelle sich die Gnade Gottes sichtbarlich dar, an Lenz dagegen trete das Verworfensein in Erscheinung. Das wäre nicht im Sinne einer Dichtung, die das Sichtbare als Manifestation versteht. Das Sichtbare ist das in der Abfolge sich Zeigende. Als Manifestation verweist es auf das, was sich nicht zeigt, auf die Gleichzeitigkeit. Die Abfolge ist somit nicht das Ganze, das Letzte einer Abfolge nicht das Endgültige. Von der Wirklichkeit sprechen heißt aber: das Ganze bedenken. Sie ist nicht das jeweilige Jetzt oder die Anreihung von Jetztpunkten, sondern das Wirken jener Zeit, deren Wesen das Zumal ist.[55]

Mit der lebendigen Wirklichkeit müsse es die Dichtung zu tun haben, fordert Lenz, sie solle bestrebt sein, Gott »ein wenig nachzuschaffen«. Sie wird es der wirklichen Lebendigkeit nicht gleichtun können, denn sie stellt in einem Nacheinander dar, was als Zugleich geschieht. Deshalb bedarf sie der Ergänzung durch das rezipierende Vermögen. Im Lesen und Hören muß sich das Auseinander wieder versammeln und die Folge sich in ein Allzumal verwandeln. Dadurch daß der Leser und Hörer die Dichtung in dieser Weise ergänzt, ergänzt er sich selber aus ihr. Das dichterische Werk muß so angelegt sein, daß dieser Prozeß in Gang zu kommen vermag. Dann hat das, was durch die Kunst geschaffen ist, Leben, es ist, wie Lenz präzisiert: »Möglichkeit des Daseins« (86). Die Kunst, auch wenn sie die Natur am wirklichsten gibt, ist nicht die Wirklichkeit des Daseins, sondern seine Möglichkeit. Als solche kann sie dem Menschen helfen, in die Wirklichkeit hineinzukommen.

[55] Vgl. S. 187.

LEONCE UND LENA

Mit der Schwermut niederkommen

Das Tiefste der Natur, in uns und um uns, sagt Schelling, ist Schwermut: »Das Dunkelste und darum Tiefste der menschlichen Natur ist die Sehnsucht, gleichsam die innere Schwerkraft des Gemüths, daher in ihrer tiefsten Erscheinung *Schwermuth*. Hierdurch besonders ist die Sympathie der Menschen mit der Natur vermittelt. Auch das Tiefste der Natur ist Schwermuth; auch sie trauert um ein verlorenes Gut, und auch allem Leben hängt eine unzerstörliche Melancholie an, weil es etwas von sich Unabhängiges *unter* sich hat.«[1] Wer auf die Idee hinblickt, schaut in eine höhere Welt; er fühlt sich erhoben, ins Helle gebracht, die Dinge haben für ihn etwas Lichtes und Durchsichtiges, das Seiende ist verklärt, ist ins Licht des Seiendsten gestellt. Dem allem gegenüber — man könnte es mit Goethe das »Vorwalten des oberen Leitenden« nennen — weist Schelling auf die Gegenmächte: Schwere, Tiefe, Dunkel. Von dem zur Höhe strebenden Idealismus aus betrachtet, ist damit ausschließlich Negatives genannt. Aber diese eindeutige Scheidung der Werte läßt sich nun nicht mehr vollziehen. Denn was erhebt, führt wohl zu Hohem, aber zu einem Hohen, das nur der Gipfel unserer eigenen ideellen Tätigkeit und nicht das von unserem Vorstellen und Denken Unabhängige ist. Und was herabzieht, führt wohl in Abgründe, ins Finstere, das aus Entzug und Verlust gemacht ist, und gar in die Umnachtung, aber die Schwerkraft, die nur wirkt, weil es Trennung und Entfernung gibt, ist zugleich Anziehungskraft, die dem Auseinander entgegenwirkt. Schwermut ist zwar Freudlosigkeit, aber nicht nur das; sie ist nach Schelling das gleiche wie Sehnsucht, doch nicht oberflächliche Sehnsucht nach diesem oder jenem, das außer Reichweite, unter entsprechenden Umständen jedoch durchaus erreichbar ist, sondern die tiefste, die eigentliche Sehnsucht, die zu stillen dem Menschenmöglichen versagt ist. Sie sehnt sich nach der Tiefe des Grundes, weil dort ein Jenseits des Menschen ist; sie möchte zugrunde

---

[1] Stuttgarter Privatvorlesungen (Aus dem handschriftlichen Nachlaß), Schriften von 1806 bis 1813, Ausgabe der Wissenschaftl. Buchgesellsch., Darmstadt 1968, S. 409 f.

gehen, aber wenn wir dies als bloße Todessüchtigkeit verstehen wollten, wären wir noch nicht zum Tiefsten der Sehnsucht gelangt. Die Schwermut hat freilich den Tod im Sinn, dennoch meint sie das Leben, so wie Hofmannsthals Claudio es ausdrückt: »Da tot mein Leben war, sei du mein Leben, Tod!«[2]

Wenn zu Beginn des 19. Jahrhunderts in der deutschen Dichtung und Philosophie die Schwermut zum Thema wird, so ist dies nicht darauf zurückzuführen, daß ein Zeitalter zu Ende geht und sinkend seinen Spätlingen das Schicksal eines dunkelnden Gemüts bereitet. Es verhält sich umgekehrt: an der Schwermut findet eine Epoche, die dem Menschen Souveränität und Autonomie zusprechen zu können meinte und ihn seiner selbst gewiß und in sich gefestigt haben wollte, ihr Ende. Sie endet daran, daß mit der Schwermut ein solches vorliegt, dessen der Mensch nicht Herr zu werden vermag. So ist dafür gesorgt, daß die Schwermut zu ihrem Recht kommt, und wo man es ihr zu bestreiten sucht, wandelt sie nur ihre Gestalt und herrscht unerkannt in all dem munter tätigen Wesen, in der auf edelste Ziele gerichteten Aktivität ebenso wie in der bloßen Betriebsamkeit und Zerstreuung. Wenn nun in einer Periode, die pelagianisch vom menschlichen Vermögen nahezu alles sich zu versprechen willens ist, die Schwermut in ihrer eigentlichen Erscheinungsform wieder zur Geltung kommt, so erklärt sich das nicht daraus, daß die Lebens- und Schaffenskräfte erlahmt wären, vielmehr wird damit die Verfälschung eines Sachverhalts korrigiert. In der Erkenntnis, daß Ohnmacht die Signatur des Menschen sei, liegt freilich noch nicht die volle Wahrheit. Zu sehr trägt diese Einsicht den Charakter bloßer Reaktion, die als solche ihrem Gegenstück verhaftet bleibt. Aber mit der negativen Formulierung »Ohnmacht des Menschen« haben wir ja auch das Entscheidende noch gar nicht berührt. Die Schwermut entspringt zwar dem Gefühl der Ohnmacht, doch wer sich ohnmächtig weiß, ist der wirklichen Macht näher als der, welcher sich nur insoweit mächtig vorkommen kann, als er seine Ohnmacht vergißt. Die Ohnmacht, die in der Schwermut sich zeigt, ist nicht ihr Wesen, sondern das Zeichen eines sich nicht Zeigenden: der überwältigenden Macht. So ist die Schwermut ambivalent. Gerade indem sie ins Äußerste an Schwäche und Mutlosigkeit gerät, erreicht sie die Grenze, jenseits welcher, wie Schelling an der zitierten Stelle sagt, das »Unabhängige« ist. In den »Hymnen an die Nacht« nennt Novalis dieses Unabhängige das Heilige. Dahin zieht es die Schwermut. Aber sie hat, solange sie Schwermut bleibt, nur zu der einen Seite des Heiligen einen

---

[2] Der Tor und der Tod, in: Gedichte und Lyrische Dramen, Ausgabe 1963, S. 219.

Bezug. Sie fühlt den Fluch auf sich, sie hört die Verdammungsworte, die über die Menschheit gesprochen sind. Die, welche die Schwermut zutiefst durchlitten haben, berichten jedoch auch von der andern Erfahrung, daß nämlich jene alles überwältigende Macht sie aus dem Bann der Schwermut gelöst habe.

Solches berichtet auch Büchner, wenn er in »Leonce und Lena« die Schwermut darstellt. Ihr Wesen ist in diesem Stück am vielseitigsten erfaßt. Nicht nur, daß Büchner hier der Schwermut in die Tiefe folgt, bis dorthin, wo ihr Dunkel zur Finsternis, ihre Verzweiflung zur Ruchlosigkeit werden müßte, wenn nicht ein Rettendes eingriffe und neues Leben schenkte; er zeigt die Schwermut auch in einem reichen Spektrum mannigfaltiger Bezüge: in ihrem Verhältnis zur Liebe, zum Glauben, zu Arbeit und Müßigang, zur Sprache. Gleich zu Beginn des Stücks wird die Frage nach ihrem Grund aufgeworfen. Prinz Leonce erklärt, es mache ihn ganz melancholisch, daß die Wolken schon seit drei Wochen von Westen nach Osten zögen, was der Hofmeister ohne den mindesten Spott als »eine sehr gegründete Melancholie« bezeichnet (105). Auf die Oberflächlichkeit dieser Begründung wird der Leser noch besonders aufmerksam gemacht, indem Leonce den Hofmeister ungehalten zum Widerspruch auffordert. Der Hofmeister verwechselt nämlich Grund und Anlaß. Das Regenwetter macht nur den melancholisch, der schwermütig ist; es gibt der bestehenden Melancholie Resonanz. Weil die unzerstörliche Schwermut, wie Schelling sagt, zur menschlichen Natur gehört, kann sie bei bestimmten Anlässen in jedem Menschen hervortreten. Der Anlaß lockt die Schwermut aus ihrem Versteck. Beispiele dafür finden sich auch im »Woyzeck«. Büchner läßt, vielleicht in Erinnerung an Justinus Kerners Gedicht »Der Wanderer in der Sägemühle«, den Hauptmann sagen: »Ich kann kein Mühlrad mehr sehn, oder ich werd' melancholisch.« Und an anderer Stelle: »Ich bin so schwermüthig, ich habe so was Schwärmerisches, ich muß immer weinen, wenn ich meinen Rock an der Wand hängen sehe, da hängt er.« (176) Der Arzt, der hierauf eine Antwort zu geben hat, dringt ebenfalls nicht zum Grund vor; er hält sich zwar nicht beim Anlaß auf, vielmehr sucht er nach Ursachen und findet sie in der Leibesverfassung: »Hm! aufgedunsen, fett, dicker Hals, apoplectische Constitution.« (176) Gewiß stößt der Arzt mit seiner Diagnose auf jenen Punkt, der dem Hauptmann Sorgen macht, aber er bleibt damit im Vordergründigen. Die Schwermut hat, anders als die Sorge, keine bestimmten Ursachen; der Hauptmann ist nicht schwermütig, weil er mit der Möglichkeit eines Schlaganfalls rechnen muß, sondern er beschäftigt sich in Furcht mit dem Wohlbefinden des Leibes und den möglichen Ursachen von Krankheit und Tod, weil er schwermütig ist. Schwermut ist weder auf einen bestimmten Anlaß noch auf diese oder jene Ursache zurückzuführen, wohl aber kann man angeben, was sie sei und worin sie gründe. Sie ist das Leiden an Vergänglichkeit und Tod, Zeichen dafür, daß der Mensch aus dem ursprünglichen Zusammenhang mit dem Ewigen gerissen ist; er ist unfähig, um die Ewigkeit nicht zu wissen, ebenso unfähig, sie zu erlangen, so trauert er um das Verlorene. Die verlorene Ewigkeit aber erscheint in zwiefacher Gestalt: einerseits zeigt sie sich als das Nicht-Ewige, die Unständigkeit des Vorbei-Vorbei, das, indem es ist, schon nicht mehr ist, und anderseits als das Pseudo-Ewige, die Einförmigkeit des wiederkehrend Gleichen, das nicht vorbeigehen will und nicht enden kann. Was Büchner jeweils als Anlaß zur Schwermut nennt, schließt diese Doppelheit in sich, und nur deshalb kann es ein solcher sein. Das andauernde Westwindwetter ist von erdrückender Monotonie; der Wind hat aber auch, wie der Hauptmann sagt, »so was Geschwindes« und macht ihm »den Effect wie eine Maus« (172). Der aufgehängte Rock führt die Gedanken auf das ständige sich Aus- und Anziehen, dessen Langweiligkeit Danton zu schaffen macht (31); und er hält einem das Ende vor Augen, denn das Kleid, das auszuziehen und abzulegen ist, kann auch — der Vergleich kommt verschiedentlich vor (22 u. 66) — als Sinnbild für den Leib gelten. Dieselbe Dialektik von endloser Repetition und rasend schnellem Vorübergehen und Vorbeisein stellt sich am Mühlrad und an der Erde dar. Unaufhörlich drehen sie sich und sind doch jeden Augenblick mit der ganzen Umdrehung fertig. Ein weiteres Beispiel: Dem Hauptmann erscheint die Lebenszeit des Menschen, ausgemünzt in Stunden und Minuten, als ungeheurer Vorrat, der einen vor die Frage stellt, was denn eigentlich damit anzufangen sei; denkt er gar an die Ewigkeit, so wird ihm ganz angst um die Welt: »Die Welt ist der ewige Jude« — so sagt es Camille (61) —, sie kann nicht sterben. Merkwürdigerweise hat aber der Hauptmann nicht nur das Gefühl, alles gehe unerträglich langsam vor sich und nehme kein Ende, er muß sich auch fortwährend gegen die Hast ereifern. Woyzeck rasiert ihn zu geschwind, der Doctor schießt nur so davon (175 f.), und die Erde, statt sich Zeit zu nehmen, braucht für eine Umdrehung nur einen Tag. Die Langeweile verkehrt sich dem Hauptmann gleichsam unter den Händen in ihr Gegenteil, in ein Nichts an Dauer. Seine betont zur Schau getragene Gemächlichkeit ist offensichtlich alles andere als die Ruhe dessen, der genügend Zeit hat, vielmehr ist sie notdürftig verhüllte Unruhe. Aber auch das Umgekehrte gilt: die Hast trägt ihr Gegenstück in sich. Der Hauptmann verbittet sich das flinke Rasieren, weil die Eile ja nur die Langeweile vermehrt; die zehn Minuten, die er zu früh fertig wird, werden kaum herumzubringen sein. So schlägt das eine stets ins andere um. Der Hauptmann faßt dies in die ratlosen Worte: »Ewig das ist ewig, das ist ewig, das siehst du ein; nun ist es aber wieder nicht ewig und das ist ein Augenblick, ja, ein Augenblick —.« (171) Was der Hauptmann Ewigkeit nennt, ist der zwiespältige Ausdruck des verlorenen Ewigen: die Langeweile und der Moment.

Die Schwermut hat also mit der Ewigkeit zu tun, aber ausschließlich in der negativen Weise, daß das Ewige das Verlorene ist. Den vielleicht tiefsten Einblick in diesen Bezug gibt das Spiel mit den Sandkörnern, das den Prinzen Leonce beschäftigt. »Sehen Sie diese Hand voll Sand?« sagt er zum Hofmeister und wirft den Sand in die Höhe, um etwas davon mit dem Handrücken wieder aufzufangen. »Wollen wir wetten? Wieviel Körnchen hab' ich jetzt auf dem Handrücken? Grad oder ungrad? — Wie? Sie wollen nicht wetten? Sind Sie ein Heide? Glauben Sie an Gott? Ich wette gewöhnlich mit mir selbst und kann es tagelang so treiben.« (105) Der Prinz erklärt das nicht weiter, so daß sein Treiben als der bare Unsinn erscheinen muß. Damit spottet er über die würdevolle Verständigkeit seines Erziehers, ähnlich wie Hamlet mit Polonius verfährt, um den langweiligen alten Narren loszuwerden.[3] Diese Deutung reicht jedoch noch nicht aus. Sie entspricht der Perspektive des Hofmeisters, der nur sieht, daß der Prinz sich als Narr produziert, um ihn, den Betreuer und Lehrer, aus Mutwillen und Hochmut zu ärgern. Es ist eine Erklärung, die zufrieden ist, wenn sie einen Zweck und ein Motiv gefunden hat. Sie weiß nichts davon, daß bei Leonce das Überlegenheitsgefühl in einer Regung des Neides sein Gegengewicht hat: Leonce möchte, wenigstens für eine Minute, mit dem Hofmeister tauschen und sich ebenso wichtig nehmen können wie dieser (106). Die Sache ist also wohl um einiges komplexer, und es trifft offenbar nicht zu, daß das Gebaren des Prinzen einzig von Dünkel und Verachtung bestimmt sei. Dann aber muß Leonce, indem er den Hofmeister verspottet, zugleich über sich selbst spotten. Sich als Narr gebärdend, hält er dem Hofmeister einen Spiegel hin, damit dieser sich selbst erkenne und seine Narrheit sehe; aber Leonce, als dieser Spiegel, stellt ja das Nämliche dar, nur spiegelverkehrt, eine andere Sorte von Narrheit. Worin diese Narrheit besteht, läßt sich — auf Grund der Spiegelverkehrtheit — aus den beim Hofmeister vorliegenden Wesensverhältnissen erschließen. Der Hofmeister, der durch Begriffe wie Rechtlichkeit, Nützlichkeit, Moralität zu charakterisieren ist (106), der

---

[3] Hamlet, II. Akt, 2. Szene.

also gewissermaßen Vernunft und Verstand personifizieren soll — er ist nicht der, als welcher er erscheint. Leonce spricht davon in seinem Monolog: die Menschen, alle diese Helden, diese Genies, diese Dummköpfe, diese Heiligen, diese Sünder, diese Familienväter seien im Grunde nichts als raffinierte Müßiggänger (106). Die Erscheinung ist ein bloßer Anschein, sie verhüllt, was einer eigentlich ist, ja man muß sogar sagen, daß die Erscheinung ein Kleid ist, das die Blöße deckt: die Menschen dürfen sich nicht als Müßiggänger sehen lassen. Auf des Hofmeisters Verständigkeit bezogen, heißt dies, daß hier Unverstand verdeckt wird, denn das Verhüllte ist jeweils der Gegensatz zur Hülle; vom Kleid wird die Blöße verhüllt, von der Geschäftigkeit die Langeweile. Leonce hat nun mit dem Hofmeister das gemein, daß auch er nicht derjenige ist, als welcher er sich zeigt. Seine Possen verhüllen etwas. Er redet nicht einfach Galimathias, sondern drückt sich verschlüsselt aus. Im Unsinn, den er äußert, ist ein versteckter Sinn enthalten. Der Unsinn ist die bloße Erscheinung; an sie allein hält sich der Hofmeister, dem es nicht beikommt, daß hier ein Schlüssel gesucht werden müßte. Leonces närrisches Reden — so ist weiter zu folgern — verhüllt etwas, was das Schamgefühl verborgen haben will. Bei ihm muß es sich dabei, anders als beim Hofmeister, um die alles entlarvende Gescheitheit handeln, die erkennt, daß die Menschen aus Langeweile tun, was immer sie treiben mögen — eine Einsicht, von der man sagen kann, sie sei ein ebenso unnütz Ding wie der als Verständigkeit einhergehende Unverstand. Der Prinz sieht keinen Anlaß, sich dem Hofmeister gegenüber überlegen vorzukommen; vielmehr drückt er mit seinem Gebaren Solidarität aus, freilich eine solche von schwermütiger Art, für die bezeichnend ist, daß sie sich dem andern nicht verständlich machen kann. Um es mit einer Formulierung Büchners zu sagen: Nicht darüber, *wie* jemand ein Mensch ist, lacht Leonce, sondern nur darüber, *daß* er ein Mensch ist.[4] Der Unterschied zwischen Leonce und dem Hofmeister besteht darin, daß dieser, die Narrheit nur außerhalb seiner suchend, keine Reflexion auf sich selber macht, wogegen jener die vollständige Reflektiertheit ist. Leonce sieht aber in der Reflektiertheit keinen Vorzug; er wünscht, ein anderer sein zu können, und beneidet den Hofmeister um seinen Mangel an Reflektiertheit. Doch die Nichtreflektiertheit, nach der er sich sehnt, müßte eine andere als die des Hofmeisters sein, deshalb möchte er auch nicht wirklich und auf die Dauer mit ihm tauschen, sondern nur für eine Minute. Was Büchner hier darstellt berührt die Probleme, mit denen er sich in seinen Descartes-Studien ausein-

----

[4] Brief an die Familie, Februar 1834; II, 423.

andergesetzt hat. Seine Kritik an Descartes wendet sich ja gegen den Ansatz »cogito me cogitare«, welcher die Philosophie zur Reflexionsphilosophie hat werden lassen. Dieser Ansatz beginnt nicht mit etwas Unmittelbarem[5], sondern mit der Reflexion, welche das Denken auf das Denken in mir richtet, wogegen Büchner geltend macht, daß diesem Denken des Denkens ein Denken vorangeht, welches unabhängig davon ist, daß ich mich als denkend denke. Offensichtlich beschäftigt sich Büchner in »Leonce und Lena« weiter mit der Frage, wie man aus der Reflexionsphilosophie herauskomme.

Daß Leonce dem Hofmeister gegenüber in verschlüsselter Weise redet, läßt sich aus der Szene selbst erkennen, aber welches denn eigentlich seine Gedanken sind, wenn er sein Spiel mit den Sandkörnern vormacht, darüber erhält man in Büchners Stück nirgends Aufschluß. Der Schlüssel findet sich anderswo, nämlich in den »Pensées« von Pascal; in diese Richtung weist ja dann auch Leonces Monolog über die Langeweile. Das Spiel mit dem Sand steht in einem deutlichen und genauen Bezug zum Fragment über die Wette.[6] Im Dialog mit einem Gesprächspartner, der den Standpunkt der Vernunft einnimmt, diskutiert Pascal die Frage, ob Gott sei oder nicht sei. Die Vernunft vermag darüber nichts auszumachen, denn nichts in der Welt, weder das mathematische Denken noch die Naturgesetze noch die Geschichte, beweist, daß es Gott gibt, aber ebensowenig wird aus den Dingen der Welt deutlich, daß es ihn nicht gibt. Hier geht es nicht um ein Wissen, es gilt vielmehr, eine Wahl zu treffen, sich zu entscheiden, so wie man darüber wettet, ob die geworfene Münze die Seite mit dem Kreuz oder die Rückseite obenaufliegen lasse. Wenn der Hofmeister auf Leonces Vorschlag, zu wetten, nicht eingehen will, verhält er sich gleich wie Pascals Gesprächspartner, der erklärt, es sei falsch, auf das eine oder das andere zu setzen, das einzig Richtige sei, überhaupt nicht zu wählen. Pascal widerspricht: »Mais il faut parier. Cela n'est pas volontaire: vous êtes embarqué.« Sich der Entscheidung nicht stellen wollen wäre auch schon eine Entscheidung. Wer die Wette ablehnt, ist als Heide zu betrachten. Leonce sagt denn auch: »Wie? Sie wollen nicht wetten? Sind Sie ein Heide?« Weil aber die Stellung des Hofmeisters zu dieser Frage, anders als die von Pascals imaginärem Gegenspieler, nicht eindeutig festgelegt ist, bleibt eine andere Möglichkeit offen: es könnte derjenige die Wette für unnötig ansehen, der schon entschieden hat. Deshalb fügt Leonce bei: »Glauben Sie an Gott?« Dem

[5] Vgl. S. 117 f.
[6] Br. 233.

Hofmeister müssen diese Fragen, da sie in einem für ihn völlig undurchsichtigen Zusammenhang vorgebracht werden, als unsinnig erscheinen, darum kann Leonce auch keine Antwort erwarten. Es sind also Fragen, die Leonce im Grunde genommen gar nicht an den Hofmeister richtet, sondern monologisch sich selbst stellt. Ihm ist klargeworden, daß der Glaube eine Sache der Entscheidung ist. Der Glaube ist ihm weder das Zwingende, das durch Beweis und Evidenz siegt, noch etwas Gleichgültiges, woran man achselzuckend vorbeigehen könnte, noch bedeutet er ihm etwas Selbstverständliches, beruhend auf der fraglosen Übernahme dessen, was zu glauben für ein ordentliches Glied der menschlichen Gesellschaft sich schickt. Leonce beschäftigt sich in aller Ernsthaftigkeit mit der Frage des Glaubens, denn er weiß, daß ihr Wesen Entscheidung ist, und er weiß, was mit dieser Entscheidung auf dem Spiel steht; aber er *beschäftigt* sich bloß mit der Entscheidung, statt sie zu vollziehen, und deshalb geht ihm der Ernst des Glaubens ab. Er wettet immerfort, entscheidet sich bald so, bald so, und damit entscheidet er sich überhaupt nicht. Er ist ein Müßiggänger, wie sich in seiner Haltung »halb ruhend auf einer Bank« gleich zu Beginn des Stücks kundtut, aber er hat als Müßiggänger Beschäftigung, so sehr, daß er sagen kann, er habe alle Hände voll zu tun und wisse sich vor Arbeit nicht zu helfen. Er bildet die Gegenfigur zum Hofmeister, der in seiner Geschäftigkeit doch im Grunde nichts als ein raffinierter Müßiggänger ist. So sind die einen beschäftigt müßig, müßig beschäftigt die andern.

Man könnte nun meinen, es sei bloße Faulheit, wenn Leonce bei seinem beschäftigten Müßiggang bleibt, wenn er, der doch weiß, daß es um eine Entscheidung geht, sich nicht aufrafft und spornt, die Entscheidung zu vollziehen. Und von da ausgehend, könnte man sich Gedanken darüber machen, ob dieser Mangel an Dezidiertheit eher auf eine verfeinerte, aber geschwächte seelische Konstitution oder auf die Verweichlichung in prinzlichem Wohlleben zurückzuführen sei. Wie aber, wenn das Entschlossensein, wie es hier verlangt wird, mit der Zugriffigkeit, die einen gordischen Knoten entzweihaut, nichts zu tun hätte? Es müßte zuerst die Frage geklärt werden, ob denn überhaupt die Voraussetzung zu dieser Entschlossenheit grundsätzlich im Besitz eines Menschen sein kann. Man kann sich zu etwas entschließen, aber kann man sich zum Entschließenkönnen entschließen? Leonce ist nicht in der Entschiedenheit des Glaubens, weil er sich selbst — sowenig wie irgendein Mensch — die Bedingung dazu nicht geben kann. Diese Ohnmacht ist nicht ableitbar, nicht aus psychischen oder sozialen Gegebenheiten zu verstehen, sie ist nur hinzunehmen als das dem Dasein Zugehörige. Daher ist diese Ohnmacht Melancholie,

Schwermut: in ihrem Dunkel sich selber undurchsichtig, in ihrer Schwere unvermögend, sich selbst zu heben. Aber sie weiß sich immerhin ohnmächtig, sie weiß um verlorene Mächtigkeit. Leonce wäre nicht mit dem *Glauben* beschäftigt, wenn er nicht um das Ewige wüßte; damit *beschäftigt* aber ist er, weil dieses Wissen ein Wissen um den *Verlust* des Ewigen ist. Verlust ist das Thema aller Schwermut. Die tiefste Schwermut ist es, den größten Verlust erlitten zu haben.

Was in der Eingangsszene verschlüsselt zur Sprache gebracht ist, wird im Auftritt mit Rosetta wiederaufgenommen und ein Stück weit deutlicher gemacht. Rosetta ist selbst von der Schwermut verwundet, wenn auch nicht so tief wie Leonce; deshalb ergibt sich nun, anders als zwischen dem Hofmeister und dem Prinzen, ein Dialog, den Rosetta, eingestimmt in den scherzend-schmerzlichen Ton, mit einem halben Verständnis in Gang zu halten vermag. Es ist ein Gespräch, welches das Grundthema der Schwermut erneut berührt. Rosetta schlägt es an, indem sie Leonce fragt, ob er sie liebe, immer liebe. Die Frage bringt zum Ausdruck, daß zur Liebe, wie leichtfertig Rosetta sie auch auffassen mag, die Treue gehört, und zugleich zweifelt solches Fragen, ob es die immerwährende Liebe überhaupt gebe. Der Liebe zwischen Leonce und Rosetta geht die entscheidende Dimension ab, die sie erst zur Liebe werden ließe. Ihre Liebe erfüllt und erschöpft sich in der Momentaneität. »Immer« bedeutet deshalb für Rosetta kaum mehr als die bloße Fortdauer des bisherigen Verhältnisses, als die bloße Anreihung von Momenten. Sie versteht die Ewigkeit als unendliche Zeit. Leonce führt ihr dies vor Augen, indem er sie gleichsam in einen Zerrspiegel blicken läßt. Er parodiert ihren Ewigkeitsbegriff: »Das ist ein langes Wort: immer! Wenn ich dich nun noch fünftausend Jahre und sieben Monate liebe, ist's genug? Es ist zwar viel weniger, als immer, ist aber doch eine erkleckliche Zeit, und wir können uns Zeit nehmen, uns zu lieben.« (110) Mit einem solchen Immer, und könnte man sich dazu auch beliebig Zeit nehmen, bliebe die Liebe doch stets geschieden von jener anvisierten andern Ordnung der Dinge, so wie die Linie einer andern Ordnung angehört als die Fläche, die Fläche einer andern als der Körper. Diese Liebe könnte sieben Monate dauern oder fünftausend Jahre länger, es käme aufs gleiche heraus; es würde sich nichts an ihr ändern, sie bliebe Treulosigkeit, weil sie, obwohl die Bestimmung der Ewigkeit in sich tragend, nur den Moment hätte und ihre Dauer nur die Aufeinanderfolge von Momenten wäre. In ihrem Gespräch über die Liebe, zu dem der Zweifelssinn den Anstoß gegeben, reden Leonce und Rosetta an der Liebe vorbei. In allem, was sie einander sagen, bleibt Liebe ausgespart. Leonce sagt: »Wir können uns Zeit nehmen, uns zu lieben.« Die Liebe aber nimmt sich nicht Zeit, ihr ist die Zeit geschenkt. Rosetta sagt: »Die Zeit kann uns das Lieben nehmen.« Aber der Liebe kann die Zeit nichts anhaben, denn die Zeit, auch wenn sie den Tod des Geliebten herbeiführt, vollendet die Liebe. Leonce entgegnet, das Lieben könne einem die Zeit nehmen. In der Liebe jedoch verschwindet die Zeit nicht, sie kommt vielmehr zum Vorschein, freilich nicht als verzehrende und zerschleißende Macht oder als die Leere, die irgendwie auszufüllen wäre, sondern als erfüllte Zeit. So wird das Thema Liebe und Zeit durch lauter Inversionen hindurchgeführt. Das zeigt sich auch in einer weitern Variation, in welcher, nachdem die Zeit als verfügbares oder feindliches oder nichtiges Gegenüber behandelt worden, von der Übereinstimmung mit der Zeit die Rede ist. Leonce fordert Rosetta auf, zu tanzen, »daß die Zeit mit dem Takt deiner niedlichen Füße geht«. Die Übereinstimmung kommt hier, von der Kunst hervorgebracht, dadurch zustande, daß der Zeit Maß und Ziel gesetzt werden, Vorschriften, welche die Zeit dem Menschen einordnen; die Liebe aber kennt eine andere Übereinstimmung mit der Zeit: sie ist es, die sich dem Takt der Zeit fügt, und dies, ohne einem Zwang unterworfen zu sein. Dem Zusammenstimmen mit der Zeit hält Rosetta die völlige Entzweiung entgegen: »Meine Füße gingen lieber aus der Zeit.« Aber die Liebe, in allem treu, ist auch der Zeit gegenüber nicht treulos. In dieser Weise legt das Gespräch Tangenten, die für einen Augenblick den unsichtbar bleibenden Kreis berühren, aber außerhalb seiner verlaufen. Man kann an diesem Beispiel besonders deutlich erkennen, daß das jeweils Ausgesparte in Büchners Dichtung nicht eine blinde leere Stelle ist, über die weiter nichts zu sagen wäre. Der Kreis ist da, wenn auch nur als Aussparung, sonst könnten keine Tangenten gezogen werden und der Dialog zwischen Leonce und Rosetta würde sich im Ungefähren bewegen.

Die Beziehung, die Leonce und Rosetta Liebe nennen, ist nicht die immerwährende Liebe. Sie endet, kaum daß sie begonnen hat. Die Szenerie ist Abschied. Es wäre aber nicht richtig, zu meinen, die Liaison der beiden habe mit Liebe überhaupt nichts zu tun gehabt. Wie könnte sonst Rosetta die Frage stellen, ob Leonce sie für immer liebe? Wie sollte es zu verstehen sein, daß Leonce das Ende schmerzlich empfindet? Ein Wort, das er später in anderm Zusammenhang sagt, wirft auch ein Licht auf diese Liebesbeziehung: »Ich habe noch eine gewisse Dosis Enthusiasmus zu verbrauchen; aber wenn ich Alles recht warm gekocht habe, so brauche ich eine unendliche Zeit um einen Löffel zu finden, mit dem ich das Gericht esse und darüber steht es ab.« (121) Er ist mit allem ausgestattet, ein gutes Mahl zuzubereiten. Es fehlt ihm weder an der Freude noch an den Ingredienzien, noch an Wissen und Können; der Beginn ist von erwartungsvollem Hochgefühl belebt. Aber dann tritt eine rätselhafte Verhinderung ein. Leonce gelangt nicht zum Eigentlichen. So verfügt die Liebschaft über alles, was zur Liebe gehört, aber sie kann nicht zur Liebe selbst gelangen, und darob wird sie matt und fad. Neuen Anläufen ergeht es nicht besser. Der Sprung über den Graben zwischen Liebschaft und Liebe gelingt nicht. Gleich wie Leonce mit dem Glauben beschäftigt ist, aber nicht glaubt, so ist er auch mit der Liebe beschäftigt, liebt aber nicht. Es ist dabei nicht so, daß er liebesunfähig wäre, kein Gefühl und keine Leidenschaft hätte; dann würde er sich nämlich mit der Liebe auch nicht beschäftigen, er würde nicht wieder und wieder neue Liebschaften beginnen können. Gerade diese fortlaufende Repetition ist es, worunter er leidet. Das läßt sich aus dem Monolog nach Rosettas Abgang — die Parallele zur ersten Szene ist augenfällig — deutlich erkennen: »Mein Gott, wieviel Weiber hat man nöthig, um die Scala der Liebe auf und ab zu singen? Kaum daß Eine einen Ton ausfüllt. Warum ist der Dunst über unserer Erde ein Prisma, das den weißen Gluthstrahl der Liebe in einen Regenbogen bricht?« (112)

Das Gleichnis vom Regenbogen erinnert an die Wasserfallszene aus dem zweiten Teil des »Faust«, aber es hat hier nicht denselben Sinn. Zwar könnte Leonce mit Goethe von »des bunten Bogens Wechseldauer« sagen: »Ihm sinne nach, und du begreifst genauer: Am farbigen Abglanz haben wir das Leben.«[7] Doch bekäme das Wort in seinem Munde einen ganz anderen Ton. Das Leben, das wir am farbigen Abglanz haben, ist für ihn kein Leben. Goethes Gleichnis gilt im Bereich der Erkenntnis und des gemäß der Erkenntnis ausgerichteten Tätigseins. Der menschliche Geist ist nicht geschaffen, das Göttliche unmittelbar zu erkennen, aber er ist auch nicht in die Finsternis verbannt, wo es nichts zu erkennen gibt; er erkennt das Göttliche im Abglanz. Der Abglanz, in welchem Licht und Finsternis, Geist und Materie, Ideales und Reales, Vernunft und Sinnlichkeit vereinigt sind, ist das Leitbild einer Daseinsauslegung, die sich durch erkennendes Schauen orientiert. Wie aber, wenn das Schauen, das vorstellende Erkennen den ihm hier zugesprochenen Vorrang gar nicht zu beanspruchen hätte? Büchner braucht das Bild des Regenbogens für den Bereich der Liebe, und daraus ergeben sich die ganz andern Akzentuierungen. Am farbigen Abglanz das Leben haben: das ist bei Büchner nicht die dem Menschen zugeteilte und ihm angemessene Weise, in der ihm die Unsterblichen ein mitgenießendes, fröhliches Anschauen ihres eigenen

---

[7] I. Akt, V. 4726 f.

ewigen Himmels eine Weile gönnen; es ist vielmehr das Zeichen, daß der Mensch verstoßen und ausgeschlossen und in einen beklagenswerten Zustand versetzt ist. Ein wahrhaft menschliches Leben ist allein ein solches, in welches der ungebrochene Glutstrahl der Liebe dringt, nicht dem Auge sich darbietend, nichts Schaubares, sondern dem Herzen zugedacht, um daraus die Kälte und Finsternis zu vertreiben. Das aber heißt, daß der Mensch nicht in erster Linie zum Sehen geboren, zum Schauen bestellt ist.

Einer solchen Einzelheit der Dichtung dürfte kein derartiges Gewicht beigemessen werden, wenn sie nicht mit andern Einzelheiten zusammenstimmte und wenn diese einzelnen Teile nicht in einem Ganzen ihren bestimmten Ort hätten. Das Farbenspiel erscheint bei Büchner immer wieder im Zusammenhang mit dem ersterbenden Leben. Eine sterbende Liebe sei schöner als eine werdende (111), sagt Leonce mit schmerzlicher Ironie und schaut zu, wie das Rot auf Rosettas Wangen hinschwindend ins Blasse hinüberspielt. So betrachtet auch Julie, nachdem sie das Gift getrunken, das Spiel des Abendlichts über der bleicher werdenden Erde. Die beiden Szenen verdeutlichen sich gegenseitig. Julies Sterben ist nicht ein Zeugnis der Liebe, sondern der Abschied von der Liebe, nur daß dieser Abschied, ihrem Gemüt entsprechend, sich nicht in der schneidend scharfen Bewußtheit ausspricht wie bei Leonce: »Adio, adio meine Liebe, ich will deine Leiche lieben.« Und anderseits zeigt die Parallele, daß Leonce, wie er selbst sehr wohl weiß, nur deshalb ein genießerisch Zuschauender sein kann, weil sein Leben vergiftet ist. Wenn er sagt: »Ich bin ein Römer; bei dem köstlichen Mahle spielen zum Dessert die goldnen Fische in ihren Todesfarben« (111), so korrespondieren diese Worte mit Camilles Frage: »Ist denn der Äther mit seinen Goldaugen eine Schüssel mit Goldkarpfen, die am Tisch der seeligen Götter steht und die seeligen Götter lachen ewig und die Fische sterben ewig und die Götter erfreuen sich ewig am Farbenspiel des Todeskampfes?« (72) Solche wie andere Stellen sind aus der Opposition gegen jene Auslegung des Daseins geschrieben, welche sich an den Leitfaden des Sichtbaren hält, die Haltung des Schauens vorherrschen läßt und sich anhand des Seienden und der Seiendheit zurechtfindet. Büchner wendet sich dagegen, daß die Gottheit als zuschauend vorgestellt wird und der Mensch sich gemäß diesem Vorbild versteht. Die Menschen, zum Objekt des Schauens gemacht, sind in solcher Gegenständlichkeit tot, wiewohl lebend, sie sind, wie Danton es einmal ausdrückt, lebendig begraben und so ihren Leiden überlassen. Aber auch die Zuschauenden, die Götter und der Mensch, insofern er nicht Objekt, sondern Subjekt des Schauens ist, sind nicht besser dran, sie stellen bloß die Kehrseite dar: sie sind nicht wirklich lebendig, sondern tot-lebendig. Das Vorwalten des Schauens und des Schaubaren soll ein Ende haben, deshalb wird die Nacht herbeigewünscht. Leonce läßt bei Tag die Fensterläden schließen: »Weg mit dem Tag! Ich will Nacht, tiefe ambrosische Nacht.« (109) Und auch Rosettas Lied ist auf dieses Thema gestimmt:

> O meine armen Augen, ihr müßt blitzen
> Im Strahl der Kerzen,
> Und lieber schlieft ihr aus im Dunkeln
> Von euren Schmerzen.

Die Strophe erinnert an die Verse, die Lenz zitiert:

> O Gott in Deines Lichtes Welle,
> In Deines glüh'nden Mittags Helle
> Sind meine Augen wund gewacht.
> Wird es denn niemals wieder Nacht? (96)

Man wird hier an Novalis denken, an seine Klage: »Muß immer der Morgen wiederkommen? Endet nie des Irdischen Gewalt? Unselige Geschäftigkeit verzehrt den himmlischen Anflug der Nacht.«[8] Aber es ist nicht zu übersehen, daß es bei Büchner die hymnische Nachtbegeisterung nicht gibt, daß wohl manche seiner Gestalten Todessehnsucht ausdrücken — so Julie in ihrem Selbstmord, Danton mit seinem Wort »Das Nichts ist der zu gebärende Weltgott« —, daß aber dabei immer spürbar ist, wie sehr die Hinwendung zur Nacht von der Verzweiflung bestimmt wird. Wenn auch gegenüber der schmerzhaften Grelle des Tags die Nacht lind erscheint, sie ist doch voller Angst, wie Büchner im »Lenz« zeigt, sie beherbergt entsetzliche Träume, wie in »Dantons Tod« dargestellt wird, sie ist das Schmerzensantlitz der Welt: »Wie schimmernde Thränen sind die Sterne durch die Nacht gesprengt, es muß ein großer Jammer in dem Aug seyn, von dem sie abträufelten.« (67) Büchner widersetzt sich dem Vorrang des Sichtbaren in der Daseinsauslegung nicht auf die Weise, daß er dem Tag absagt, um die Nacht zu preisen, daß er die Gegenwärtigkeit auslöscht, um sich der Erinnerung hinzugeben; für ihn wären dies Reaktionen auf eine Einseitigkeit, Folgen dessen, wogegen sie sich richten, und deshalb nicht minder einseitig.

Auf den Neubeginn, nicht auf das Ende hin ist die Komödie »Leonce und Lena« angelegt. Das Wort vom »weißen Gluthstrahl der Liebe« ist dafür ein Anzeichen. Es ist damit etwas anderes gemeint als die glühende

---

[8] Novalis, Hymnen an die Nacht II.

Mittagshelle, von der Lenz spricht; hier kündet sich, nachdem die Nacht dem frühern Tag ein Ende bereitet, ein neuer Tag an. Man muß Büchners Gegnerschaft gegen das überkommene Daseinsverständnis im Zusammenhang mit seiner Kritik an Descartes und Spinoza sehen. In dieser Auseinandersetzung wendet er sich gegen eine Methode, die sich anheischig macht, alles zur Evidenz zu bringen, die sich durchwegs an der Schaubarkeit orientiert und von da aus zu der ein ganzes Zeitalter bestimmenden Folgerung gelangt, es sei gewiß, daß alles, was in der Natur sei, »den Begriff Gottes hinsichtlich seiner Essenz und seiner Vollkommenheit involvire und ausdrücke«, so daß wir eine um so vollkommenere Erkenntnis Gottes erlangen müßten, je mehr wir die natürlichen Dinge erkennten.[9] Dieser Kritik ist es nicht darum zu tun, Beweise und Beweisbarkeit überhaupt in Zweifel zu ziehen, sondern darum, sie auf die Gebiete einzuschränken, in denen sie Geltung beanspruchen können, und darauf hinzuweisen, daß Evidenz immer auf Voraussetzungen beruht, die ihrerseits nicht evident zu machen sind. Es ist nicht verwunderlich, daß Büchner sich vom bedeutendsten Denker, welcher Descartes entgegentrat, Pascal, angesprochen fühlte.

Pascals Äußerungen über die Erkenntnis gehen zunächst in gleicher Richtung wie die Goethes: »Ce qui y paraît ne marque ni une exclusion totale, ni une présence manifeste de divinité, mais la présence d'un Dieu qui se cache.«[10] Aber Pascal zieht, wie schon der Schluß des Zitats belegt, andere Konsequenzen. Er spricht nicht vom Göttlichen, das im Irdischen erscheint, sondern vom verborgenen Gott. Diese Verborgenheit Gottes ist zutiefst beunruhigend: »La nature ne m'offre rien qui ne soit matière de doute et d'inquiétude. Si je n'y voyais rien qui marquât une Divinité, je me déterminerais à la négative; si je voyais partout les marques d'un Créateur, je reposerais en paix dans la foi. Mais, voyant trop pour nier et trop peu pour m'assurer, je suis dans un état à plaindre, et où j'ai souhaité cent fois que, si un Dieu la soutient, elle le marquât sans équivoque; et que, si les marques qu'elle en donne sont trompeuses, elle les supprimât tout à fait; qu'elle dît tout ou rien, afin que je visse quel parti je dois suivre.«[11] Aus dieser Lage des Menschen schließt Pascal, daß nicht

---

[9] II, 268.
[10] Br. 556: »Das Wahrnehmbare zeigt weder die völlige Abwesenheit noch die offenbare Gegenwärtigkeit des Göttlichen, sondern die Gegenwart eines Gottes, der sich verbirgt.«
[11] Br. 229: »Die Natur zeigt mir nichts, was nicht Anlaß zu Zweifel und Unruhe wäre. Wenn ich in ihr gar nichts sähe, was auf einen Gott hinweist, würde ich mich dazu bestimmen lassen, ihn zu leugnen; wenn ich überall die Zeichen eines Schöpfers sähe, würde ich im Frieden der Glaubensgewißheit ruhen. Doch weil ich zu

die Fähigkeit, zu schauen, zu erkennen, zu wissen, das Wesentliche des Menschen ausmache, sondern der Glaube und der Gehorsam. »Dieu veut plus disposer la volonté que l'esprit. La clarté parfaite servirait à l'esprit et nuirait à la volonté.«[12] Goethes Wort »Am farbigen Abglanz haben wir das Leben« gilt, sofern der Mensch als ein Schauender verstanden wird; als ein Glaubender und Liebender hat er das Leben an dem »weissen Gluthstrahl«, der nicht dem Auge, sondern dem Herzen zugeordnet ist.

Aus Leonces Klage darüber, daß der Dunst über unserer Erde den Glutstrahl der Liebe in einen Regenbogen breche, spricht nicht nur Sehnsucht, sondern auch — immer noch — so etwas wie Hoffnung. Freilich hat es diese Hoffnung immer schwerer. Von der sich ständig wiederholenden Vergeblichkeit wird sie mehr und mehr zugeschüttet. Und wenn Leonce sich fragt, wieviele Weiber man denn nötig habe, um die Skala der Liebe auf und ab zu singen, so scheint er sich bereits damit begnügen zu wollen, das Mannigfaltige als Ersatz für das verweigerte Eine zu nehmen, mit neuen Tönen und Farben das Spektrum zu vervollständigen und so sich rein ästhetisch zu verhalten.[13] Doch Erschöpfung und Überdruß beginnen sich seiner zu bemächtigen. Das stets sich Wiederholende dreht sich im Kreis. Kein Weg zeigt sich, der irgendwohin führte. Es gibt nichts mehr unter der Sonne, was ihn laufen machen könnte (106). Es gibt für ihn keine Erwartung mehr. »O ich kenne mich, ich weiß was ich in einer Viertelstunde, was ich in acht Tagen, was ich in einem Jahre denken und träumen werde.« (112) Was immer kommen mag, es ist das schon Gekommene. Was geschehen wird, ist keine offene Möglichkeit, sondern bereits vollzogene Tatsache. Das Künftige ist das Vergangene; das Vergangene aber ist nicht das Gewesene, sondern kehrt ständig als das Künftige wieder. Es wird nichts Neues werden, und nichts wird neu werden. Der Lebensvollzug ist aufs tiefste gefährdet. »Mein Leben gähnt mich an, wie ein großer weißer Bogen Papier, den ich vollschreiben soll,

viel sehe, um zu leugnen, und zu wenig, um Gewißheit zu erlangen, bin ich in einer beklagenswerten Lage, und hundertmal habe ich schon gewünscht, daß, wenn die Natur in Gott ihr Fundament hat, sie es unzweideutig zeige oder daß, wenn die Zeichen, die sie davon gibt, trügerisch sind, sie diese völlig unterdrücke, daß sie entweder alles sage oder nichts, damit ich sehen könnte, welcher Seite ich anhangen soll.«

[12] Br. 581: »Gott will lieber den Willen bereiten als den Verstand tauglich machen. Vollkommene Klarheit würde dem Verstand dienen, dem Willen schaden.«

[13] Vgl. die Bemerkung von Lacroix über Danton: »Er sucht eben die mediceische Venus stückweise bey allen Grisetten des palais royal zusammen, er macht Mosaik, wie er sagt.« (20 f.)

225

aber ich bringe keinen Buchstaben heraus. Mein Kopf ist ein leerer Tanz-
saal, einige verwelkte Rosen und zerknitterte Bänder auf dem Boden,
geborstene Violinen in der Ecke, die letzten Tänzer haben die Masken abgenommen und sehen mit todmüden Augen einander an.« (112) Zwar ist
dies in ironischer Brechung vorgetragen: Leonce hält vor Leonce einen
Monolog, und im Beifall, den er sich spendet, liegt Zustimmung und
Distanzierung zugleich. Die Rede Leonces macht nicht sein ganzes Wesen
aus, denn da ist ja immer noch jener Leonce, der zuhört, der sich also zu
Leonce verhält. Die Hoffnung verteidigt hier ihre letzte Position. Hoffnungslosigkeit ist noch nicht Wirklichkeit geworden, aber sie ist eine
bedrängende Möglichkeit.

Was diese Hoffnungslosigkeit bedeuten müßte, läßt sich anhand von
Büchners Text noch genauer umreißen. Leonce sagt einmal zu Valerio:
»Siehst du die greisen freundlichen Gesichter unter den Reben an der
Hausthür? Wie sie sitzen und sich bei den Händen halten und Angst
haben, daß sie so alt sind und die Welt noch so jung ist. O Valerio, und
ich bin so jung, und die Welt ist so alt. Ich bekomme manchmal eine
Angst um mich und könnte mich in eine Ecke setzen und heiße Thränen
weinen aus Mitleid mit mir.« (121) Zweimal ist hier von der Angst die
Rede: die Greise haben Angst, Leonce ängstigt sich. Die Angst ist ihnen
gemeinsam, aber sie ist verschieden begründet. Die Altgewordenen haben
Angst, weil sie bald nicht mehr da sein werden; sie möchten mit der jung
gebliebenen Welt jung sein, aber sie entfernen sich von ihr immer weiter.
Mit Leonce steht es anders. Nach Lenas Worten ist er »alt unter seinen
blonden Locken«, er hat »den Frühling auf den Wangen, und den Winter
im Herzen« (123). Im Unterschied zu den Greisen wird er kein Alt-
gewordener sein können, denn er ist ja jetzt schon alt, er ist nie jung
gewesen. Wenn er seit jeher alt ist, hat er gleichsam nicht gelebt; wenn
er nicht gelebt hat, kann er auch nicht sterben. Das Ahasvermotiv klingt
an. Lena macht es noch deutlicher: »Der müde Leib findet ein Schlaf-
kissen überall, doch wenn der Geist müd' ist, wo soll er ruhen?« (123)
Leonce ängstigt sich in derselben Weise wie Camille: »Oh nicht sterben
können, nicht sterben können, wie es im Lied heißt.« (61) Mit dieser
Angst berührt ihn nicht der Atem des Todes, sie ist ein Anwehen des
Nicht-Lebens. In Lenz hat Büchner einen Menschen dargestellt, der, so
wie er hinlebt, nicht lebt und nicht sterben kann, einen Unglücklichen,
von dem nur noch zu sagen ist: »Er hatte Nichts.« (98) Einem solchen
Nicht-Leben ist Leonce nahe. Lena fühlt es gleich bei der ersten Begegnung: »Es kommt mir ein entsetzlicher Gedanke, ich glaube es gibt Menschen, die unglücklich sind, unheilbar, blos weil sie *sind*.« (123) Leonces

226

Selbstmitleid — auch Lenz weint in dieser Art über sich (85) — ist alles andere als schwächliche Sentimentalität.

Leonces Worte von der Angst der Greise und von seiner eigenen Angst weisen in die Möglichkeit gänzlicher Hoffnungslosigkeit, lassen aber einen andern Weg offen. Es ist in diesen Äußerungen eine Hoffnung versteckt, die man zu erkennen beginnt, sobald man die beiden gegenläufigen Aussagen zusammenhält. Im Hintergrund des einen Satzes steht die Sehnsucht, jung bleiben zu können, im Hintergrund des andern die Sehnsucht, sterben zu können, d. h. ein Leben zu leben, dem ein Werden und somit auch ein Sterben gegeben ist, ein Leben, welches eine Geschichtlichkeit hat, wogegen ja die einförmige Repetition, unter der Leonce leidet, jegliche Geschichtlichkeit fernhält. Diese Sehnsucht nach dem Werden läßt Leonce sagen: »Siehst du die alten Bäume, die Hecken, die Blumen? das Alles hat seine Geschichten.« (121) Es ist auffallend, wie sich bei Leonce die Sehnsucht nach dem Werden und die nach dem Jungsein — einem Sein also — gegenseitig durchdringen. Die Hoffnung ist offenbar auf etwas Paradoxes gerichtet, auf ein Leben, welches zu altern gewährt und dabei das Jungbleiben nicht ausschließt.

Zum Themenkreis Angst, Nicht-leben-und-nicht-sterben-Können, eintönige Wiederkehr des Gleichen gehört auch die Schuld. »Gott, was habe ich denn verbrochen«, fragt Leonce, »daß du mich, wie einen Schulbuben, meine Lection so oft hersagen läßt?« (112) Nicht als unschuldig Leidender kommt er sich vor, vielmehr beginnt er sich des Schuldigseins bewußt zu werden: Bin ich denn schuldig, daß ich so leben muß? Indem er so fragt, sucht er die Ursache seines Leidens in einer bestimmten Handlung, mit der er sich vergangen, für die er zu büßen habe: Was habe ich verbrochen? Leonce will das Schuldigsein aus dem Schuldig-gewordensein erklären. Aber er findet keine Antwort. Offenbar gibt es keine, deshalb wird die Frage aus den Angeln gehoben. Denn dem Schuldigsein liegt nicht ein Schuldig-gewordensein zugrunde. Es verhält sich damit umgekehrt: das Schuldigwerden ist ein Modus des Schuldigseins. Schuld entsteht nicht erst durch die Art, wie Leonce mit den Menschen, mit Rosetta zum Beispiel, umgeht, sondern weil es ein ursprüngliches, nicht aus einer konkreten Handlungsweise abzuleitendes Schuldigsein gibt, lebt Leonce so, wie zu leben er nicht umhin kann. Weil das Dasein ein Schuldigsein ist, hat es die Gestalt des beschäftigt-müßigen oder des müßig-beschäftigten Daseins. Wenn sich Leonce die Frage, was er denn verbrochen habe, beantworten könnte, vermöchte er sein Leben anders einzurichten. Er wäre in der Lage, fortan das Gute zu tun und das Böse zu unterlassen und so weiteres Schuldigwerden zu vermeiden, er würde, wie er im ersten

Monolog sagt, moralisch. Dies erweist sich aber als unmöglich, und zwar eben deshalb, weil das Schuldigsein sich nicht auf ein faktisches Schuldiggewordensein zurückführen läßt. Daher redet er auch Gott an und nicht sich selbst. Er sagt nicht: Ich mache etwas falsch, ich muß das Falsche erkennen, dann kann ich das Richtige tun. Aus seiner an Gott gerichteten Frage spricht die Ratlosigkeit dessen, der einsieht, daß man die Ermöglichung des Gutseins nicht in den Griff bekommt und somit ein schuldiger Mensch sein muß. Davon handelt ja auch der bekannte Brief Büchners an seine Braut, in welchem es heißt, daß über das menschliche Dasein das Verdammungswort »muß« gesprochen sei.[14]

In diesem Schuldigsein gibt es nach Büchners Darstellung zwei gegensätzliche Verhaltensweisen. Die eine wird von Valerio vertreten. Man lehnt das Schuldigsein ab. Nach seinem Stand befragt, antwortet Valerio: »Keine Schwiele schändet meine Hände, der Boden hat noch keinen Tropfen von meiner Stirne getrunken, ich bin noch Jungfrau in der Arbeit.« Ob er das mit Selbstironie sagt, darf hier dahingestellt bleiben, jedenfalls ist vom Stand der Unschuld die Rede, wobei klar wird, daß Valerio ihn nicht repräsentiert. Schon mit dem Aussehen dieses Bruders Lustig ist die Diskrepanz augenfällig gemacht; sie wird durch Leonces »komischen Enthusiasmus« noch unterstrichen: »Komm an meine Brust! Bist du einer von den Göttlichen, welche mühelos mit reiner Stirne durch den Schweiß und Staub über die Heerstraße des Lebens wandeln, und mit glänzenden Sohlen und blühenden Leibern gleich seligen Göttern in den Olymp treten? Komm! Komm!« (107 f.) Auch Valerios »Gefühl für die Natur« (106) soll den paradiesischen Zustand beschwören und zugleich ironisieren. So wird auf das Nicht-schuldig-sein-Wollen angespielt, auf die Meinung, man könne in der Nähe zur Natur, indem man sich den Pflanzen und Tieren, die nicht säen und nicht spinnen, anähnle, unschuldig bleiben oder die Unschuld zurückgewinnen. Büchner führt hier ein Thema weiter aus, das er schon in »Dantons Tod«, mit der Gestalt des Bettlers, angeschlagen hat (34 f.).

Das Gegenstück zu dieser Haltung ist das Schuldig-sein-Wollen, der Trotz, der sich sagt: Wenn ich schon schuldig bin, dann will ich auch gründlich schuldig sein. Auf diese Möglichkeit deutet Leonce in seinem Monolog nach Rosettas Abgang: »Meine Herren, meine Herren, wißt ihr auch, was Caligula und Nero waren? Ich weiß es.« (112) Die beiden römischen Herrscher werden, so scheint es wenigstens, völlig unvermittelt genannt, und es ist zunächst nicht recht klar, in welchem Sinn Leonce

[14] An die Braut, Gießen, nach dem 10. März 1834; II, 426.

in das schreckliche Geheimnis ihrer Untaten eingeweiht zu sein meint. Da er sich aber, wie Rosetta ein letztes Mal vor ihm tanzt, als Römer bezeichnet, muß der Gedanke an Nero und Caligula in einem unmittelbaren Bezug zur Verabschiedung der Kurtisane stehen. Das Wort »Adio, adio meine Liebe, ich will deine Leiche lieben« bekommt nachträglich eine grausig konkrete Bedeutung. Leonce spielt nicht bloß die leidige Figur, die jeder Jüngling darstellt, wenn er sich aus einer Liebschaft löst, weil — wie Goethe sagt — die Ursachen eines Mädchens, das sich zurückzieht, immer gültig scheinen, die des Mannes niemals[15]; er nimmt, indem er den Abschied regelrecht inszeniert und ihm damit eine kalte Grausamkeit beimischt, abscheuliche Züge an, und ihm könnte höchstens zugute gehalten werden, daß er dabei mehr leidet als Rosetta. Er quält Rosetta und quält zugleich und vor allem sich selbst. Und bei alledem ist es so, daß ihm dieses Quälen und Gequältwerden Genuß bereitet. Dieser Zug gehört mit ins Bild der Schwermut, das Büchner zeichnet. Leonces Antwort auf die Frage, was Nero und Caligula gewesen seien, kann nicht anders lauten als: Sie waren schwermütig, wie ich es bin. Letzte Abgründe der Melancholie werden hier sichtbar. Die Schwermut erweist sich als das Zweideutige, das voll Grauen ist und dennoch etwas Wollüstiges hat. So droht sie den Menschen endgültig zu fesseln und der Hoffnungslosigkeit auszuliefern. Wenn Leonce von den Dessertfreuden der Römer spricht, sagt er dies mit der Ironie tiefsten Schmerzes, zugleich aber verhält er sich zu diesem Schmerz wie ein Feinschmecker. Das Wort von der »Wollust des Schmerzes«, das in »Dantons Tod« auf die Passion Christi bezogen wird (30) — wobei das Zusammengehören von Leiden und Seligkeit zu einem mißverstandenen Einssein verfälscht ist —, zeigt sich hier, da der Name Nero erscheint, in der Möglichkeit satanischer Verkehrung: als sadistisch-masochistischer Trotz gegen den Gott, der Erlösung bringen will.

Aber Leonce wird diesen unheilvollen Möglichkeiten nicht preisgegeben. Er wird aus dem Bann der Schwermut gelöst. Er kommt, wie er sich ausdrückt, mit der Melancholie nieder. Gleich nach der kurzen ersten Begegnung mit Lena spürt er, daß etwas in ihm vorgeht: »O lieber Valerio! Könnte ich nicht auch sagen: ›Sollte nicht dies und ein Wald von Federbüschen nebst ein Paar gepufften Rosen auf meinen Schuhen —?‹ Ich hab' es glaub' ich ganz melancholisch gesagt. Gott sei Dank, daß ich anfange mit der Melancholie niederzukommen. Die Luft ist nicht mehr so hell und kalt, der Himmel senkt sich glühend dicht um mich und

---

[15] Dichtung und Wahrheit, 11. Buch, Artemis-Ausgabe Bd. 10, S. 545 f.

schwere Tropfen fallen.« (123) Man kann diese Stelle nur dann ganz verstehen, wenn man auf die Anklänge an Worte Hamlets achtet. In der Absicht, den quälenden Verdacht, sein Vater sei umgebracht worden, zu überprüfen, hat Hamlet vor versammeltem Hof die Pantomime von der Ermordung des Herzogs Gonzago aufführen lassen; die Reaktion des Königs hat seine Vermutung bestätigt, und nun sagt Hamlet: »Sollte nicht dies und ein Wald von Federbüschen — wenn meine sonstige Anwartschaft in die Pilze geht — nebst ein paar gepufften Rosen auf meinen gekerbten Schuhen mir zu einem Platz in einer Schauspielergesellschaft verhelfen?«[16] Hamlet sagt dies im Tone witziger, fast närrischer Lustigkeit; er triumphiert, weil sein Vorhaben geglückt ist. Diese Lustigkeit hält die Schwermut verborgen. Leonce dagegen gibt dem Hamlet-Zitat einen andern, einen melancholischen Tonfall. Das ist nicht etwa ein Zeichen tieferer Schwermut, im Gegenteil, die Schwermut beginnt zutage zu treten, und damit wird dem Schwermütigen leichter. Mit ihrer Geburt verwandelt sich die Schwermut. Indem sie aus der Tiefe ihrer Verborgenheit herausgehoben wird, hat sie nicht mehr das frühere niederziehende Gewicht. Im Augenblick, da Leonce in seinen Worten Melancholie feststellt, ist diese eigentlich schon zu etwas anderem geworden, nämlich zu einem Bedauern darüber, daß er der Unbekannten, die er liebt, nichts anzubieten hat außer sich selbst; denn er wird nun erst recht das Los des Flüchtlings auf sich nehmen müssen, um seiner von der Staatsräson geplanten Verehelichung mit der Prinzessin des Nachbarlandes zu entgehen.

Büchner hat mit einer ganzen Reihe von Hinweisen die Bedeutsamkeit der sich vollziehenden Wandlung hervorgehoben. Zu den wichtigsten gehört, daß er, wie schon in der Erzählung »Lenz«, eine Anspielung auf etwas persönlich Erfahrenes einflicht, das für ihn entscheidend gewesen sein muß. Leonce, der früher das Gefühl hatte, er sitze unter einer Luftpumpe, so daß ihn in der scharfen und dünnen Luft fror (112), sagt nach der Begegnung mit Lena: »Die Luft ist nicht mehr so hell und kalt, der Himmel senkt sich glühend dicht um mich und schwere Tropfen fallen.« (123)[17] Ja, um die Größe dessen, was anhebt, fühlbar zu machen, wird sogar die Schöpfungsgeschichte des Alten Testaments zum Vergleich herangezogen. Leonce sagt von Lenas Stimme: »Sie ruht auf mir wie der Geist, da er über den Wassern schwebte, eh' das Licht ward. Welch Gähren in der Tiefe, welch Werden in mir, wie sich die Stimme durch den Raum gießt.« (123) Ihm, der kein Werden, keine Geschichtlichkeit

16 III. Akt, 2. Szene.
17 Vgl. S. 154.

hatte, weil ihm Künftiges und Gewesenes in der Einförmigkeit versunken waren, ihm ist dies alles nun gegeben, und zwar nicht etwa so, daß er es wiederum hat, sondern daß ihm geschenkt wird, was er nie besessen. Erst von jetzt an datiert seine Geschichtlichkeit. Gewiß, dieses Werden wird sich selbst noch verstehen lernen müssen, um nicht dem Irrtum zu verfallen, nur das Anfängliche sei das Hohe und in der Folge sei nur Verflachung. Einen Moment lang, überwältigt davon, wie die Schöpfung sich ihm frischatmend, schönheitglänzend aus dem Chaos entgegenringt, findet Leonce nämlich: »Zu viel! zu viel! Mein ganzes Sein ist in dem einen Augenblick. Jetzt stirb. Mehr ist unmöglich.« (125) Diese Selbstmordanwandlung wird von Valerio verscheucht. Doch wenn er sich sagt, seine trivialen Bemerkungen hätten Leonce zurückgeholt, er habe ein Menschenleben gerettet, so wird dieser Anspruch zugleich ironisiert. Nicht in Valerios Macht hat es gelegen, Leonce von der Meinung abzubringen, sein ganzes Sein sei in dem einen Augenblick, es ist vielmehr dieses Augenblickes eigene Macht, durch die Leonce widerlegt wird. Sie erweist sich daran, daß sie sich nicht im Moment erschöpft, sondern das Werden zu eigen hat und fortwährend neu da ist. Damit beginnt Leonce ein wahrhaft hoffender Mensch zu werden. Solange er schwermütig war, blieb er ja von der eigentlichen Hoffnung ausgeschlossen. Denn Hoffnung ist etwas anderes als die bloße Sehnsucht oder die bloße Erwartung. Sie sieht im Künftigen nicht dasjenige, welches alles Gegenwärtige und Vergangene verabschiedet, vielmehr ist ihr das Kommende die Vollendung dessen, was schon als Gegenwärtiges wie als Gewesenes der Fülle der Zeit angehört.

Weiter ist Leonces Wandlung durch die Art seiner zweiten Begegnung mit Lena kenntlich gemacht. Auch Lena ist von der Schwermut erfaßt. Sie soll einen Mann heiraten, den sie nicht kennt und nicht liebt; eher will sie auf dem Kirchhof liegen. (117) Der Mond erscheint ihrem beschwerten Gemüt wie ein schlafendes, wie ein gestorbenes Kind: »O sein Schlaf ist Tod. Wie der todte Engel auf seinem dunkeln Kissen ruht und die Sterne gleich Kerzen um ihn brennen. Armes Kind, kommen die schwarzen Männer bald dich holen? Wo ist deine Mutter? Will sie dich nicht noch einmal küssen? Ach es ist traurig, todt und so allein.« (124) Indessen ist Leonce unbemerkt zu ihr getreten und erwidert nun: »Steh auf in deinem weißen Kleide und wandle hinter der Leiche durch die Nacht und singe ihr das Todtenlied.« Leonce muß erkannt haben, daß Lena, wie sie den Mond als totes Kind sah, von ihrem eigenen Erstorbensein sprach. Mit den Worten »Steh auf ... und wandle« erinnert er an die Heilungs- und Auferweckungstaten Christi[18]; er drückt so die Hoffnung aus, Lena möge zu den Lebenden zurückkehren. Als Wiederauferweckte soll sie der Leiche — also sich selbst in ihrem Gestorbensein — das Totenlied singen. Darunter ist keine Totenklage zu verstehen, man hat eher an die Lieder des Kirchengesangbuchs zu denken, die das Sterben als Gewinn preisen und im Glauben an den auferstandenen Christus die Klage in Hoffnungsfreude verwandeln. Lena soll in der Hoffnung des Glaubens aus dem Lebendigbegrabensein der Schwermut auferstehen. Büchner hat diesen Christusbezug in einem bruchstückhaften Entwurf noch stärker hervorgehoben. Leonce: »Steh auf in deinem weißen Kleid u. schwebe durch die Nacht u. sprich zur Leiche steh auf und wandle.« Lena: »Die heiligen Lippen, die so sprachen, sind längst Staub.« Leonce: »O nein.« (141 f.)[19] Die Änderungen, die Büchner dann vorgenommen hat, bedeuten kein Abrücken von dieser Konzeption — das Wesentliche wird ja durchaus beibehalten —, sie erklären sich aus dem bei Büchner öfters zu beobachtenden Bemühen, allzu direkte Aussagen zu vermeiden, für die das Bühnenstück seiner Zeit, erst recht die Komödie nicht der Ort sein kann. Dazu kommt, daß die Fassung dieser Stelle im Entwurf das Gespräch versiegen läßt; das Fragment bricht ja auch wohl nicht zufällig mit Leonces »O nein« ab; man kann sich nicht recht vorstellen, wie überhaupt der Dialog von hier aus fortgesetzt werden könnte. So gibt Büchner hier nur Andeutungen und verleiht auf diese Weise dem Gespräch das Schwebende, wie es dem nicht darstellbaren Geschehen — daß nämlich Lena und Leonce aus der Schwermut befreit werden und zueinander finden — am ehesten gemäß ist.

Dadurch aber, daß man im erwähnten Bruchstück den Richtpunkt zu fassen vermag, auf den die Dinge hingeordnet sind, kann man das einzelne in seinen Abstufungen besser erkennen. Lena spricht aus versehrtem Glauben, wenn sie, vor der Begegnung mit Leonce, fragt: »Mein Gott, mein Gott, ist es denn wahr, daß wir uns selbst erlösen müssen mit unserm Schmerz? Ist es wahr, die Welt sei ein gekreuzigter Heiland, die Sonne seine Dornenkrone und die Sterne die Nägel und Speere in seinen Füßen und Lenden?« (118) Damit drückt Lena, in abschwächender Frageform, dasselbe aus, wie wenn sie sagt, Christus sei längst Staub geworden. Erlösung, wie sie hier aufgefaßt wird, kann dann nur darin bestehen, daß der Mensch lernt, das leidenvolle Leben fahren zu lassen

---

[18] Vgl. etwa Matth. 9, 5 und Mark. 5, 41.
[19] Solche Stellen werden zumeist nicht oder mit Verlegenheit zur Kenntnis genommen. Vgl. S. 94, Anm. 1.

und den glücklich zu preisen, der schon gestorben ist, am allerglücklichsten aber den, der nicht geboren wäre. Eine solche Selbsterlösung vollziehend, scheidet Julie aus dem Leben. An dieselbe Möglichkeit scheint Lena mit ihren Gedanken zu rühren. So wünscht sie sich, der Rasen wüchse über sie und die Bienen summten über ihr hin (117). Wenn sie nun bei der zweiten Begegnung mit Leonce den Tod den seligsten Traum nennt, so ist gewiß dasselbe Thema wieder aufgenommen, doch wird es, da es jetzt im Kontext des Christuswortes »Steh auf und wandle« steht, in einen andern Sinn hinübergespielt. Ähnliches zeigt sich bei Leonce. Auf Lenas Wort vom Tod als dem seligsten Traum entgegnet er: »So laß mich dein Todesengel sein. Laß meine Lippen sich gleich seinen Schwingen auf deine Augen senken. Schöne Leiche, du ruhst so lieblich auf dem schwarzen Bahrtuch der Nacht, daß die Natur das Leben haßt und sich in den Tod verliebt.« (124 f.) Ohne Zweifel ist ein Anklang an die Stelle der Rosettaszene beabsichtigt, wo Leonce sagt: »Ich will deine Leiche lieben.« (111) Aber nun sind die sadistischen und masochistischen Züge verschwunden, und wenn vom Haß gegenüber dem Leben die Rede ist, so mag darin wohl ein Nachhall alten Schmerzes mittönen — noch erinnert man sich, wie vordem der Lebenshaß von der Leere des Daseins, von Enttäuschung und Auflehnung geprägt war —, doch jetzt ist ja ein Augenblick der Fülle: ihm gegenüber soll sich das Leben — soviel will hier das Wort vom Haß besagen — mit seinem Anspruch auf Dauer im gewöhnlichen Sinn nicht aufspreizen dürfen. Und so wie sich mit dem Lebenshaß ein Wandel vollzieht, geschieht es auch mit der Todesliebe. Die Bemerkung über das Verliebtsein in den Tod enthält noch etwas von der frühern Todessüchtigkeit, aber der Tod zeigt sich nicht mehr in erster Linie als die Macht, die ein Ende setzt, vielmehr tritt jetzt hervor, daß er auch Beginn bedeutet, wird er doch im Zeichen des »Steh auf und wandle« gesehen. Dies eben heißt: mit der Schwermut niederkommen. Was hier vor sich geht, äußert sich nur in Symptomen, es ist nicht unmittelbar zugänglich. Das schwebend Scherzende der Rede hat solchen Signalcharakter. Mit der folgenden Szene dann, der ersten des dritten Aktes, wird offenkundig, daß Leonce eine Wandlung durchgemacht haben muß. Er ist zur Heirat entschlossen.

Da sich Valerio darob ungläubig verwundert, begründet Leonce ihm seinen Entschluß zur Ehe: »Weißt du auch, Valerio, daß selbst der Geringste unter den Menschen so groß ist, daß das Leben noch viel zu kurz ist, um ihn lieben zu können?« (126) Damit will er natürlich nicht zum Ausdruck bringen, es habe gar keinen Sinn, mit der Liebe beginnen zu wollen. Diese Bedeutung klingt aber — als Echo auf den Dialog mit

Rosetta — in seinen Worten irgendwie nach; so zeigt sich der ganze Unterschied zu dem, was er früher Liebe nannte. Die Liebe zu Rosetta stirbt daran, daß das Leben, auch wenn es noch fünftausend Jahre und sieben Monate Zeit für die Liebe hätte, zu kurz wäre. Weil die Liebe nicht »immer« sein kann, soll sie gleich jetzt nicht mehr sein, sie hat so schon zu lange gedauert. Liebe, die entsteht, um zu vergehen, ist als sterbende Liebe schöner denn als entstehende, sie legt dann nämlich allen falschen Anschein ab. Mit der Liebe zu Lena steht es anders. Ihr ist das Leben ebenfalls zu kurz, mag es auch noch so lange währen, aber sie hat mehr als die entfliehenden Monate und Jahre, ihr ist der »ewige Kalender« eigen, und deshalb ist ihr, um zu lieben, das Leben nie zu kurz, selbst wenn die gegebene Zeit aufs knappste bemessen sein sollte. Ewiger Kalender: Valerio braucht diesen Ausdruck spöttischerweise für die Ehe, Leonces Entgegnung tut allen Spott davon ab. Seiner Liebe zu Lena ist das gegeben, was seiner Liebe zu Rosetta nicht gegeben war. Weil dieser Liebe das Ewige fehlte, hätte auch die längste Dauer sie nicht am Leben halten können; weil die Liebe nun die Ewigkeit nicht entbehren muß, kann ihr auch die kürzeste Kürze der Frist keine Bedrohung sein. Was Büchner hier aussagt, berührt sich mit einem Wort Schellings: »Auch unendliche Dauer, wäre sie denkbar, könnte die Ewigkeit nicht schaffen; eben darum kann auch die kleinste Dauer die Ewigkeit nicht vernichten.«[20]

Leonce gibt noch eine weitere Auskunft auf die Frage, wie er dazukomme, zu heiraten. Er lenkt dabei von seiner fast allzu ernsthaften Antwort ab und fällt in einen leichteren, launigen Ton, als wolle er Valerio für sein ungeziemendes Sichwundern einen Nasenstüber versetzen: »Und dann kann ich doch einer gewissen Art von Leuten, die sich einbilden, daß nichts so schön und heilig sei, daß sie es nicht noch schöner und heiliger machen müßten, die Freude lassen. Es liegt ein gewisser Genuß in dieser lieben Arroganz. Warum soll ich ihnen denselben nicht gönnen?« (126) Die Leute, von denen er sagt, daß sie sich über seine Heirat freuen würden, haben von der Ehe eine andere Auffassung als er. Sie meinen, daß durch die Ehe die Liebe zu etwas Besserem werde: nämlich rechtlich, moralisch und nützlich. Darauf wird Valerio später, wenn er Leonce und Lena dem Hofe als Automaten vorführt, auch anspielen (131), und man wird sich erinnern, daß Leonce vor allem im Hofmeister

---

[20] Aphorismen über die Naturphilosophie, CCXXXIV. Vgl. auch CCXXXIII: »Der Begriff der Dauer ist von dem der Ewigkeit toto genere verschieden, und die Dinge sind ewig unangesehen der Dauer. Ihr Leben ist kurz, aber die Ewigkeit ist noch viel kürzer; denn sie ist im Augenblick die ganze. (Schriften von 1806 bis 1813, Wissenschaftl. Buchgesellschaft, Darmstadt 1968, S. 229.)

mit jener gewissen Art von Leuten zu tun hatte, die aus ihm einen rechtlichen, moralischen und nützlichen Menschen zu machen sich angelegen sein ließen (106). Die Ehe wird hier im Hinblick auf das Allgemeine betrachtet, an dem man sich emporzubilden habe; sie ist eine Ordnung, die von der Sittlichkeit gefordert wird, in staatlicher Obhut steht, dem Interesse der Menschheit dient. Der leitende Gesichtspunkt ist dabei das Zeitlos-Gültige; deshalb fällt nur das Allgemeine in Betracht, die Zusammengehörigkeit von Mann und Frau, nicht die von Ich und Du. Als das Zeitlos-Gültige ist die Ehe die Idee, auf welche die gegenseitigen Beziehungen der beiden Geschlechter sich ausrichten sollen. Wer sich zu dieser Idee erhebt, wer der Moralität wie der Legalität Genüge leistet und mit dem allgemeinen Interesse übereinstimmt, verwirklicht das Wahre, Gute und Schöne. In dieser Auffassung gilt die Ehe als Werk des Sittengesetzes, wobei vorausgesetzt wird, daß das Verhältnis von Mann und Frau in einem Trieb gründe, der seiner Natur nach etwas Unbändiges sei und deshalb durch innere und äußere Bindungen in eine Ordnung gefügt werden müsse. Für Fichte etwa ist die Grundlage der Ehe »eine Veranstaltung der Natur in zwei verschiedenen Geschlechtern zur Fortpflanzung der Gattung«[21], und dieser Zweck ist es, der das Mittel, die »Befriedigung des Naturtriebes«, rechtfertigt: »In der Ehe aber erhält die Geschlechtsvereinigung, die an sich das Gepräge der thierischen Rohheit trägt, einen ganz anderen, dem vernünftigen Wesen würdigen Charakter.«[22] Auf dieser Basis veredelt sich dann auch der ganze Charakter des Menschen.[23]

Leonce hält eine solche Einstellung, die einzig das anerkennen kann, was durch zweckgerichtetes Wollen verbessert wird, für anmaßend. Er denkt anders von der Ehe. Für ihn heißt heiraten »Leben u. Liebe eins seyn lassen, daß die Liebe das Leben ist, und das Leben die Liebe«, wie Büchner es im Entwurf ausdrückt (142). Dieses Eins-sein-lassen-Können weist auf ein ursprüngliches Zusammengehören hin, angesichts dessen der ganze ethische Aufwand, der sich mit der Liebe zu schaffen macht, entweder überflüssig oder aber vergeblich ist. Leben und Liebe eins sein lassen ist nicht auf Grund eines Naturtriebes und kraft der Sittlichkeit möglich, sondern dadurch, daß Leonce Lena und Lena Leonce begegnet ist. Das Singuläre, ganz Unvergleichliche und in keiner Allgemeinheit Aufgehende ist hier entscheidend. Im Augenblick ihrer Begegnung ist ihnen erschlossen, daß sie mit ihrem Dasein in das Sein, welches Ewigkeit

[21] Das System der Sittenlehre, § 27, Fichtes Werke, Bd. IV, a. a. O., S. 328.
[22] Ebd., S. 331.
[23] Ebd., S. 332.

und also Treue ist, eingelassen sind und in ihm zusammengehören. Wenn Büchner seiner Braut schreibt, im Wort Liebe sei schon die Treue enthalten[24], sagt er darum genau dasselbe wie Leonce. Die Liebe ist als solche schön und heilig, sie kann gar nicht schöner und heiliger gemacht werden. Denn sie ist nicht eine vom Geschlechtstrieb gestiftete Bindung, der man dadurch zu Hilfe kommen muß, daß man sie der Idee der Sittlichkeit verpflichtet. Was Leonce heilig nennt, wird nicht erst durch die Heirat zustande gebracht, vielmehr ist es die Grundlage und Ermöglichung der Heirat. Dazu ist zu bedenken, daß Leben und Liebe für Leonce von der Todeserfahrung geprägt sind. Er war lebendig begraben, seine Liebe erstorben, und Ähnliches schien Lena bevorzustehen (117 f.). Wer derart in tiefster Schwermut, im »Gefühl des Gestorbenseins«[25] gefangen lag, der verdankt sein neues Leben nicht der wiederauflebenden Vitalität und auch nicht seinem sittlichen Willen, sondern der Wiedergeburt. Er hat dieses neue Dasein kraft dessen, daß das Sein, in welchem Leben und Liebe eins sind, die den Tod besiegende Ewigkeit ist. Daher sind Leben und Liebe nicht mehr durch Hinfälligkeit, sondern durch die Auferstehung bestimmt.

Die Liebe, von der Leonce nach der Begegnung mit Lena spricht, ist nicht Liebe in dem Sinn, wie sie in seiner Beziehung zu Rosetta war. Sie ist nicht Eros zu nennen. Leonce mußte aber erst das Sterben dieser Liebe durchlitten haben und in diesem Tod ans Ende gelangt sein, damit die andere Liebe, die mit dem Ende anfängt, anzuheben vermochte. Daß sie überhaupt so und nur so beginnen kann, dies unterscheidet sie vom Eros. Erst muß der Punkt erreicht sein, da »die Natur das Leben haßt und sich in den Tod verliebt« (125). Gäbe es den Eros nicht, wäre das nicht möglich. Nur an ihm, der die Liebenden in seinen Überschwang hineinnimmt, daß sie der Zeit enthoben zu sein meinen und die Gegenwart ihnen stehen bleibt, nur an seiner Zeitlosigkeit kann die Zeitlichkeit zum Vorschein kommen. Mit der Erfahrung, daß dem Glücklichen keine Stunde schlägt, beginnt auch das Leiden an der Vergänglichkeit. In Leonce vollzieht sich ein Gestaltwandel der Liebe. Jene Liebe, von der gesagt werden kann, daß sie als Natur in das Leben verliebt sei und den Tod haße, hat sich zunächst in ihre schwermütige Form gewandelt, in der die Natur das Leben haßt, weil es nicht zeitlos, sondern vergänglich ist, und sich in den Tod verliebt, weil er die einzige Unveränderlichkeit scheint; dann aber — und das zeigt sich schon daran, daß Leonce von diesem Verliebtsein

[24] Gießen, März 1834, Nr. 20; II, 427.
[25] Vgl. den Brief an die Braut, Gießen, um den 10. März 1834, Nr. 17; II, 424.

nun scherzend spricht und es in spielerischer Nachahmung darstellt — ist sie bereit, ihre neue Gestalt anzunehmen, mit welcher das Verhältnis zu Leben und Tod ein neues wird. Man kann dieses Verhältnis in die Worte fassen »O, was läge am ganzen Leben, wenn's kein End' nähme; was läge am Leben, wenn es nicht ewig wäre!«[26]

Wie sich Leonce von jenen gewissen Leuten unterscheidet, deren wohlmeinende Arroganz ihn zur Flucht bewogen hat, läßt sich nach alledem so festhalten: Wenn Leonce heiratet, gehorcht er keiner allgemeingültigen Regel, die sich in den individuellen Fällen immer wieder bestätigt. Eine solche Regel ist die Voraussetzung dafür, daß man Heiratspläne schmieden kann. Man sagt sich am Hof, es sei nun an der Zeit, daß Leonce heirate, es müsse nur eine zu ihm passende Frau ausgesucht werden, dann würden die Dinge von selbst ihren Lauf nehmen. Aber für Leonce ist nicht das Allgemeinmenschliche, zu dessen Verwirklichung es bloß des guten Willens zweier Menschen bedarf, die Maßgabe des Handelns; ihm ist das ganz Persönliche entscheidend, daß die in seiner Schwermut ankernde Unmöglichkeit zu heiraten behoben ist und daß es Lena gibt als die Einzige, mit der für ihn die Ehe möglich ist. Nicht auf das Zeitlose über und jenseits aller Zeit richtet er sein Dasein aus. Er bezieht sich und Lena auf das Zugrundeliegende, in welchem Zeit und Ewigkeit eins sind. Der Ausdruck »ewiger Kalender« weist auf dieses Zusammengehören von Zeitlichem und Ewigem.

So beruht der Unterschied zwischen Leonce und den »gewissen Leuten« letztlich auf einer verschiedenen Auslegung von »Ewigkeit«. Man kann diesen Unterschied nicht besser darstellen als mit den Worten Schellings, die Büchner in den »Aphorismen über die Naturphilosophie« gelesen haben könnte: »Die wahre Ewigkeit ist aber nicht die Ewigkeit im Gegensatz der Zeit, sondern die die Zeit selbst begreifende und in sich a l s Ewigkeit setzende Ewigkeit — nicht das Seyn im Gegensatz des Werdens, sondern das Seyn in der ewigen Einheit mit dem ewigen Werden.«[27] Leonce läßt sein Dasein von dem bestimmt sein, was Schelling die wahre Ewigkeit nennt, und damit weiß er sich von jenen verschieden, die das Seiende in einer andern Relation sehen, nämlich bezogen auf die im ausschließenden Gegensatz zur Zeit stehende Ewigkeit, d. h. auf die Zeit-

---

[26] Clemens Brentano, Geschichte vom braven Kasperl und dem schönen Annerl, in: Gesammelte Schriften, hrsg. v. Christian Brentano, 4. Bd., 1. T., Frankfurt a. M. 1852, S. 185.

[27] CCXVIII, a. a. O., S. 225 f. — Dieser grundlegende Satz läßt bereits erkennen, daß sich Schellings Philosophie als Philosophie der Offenbarung, und zwar als Christologie verstehen wird.

losigkeit. Weil die wahre Ewigkeit die Zeit umgreift und damit in sich als Ewigkeit setzt, so daß das Endliche eine verborgene Unendlichkeit hat, ist für Leonce auch das Geringste groß. Zu seinem Wort »Weißt du auch, Valerio, daß selbst der Geringste unter den Menschen so groß ist, daß das Leben noch viel zu kurz ist, um ihn lieben zu können?« findet man den Kommentar ebenfalls bei Schelling, nämlich dort, wo er im Anschluß an eine Polemik gegen die Weltverbesserer sagt: »Nichts, überall nichts, ist daher an sich unvollkommen, sondern alles, was ist, gehört inwiefern es ist, zum Seyn der unendlichen Substanz, zu deren Natur es allein gehört, daß sie s e y. Dieß ist die Heiligkeit aller Dinge. Das Kleinste ist heilig wie das Größte sowohl durch die innre Unendlichkeit, als dadurch, daß es seinem ewigen Grund und Seyn im All nach nicht vernichtet werden könnte, ohne daß das unendliche Ganze selbst vernichtet würde.«[28] Diese Heiligkeit auch des Geringsten ist dem Prinzen Leonce vor Augen getreten. Für jene Leute hingegen, die sich einbilden, es sei nichts so heilig, daß sie es nicht noch heiliger machen müßten, gibt es das Heilige gar nicht. Sie sehen in allem das Unvollkommene, das besser gemacht, dem Ideal und letztlich der einen vollkommenen Idee der Ideen angenähert werden soll. Das Heilige aber kann nicht heiliger gemacht werden. Man kann es nicht verbessern. Mit einer solchen Auffassung wird dem menschlichen Tun keineswegs der Boden entzogen. Denn es gilt dafür zu sorgen, daß mit dem Heiligen nicht ruchlos umgegangen werde. Darin dürfte Büchners politisches und soziales Denken und Handeln seinen eigentlichen Beweggrund haben.

Das kurze Gespräch zwischen Valerio und Leonce zu Beginn des dritten Aktes steht, wie sich gezeigt hat, im Zusammenhang mit Büchners Opposition gegen den Idealismus. Für diese Haltung gibt es weitere Belege. Im »Lenz« und in brieflichen Äußerungen finden sich Entsprechungen zu Leonces Worten. Auch Lenz spricht vom Leben des Geringsten: es dürfe einem keiner zu gering sein, man müsse in das eigentümliche Wesen eines jeden verstehend eindringen und ihn lieben. Er wendet sich gegen jene, die nicht sehen, daß die Welt wohl so gemacht ist, wie sie sein soll, sondern meinen, sie müßten etwas Besseres zustande bringen (86 f.). Und in einem Brief Büchners kann man lesen, er verachte niemanden, er begegne Geistesarmen und Ungebildeten — sein Stiefelputzer möge es bezeugen — niemals mit Hochmut oder mit lächerlicher Herablassung.[29] So wie er hier den Vorwurf der Überheblichkeit von sich weist, so lehnt er an anderer

[28] Aphorismen zur Einleitung in die Naturphilosophie, Nr. 224, a. a. O., S. 176.
[29] An die Familie, Gießen, im Februar 1834, Nr. 15; II, 422 f.

Stelle jenes Dichtertum ab, das sich eine Welt entwirft, wie sie angeblich sein soll: er wolle es nicht besser machen als der liebe Gott, der die Welt gewiß so, wie sie sein solle, gemacht habe.[30] Der Unterschied zwischen den angeführten Parallelstellen und dem, was Leonce sagt, besteht darin, daß hier von der idealistischen Einstellung nur in bezug auf den Umgang mit Menschen die Rede ist, dort auch noch in bezug auf die Kunst. Von der einen Sache werden also verschiedene Aspekte gezeigt. Auffällig ist aber, daß Lenz von der schmählichsten Verachtung der menschlichen Natur (87), Büchner in seinem Brief von der schändlichsten Verachtung des heiligen Geistes im Menschen spricht[31], während es jetzt »liebe Arroganz« heißt. Die Kritik scheint gelassener geworden zu sein. Sonst wäre Büchner ja wohl auch nicht in der Lage gewesen, ein Lustspiel zu schreiben, dessen Handlung auf der eigentümlichen Koinzidenz der vernunftbestimmten Heiratsplanung mit der gerade im Widerstreben gegen ein solches Vorhaben zustandekommenden Heirat aufbaut. Die Verfechter des Heiratsprojekts werden sich sagen, es sei genau das erreicht worden, was sie angestrebt hätten, sie werden überzeugt sein, wie die Vorsehung selbst gehandelt zu haben, und es demgegenüber Zufall nennen, daß Leonce und Lena einander auf ihrer unnötigen Flucht begegneten. Für die beiden Liebenden sieht das anders aus: Flucht und Begegnung haben für sie den Charakter der Notwendigkeit und sind demnach ein Werk der Vorsehung, die mit einem jeden eigene Wege geht, wogegen der Umstand, daß bei der Heiratsplanung, die ja nur das Allgemeine im Blick hat, tatsächlich die beiden Richtigen ausersehen wurden, rein zufälliger Natur ist. So ist das Allgemeine in Hinsicht auf das Singuläre ironisiert. Wohl verwirklichen Leonce und Lena, indem sie heiraten, das Allgemeine, aber sie verwirklichen es nicht dadurch, daß sie sich unter das Allgemeine subsumieren, wie es Fichte fordert, wenn er sagt: »Es ist die absolute Bestimmung eines jeden Individuums beider Geschlechter, sich zu verehelichen.«[32] Sie fügen sich dem Allgemeinen kraft des Besondern:

---

[30] An die Familie, Straßburg, 28. Juli 1835, Nr. 42; II, 444. — Diese Bemerkung zielt vor allem auf Schiller. Ob ihm Büchner mit seiner Polemik gegen die »Idealdichter« nicht Unrecht tue, ob nicht vielleicht Schillers Verhältnis zum Idealismus komplexer sei, als Büchner es zu sehen scheint, das kann hier nicht zur Diskussion stehen. — Man darf diese Briefstelle nicht dahin auslegen, es sei, was immer auf der Welt geschehe, in Ordnung, der Unterschied von Gut und Böse, Recht und Unrecht falle dahin; damit würde man sogleich in den radikalsten Widerspruch zu Büchners sonstigen Äußerungen geraten. Diesem Widerspruch kann man wohl nur dann entgehen, wenn man Schellings Darlegungen über das Böse — in der Schrift über das Wesen der menschlichen Freiheit — als Interpretationshilfe heranzieht.
[31] An die Familie, Gießen, im Februar 1834, Nr. 15; II, 423.
[32] Das System der Sittenlehre, § 27, a. a. O., S. 332.

weil sie einander zugehören und niemandem sonst in dieser Weise angehören könnten.

Von hier aus betrachtet, steht Büchners Lustspiel in jenem Horizont, den Schelling mit folgenden Worten umrissen hat: »Die Wissenschaft ist die Erkenntniß der Gesetze des Ganzen, also des Allgemeinen. Religion aber ist Betrachtung des Besonderen in seiner Gebundenheit an das All.« Dazu gehört der anschließend ausgesprochene Gedanke, die Kunst sei »die Ineinsbildung des Allgemeinen und Besonderen«.[33] Büchner zeigt in »Leonce und Lena« eine solche »Ineinsbildung«; ob sie genau im Sinne Schellings aufzufassen sei, bleibt allerdings fraglich. Schelling stellt nämlich Wissenschaft und Religion nebeneinander, der »Trieb zum Allgemeinen«[34] und die »Hingebung an das Besondere«[35] halten sich bei ihm die Waage.[36] Die Ineinsbildung zielt auf die Möglichkeit einer philosophischen Religion, die Schelling in der Kunst vorgebildet sieht.

Bei Büchner dagegen ist das Zusammenfallen des Allgemeinen und des Besonderen von Ironie geprägt. Der Leser mag zunächst meinen, es laufe auf dasselbe hinaus, ob Leonce und Lena sich auf der Flucht voreinander begegnen oder ob sie in das Heiratsprojekt einwilligen. Diese Einwilligung hätte aber bedeutet, daß die beiden Mann und Frau geworden wären, weil man eben heiratet, weil sie aneinander Gefallen gefunden hätten, weil die Ehe den Menschen veredelt, weil die unverheiratete Person »nur zur Hälfte ein Mensch« ist[37] und was sonst noch an derlei Vernunftgründen anzuführen wäre. Daß dies eine völlig andere, für die beiden unmögliche Grundlage der Ehe gewesen wäre, ist nicht zu verkennen. Und ebensowenig handelt es sich hier um ein harmonisches Zusammenspiel von Planung und Schicksal, in dem der »Trieb zum Allgemeinen« und die »Hingebung an das Besondere« sich gleichgewichtig zueinander verhalten. Dem Zuschauer wird klargemacht, daß er nicht das vernunftgemäße und daher erkennbare Allgemeine als den Rahmen zu betrachten habe, in welchen die individuellen Fälle gefügt sind, daß vielmehr das Besondere[38] das Umfassende ist, innerhalb dessen dem Allgemeinen Spielraum gewährt wird. Zwar verhalten sich Leonce und Lena

[33] Aphorismen zur Einleitung in die Naturphilosophie, Nr. 9, a. a. O., S. 128.
[34] Nr. 9, a. a. O., S. 128.
[35] Nr. 12, a. a. O., S. 129.
[36] Vgl. besonders Nr. 12 und Nr. 13, a. a. O., S. 129.
[37] Fichte, Das System der Sittenlehre, a. a. O., S. 332.
[38] Man muß darauf achten, daß hier »das Besondere« nicht mehr als Korrelat zum »Allgemeinen« zu verstehen ist. Es bedeutet demnach nicht »individuell«, sondern gehört in ein anderes Begriffsfeld.

wie alle Leute, die heiraten — ihre Präsentation als Automaten zeigt das an —, aber sie können das nur unter der Voraussetzung tun, daß sie, mit Schelling zu reden, ihrer als des »Besonderen in seiner Gebundenheit an das All« innewerden und auf Grund dieses Gebundenseins sich einander zugehörig zu glauben vermögen.

Das innerste Wesen solcher Bindung hat der Dichter gegen den Schluß des Stücks, auf den ersten Korintherbrief anspielend, mit den Worten Glaube, Hoffnung, Liebe bezeichnet.[39] Diese Anspielung wird in der indirekten Weise vorgebracht, die der Komödie angemessen ist. Valerio sagt von Leonce und Lena: »Der Herr hat der Dame schon einige Mal den Shawl getragen, die Dame hat schon einige Mal die Augen verdreht und gen Himmel geblickt. Beide haben schon mehrmals geflüstert: Glaube, Liebe, Hoffnung! beide sehen bereits ganz accordirt aus, es fehlt nur noch das winzige Wörtchen: Amen.« (131) Das ist voller Spott gesagt, aber Büchner hat es ja Valerio zu sagen aufgetragen. Für Valerio sind Glaube, Liebe, Hoffnung Torheit — falls er dies nicht bloß vorgibt. Die Potenzierung des Spotts darf nicht übersehen werden. Büchner spottet über den Spott Valerios, ja es ist doch wohl so, daß der spottende Valerio über sich selbst spottet, denn es wäre einer ein sonderbarer Spötter, wenn er in seinen Spott nicht auch sich selbst miteinbezöge.[40]

Wenn Valerio Glaube, Liebe, Hoffnung sagt, muß man daran denken, daß dies innerhalb einer Demonstration geschieht. Er führt zwei Automaten vor, er beschreibt ihr Aussehen, d. h. er zeigt das Sichtbare. Was ins Blickfeld tritt, ist immer das Allgemeine in individueller Abschattung, das Individuelle im Hinblick auf das Allgemeine. Valerio führt einen Herrn und eine Dame vor, nicht etwa Leonce und Lena, die sich als solche, als besondere, gegen eine Demonstration verwahrt haben würden. Indem Valerio in allgemeiner Weise vom Menschen, von Mann und Frau redet, bringt er Erscheinungen wie das gesittete Gebaren oder das von Zuneigung bestimmte Gebärdenspiel — den »Mechanismus der Liebe« — in den Blick, Erscheinungen, die nur den zu einem Gattungswesen abstrahierten und daher auswechselbaren Menschen betreffen. In diesen Bereich der Sichtbarkeit und Registrierbarkeit sind auch Glaube, Liebe, Hoffnung gestellt. Damit sind sie verfälscht, wie ja auch Leonce und Lena, Masken

---

[39] 1. Kor. 13, 13. — Man erkennt von hier aus, daß die Darstellung der Schwermut von Beginn des Stückes an durch diese Dreiheit strukturiert ist: zuerst ist, im Zusammenhang mit der Wette, vom Glauben die Rede, sodann von der Hoffnung, einmal ein anderer sein zu können, in der Rosettaszene schließlich von der Liebe.
[40] Vgl. dazu Büchners Brief an die Familie, Gießen, im Februar 1834, Nr. 15; II, 423.

tragend und wie Puppen sich bewegend, verstellt sind. Die Verlarvung weist auf ein Verborgenes, das — so könnte man denken — enthüllt wird, wenn Leonce und Lena die Masken ablegen. Nun ist aber das, was dabei zum Vorschein kommt, die Person, und persona heißt Maske. Auch das Gesicht also deutet auf ein Verborgenbleibendes. Valerios Demonstration macht auf das Nichtdemonstrierbare aufmerksam. Das beginnt man schon zu erkennen, wie er hintereinander mehrere Masken abnimmt und jedesmal fragt: »Bin ich das? oder das? oder das?« Die Frage des Königs nach der maskierten Unbekannten: »Wer ist die Person?« variiert dasselbe Thema. Für den König und die Öffentlichkeit ist Lena eine Person. Leonce aber heiratet nicht eine Person, sowenig wie ein Gattungswesen. Lena ist für ihn nicht eine auf Grund bestimmter Charakteristika faßbare Person, sie verliert sich aber auch nicht ins Unfaßbare, so daß er nicht wüßte, wer sie ist, und ihm darob angst würde. In seiner Begegnung mit Lena hat sich etwas ereignet, was mit Worten von Lenz gesagt werden könnte: Ein Unbegreifliches ist an ihn herangetreten, aber es hat nichts Beängstigendes an sich (88). So muß die Interpretation dieser Dichtung, wenn sie nicht in die Irre gehen will, unablässig das Verhältnis von Erscheinung und Verborgenheit, Darstellbarem und Nichtdarstellbarem, von Buchstaben und Geist bedenken. Dies gilt auch und vor allem für Valerios Anspielung auf den Korintherbrief. Was, wie Glaube, Liebe, Hoffnung, mit Dingen zu tun hat, die man nicht sieht, wird in Büchners Lustspiel als Feststellendes und Feststellbares präsentiert und gerade damit wieder in seine Wahrheit freigegeben. Auch die Wandlung, die mit Leonce vor sich geht, kann nur in der Weise sichtbar gemacht werden, daß zunächst ein Schwermütiger, sodann ein aus der Schwermut Erlöster gezeigt wird, daß dem Abschied von Rosetta die Begegnung mit Lena folgt, daß die Liebschaft mit der Heirat kontrastiert. Der Hintergrund der Wandlung dagegen kann nicht sichtbar gemacht, auf ihn kann nur hingedeutet werden. Das im Hintergrund Verborgenbleibende ist die Ermöglichung der Wiedergeburt. Daß diese Ermöglichung nicht zur Evidenz gelangt, nicht aus dem Psychischen, der Umwelt, der bisherigen Lebensgeschichte und dergleichen mehr abgeleitet werden kann, ist keine Schwäche des Stücks oder des Dichters, auch keine der Kunst, sondern liegt in der Natur der Sache begründet. Die Darstellung kann, was nicht darstellbar ist, nicht zeigen; sie kann nur durch das, was sie in Erscheinung treten läßt, von dem sich nicht Zeigenden melden.

Die zwei weltberühmten Automaten

Es wird vielfach bestritten, daß Leonce eine Wandlung durchmacht. Man behauptet dann, der dritte Akt bedeute die Rückkehr in die abgestandene Welt des ersten, die unverändert überdauert habe[1], das sinnlos sich drehende Karussell des Lebens stocke nur einen Augenblick, um darauf wiederum weiterzuleiern[2], Leonces Schwermut sei unüberwindlich[3], die Liebe vermöge die Einsamkeit und Verzweiflung des Menschen nicht mehr zu besiegen, sondern nur noch erträglich zu machen[4]; mit seinem Entschluß zur Heirat sei sich Leonce bewußt, daß er sich auf einen Weg begebe, der in die langweilige Welt des Philisteriums einmünde[5], niemals würden Leonce und Lena glücklich werden, im Gegenteil: sie würden ein trauriges Paar abgeben, denn beide brächten die Langeweile, das Zum-Nichtstun-Verdammtsein und die Ahnung, daß das Leben nicht lebenswert sei, in die Ehe ein[6]. Wie kann es zu dieser Auffassung kommen? Zur Begründung wird Verschiedenartiges vorgebracht. Man sagt etwa, Büchners Lustspiel rücke nicht von der Stelle, weil darin, wie sich zu Beginn an der Struktur der Langeweile zeige, die Zeit stillstehe[7] — als ob das überhaupt möglich wäre, als ob in einem Bühnenstück das Thema Langeweile anders als kurzweilig behandelt werden könnte. Oder man mißtraut der Wandlung Leonces, weil bei der Begegnung mit Lena die gähnende Leere unvermittelt in die Ekstase umschlage und dies unheimlich sei[8] — als ob einzig das wahr sein könnte, was sich mit der Kategorie der allmählichen Entwicklung fassen läßt, als ob nicht die Komödie, im Unterschied zur Tragödie mit ihrer Folgerichtigkeit, seit alters die Darstellungsform des Plötzlichen, Sprunghaften, mithin des nicht weiter Ableitbaren, letztlich Unerklärlichen wäre, setze man dafür nun den Namen Zufall oder Vorsehung ein (133). Auch die umgekehrte Ansicht wird vertreten: man findet das Ekstatische nicht unheimlich, sondern begeisternd und erklärt, Leonce hätte sich vom nächtlichen Liebestod als dem erlösenden Eingehen ins All nicht abhalten lassen dürfen, denn es erwache doch nur wieder

---

1 Jürgen Schröder, a. a. O., S. 157.
2 Gerhart Baumann, Georg Büchner, Die dramatische Ausdruckswelt, Göttingen 1961, S. 114.
3 Ludwig Büttner, Georg Büchner, Revolutionär und Pessimist, Nürnberg 1948, S. 138.
4 Jürgen Schröder, a. a. O., S. 123.
5 Gustav Beckers, a. a. O., S. 154.
6 Wolfgang Hildesheimer, Über Georg Büchner, in: Interpretationen, Frankfurt a. M. 1969, S. 42.
7 Jürgen Schröder, a. a. O., S. 44 und 53.
8 Gerhart Baumann, a. a. O., S. 109.

der öde Tag[9] — als ob die Folge des Alltäglichen nicht anders als sinn-
entleert sein könnte. Bei aller Verschiedenheit der Begründungen laufen
diese Interpretationen grundsätzlich in der gleichen Richtung. Teils
meinen sie das Ganze des Stücks schon in dessen Anfang zu erkennen,
teils betrachten sie die Liebesbegegnung in der Mitte bloß als ephemeren
Moment. Und alle heben sie als Hauptargument die Bedeutung des
Schlusses hervor. Er sei utopisch, fiktiv und daher unglaubwürdig, ein
bloßes Wunschbild[10], die Gesellschaft sei gegenüber dem Beginn nicht verändert und werde sich auch nicht wandeln können, denn es werde ja das
dolce far niente, Schlemmerei und ästhetisches Genießen proklamiert[11],
das Leben, auch das der Liebenden, sei nichts als mechanischer Automatismus, wie Valerio deutlich mache. Valerios große Automatenrede ist es
also, welche dazu berechtigen soll, Büchners Welt als sinnlos sich ab-
spulenden Mechanismus aufzufassen. Ist es aber wirklich legitim, Valerios
Worte für die Quintessenz des Stücks zu nehmen? Müßte man nicht zunächst danach fragen, was sie als Worte Valerios bedeuten?

Büchner hat die Figur des Valerio genau umrissen und ihr innerhalb
des Stücks einen bestimmten Bereich zugewiesen. Sie bildet — der sozialen Stellung, dem Alter, der Leibesgestalt nach — einen augenfälligen
Kontrast zu Leonce: dem jungen Prinzen ist ein älterer, eher beleibter
Bettler entgegengesetzt. Das Gegensätzliche ist durch verschiedene Einzel-
züge weiter ausgeführt und öfters pointiert zum Ausdruck gebracht, so
wenn Valerio die Welt »ein ungeheuer weitläuftiges Gebäude« nennt,
Leonce dagegen von ihr als einem »engen Spiegelzimmer« spricht (118),
oder wenn der Prinz den Abend unheimlich findet, als gemahnten ihn die
seltsamen Schattengestalten »mit den entsetzlich magern Beinen und Fledermausschwingen« an die Apokalyptik des Johannes[12], und Valerio hierauf entgegnet: »Ich weiß nicht, was Ihr wollt, mir ist ganz behaglich zu
Muth. Die Sonne sieht aus wie ein Wirthshausschild und die feurigen
Wolken darüber, wie die Aufschrift: ›Wirthshaus zur goldnen Sonne‹.«
(122) Valerios Gedanken haben eine andere Richtung als die Leonces.
Während dieser sich mit der Frage nach der Ewigkeit beschäftigt, geht es
jenem ums Essen, Trinken, Schlafen. Die Bedürfnisse des Leibes reprä-

---

[9] Ludwig Büttner, a. a. O., S. 138.
[10] Jürgen Schröder, a. a. O., S. 60.
[11] Gonthier-Louis Fink, Léonce et Léna, in: Etudes Germaniques, 16, 1961, p. 233 s.
[12] Die Stelle hat Parallelen in andern Werken Büchners. Vgl. »Lenz«: er »kam in
     ängstliche Träume, und fing an wie Stilling die Apokalypse zu lesen« (86), ebenso
     »Woyzeck«: »Andres! Wie hell! Ein Feuer fährt um den Himmel und ein Getös
     herunter wie Posaunen.« (168)

sentierend, ist Valerio eine Figur, wie sie seit jeher der Komödie zugehört. Er verkörpert den zweiten Teil des Mottos, das Büchner seinem
Stück vorangestellt hat: »Gozzi: ›E la fame?‹« (103) Demnach wäre der
erste Teil: »Alfieri: ›E la fama?‹«, mit dem Gozzis Entgegnung provo-
ziert wird, offenbar auf Leonce zu beziehen. Inwiefern, ist aber nicht
ohne weiteres einzusehen, denn Leonce lehnt es ja ab, als Dichter oder
als Held oder als Wissenschafter nach Ruhm zu streben (116). Genies und
Helden sind nach seiner Meinung — so gut wie die Forscher — »im
Grunde nichts als raffinierte Müßiggänger« (106). Um der Langeweile zu
entgehen, lassen sie sich von Tatendrang erfüllen; um den Gedanken an
den Tod ertragen zu können, wollen sie die Unsterblichkeit des Ruhms
erwerben. Der Doctor im »Woyzeck« muß in diesen Zusammenhängen
gesehen werden, sagt er doch zum Hauptmann, dem er die verschiedenen
Auswirkungen einer apoplexia cerebralis ausmalt: »Übrigens kann ich
Sie versichern, daß Sie einen von den interessanten Fällen abgeben und
wenn Gott will, daß Ihre Zunge zum Theil gelähmt wird, so machen wir
die unsterblichsten Experimente.« (176) Ein zu Woyzeck gesprochenes
Wort weist noch ausgeprägter in diese Richtung: »Meine Theorie, meine
neue Theorie, kühn, ewig jugendlich. Woyzeck, ich werde unsterblich.«
(162) Büchner geißelt an diesen Stellen, Pascal folgend, die »fausse per-
pétuité de nom«.[13] Indem er den Ruhm als Pseudoewigkeit entlarvt, wird
die Frage nach der wahren Ewigkeit hervorgerufen. In Leonce, so wie er
ihn zu Beginn zeigt, stellt er einen Menschen dar, der die falsche Ewigkeit als solche erkennt, aber zur wahren Ewigkeit noch nicht das richtige
Verhältnis gefunden hat. In dieser Weise werden »fama« und »fame«
durch die Komödie gegenseitig relativiert. Büchner weist das Streben
nach Ruhm nicht ab, um der ständig sich aufdrängenden Momentaneität
der Leibesbedürfnisse das Wort zu reden, sowenig er dazu auffordert,
um jener Fortdauer willen, wie der Ruf und die Ehre sie zu versprechen
scheinen, die damit nun einmal verbundenen Entbehrungen zu ertragen.
Im Wortspiel des Mottos liegt eine Variation des Gegensatzes zwischen
Stoizismus und Epikurismus vor. Die Relativierung, um die es dem Dichter schon in »Dantons Tod« zu tun gewesen, ist aber nur auf Grund
eines Umgreifenden denkbar: man kann nur dann diejenigen, die keine
andere Dauer als das Immerfort des Momentanen anerkennen wollen,
und die welche allein in der Dauer des Nachruhms das Heil sehen, in ein
ironisierendes Spiel bringen, wenn man sich an einer Dauer anderer Art
orientiert, an jener Dauer nämlich, von der man sagen müßte, sie sei

[13] Br. 153.

gleicherweise kürzer als der kürzeste Moment wie länger als die längste Zeit.[14]

Weil Valerio die eine Seite einer Konfiguration ausmacht, kann er nicht den Sinn des Stücks darstellen. Der Gegensatz zwischen Leonce und Valerio ist nicht daraufhin angelegt, Verstiegenheit und Künstlichkeit anzuprangern und das sogenannte Natürliche zu preisen, wie ja Büchner im »Woyzeck« mit der Budenstadtszene auch nicht den Kult der Natürlichkeit propagiert. Valerio ist zwar mit Zügen des Rousseauismus gezeichnet, sie erscheinen jedoch karikiert, was sich schon daran erweisen mag, daß seine Kleidung eine Art Werthertracht, aber mit teilweise vertauschten Farben ist (125). Wenn er sich ins Gras legt und seine Nase, wie er sagt, oben zwischen den Halmen herausblühen läßt (106), so scheint er ein Stück ursprünglicher Natur zu sein; da man sich nun aber eine Trinkernase vorzustellen hat, ist in seinen Worten der Ton der Parodie und der Selbstironie nicht zu überhören, sowenig wie in folgendem: »Ach Herr, was ich ein Gefühl für die Natur habe! Das Gras steht so schön, daß man ein Ochs sein möchte, um es fressen zu können, und dann wieder ein Mensch, um den Ochsen zu fressen, der solches Gras gefressen.« (106 f.) »Gefühl« und »Natur« haben hier nicht die gleiche Bedeutung wie in der Wertherzeit, da der Einklang von Mensch und Natur durch das Seelische vermittelt und daher in der lyrischen Gestimmtheit gegeben war. Für den im Grase liegenden Werther ist »Fühlen« ein Wort für das Ruhen der Welt in seiner Seele; »Natur« heißt ihm all das, woraus ihn der Atem Gottes anrührt.[15] Für Valerio ist die Natur dasjenige, was seinem Leibesbehagen dient, und das Gefühl ist ein Riechen und Schmecken, das von Eß- und Trinklust geleitet wird. Nicht als Seele, sondern als Leib ist Valerio eins mit der Natur. In Valerio und Leonce zeigt Büchner, daß die Spaltung, über die Goethes Faust klagt, bedrohlicher geworden ist. Die eine Hälfte, die »sich an die Welt mit klammernden Organen« hält, ist weniger von derber Liebeslust als von heimlicher Ängstigung getrieben, und die andere vermag sich nicht mehr gewaltsam »vom Dust zu den Gefilden hoher Ahnen« zu heben[16]; denn das Emporstreben ist unter dem Gewicht der Schwermut, das in die Tiefe zieht, ermattet.

Die beiden Figuren sind durch ein Mißverhältnis von Leib und Seele charakterisiert. Valerio ist von der Leiblichkeit gewissermaßen über-

---

[14] Vgl. S. 234, Anm. 20.
[15] Vgl. den Brief vom 10. Mai, Artemis-Ausgabe, Bd. 4, S. 384 f.
[16] Faust, Der Tragödie erster Teil, V. 1112 ff.

wuchert, so daß das Seelische zu ersticken droht. Das macht es ihm schwer, das Ewige zu vernehmen. Die Augenblicklichkeit der Empfindung ist ihm das Wahre und Wirkliche. Büchner hat dieses Vorherrschen der Empfindung offensichtlich schon mit dem Namen anzeigen wollen. Nachdem Valerio wieder einmal einen Kalauer zum besten gegeben, sagt Leonce zu ihm: »Mensch, du bist nichts als ein schlechtes Wortspiel. Du hast weder Vater noch Mutter, sondern die fünf Vokale haben dich miteinander erzeugt.« (115) Valerio ist von Ausrufelauten ins Leben gerufen, lauter Empfindungen sind sein Erbgut. Seine Welt konstituiert sich durch das, was die Sinne beibringen. Auf den offenen Wegen des Empfindens finden die Dinge leichten Zugang zu ihm: sie rücken ihm, allen voran das zu Riechende und zu Schmeckende, auf den Leib. In der größtmöglichen Nähe zum Ding hat er sein Leben. Dagegen ist das, was mit der Unvergänglichkeit zu tun hat, bei Valerio verschüttet. Er preist die Weinflasche dafür, daß sie keine Idee ist (121), und das Wort »Ideal« läßt ihn daran denken, daß man keine vier Pfund Kirschen mit den Steinen essen kann, ohne Leibweh zu kriegen (107). Bei Leonce ist das Mißverhältnis von Seele und Leib ein anderes. Ihm droht das Leibliche zu verkümmern. Daß er, wenn er essen möchte, nirgends einen Löffel findet und das Gericht darüber absteht — dieses Gleichnis ist für ihn charakteristisch. Die Sinne vergehen ihm in einem Meer von Gedanken.[17] Valerio nennt ihn — in genauem Gegensatz zu sich selbst als einem von den fünf Vokalen Erzeugten — ein Buch ohne Buchstaben, mit nichts als Gedankenstrichen (115). Leonce besteht gleichsam aus lauter angedeuteten Gedanken. Das stellt sich am einprägsamsten im Gespräch mit dem Hofmeister und in der Rosettaszene dar, aber es gibt dafür auch noch andere Beispiele. Einige sind leicht zu entschlüsseln, so die Stelle: »O Shandy, alter Shandy, wer mir deine Uhr schenkte!« (116) Bei andern läßt sich nichts Sicheres ausmachen. Doch kann man sich etwa fragen, ob es sich nicht auch um eine Anspielung handle, wenn Leonce sagt: »O Gott! Die Hälfte meines Lebens soll ein Gebet sein, wenn mir nur ein Strohhalm beschert wird, auf dem ich reite, wie auf einem prächtigen Roß, bis ich selbst auf dem Stroh liege.« (122) Hat Büchner hier vielleicht an Lucilio Vanini gedacht? Vanini zog aus dem Scheiterhaufen, auf dem er als Atheist verbrannt werden sollte, einen Strohhalm und sagte: »Wär' ich so unglücklich, an dem Daseyn Gottes zu zweifeln, so würde dieser Strohhalm mich überzeugen.«[18] Eine Interpretation von Leonces oben zitiertem Wort, die

---

[17] Vgl. Büchners Brief an die Braut, Nr. 17; II, 424.
[18] Dies erzählt Fichte in seiner »Appellation an das Publicum«, Werke, Bd. V, a. a. O., S. 196; man darf annehmen, daß Büchner diese Schrift gekannt hat. Vgl. S. 70 ff.

diese Episode zugrundelegen würde, ließe sich jedenfalls ohne Zwang mit seinen Wesenszügen in Einklang bringen.

Wenn es Leonce an Leiblichkeit, an der Unmittelbarkeit der Dinge fehlt, so heißt dies, daß die Dinge in die Gedanken weggestellt sind. Rosetta ist ein solches Ding, das weggestellt wird. Wie sie ihn umarmen will, sagt er zu ihr: »Gib Acht! Mein Kopf! Ich habe unsere Liebe darin beigesetzt. Sieh zu den Fenstern meiner Augen hinein. Siehst du, wie schön todt das arme Ding ist?« (111) In der Pupille Leonces sieht sich Rosetta als das kleine Mädchen — als pupilla, als kore, wie Aristoteles es nannte —, das im gläsernen Sarg der Gedanken liegt, in seinem Kopf begraben, statt in seinem Herzen bewahrt zu sein. Es kommt in diesem Wegstellen eine Gewalttätigkeit zum Ausdruck, auf die wir schon früher, anläßlich des Hinweises auf Nero und Caligula, aufmerksam geworden sind und die sich mit den verschiedentlich ausgestoßenen Warnungen und Drohungen weiter belegen ließe. Leonce tut den Dingen Gewalt an. Das Wesen dieser Gewaltanwendung ist am Beispiel Rosettas deutlich zu erkennen. »Ich behalte den Eindruck«, sagt Leonce zu ihr (112). Somit hat er sie in ein Engramm verwandelt, hat sie auf ihre Merkmale, auch auf die vorübergehenden, festgelegt, und dergestalt ist sie die Leblose geworden, als die sie in seinem Gedächtnis figuriert, eine bestimmte Note der Tonleiter, ein Farbwert im Spektrum.

Das Mißverhältnis von Leib und Seele, im Bettler Valerio auf eine andere Weise sich darstellend als im Prinzen Leonce, läßt erkennen, daß das harmonische Gefüge, wie es von der Klassik erstrebt und erreicht wurde, einen tiefen Riß bekommen hat. In dieser Harmonie war das Ding weder das durch die Empfindungen Aufzunehmende noch die mit Merkmalen behaftete Substanz, sondern die Einheit von Stoff und Form. Wenn nun das, was als geformter Stoff ein zwar schwebendes, aber sich einspielendes Gleichgewicht bildet, in nachklassischer Zeit aus den Fugen gerät, so ist das nicht dem Versagen der neuen Geschlechter zuzuschreiben, weder einem Verschulden noch einer Unfähigkeit noch der Ungunst der Stunde. Es ist vielmehr anzunehmen, daß die Synthese von Form und Stoff etwas zutiefst Problematisches ist, nicht wohl gegründet und daher auch nicht tragend. Voraussetzung dieser Synthesis ist ja das gegensätzliche Fragwürdige, das in den Figuren Leonce und Valerio zum Vorschein gebracht ist, Fragwürdigkeiten, die sich aus der Kartesianischen Trennung von res cogitans und res extensa herleiten. Das harmonische Zusammen kompensiert den Mangel jeder Seite und verdeckt mit diesem Ausgleich die Problematik. Die von Büchner dargestellten Mißverhältnisse sind keine bloßen Desequilibriertheiten, die dadurch zu beheben wären, daß man sich das Klassische zum Vorbild nähme. Sie müßten in einer grundlegend andern Weise ins Reine gebracht werden. Die Gegenwendigkeit, mit der Valerio und Leonce einander zugeordnet sind, zielt nicht auf Ausgleich, sondern auf Verwandlung. Das kündet sich schon da an, wie es den Prinzen beim Anblick von Valerios Eßlust anmutet, er könnte wieder mit dem Einfachsten anfangen, könnte wieder Käse essen, Bier trinken, Tabak rauchen (113). Wieder mit dem Einfachsten anfangen können: das bedeutet aber nicht, daß Leonce ein Valerio würde, auch nicht, daß er Valerio halbwegs entgegenginge. Die Leiblichkeit, die Leonce gewänne, müßte von anderer Art sein als diejenige Valerios; seine wiedergewonnene Natürlichkeit wäre nicht das Gleiche wie Valerios »Natürlichkeit«.

Valerio ist von der verlorenen Natürlichkeit her bestimmt, ihm liegt das verlorene Paradies und die — rückwärts gewandte — Rückkehr dahin im Sinn. Er spielt eine Person, die gleichsam immer noch paradiesisch lebt, aber indem er sie spielt, hebt er die Diskrepanz zwischen Darstellung und Wirklichkeit hervor. Er mimt Natürlichkeit, und zwar dadurch, daß er die Nötigung zum Arbeiten aus den Ansprüchen der Zivilisationsgesellschaft herleitet und mit dem Zurück zum einfachen Leben ein Leben ohne Mühsal als erreichbar vorspiegelt: »Keine Schwiele schändet meine Hände, der Boden hat noch keinen Tropfen von meiner Stirne getrunken, ich bin noch Jungfrau in der Arbeit, und wenn es mir nicht der Mühe zu viel wäre, würde ich mir die Mühe nehmen, Ihnen diese Verdienste weitläufiger auseinanderzusetzen.« (107) Indem Valerio einer eigenen Sorte von Pelagianismus das Wort redet, parodiert er das Arbeitsethos, das sich Verdienste um das Heil der Menschheit erwerben zu können meint. Das Lob der Faulheit ist jedoch in solchem parodistischen Zusammenhang nicht ernsthaft gemeint, auch wenn es mit Ernst vorgetragen wird. Über seine Tätigkeit und seine Fähigkeiten befragt, antwortet Valerio zwar mit Würde, als nähme er sich wichtig, wie die arbeitsamen Leute dies tun, dementiert das aber zugleich durch die witzige Formulierung: »Herr, ich habe die große Beschäftigung, müßig zu gehen, ich habe eine ungemeine Fertigkeit im Nichtsthun, ich besitze eine ungeheure Ausdauer in der Faulheit.« (107) Die Parodie nimmt also nicht nur die Tugend der Arbeitsamkeit aufs Korn, sondern parodiert gleichzeitig auch sich selbst. Das scheint zu besagen, daß es nicht darauf ankomme, ob man fleißig sei oder faulenze, daß es einerlei sei, ob man bei den Zivilisationsbestrebungen mitwirke oder ihnen den Rücken kehre, ob man das Heil vom Fortschritt erwarte oder es sich von der Rückkehr zum Ursprung verspreche. Muß man da nicht mit Hérault in »Dantons

Tod« sagen, es hebe sich alles gegenseitig, das Resultat sei gleich Null, wir kämen zum Nichts? (49) Gäbe es nur die Ebene, auf der Gegensätzlichkeiten einander entgegentreten, so ließe sich gegen diese Folgerung wenig einwenden. Aber die durchgehende Ironisierung macht auf eine andere Ebene aufmerksam. Das Weder-Noch ist nicht die Antwort auf eine Frage, sondern die Verspottung einer falschen Fragestellung. In den erwähnten Alternativen zu denken ist lächerlich. Das Heil ist weder auf der einen noch auf der andern Seite, weil es überhaupt nicht auf dieser Ebene der Verfügbarkeit liegt. Müßiggang ist aller Laster Anfang, glaubt die Weisheit des Sprichwortes zu wissen; sie ist überzeugt vom Segen der Arbeit. Leonce zitiert das Wort (106), um es ad absurdum zu führen: denn dem Müßiggang, da mit ihm die Langeweile einhergeht, entspringt auch das Tätigsein, somit besteht zwischen Lasterhaftigkeit und Arbeitsamkeit gar kein prinzipieller Unterschied, sie kommen vielmehr, sofern sie ihren Grund in der Langeweile haben und ihr zu entrinnen suchen, miteinander überein. Büchner hat eine Variante dieses Gedankens erwogen. In einem der Bruchstücke stellt Valerio die Behauptung auf, es gebe nur vier Arten, sein Geld auf menschliche Weise zu verdienen, nämlich es zu finden, in der Lotterie zu gewinnen, zu erben oder in Gottes Namen zu stehlen, wenn man die Geschicklichkeit habe, keine Gewissensbisse zu bekommen; wer sich sein Geld auf andere Art erwerbe, sei ein Schuft (139). Das scheint einem die Auffassung nahelegen zu wollen, nur einer, der nicht arbeite, sei kein Schuft. Es ist aber nicht einmal sicher, ob man dies für die Meinung Valerios nehmen darf, und es ist ganz gewiß, daß dies Büchners Meinung nicht ist. Valerio wird nämlich sogleich ironisiert, indem Leonce seine Behauptung durch einen grotesken Syllogismus »begründet«, der Shakespeareschen Vorbildern nachgeahmt ist[19]: »Denn wer arbeitet ist ein subtiler Selbstmörder, und ein Selbstmörder ist ein Verbrecher und ein Verbrecher ist ein Schuft, also, wer arbeitet ist ein Schuft.«

Bei Büchners Dialogen muß man ganz besonders darauf achten, welcher Stellenwert den einzelnen Äußerungen zukommt; man muß sich also fragen, was für ein Mensch es ist, der da spricht, warum einer so und nicht anders redet, wie das Gesagte durch das Vorausgegangene gefärbt, wie es vom Darauffolgenden akzentuiert oder gedämpft wird. Und wenn es sich, wie häufig bei Büchner, um Kapriolen handelt, ist in Betracht zu ziehen, daß nicht ernst gemeint ist, was im Spaß gesagt wird, daß aber, da man bekanntlich auch lachend sehr ernsthaft sein kann, im Spaß doch

[19] Vgl. z. B. »Die beiden Veroneser«, I. Akt, 1. Szene.

wieder Ernst ist, nicht in der Aussage als solcher, aber in der Aussage als Anspielung.[20] Man geht fehl, wenn man das Gesagte wortwörtlich nimmt, und geht ebenso fehl, wenn man darin nichts als Futilität sieht. Wahrheit, wie Büchner sie versteht, ist nicht als Aussage, ist aber auch nicht ohne die Aussage. Sie zeigt und verbirgt sich zugleich. Zu ihrem Wesen gehört Bewegung, Auseinandersetzung, ein Hin und Wider; sie läßt sich nicht in Sentenzen festhalten. »Arbeit ist des Bürgers Zierde« — so heißt es etwa im »Lied von der Glocke«. Der Hände Fleiß macht also die Ehre und Würde des Bürgers aus, im Unterschied zum Adelsstand, zu dessen Ansehen das Vorrecht der Muße und die dadurch ermöglichte Kultiviertheit gehört. Wenn nun hingegen Valerio mit Würde erklärt, er habe die Beschäftigung, müßig zu gehen, so soll das nicht bedeuten, die Würde sei einzig in der Muße gegeben; denn durch die Figur des Prinzen Leonce ist dem Leser klargemacht worden, daß es mit dieser Würde nichts ist; diese Ironisierung will aber auch nicht sagen, Arbeit sei eben doch eine Zierde. Büchner parodiert sowohl die Ansicht, in der Arbeit liege ein besonderer Wert, etwa gar das summum bonum, wie auch die Meinung, in der Muße sei das Glück, etwa gar die wahre Freiheit zu finden.

Daß Büchner keine der beiden Auffassungen vertritt, sieht man noch klarer, wenn man der Frage nachgeht, aus welchem Grund eigentlich Leonce und Valerio müßig gehen. Der Hinweis auf Leonces Stand ist keine hinreichende Antwort, braucht doch die Zugehörigkeit zur leisured class nicht Müßiggängertum zu bedeuten. Leonce ist unfähig, sich einer Beschäftigung zu widmen, weil er erkannt hat, daß Beschäftigung, so gut wie Zerstreuung, bloß ein Versuch ist, der Langweile zu entfliehen, und seit ihm dies bewußt geworden, findet er überhaupt kein taugliches Mittel, das Elend der Langeweile zu vergessen. Bei Valerio sind die Dinge etwas anders akzentuiert. Es sieht ja zunächst so aus, als fühle er sich im Nichtstun recht behaglich. Er scheint die Langeweile nicht vertreiben zu müssen, denn er langweilt sich gar nicht. Verachtet er also die Arbeit, weil er das Glück in der Genügsamkeit sieht und dies wie die Kyniker — wie Diogenes von Sinope zum Beispiel, dem er übrigens in Witz und

---

[20] Das gilt auch von mancher Briefstelle. Man mag sich etwa an folgendem Musterbeispiel ausdenken, wo im Spaß der Ernst zu finden ist: »Zu dem subtilen Selbstmord durch *Arbeit* kann ich mich nicht leicht entschließen; ich hoffe, meine Faulheit wenigstens ein Vierteljahr lang fristen zu können, und nehme dann Handgeld entweder von den Jesuiten für den Dienst der Maria oder von den St. Simonisten für die femme libre oder sterbe mit meiner Geliebten.« (An Gutzkow, Straßburg, März 1835, Nr. 32; II, 436.) Dabei müßte man die Briefe an die Familie Nr. 9 (II, 417 f.) und Nr. 31 (II, 436) berücksichtigen.

Unverschämtheit ähnelt — mit der Opposition gegen das herkömmliche Kulturleben zum Ausdruck bringen will? Doch Büchner gibt eine andere Erklärung. Valerio, mit Leonce unterwegs, wirft seine Last einmal hin und sagt: »Soll denn dieser Pack mein Grabstein werden? Sehen Sie Prinz ich werde philosophisch, ein Bild des menschlichen Lebens. Ich schleppe diesen Pack mit wunden Füßen durch Frost und Sonnenbrand, weil ich Abends ein reines Hemd anziehen will und wenn endlich der Abend kommt, so ist meine Stirn gefurcht, meine Wange hohl, mein Auge dunkel und ich habe grade noch Zeit, mein Hemd anzuziehen, als Todtenhemd. Hätte ich nun nicht gescheidter gethan, ich hätte mein Bündel vom Stecken gehoben und es in der ersten besten Kneipe verkauft, und hätte mich dafür betrunken und im Schatten geschlafen, bis es Abend geworden wäre, und hätte nicht geschwitzt und mir keine Leichdörner gelaufen?« (119 f.) Daraus erhellt, daß Valerio keineswegs ein sogenannter »gesunder Bursche« ist, der »ohne Probleme und Konflikte« lebt[21], sondern daß er von der Vergänglichkeit tief versehrt ist. Wozu soll man sich mühen, wenn am Ende von allem der Tod steht? Wozu arbeiten, wenn man vielleicht morgen schon das Zeitliche segnet oder vielmehr verflucht? Damit verhält sich Valerio ganz anders als jener Mann — man erzählt diese Anekdote von verschiedenen bekannten Persönlichkeiten, so auch von Luther —, der, mit dem Pflanzen eines Apfelbaums beschäftigt, gefragt wurde, was er täte, wenn er erführe, daß er in einer Stunde sterben müsse, und der antwortete, er würde ruhig seine Arbeit beenden. Valerio wäre eher dem Schuster Knieriem in Nestroys »Lumpazivagabundus« zu vergleichen. Auch dieser vermag in der Arbeit keinen Sinn zu sehen, steht doch der Zusammenprall des Kometen mit der Erde bevor, und dann ist ohnehin alles aus. Daß der Tod einem das Wozu rauben und damit auch die Arbeit als sinnlos erscheinen lassen kann, hat Büchner schon in »Dantons Tod«, in der Figur des Bettlers, skizzenhaft angedeutet. Er läßt den Bettler, dem Arbeit angeboten wird, der sie aber verschmäht, das Lied singen:

> Eine Handvoll Erde
> Und ein wenig Moos
> Ist auf dießer Erde
> Einst mein letztes Loos! (35)

[21] So Karl Viëtor in: Georg Büchner, a. a. O., S. 182. Vor ihm hat schon Max Zobel von Zabeltitz in bezug auf Valerio von einem lebensfrohen, gesunden Ich gesprochen, das sich, frei von allen Zweifeln, der Wirklichkeit hingebe. (Georg Büchner, Sein Leben und Schaffen, Berlin 1915, S. 74.) Gegen diese Auffassung wendet sich Gustav Beckers, a. a. O., S. 171.

Auch im »Woyzeck« greift Büchner dieses Motiv auf. Der betrunkene Handwerksbursche, »ein Wandrer, der gelehnt steht an dem Strom der Zeit«, gibt den Hintergrund seines Tuns und Lassens in den folgenden Worten zu erkennen, welche gleichsam die Konklusion seiner Predigt bilden: »Alles Irdische ist eitel, selbst das Geld geht in Verwesung über.« (178) Das »Ergo bibamus« ist Valerios wie des Handwerksburschen Antwort auf die beklagenswerte Situation des Menschen. Da Büchner immer wieder über falsche Syllogismen spottet und sie parodiert, mag man bei dieser ein für allemal gezogenen und daher jederzeit anwendbaren Schlußfolgerung Valerios an jene Stelle in Goethes Farbenlehre denken, die sich polemisch gegen die mit »ergo« eingeleiteten Schlüsse Newtons richtet: »Es fällt uns bei dieser Gelegenheit ein, daß Basedow, der ein starker Trinker war, und in seinen besten Jahren in guter Gesellschaft einen sehr erfreulichen Humor zeigte, stets zu behaupten pflegte, die Conclusion ergo bibamus passe zu allen Prämissen. Es ist schön Wetter, ergo bibamus! Es ist ein häßlicher Tag, ergo bibamus!... So setzt auch Newton sein ergo zu den verschiedensten Prämissen.«[22] Büchner läßt aber das »ergo bibamus« von einem weniger humorvollen als vielmehr witzigen, mitunter auch bloß witzelnden Menschen vorbringen, von einem, dessen Rede etwas Scharfes, ja sogar Ausfälliges haben kann.[23] Es äußert sich hier dieselbe Gewalttätigkeit wie bei Leonce, nur daß sie sich in bloßen Worten ergeht, wogegen sie dem Prinzen ab und zu in den Gliedern zuckt. Valerio macht auf diesen Unterschied aufmerksam, indem er seine Harmlosigkeit betont und erklärt, er brauche keine Gerten zu Ruten (113).

Mag es also zunächst den Anschein haben, in Leonce und Valerio seien lauter Gegensätzlichkeiten dargestellt, so stimmen die beiden Figuren doch in einem überein: ihre Untätigkeit hat dieselbe Wurzel. Beiden ist das Elend der menschlichen Lage bewußt, und dies Bewußtsein hat sie erst wirklich elend gemacht. Man ist nicht elend, wenn man mit Carlyle sagen kann: »Arbeiten und nicht verzweifeln«, aber man ist es, wenn man sieht, daß Arbeit nicht im mindesten aus der Verzweiflung heraus-

---

[22] Sophienausgabe, II. Abtheilung, 2. Band, Zur Farbenlehre, Polemischer Theil, § 391, S. 192.
[23] Ein Beispiel dafür ist Valerios Bemerkung in der ersten Szene des zweiten Aktes: »Die Wolke könnte Ihrem Kopf nichts schaden, wenn man Ihnen denselben scheeren und sie Tropfen für Tropfen darauf fallen ließ« (119). Vgl. dazu Werner Lehmanns Kommentar in den »Textkritischen Noten«, a. a. O., S. 34: »Valerio spielt hier auf eine unweigerlich zum Wahnsinn führende Tortur an, bei der dem Opfer der Kopf geschoren werden muß, damit die beabsichtigte Wirkung eintritt. Valerio will zum Ausdruck bringen: Sie sind eh verrückt, verrückter könnten Sie nicht werden, selbst wenn man Sie einer solchen Tortur unterzöge.«

hilft und daß man sich, falls man dies meinen sollte, bloß etwas vormacht. Valerio scheint sich zwar, im Gegensatz zu Leonce, bei diesem Elend recht wohl zu befinden. Daß er in allem nach Behaglichkeit strebt, ist jedoch lediglich ein Versuch, sich möglichst nahe ans Momentane zu halten und auf diese Weise das Elend zu mindern.

Er reduziert das Dasein weitgehend auf die mühelose Befriedigung der jeweiligen Leibesbedürfnisse, läßt sich von Essen, Trinken und Schlafen ganz in Anspruch nehmen. Er verhält sich gegenüber der Verzweiflung, die den Untergrund seines Lebens bildet, ausweichend, wogegen Leonce sich recht eigentlich darein vertieft. Valerios In-den-Tag-Hineinleben ist leichtsinnig, und in diesem Leichtsinn ist gewiß auch ein liebenswürdiger Zug; dennoch kann man nicht übersehen, daß sein Leichtsinn die andere Seite der Schwermut ist. Aus diesem Grunde bilden die beiden Figuren eine Konfiguration und sind nicht einfach antithetisch zu verstehen. Wenn Valerio und Leonce einander bei ihrem ersten Zusammentreffen, noch bevor sie sich kennen, unmittelbar begreifen (106), so kann man sich dies doch wohl nur so erklären, daß sie durch ihre Verschiedenheit hindurch sogleich das Identische sehen. Von ihnen beiden gilt, was in »Dantons Tod« Camille sagt: »Wir haben uns Alle am nemlichen Tische krank gegessen.« (71) Leidet Leonce darunter, daß er, wie die Rosettaszene zeigt, nicht treu sein kann, so ist es Valerios heimliches Leiden, daß ihm Treulosigkeit widerfahren ist.[24] Versehrt von der Vergänglichkeit, von Untreue und Treulosigkeit, haben sie das Versunkensein nötig, in welchem sie mit dem Verlorenen beschäftigt sein können. Valerio weiß dieses Verlangen auf seine Weise zu stillen: »Senke dich in das Meer des Weines, daß es Perlen über dir schlägt.« (121) Leonce bedarf keines solchen Mittels, er ist ohnehin in einem Meer von Gedanken versunken, wofür bezeichnend ist, daß sein Reden so oft bloß Andeutung und wenig Faßbares gibt. In der Versunkenheit hangen sie ihren Träumen nach: Leonce träumt über den Augen Rosettas »wie an wunderheimlichen tiefen Quellen« (110), Valerio träumt, »wie die Elfen über dem Kelch der Weinblume schweben, goldbeschuht, die Cymbeln schlagend« (121). Die Sehnsucht spricht sich hier aus. Sie träumt das Verlorene zurück. Leonce sucht in der Versunkenheit den Ursprung, den versiegten Quell des Lebendigen, Valerio sucht die Unbeschwertheit und Leichtigkeit, die ihm, so wie er leibt und lebt, längst nicht mehr eigen ist. Die Figuren des Prinzen und des Bettlers, die eine mehr vom Seelischen, die andere mehr vom Leib-

---

[24] Man muß das seiner beiläufigen Bemerkung entnehmen, die Weinflasche sei keine Geliebte, sie werde nicht treulos, sie bleibe eins vom ersten Tropfen bis zum letzten (121).

lichen her gestaltet, machen Büchners Komödie zu einem Gespräch über das Selbst des Menschen.

Es geht in diesem Gespräch um das Problem der Identität. Wenn Valerio an der Weinflasche lobt, daß sie vom ersten bis zum letzten Tropfen eins bleibe, so ist zu beachten, daß diese Formulierung in einem Geflecht von Bezügen steht, die alle mit dem Einssein und seinem Gegenstück, der Entfremdung, zu tun haben. Valerio träumt vom Einssein als dem In-sich-Gleichen, das keine Veränderung, keine Treulosigkeit kennt. Die Trunkenheit könnte ein solches Einssein gewähren, sie müßte nur so gründlich sein, daß sie nicht merkt, wie die Flasche leer und damit doch noch treulos wird. Das Beste wäre, man könnte sich derart betrinken, daß man das ganze Leben verschliefe. Im Schlaf bleibt der Mensch eins vom ersten Atemzug bis zum letzten; er weiß von keiner Veränderung. Die Wirklichkeit sieht anders aus als dieser Traum. Sie ist das sich selbst Entfremdete, dem im Tod die äußerste Entfremdung geschieht. Valerio sucht den Traum vom Einssein, weil er unter der Veränderlichkeit leidet. Er ist von der Selbstentfremdung bedroht. Das erkennt man in der Szene, da er maskiert vor den König tritt. Auf die Frage, wer er sei, antwortet er: »Weiß ich's?« Und während er langsam hintereinander mehrere Masken abnimmt, sagt er: »Bin ich das? oder das? oder das? Wahrhaftig ich bekomme Angst, ich könnte mich so ganz auseinanderschälen und -blättern.« (130) Wenn der Mensch solche Beschaffenheit hat, daß er nicht der in sich gleiche ist, sondern sich — wie ein jedes in ein anderes übergeht — stets verändert, heute schon nicht mehr der ist, der er gestern noch war, ja daß er ganz und gar zu nichts werden kann, wie soll er dann wissen, wer er eigentlich ist? Valerio möchte nicht mit diesem Anderswerden konfrontiert sein, er möchte die Bewußtheit loswerden können, denn sie ist das Wissen darum, daß er einst jung gewesen und jetzt alt geworden ist, daß er eine tänzerische Beweglichkeit hatte, die er träumend zurückruft (121), und nun beim Gehen schon keucht und schwitzt (118 f.). Es würde ihn stören, wenn er sich in einem Spiegel sehen, jenem Fremden, der sich darin zeigt, gegenübertreten und sich mit ihm auseinandersetzen müßte. Deshalb äußert er, wie er sich demaskieren soll, den Wunsch: »Hängen Sie alsdann die Spiegel herum und verstecken Sie Ihre blanken Knöpfe etwas und sehen Sie mich nicht so an, daß ich mich in Ihren Augen spiegeln muß, oder ich weiß wahrhaftig nicht mehr, wer ich eigentlich bin.« (130) Er muß die Reflektiertheit meiden, soll er das Gefühl seiner selbst nicht verlieren. Dasselbe hat Büchner an der Gestalt der Marion gezeigt. Er läßt sie sagen, sie hänge mit allem um sie nur durch die Empfindung zusammen, sie kenne keinen Absatz, keine Veränderung: »Ich bin immer nur Eins.« (22) Allerdings stimmt dies in dem Augenblick, da sie davon spricht, schon nicht mehr. Sie ist sich ja auch eines Bruches in ihrem Wesen bewußt. Wider ihren Willen sieht sie sich genötigt, über sich selbst nachzudenken. Ist es nun schon für die junge Marion, die nur tastend und ansatzweise reflektiert, ein Ding der Unmöglichkeit, eins zu bleiben, so erst recht für den weit stärker von Reflexion geprägten Valerio.

Auch Leonce wirft die Frage nach der Identität auf, nur stellt sich ihm das Problem gerade umgekehrt. Er leidet unter dem Einerlei. Daher sein Wunsch, jemand anders zu sein. Er möchte sich eine Maske vorstecken können, um so zur Persona zu werden, eine Rolle zu spielen. Aber das ist ihm verwehrt, denn er erkennt die Nichtigkeit der Maske. Er sieht ja alle Menschen demaskiert (112), und die Demaskierten sind alle gleich, wie schon Camille Desmoulins sagt: »Wir sollten einmal die Masken abnehmen, wir sähen dann wie in einem Zimmer mit Spiegeln überall nur den einen uralten, zahllosen, unverwüstlichen Schaafskopf.« (70 f.) Für Leonce gibt es zu Beginn des Spiels nichts, was aus diesem Einerlei herausführt. Aber er sehnt sich danach, diesem Einerlei entrissen zu werden, und er hat immerhin noch »eine gewisse Dosis Enthusiasmus zu verbrauchen«. Also ist ihm doch nicht alles zu völliger Gleichförmigkeit eingeebnet, es ist immer noch möglich, daß er ein anderer wird. Da aber dieser andere keine Person, kein Rollenträger sein kann, bleiben nur zwei Arten, ein anderer zu werden: indem er der Alienation verfiele oder indem er zu sich selber käme und er selbst würde.

Die Figurenkonstellation Valerio—Leonce zeigt einerseits die Entfremdung im Andersgewordensein und die Sehnsucht nach dem Einssein, anderseits das Leiden in der Einerleiheit und die Sehnsucht nach dem Anderssein. Damit ist die Identität anvisiert, die auch mit der Figur König Peters zur Sprache kommt. Dem Satz »Wenn ich so laut rede, so weiß ich nicht wer es eigentlich ist, ich oder ein Anderer« steht der Satz »Ich bin ich« gegenüber (109). In der Identität ist weder Einerleiheit noch Entfremdung. Identität ist das Einssein, welches das Anderssein nicht ausschließt. Die Sprache drückt dieses Zugleich von Einheit und Differenz so aus: mit sich selber eins sein. Die Identität ginge verloren, wenn das »mit«, das in der Selbigkeit liegt, zugunsten der Einerleiheit aufgehoben würde; sie ginge verloren, falls die Einheit, in der ich mit mir derselbe bin, aufgehoben würde zugunsten der Differenz.

Daß durch die Gegenüberstellung der beiden gegensätzlichen Figuren eine verborgene Einheit und Ganzheit evoziert werden soll, läßt sich noch an einem weiteren Beispiel nachweisen. Leonce erklärt gegenüber dem Hofmeister, er beschäftige sich damit, dreihundertfünfundsechzigmal hintereinander auf einen bestimmten Stein zu spucken (105). Es handelt sich dabei um etwas Ähnliches, wie wenn Valerio sagt: »Seht, Herr, ich könnte mich in eine Ecke setzen und singen vom Abend bis zum Morgen: ›Hei, da sitzt e Fleig an der Wand! Fleig an der Wand! Fleig an der Wand!‹ und so fort bis zum Ende meines Lebens.« (107) Aber es genügt nicht, nur das Gemeinsame zu sehen und auf den Stumpfsinn, die Sinnlosigkeit solchen Tuns hinzuweisen. Man muß auch auf die deutliche Differenzierung achten. Leonces »Beschäftigung« drückt Geringschätzung, ja Verachtung aus. Jeder Tag des Jahres verdient nichts Besseres als dieses Ausspucken, denn einer ist gleich wie der andere und keiner bringt etwas Neues. Das Neue freilich kann sich Leonce nur so denken, daß es die Wiederholung ausschlösse, sei es, daß er die ständige Wiederkehr des Gleichen vergessen könnte, wie jene Menschen, die naiv und unverstört ihren Tätigkeiten mit wichtigem Gehabe nachgehen und vom einen Neuen zum andern zu schreiten meinen, sei es, daß ein Niedagewesenes und Einmaliges geschähe, das ihn aus aller Folge herausrisse. Valerio hingegen ist es darum zu tun, dem Immergleichen das Lob zu singen, denn das Unveränderliche allein bedeutet ihm Fülle, die das Gemüt zur Freude stimmt. Das Immergleiche vermag er sich allerdings bloß in völlig reduzierter Form vorzustellen, so daß der Kehrreim von der Fliege an der Wand, singbar nur dann, wenn man betrunken ist, Lobes genug wäre. Büchner führt zwei Stimmen kontrapunktisch gegeneinander. Nur in ihrem Zusammenklang ertönt das Thema. Wenn man das erkannt hat, hört man, daß die gegenseitige Durchdringung der beiden Stimmen die paradoxe Einheit aufklingen läßt, in der das Neue das Gleiche nicht ausschließt und die Wiederholung nicht auf die bloße Repetition eingeschränkt ist. Erst auf Grund dieses Ganzen werden die Defizienzen überhaupt als solche erkennbar. Das Ganze ist aber etwas anderes als die Summe der Teile. Leonce und Valerio, die als einzelne Figuren verschiedene Aspekte des verkümmerten Lebens darstellen, ergeben zusammengenommen kein Ganzes, sondern bloß das Gesamt der Verkümmerung. Daß sich diese Figuren aber dergestalt zu zeigen vermögen, ist nur dank einem Unverkümmerten möglich. Es geht in Büchners Kunst darum, durch die Teile und ihre Summe hindurch auf das Ganze eines unverkümmerten Daseins hinzuweisen.

Von hier aus läßt sich die Rede über die Automaten erst richtig verstehen. Wenn man davon ausgehen muß, daß es eine Rede Valerios ist, eine Rede also, deren Aussagen für ihn — nicht für das ganze Stück oder gar für Büchner — charakteristisch sind, so war ja zunächst zu bestimmen, welcher Ort dieser Figur im Ganzen der Dichtung zukommt. Die Automatenrede stellt sich somit — da Valerio Teil einer Konfiguration ist — als Einseitigkeit dar. Sie ist von der Leiblichkeit her gesprochen, sie hat das Gleichförmige zum Gegenstand, sie bringt eine Verkümmerung zum Ausdruck, und bei alledem ist erst noch zu beachten, daß es eine witzige Rede ist und man sich mithin hüten muß, sie für bare Münze zu nehmen. Leonce und Lena treten maskiert vor König Peter und seinem Hofstaat auf, und Valerio führt sie als »die zwei weltberühmten Automaten« vor, als raffinierte mechanische Konstruktionen, wie sie, Vorläufer des kommenden Maschinenwesens, im 18. Jahrhundert erfunden und den absolutistischen Fürsten demonstriert wurden. Valerio ist hier dem Marktschreier im »Woyzeck« mit seinem abgerichteten Affen zu vergleichen, nur daß er ein exquisiteres Vergnügen zu bieten hat, eines, das der hohen Ebene angemessen ist: »Sehen Sie hier meine Herren und Damen, zwei Personen beiderlei Geschlechts, ein Männchen und ein Weibchen, einen Herrn und eine Dame. Nichts als Kunst und Mechanismus, nichts als Pappendeckel und Uhrfedern. Jede hat eine feine, feine Feder von Rubin unter dem Nagel der kleinen Zehe am rechten Fuß, man drückt ein klein wenig und die Mechanik läuft volle fünfzig Jahre.« (131) Nichts als Kunst und Mechanismus: dies ist — im vordergründigen Sinne wenigstens, der zunächst zur Geltung kommt — nicht abschätzig gemeint. Im Gegenteil: daß es der menschlichen Erfindungsgabe und Kunstfertigkeit gelungen ist, ein dem Menschen täuschend ähnliches Artefakt zu bilden, verdient höchste Bewunderung. Die beiden hier vorgestellten Automaten übertreffen sogar noch die berühmtesten Automaten des Jahrhunderts, den »Canard artificiel« und den »Flûteur automate« des Jacques de Vaucanson, denn ihr Automatismus repräsentiert nicht nur die aus eigenem Antrieb, von selbst geschehenden Lebensvorgänge und das Erlernte und Eingeübte, das zur Bildung gehört, sondern umfaßt auch den Adel des Geistes und die Moral: »Sie sind sehr edel, denn sie sprechen hochdeutsch. Sie sind sehr moralisch, denn sie stehen auf den Glockenschlag auf, essen auf den Glockenschlag zu Mittag und gehen auf den Glockenschlag zu Bett, auch haben sie eine gute Verdauung, was beweist, daß sie ein gutes Gewissen haben.« (131)

Es läßt sich nicht verkennen, daß Valerios Rede Purzelbäume schlägt. Sie preist die Automaten, und gerade damit spottet sie über den Automatismus. Das Lob des höchst Artifiziellen ist ein Spiegel, in dem die Zuhörer ihre Unnatur erkennen sollen. Man könnte nämlich die beiden Automaten, wie Valerio sagt, durchaus zu Mitgliedern der menschlichen Gesellschaft machen; sie sind so vollkommen gearbeitet, daß sie von andern Menschen gar nicht zu unterscheiden wären, wüßte man nicht, daß es sich um Maschinen handelt. Die Zuschauer sehen sich der Frage gegenüber, ob sie denn eigentlich durch nichts als Mechanismen in Gang gesetzt seien, ob ihr Handeln, das sie vom Gebot der Sittlichkeit und von Gefühlen motiviert glauben, sich etwa nur in der Art programmierter Abläufe abspiele. Selbst die Liebe stellt sich in diesen Automaten als Mechanismus dar: »Geben Sie Acht, meine Herren und Damen, sie sind jetzt in einem interessanten Stadium, der Mechanismus der Liebe fängt an sich zu äußern, der Herr hat der Dame schon einige Mal den Shawl getragen, die Dame hat schon einige Mal die Augen verdreht und gen Himmel geblickt.« Valerios Wort »nichts als Kunst und Mechanismus«, das anfänglich zu bewundernder Anerkennung aufzufordern scheint, schlägt im Verlauf der Rede ins Gegenteil um: es wird ein gesellschafts-kritisches Wort. Der Hochgesang auf die Automaten, im 18. Jahrhundert angestimmt zum Lobe menschlicher und göttlicher Ingeniosität — sah man doch in der perfekten Maschine die mikrokosmische Entsprechung zum Weltbau —, dieser Hochgesang ist zur Parodie geworden.

Der Sachverhalt ist aber noch komplizierter. Denn Valerio, der die beiden Automaten vorführt, tritt selbst als Automat auf. Was er sagt, bringt er »mit schnarrendem Ton« vor, als Sprechmaschine also, deren Konstruktion schon von Lamettrie für möglich gehalten und 1778 von Wolfgang Kempelen mittels eines Flötenmechanismus verwirklicht wurde. Valerio macht von Anfang an klar, daß »es eigentlich nichts als Walzen und Windschläuche sind, die das Alles sagen«. Damit wird das Gesagte relativiert. Wenn einer behauptet, alles sei Automatismus, so daß er selbst nichts als ein Automat wäre, widerlegt er seine eigene Behauptung. Er ist jenem Kreter ähnlich, der erklärte, daß alle Kreter lügen. Ich bin ein Automat: das kann jemand nur sagen, wenn er eben gerade kein Automat ist. In dem Satz »Ich bin ich« lauten Subjekt und Prädikat zwar gleich, aber sie sind nicht einerlei. Nach dem Gesetz der Identität besteht zwi-schen ihnen ein unaufhebbarer Unterschied. Der Aussagende ist mehr, als was er von sich aussagen kann, und dabei ist die Verschiedenheit nicht nur quantitativ: der Aussagende ist auch etwas anderes als das von ihm Ausgesagte. Genau so verhält es sich auch mit der Formulierung »Ich bin ein Automat«. Wenn ich ein Automat und nichts als ein Automat wäre, folglich auch das, was ich sage, aus einem Automatismus hervorginge, wie sollte ich dann wissen können, daß ich ein Automat bin? Valerio führt das in konsequenter Weise aus, indem er erklärt, er selbst wisse gar nichts von dem, was er rede, ja er wisse nicht einmal, daß er es nicht wisse, weshalb es höchst wahrscheinlich sei, daß man ihn nur so reden *lasse*.

Deutlicher, als es Büchner hier tut, kann man nicht klarstellen, daß die Aussage, der Mensch sei nichts als Mechanik, unhaltbar ist. Nicht einmal Büchners Figur vertritt diese Ansicht im Ernst. Aber es gibt Interpreten, die Valerio beim Wort nehmen und erst noch behaupten, es handle sich hier um des Dichters persönliche Meinung.[25] Doch wollte man wirklich annehmen, der Mensch sei nichts als ein Automat, so könnte man ebensogut sagen, eine Schallplatte, die man den Satz »Ich bin ein Mensch« abspielen lasse, sei ein Mensch.

Schon früher hat die Komödie zu verstehen gegeben, daß Valerio nicht glaubt, was er sagt. Leonces Bemerkung, Valerio sei nichts als ein schlechtes Wortspiel, macht darauf aufmerksam, und Valerio bestätigt diese Charakterisierung sogleich: »Es ist eine traurige Sache um das Wort k o m m e n , will man ein Einkommen, so muß man stehlen, an ein Aufkommen ist nicht zu denken, als wenn man sich hängen läßt, ein Unterkommen findet man erst, wenn man begraben wird, und ein Auskommen hat man jeden Augenblick mit seinem Witz, wenn man nichts mehr zu sagen weiß, wie ich zum Beispiel eben.« (115) Nichts mehr zu sagen wissen: davon also wird die witzige Rede hervorgebracht. In ihr haben Wort und Satz etwas Automatisches, sie sind ihrer Eigenbewegung überlassen. Clemens Brentano, der darüber sehr wohl Bescheid wußte, sagt einmal: »Die Rede wirthschaftet dann auf ihre eigne Hand munter drauf los, während meine Seele in der Angst, Trauer und Sehnsucht liegt.«[26] Die Entzweiung kennzeichnet das Verhältnis zwischen dem witzig Redenden und der Rede, die sich von ihm abgelöst hat und selbsttätig fortläuft. Wer so redet, ist nicht beim Wort zu nehmen. Sein Wort ist die Treulosigkeit selbst, die es immer anders meint, als sie spricht. Büchner hat schon am witzig redenden Danton diese Zusammenhänge aufgezeigt.

Hat man erkannt, daß der witzig Redende mit dem Wort entzweit ist und als einer redet, der nichts mehr zu sagen hat, so läßt sich Valerios Rede über die Automaten noch präziser fassen. Man braucht sich nur einmal vorzustellen, wie denn eigentlich über Automaten gesprochen werden könnte, falls man dies nicht in witziger Art täte. Die eine Möglichkeit wäre die, daß man die von Lamettrie vertretene monistische und materialistische Position einnähme: alles ist als Masse nach mechanischen Gesetzen von Stoß- und Zugkräften bewegt; mit den Lebewesen verhält es

[25] Vgl. dazu S. 263.
[26] Gesammelte Briefe von 1795 bis 1842 (8. Band der Gesammelten Schriften, hrsg. v. Christian Brentano), Frankfurt a. M. 1855, An eine Ungenannte, Dezember 1816, S. 209.

sich nicht anders, sie sind Automaten; auch der Mensch ist eine Maschine. Oder man könnte, den Dualismus postulierend, sich gegen diese Auffassung wenden. Man würde damit die Position von Descartes beziehen, der alles in den Gegensatz Denken und Ausdehnung, Seele und Körper zertrennt, der einerseits die Bewegung der Materie, der res extensa, mechanistisch erklärt, auch die der Lebewesen, sofern sie Körper und damit bloße Automaten sind, anderseits die Bewegung der Seele, der res cogitans, als das Spontane sich vorstellt. Hinter Büchners Automatenszene steht seine Auseinandersetzung mit diesen beiden Positionen. In der witzigen Rede Valerios wird weder der einen noch der andern Partei das Wort geredet. Valerio vertritt nicht Lamettrie und nicht Descartes, er weiß über das einstmals so ernstgenommene Thema »nichts mehr zu sagen« und findet deshalb mit seinem Witz ein Auskommen. Denn es ist ebenso unsinnig, zu sagen, der Mensch sei gleich dem Tier nichts als Automatismus, wie zu behaupten, das Tier sei im Unterschied zum Menschen nichts als Automatismus. Die ganze Diskussion um das Automatenwesen wird ad absurdum geführt. Gegenstand des Witzes, wird sie dem Gelächter preisgegeben und damit aufgelöst. Wenn sich Valerio als Sprechautomat präsentiert, so richtet sich das zunächst — im Sinne von Lamettries Auffassung — gegen Descartes. Dieser hielt die Konstruktion einer redenden Maschine für unmöglich. Die Sprache war ihm das entscheidende Kennzeichen der Seele, des Nichtmaschinellen. Weil die Tiere seiner Ansicht nach kein Sprachvermögen haben, nennt er sie seelenlose Maschinen, Automaten. Ein künstlicher Mensch, der zu sprechen vermöchte, würde daher — so meinte Lamettrie — die Kartesianische These, daß die Sprache den grundsätzlichen Unterschied zwischen Seele und Körper, zwischen Mensch und Tier bezeichne, zu Fall bringen und dem mechanistischen Materialismus recht geben. Die Nachbildung der komplizierten Mechanismen würde jedermann vor Augen führen, daß die Lebensvorgänge durchschaut und tatsächlich in Analogie zum Uhrwerk verstanden werden können. Diesen homme machine Lamettries mimt Valerio, als wäre er ein technisches Wunderding, in nichts von den andern Menschen zu unterscheiden, höchstens daß sich im Schnarren der Stimme noch eine gewisse Unvollkommenheit verrät. Er gibt dem Publikum zu verstehen, daß das Leben des Menschen sich mechanisch vollziehe, und dies nicht etwa nur soweit er körperhaft im kartesianischen Sinne zu nennen wäre. Damit aber kommt in der Rede Valerios ein gesellschaftskritisches wie auch selbstkritisches Element zum Zuge, das nun keineswegs der Meinung Lamettries entspricht: der Mensch als homme machine ist hier ja ein depravierter Mensch, die monistisch-materialistische Auffassung der Ausdruck eines defizienten Daseins. Die Vorführung der Automaten dient dazu, die Gleichförmigkeit des nach Konventionen genormten Verhaltens zu verspotten. Und erst recht gegen Lamettrie gerichtet ist es, wenn Valerio vorgibt, er wisse nichts von dem, was er rede, und wisse nicht einmal, daß er es nicht wisse. Indem er so den Automatismus ins Äußerste treibt und das Absurde daran deutlich macht, läßt er die kartesianische cogitatio gleichsam zur Hintertür herein. Aber auch dies spielt sich innerhalb der witzigen Rede ab, so daß man keinen festen Boden unter die Füße bekommt. Valerios Rede ist ein Musterbeispiel durchgängiger Ironisierung. Sie ist das rhetorische Begleitstück zu einer Mystifikation. Die drei in Büchners Komödie vorgeführten Automaten sind gar keine Automaten, sondern Menschen, und als solche kommen sie denn auch, da die Masken abgenommen werden, zum Vorschein.[27] Weder tritt eine Mechanik zutage, noch schält sich ein Geistwesen heraus. Die Antwort auf die eingangs der Automatenszene gestellte Frage »Wer seid Ihr?« (130) lautet nicht: Pappendeckel und Uhrfedern, aber auch nicht: das sich selbst erkennende Bewußtsein, denn gegen das cogitans sum, das cogito me cogitare wird gezielt, wenn Valerio sagt, er wisse, wenn er sich spiegeln müsse, wahrhaftig nicht mehr, wer er eigentlich sei (130). Die Antwort lautet vielmehr: »Lena« und »Leonce« (132 f.). Befreit aus diesen und jenen Vorstellungen, treten einem konkret gewordene Menschen entgegen.

Büchner lehnt es entschieden ab, das Lebewesen als einen Automaten zu betrachten. Davon bekommt man einen klaren Begriff, wenn man seine Aufzeichnungen über Descartes liest. Zu dessen Abhandlung »De homine« sagt er, sie sei ein Versuch, die Physiologie auf mathematische und physikalische, d. h. mechanische Prinzipien zu gründen, in ihr werde der homme machine vollständig zusammengeschraubt: Nerven mit Klappen, die Lunge als Kühlapparat, die Nieren als künstliche Siebe und dergleichen mehr seien die Schrauben, Stifte und Walzen.[28] Er zeigt die Probleme, in die Descartes gerät, wenn er sich über die Vereinigung und das Zusammenspiel von Seele und Körper äußern soll: »Bey dem scharfen Unterschied, den er in den ersten Grundsätzen seines Systems zwischen Denken und Ausdehnung macht, mußte er sich hier in keiner geringen Verlegenheit befinden, er mußte schon in dem, was er über die Wechsel-

<hr>

[27] So war auch der berühmte schachspielende Automat, der durch Jahrzehnte hindurch alle Welt in Erstaunen setzte, eine Mystifikation: in der rasselnden Figur steckte ein Mensch. Vgl. Peter von Matt, Der Schachtürke, Edgar Allan Poes Auseinandersetzung mit dem Maschinenmenschen, Neue Zürcher Zeitung, 11. April 1971, Nr. 166.
[28] II, 179.

wirkung zwischen Körper und Seele sagte, fühlen, daß er aus der Conse-
quenz seines Systems sey.«[29] Und natürlich vermerkt er auch, daß für
Descartes die Tiere »nichts als seelenlose Maschinen, Automaten« seien.[30]
Über die Grundsätze, die Descartes dem wissenschaftlichen Denken zu
geben suchte, fällt Büchner das Urteil, »daß sie die Erforschung der Wahrheit wenig fördern konnten«[31]. Man erkennt aus diesen Einwänden auch
deutlich, daß Büchner nicht etwa zur Auffassung Lamettries neigt, dessen
materialistischer Monismus den Dualismus zu überwinden trachtete. Denn
er sieht ja den Ursprung des Materialismus in der Kartesischen Philosophie selbst: Descartes ist es, der den Menschen, soweit er Körper ist, als
homme machine konzipiert hat, und gegen diesen nimmt Büchner ja
gerade Stellung. Überhaupt hat er sich verschiedentlich gegen den Materialismus ausgesprochen, so wenn er, der Descartes' Argumentation vielfach unbefriedigend oder sogar erbärmlich findet, einmal seiner Beweisführung attestiert, sie sei »eine gute Widerlegung des Materialismus«[32],
oder wenn er zu den von Hobbes vorgebrachten objectiones erklärt, sie
zeigten wenig Scharfsinn[33]. Daraus kann man nun aber wiederum nicht
den Schluß ziehen, Büchner sei dem Idealismus zugetan, er suche das
Seiende von der Ichhaftigkeit her zu denken oder meine gar, die Dinge
existierten nicht objektiv außer uns, sondern nur in unsern wenngleich
notwendigen Vorstellungen. Büchner lehnt sowohl den Materialismus wie
den Idealismus ab, er verwirft das Kartesische Denken, das diese Zweiteilung hervorbringt und so auch den Streit erzeugt, der die Zertrennung
beenden möchte, sie aber nicht beenden kann, weil er auf dem Boden der
Zweiteilung ausgetragen wird.

Daß man zur Ansicht gelangen konnte, Valerios Rede sei wörtlich zu
nehmen und gebe die Auffassung des Dichters wieder, erklärt sich aus
den Ähnlichkeiten mit Briefstellen. »Ich bin ein Automat«, schreibt Büchner an Minna, »die Seele ist mir genommen.«[34] Man hat aber außer acht
gelassen, daß einer, der dies sagt, noch etwas anderes sein muß als ein
Automat, und man hat sich zudem nicht die Frage gestellt, ob Büchner,
als er »Leonce und Lena« schrieb, noch der nämliche gewesen sei wie zwei
Jahre zuvor. Den Unterschied im Ton scheint man nicht bemerkt zu haben.
»Alle Menschen«, heißt es in einem Brief an Minna, »machten mir das

29 II, 185.
30 II, 180.
31 II, 193.
32 II, 142.
33 II, 199.
34 Nr. 18; II, 426.

hippokratische Gesicht, die Augen verglast, die Wangen wie von Wachs, und wenn dann die ganze Maschinerie zu leiern anfing, die Gelenke zuckten, die Stimme herausknarrte und ich das ewige Orgellied herumtrillern hörte und die Wälzchen und Stiftchen im Orgelkasten hüpfen und drehen sah, — ich verfluchte das Concert, den Kasten, die Melodie.«[35] Man wird nicht sagen können, dies sei auch Valerios Ausdrucksweise. Die Komödie zeigt, daß das Automatenhafte seinen Schrecken verloren hat. Die These, das Leben sei für Büchner nichts als die einförmige Repetition des Gleichen, glaubte man ferner von den Worten gestützt, mit denen Leonce den Hof entläßt: »Gehn Sie jetzt nach Hause, aber vergessen Sie Ihre Reden, Predigten und Verse nicht, denn morgen fangen wir in aller Ruhe und Gemüthlichkeit den Spaß noch einmal von vorn an.« (133) Noch einmal von vorne anfangen — darunter kann man sich offenbar nur erdrückende Langeweile vorstellen.[36] Man hält dafür, daß Leonce hier im gleichen Geist rede wie zu Beginn des Stückes: »Ich stülpe mich jeden Tag vier und zwanzigmal herum, wie einen Handschuh. O ich kenne mich, ich weiß was ich in einer Viertelstunde, was ich in acht Tagen, was ich in einem Jahre denken und träumen werde. Gott, was habe ich denn verbrochen, daß du mich, wie einen Schulbuben, meine Lection so oft hersagen läßt?« (112)[37] Dabei übersieht man, daß Leonce das einemal von einer Leere spricht, die ihn mit quälender Unruhe foltert, das anderemal von etwas, was in aller Ruhe und Gemütlichkeit geschehen kann. Es gilt, zwischen Wiederholung und Wiederholung zu unterscheiden. Wenn Leonce und Lena einander lieben und heiraten, wiederholt sich damit, was sich schon immer mit Mann und Frau abgespielt hat. Liebende sind keine Originalgenies, die etwas Einzigartiges hervorbringen, sie gehorchen vielmehr — in einem gewissen Sinne — dem »Mechanismus der Liebe«, und doch sind sie keineswegs von den Gesetzen der Mechanik determiniert, gehören doch zu Liebe und Heirat unabdingbar Spontaneität und Entschluß. Der Liebe ist das von Tag zu Tag sich Wiederholende alles andere als ein öder Gleichklang[38], es ist das Abwechslungsreichste,

---

[35] Nr. 17; II, 424.
[36] Gonthier-Louis Fink kommentiert die Stelle mit der Bemerkung: »C'est alors — wenn Leonce nach der Abdankung seines Vaters das Land regieren muß — que l'amour doit montrer son efficacité. En congédiant les serviteurs, Léonce a cependant ce mot terrible: . . .« (Léonce et Léna. Comédie et réalisme chez Büchner, Etudes Germaniques 16, 1961, p. 233).
[37] In dieser Weise parallelisiert Jürgen Schröder den Schluß der Komödie mit dem Anfang, a. a. O., S. 56.
[38] Es sei hier daran erinnert, daß Heinrich von Ofterdingen sagt: »Die Liebe ist eine endlose Wiederholung«. (Novalis, Schriften, hg. v. Paul Kluckhohn und Richard Samuel, Bd. I, Stuttgart 1960, S. 289 f.)

wenn es das Gleichförmigste ist, und wäre Verödung, wenn es nicht das Gleiche bliebe. Die Wiederholung ist nicht der Grund der Langeweile, sondern auf Grund der Langeweile ist Wiederholung langweilig. Der Ennui bewirkte, daß Leonce zu wissen meinte, Tag für Tag werde sich in gleicher unerträglicher Einförmigkeit abwickeln. Aber das hat sich ja als Täuschung herausgestellt, die Begegnung mit Lena hat ihn widerlegt. Ihm ist ein gnädigeres Geschick beschieden, als in der Langeweile zu verkommen.

Noch einmal von vorn anfangen: dies bedeutet, daß die Wiederholung in ihrem neuen Beginnen akzentuiert wird. Sie steht im Zeichen der Wiedergeburt. Der Wiederbeginn ist das Leitthema dieser Komödie, früh schon aufklingend in Leonces Hoffnung: »Ich könnte wieder mit dem Einfachsten anfangen« (113); er bestimmt den Aufbau des ganzen Stücks, zeigt es doch am Anfang einen Menschen, der am Ende steht, und am Schluß das Einmünden in einen neuen Anfang. Auf den Beginn von etwas Neuem hat Büchner auch damit hingewiesen, daß der bisherige Herrscher sein Amt niederlegt. König Peter will nämlich sogleich »ungestört jetzt bloß nur noch zu denken anfangen« (133). Daß er zu denken anfangen will, ist freilich kein Neubeginn, sondern die bloße Umkehrung des Bisherigen: war er vordem als Handelnder — als Regent — einer, der nicht zu denken vermochte, so wird nun sein Denken mit dem Handeln nichts zu tun haben und wird daher um nichts besser sein, als dieses gewesen. Das Gute, das aus seinem blinden Handeln hervorging, die Heirat seines Sohnes mit Lena, ist nicht sein Werk, und das Gute, das durch sein Denkenwollen hervorgebracht wird, seine Abdankung, ist nicht die Frucht des Denkens — denn mit Denken fängt er ja eben erst an —, sondern das seinem Denken Zuvorgekommene. Etwas Neues kann im staatlichen Bereich damit beginnen, daß Leonce König wird. Da Lena die ohnehin nicht ernst gemeinten Erwägungen Leonces, welchen fürstlichen Liebhabereien — militärischen, diplomatischen, ästhetischen — sie sich widmen könnten, allesamt ablehnt, wird jedenfalls klargemacht, daß das neue Herrscherpaar die Menschen seines kleinen Landes nicht als »Puppen und Spielzeug« (133) zu betrachten gedenkt, und es bleibt der Einbildungskraft des Theaterbesuchers oder Lesers überlassen, sich auszumalen, welche Verwendung die Staatseinnahmen finden werden. Man hat es Leonce übelgenommen, daß er nicht mit einer Regierungserklärung, mit einem sozialen Programm vor das Publikum tritt[39] — als ob ein Komödienschluß von dieser Art denkbar wäre! — und hat aus seinen

[39] Gonthier-Louis Fink, a. a. O., S. 233 f.

Reden gefolgert, die beiden hätten die Absicht, aus ihrem Land ein Schlaraffenland zu machen und sich dem dolce far niente hinzugeben. Diese Auffassung mißdeutet die Worte, mit denen die Komödie schließt. Nachdem Lena zu seinen »Vorschlägen« den Kopf geschüttelt, sagt Leonce zu ihr: »Aber ich weiß besser was du willst, wir lassen alle Uhren zerschlagen, alle Kalender verbieten und zählen Stunden und Monden nur nach der Blumenuhr, nur nach Blüthe und Frucht. Und dann umstellen wir das Ländchen mit Brennspiegeln, daß es keinen Winter mehr gibt und wir uns im Sommer bis Ischia und Capri hinaufdestilliren, und wir das ganze Jahr zwischen Rosen und Veilchen, zwischen Orangen und Lorbeern stecken.« (134) Büchner braucht zwei verschiedene Ausdrucksweisen, um zu sagen, was sich nur in Andeutungen sagen läßt: vorher die via negationis, jetzt die via eminentiae. Nachdem abgewiesen worden, daß das Künftige die bloße Fortsetzung des bisher Üblichen sein werde, wird in hyperbolischer Rede ein Bild der Zukunft entworfen. Diese ist jedoch nicht als Utopie zu verstehen, die alle Realität hinter sich läßt, so daß durch die Diskrepanz einerseits die Unmöglichkeit, anderseits die Öde betont würde. Denn Leonce schildert als das zukünftige Neue nichts anderes als das, was in der Begegnung mit Lena bereits begonnen hat. Dabei drückt er sich bildlich aus. Die Brennspiegel erinnern uns daran, daß sich Leonce nach dem »weißen Gluthstrahl der Liebe« sehnte (112), daß, als er mit der Schwermut niederzukommen im Begriff war, der Himmel sich glühend dicht um ihn senkte (123), und wenn wir hören, es solle kein Winter mehr sein, so müssen wir daran denken, daß Leonce »den Winter im Herzen« hatte (123).[40] Wenn die Uhren zerschlagen und die Kalender verboten werden sollen, geht es nicht darum, zu tun, als ob es keine Zeit mehr gäbe. Stunden und Monate werden ja weiterhin gezählt. Aber das soll nach einer andern Methode geschehen. Es soll eine andere Zeit maßgebend sein als die Uhr- und Kalenderzeit, die das bloße Fortrücken von einem Jetztpunkt zum andern darstellt, die alle Lebendigkeit auf das Momentane reduziert, das Gewesene zur abgetanen, toten Vergangenheit macht und das Künftige als ein Noch-nicht betrachtet, das, eben weil es noch nicht ist und keine Gegenwärtigkeit hat, einen entweder nichts anzugehen braucht oder dann zum Gegenstand der Berechnung gemacht wird. Die Uhrzeit ist das Abbild dessen, was die Langeweile charakterisiert: zu beiden gehört die Repetition völlig gleichförmiger Takte, eine Monotonie, der man zu entgehen sucht, indem man sich

---

[40] Mit Worten aus dem »Heinrich von Ofterdingen« könnte man auch sagen, Leonce wolle für Lena alle Schätze der Natur und alle Macht des menschlichen Geistes aufbieten, um ihr einen Himmel auf Erden zu verschaffen (a. a. O., S. 213).

266

ganz ans Momentane hält und die Zeit vertreibt oder indem man die Zeit mit seinen Plänen und dem Erstreben von Zielen ausfüllt. Demgegenüber soll also eine andere Zeit Geltung haben. Ihre Stunden werden von Blumen angegeben, die sich bei bestimmtem Sonnenstand öffnen[41], ihre Monate vom Blust und vom Reifen der Früchte. Man könnte sie, die den Gegensatz zur mechanischen Uhrzeit bildet, die organische Zeit nennen. Ihre Bewegung ist nicht eine solche, die, Vergangenes hinter sich lassend, stets auf ein außerhalb der Gegenwart liegendes Noch-nicht zugeht, sondern jene Bewegung, die ins Anfängliche schon das Ende einzubeziehen weiß, ebenso wie sie im Ende auch den Anfang mit sich führt. Sie ist die Bewegung der Gleichzeitigkeit, die mit ihrem »magischen Schlag«[42] Gewesensein und Künftigsein als ein Gegenwärtigsein ineinanderwirkt, und dieses Zugleich ist die Bedingung dafür, daß es ein Nacheinander von Same, Blüte und Frucht geben kann. Diese Zeit ist die Schöpfung, die sich jeden Augenblick neu gebiert.

Büchner greift hier das Thema wieder auf, das er zu Beginn des dritten Aktes mit dem Stichwort »ewiger Kalender« angeschlagen hat. Diesem Thema entspricht, daß Paradiesesnähe spürbar wird. Sie ist in den letzten Worten Leonces evoziert, mit dem Bild des Gartens, mit Pflanzennamen, die Symbolisches anklingen lassen, und wenn da neben der Rose das Veilchen genannt wird, so dürfte dabei für Büchner auch noch eine besondere, gewissermaßen private Symbolik hineinspielen, schreibt er doch an Minna: »Bei uns ist Frühling, ich kann deinen Veilchenstrauß immer ersetzen, er ist unsterblich wie der Lama.«[43]

Valerio stimmt in diesen Ausklang ein, nur ist bei ihm, wie es dieser Figur zukommt, das Leibliche akzentuiert. »Und ich werde Staatsminister und es wird ein Dekret erlassen, daß wer sich Schwielen in die Hände schafft unter Kuratel gestellt wird, daß wer sich krank arbeitet kriminalistisch strafbar ist, daß Jeder der sich rühmt sein Brod im Schweiße seines Angesichts zu essen, für verrückt und der menschlichen Gesellschaft gefährlich erklärt wird und dann legen wir uns in den Schatten und bitten Gott um Makkaroni, Melonen und Feigen, um musikalische Kehlen, klassische Leiber und eine kommode Religion!« (134) Valerio macht sich den Spaß, das von Leonce entworfene Zukunftsbild in eine Sprache ohne jeglichen Symbolgehalt zu übersetzen. Er nennt nicht Blume und Baum, sondern redet von Makkaroni und Melonen. Was als paradiesisch

---

[41] Die Blumenuhr, Linnés horologium florae, wird von Jean Paul im »Siebenkäs« beschrieben (13. Bändchen, 13. Kapitel).
[42] Vgl. S. 187.
[43] Gießen, nach dem 10. März 1834, Nr. 18; II, 425.

anmuten wollte, bekommt nun Züge des Schlaraffenlandes. Es wäre aber ein grobes Mißverständnis, deswegen zu glauben, das Stück münde in ein Schlemmerleben und alle menschliche Not werde aus dem Gesichtskreis verbannt. Indem Valerio so tut, als ob das von Leonce Gesagte wörtlich genommen werden könnte, unterstreicht er, daß es nicht dem Buchstaben nach aufzufassen ist. Indem er die Mühsal wegdekretiert, erinnert er gerade an sie. Seine Rede ist wie die Leonces auf das Paradies bezogen, akzentuiert aber nicht die Nähe, sondern den Abstand. Die Bitte um klassische Leiber läßt an die Krüppel, die Lahmen und alle andern Bresthaften denken, die Bitte um musikalische Kehlen an die »häßlichen Töne« der von Schmerzen gepeinigten »armen Musikanten«.[44] Man ginge nun aber auf andere Weise in die Irre, wenn man meinte, es bleibe am Schluß des Stücks alles beim alten, die »Flucht ins Paradies« sei nur ein schöner Traum und mit dem Erwachen werde man das Elend nur um so bedrückender spüren. Wohl wird auch das Morgen und Übermorgen seine Pein und seinen Jammer haben, aber all dies steht jetzt unter dem Zeichen einer neuen Zeit, des »ewigen Kalenders«, der anderswo die Benennung »Glaube, Liebe, Hoffnung« (131) trägt. Das Zusammenspiel von Leonce und Valerio, in welchem das Seelische und das Leibliche auf ihr Einssein hin sichtbar gemacht werden, bezieht auch die sozialen Gegensätze mit ein. Valerio und Leonce repräsentieren den Menschen als seelisch-leibliches und zugleich als gesellschaftliches Wesen, und in dieser das Soziale betreffenden Entgegensetzung wird wiederum der Mensch als ein Ganzes intendiert. Wenn Büchner zu Beginn der Komödie mit der Figur Leonces die Langeweile verbindet, so stellt er einerseits dar, was Goethe »das glänzende Elend« genannt hat[45], er gibt aber gleichzeitig zu verstehen, daß dieses Elend inmitten des Glanzes oberer Gesellschaftsschichten das Erbteil aller ist, die allgemeine seelische Not, ob sie einem nun zum Bewußtsein komme oder nicht. Und wenn Büchner an der Figur Valerios die Bedürftigkeit zeigt, so stellt er dar, was die untern Gesellschaftsschichten drückend erfahren, und doch wird deutlich, daß das leibliche Elend eine Not ist, von der keiner verschont bleibt.

Wenn es sich auf Schritt und Tritt wieder neu bestätigt, daß Valerios und Leonces Worte als Korrelata zusammenzuhalten sind, daß man überhaupt die einzelne Aussage nicht isoliert betrachten darf, sondern als Part in einem Ganzen verstehen muß, daß insbesondere das, was Valerio

---

[44] Dantons Tod, IV. Akt, 5. Szene, S. 71.
[45] Die Leiden des jungen Werthers, Zweites Buch, 24. Dezember 1771, Artemis-Ausgabe Bd. 4, S. 443.

sagt, nicht zum Nennwert genommen, vielmehr innerhalb vielfältiger Bezüge als relativ aufgefaßt werden will, so gilt dies in hervorragendem Maße auch vom letzten Wort des Lustspiels, von der Bitte um »eine kommode Religion«. Es ist auffallend, daß Büchner durch diese Bitte den Schluß des Stücks mit dem Anfang verknüpft. Man erinnert sich: Leonce sprach in Anspielungen, die dem Hofmeister unverständlich bleiben mußten, von der Schwierigkeit, zum Glauben zu kommen. Dem ist Valerios Wort entgegengesetzt. Die kommode Religion ist ein Gottesglaube, der einem leicht fällt. Sie wäre die Religion dessen, der sich ungestörten und dauerhaften Wohlergehens erfreuen dürfte. Sie wäre der leicht zu leistende, völlig selbstverständliche Gehorsam gegenüber dem Geschehen, das unser Leben bestimmt. Sie wäre die Dankbarkeit für alle uns zugedachten Gaben, die, unserer Natur angemessen und in verläßlicher Wiederholung geschenkt, das Leben erhalten. Nun drückt aber das Wort »kommod« auch ganz trivial Behaglichkeit, Bequemlichkeit, Faulheit aus, so daß man sich, wie überhaupt bei der ganzen Schlußrede Valerios, in einem eigentümlichen Zwielicht findet. Umsonst versucht man, sich die Sache eindeutig zu machen. Will man Valerio auf den trivialen Sinn festlegen, so sieht man sich vom Spaßmacher ausgelacht. Will man, wozu der scherzende Ton nötigt, die triviale Bedeutung übersteigen und hinter sich lassen, so wird man sogleich wieder heruntergeholt. »Kommod« hat einen niedern Sinn, den heute üblichen, doch steht dahinter ein höherer, der ursprüngliche, der das rechte Maß, das der Natur Entsprechende, das Gehörige meint. So hat auch »bequem«[46] eine bessere und eine korrumpierte Bedeutung, was dem Sprachgebrauch zur Zeit Büchners noch recht deutlich war.[47] Wohl nur auf Grund dieses Spielraums war es Büchner möglich, die Wörter »kommod« und »Religion« miteinander in Verbindung zu bringen. Es ist eine Wortverbindung, die in der Schwebe bleibt, bald mehr emporgehoben von der einen Seite, bald mehr herabgezogen von der andern.

Der schwebende Ausklang läßt daran denken, daß am Anfang, bei der Wette, die Dinge ebenfalls unentschieden, schwebend blieben; aber wenn Anfang und Ende des Stücks einander darin gleich sind, daß sie mit dem Glauben zu tun haben und dabei die Entscheidung offen lassen, so sind sie doch auch wesentlich verschieden: im Laufe des Spiels hat sich der Horizont aufgehellt, das Schwere ist leicht geworden. Es wäre allerdings

---

[46] Dasselbe läßt sich — noch ausgeprägter — am englischen Substantiv »comfort« beobachten.
[47] Vgl. den Artikel »bequem« im Grimmschen Wörterbuch.

nicht richtig, zu sagen, die Schwermut habe sich aufgelöst und verflüchtigt. Leonce drückt sich hierüber sehr genau aus, wenn er die Formulierung »mit der Schwermut niederkommen« braucht. Die Schwermut ist und bleibt da, ja sie ist erst jetzt wirklich da, aber so, daß man zu ihr in ein Verhältnis treten kann. In den Schlußworten, in jenen Durchblicken auf alle Übel der Welt, ist sie denn auch sehr wohl zu erkennen, sie ist auch gegenwärtig im zwielichtigen Wort von der »kommoden Religion«. Aber während zu Beginn mit den Namen Nero und Caligula die Möglichkeit völliger Verfinsterung heraufbeschworen wurde, gibt der Schluß — die Metapher von den Brennspiegeln ist dafür bezeichnend — einen Ausblick in die Fülle des Lichts. Das Wort von der »kommoden Religion« hat einen helleren Hintergrund als das Wort von der Wette.

Der Anfang des Stücks weist einen unmittelbaren Bezug zu einer Stelle aus Pascals »Pensées« auf. So liegt die Vermutung nahe, dies könnte auch für den Schluß zutreffen. In der Tat gibt es bei Pascal einen Passus, der hier in Betracht gezogen werden kann. »Il faut acquérir une créance plus facile, qui est celle de l'habitude, qui, sans violence, sans art, sans argument, nous fait croire les choses, et incline toutes nos puissances à cette croyance, en sorte que notre âme y tombe naturellement.«[48] Wie in Valerios Schlußworten ist hier der Glaube, der einem leichtfallen soll, mit der Gewohnheit, mit dem sich Wiederholenden zusammengebracht und erscheint als das Natürliche, das des Zwanges ebensowenig wie der Begründung bedarf. Die Begriffsfelder sind einander also ähnlich, wobei allerdings zu sagen ist, daß in Valerios Sprache alles indirekt ausgedrückt wird und darum Aspekte hervortreten, die bei Pascal fehlen. Die Annahme, es liege ein Zusammenhang mit Pascal vor, scheint sich dadurch zu bestätigen, daß dem Wort von der »créance plus facile« eine kurze Betrachtung über den Automatismus vorausgeht. Sie beginnt so: »Car il ne faut pas se méconnaître: nous sommes automate autant qu'esprit; et de là vient que l'instrument par lequel la persuasion se fait n'est pas la seule démonstration.«[49] Büchner bringt ja das Thema Automatismus ebenfalls zur Sprache, er teilt es Valerio zu und verknüpft es so mit dem Ausdruck »kommode Religion«. Übereinstimmungen ergeben sich aber auch

---

[48] Br. 252: »Man muß einen leichtern Glauben erwerben, einen Gewohnheitsglauben; die Gewohnheit nämlich braucht weder Gewalt noch Kunstgriffe noch Beweismittel, um uns zum Glauben zu bringen, sie macht, daß es uns mit unserm ganzen Wesen zu diesem Glauben hinzieht, daß wir auf selbstverständliche Weise zu ihm gelangen.«

[49] Br. 252: »Denn wir dürfen unsere Wesensart nicht verkennen: wir sind ebensosehr Automat wie Geist, und deshalb ist der Beweis nicht das einzige Mittel, durch das die Überzeugung zustande kommt.«

in der Auffassung vom Wesen des Automatismus. Wenn Pascal sagt, der Mensch sei ebensosehr Automat wie Geist, so meint er dies nicht im Sinne von Descartes, denn er faßt den Begriff des Automatischen viel weiter, so daß alles Gewohnheitsmäßige, Brauch und Sitte, dazugehört und auch der Bereich der Gefühle mit umschlossen wird[50], wogegen Descartes das Fühlen zusammen mit dem Wollen der cogitatio zurechnet[51]. Bei Pascal hat darum das Automatische, anders als bei Descartes, eine positive Bedeutung. Damit wendet er sich gegen jene Einseitigkeit, die das spezifisch Menschliche nur im Denken sehen will und alles, was Automat ist, dem Körper und das soll ja heißen: der Tierheit zuweist. Der Satz »nous sommes automate autant qu'esprit« enthält eine deutliche Spitze gegen Descartes; gerade dieses »ebensosehr« ist ihm, für den die cogitatio das Wesen des Menschen, der automatisch funktionierende Körper hingegen bloß eine Art Anhängsel war, entgegengesprochen. Im 18. Jahrhundert hat sich die Problemlage insofern verändert, als nun mechanistisches Denken in Anspruch nimmt, den ganzen Menschen zu verstehen, indem es ihn zur Maschine erklärt, zu einem Automaten, der sich von andern Automaten bloß durch Konstruktionseigentümlichkeiten, z. B. durch die Sprechfähigkeit unterscheidet. Von dieser Situation ausgehend, ironisiert Büchner mit Valerios Rede die Automatenphilosophie. Man könnte Büchners Opposition mit einem Satz ausdrücken, der die Wortfolge bei Pascal umstellt: Nous sommes esprit autant qu'automate. Es wäre unmöglich, von Automatismus zu sprechen, wenn es das Nichtautomatische nicht gäbe, genauso wie auch das Umgekehrte der Fall ist. Wenn nun aber der Mensch ebensosehr Geist wie Automat ist, so heißt dies, daß weder in diesem noch in jenem er selbst sich zeigt. Er ist mehr, als was mit dem einen und mit dem andern Begriff gesagt werden kann. Da sie beide sich als untauglich erweisen, müssen sie neu ausgelegt werden. Der Automatismus — die Natur — ist nicht länger das Geistlose, und der Geist nicht ein solcher Geist, der den Automatismus ausschließt. Beides ist eins, und in diesem Einssein sind Geist und Automatismus etwas anderes als in ihrer Entgegensetzung. Die Zertrennung in Ratio und Mechanismus, wie sie bei Descartes vorliegt und von all denen übernommen wird, die den Dualismus zu überwinden meinen, indem sie alles entweder von der einen oder von der andern Seite aus zu begreifen suchen — diese Zertrennung verfehlt die lebendige Wirklichkeit.

Die Erkenntnis, daß wir die Gegensätze zusammenzuhalten haben, um sie, im Durchgang durch das Entgegengesetzte, in eins zu denken, erlaubt

[50] Vgl. den Schluß des Fragments Nr. 252.
[51] Vgl. Büchner über Cartesius: II, 142 f.

es uns, genauer zu fassen, wie sich der Schluß des Lustspiels zum Anfang verhält: das einemal geht es um den Glauben, der leicht fällt, das anderemal um den Glauben, der Mühe bereitet. Der wettende Leonce möchte glauben können, deshalb wettet er, aber er kann nicht glauben, daher wettet er immer wieder von neuem. Worin besteht die Schwierigkeit, die ihm keine Ruhe läßt? Die Pascalsche Wette ist eine Argumentation, die zum Glauben überreden will. Sie ist ein Gottesbeweis, und zwar weder ein ontologischer noch ein physikotheologischer. Pascal knüpft an seine Arbeiten über die Wahrscheinlichkeitsrechnung an und schließt, um zu entscheiden, ob Gott sei oder nicht sei, die Kette seiner Überlegungen folgendermaßen: »Estimons ces deux cas: si vous gagnez, vous gagnez tout; si vous perdez, vous ne perdez rien. Gagez donc qu'il est, sans hésiter.«[52] Dieser Beweis, sagt Pascal, sei zwingend, und wenn der Mensch irgend etwas von der Wahrheit zu begreifen imstande sei, so müsse er einsehen, daß hier Wahrheit sei. Freilich darf auch bei diesem Beweis nicht übersehen werden, was Pascal an anderer Stelle — im Fragment über die »créance plus facile« — allgemein von den Beweisen sagt: es sei eine schwierige Sache, alle Beweisgründe stets gegenwärtig zu haben.[53] Das mag es sein, was Leonce zu schaffen macht, wenn er immer wieder wettet und dabei, im Spiel mit den Sandkörnern, eine Wahrscheinlichkeit von eins zu eins zum Ausgangspunkt nimmt: er sucht sich die ganze Argumentation, von der wir nur die Schlußfolgerung zitiert haben, zu vergegenwärtigen. Die eigentliche Schwierigkeit ist damit aber noch nicht gesehen. Man kann sich ja von einer Beweisführung durchaus überzeugen lassen und sie sich zu eigen machen. An diesen Punkt bringt denn auch Pascal im Fragment über die Wette seinen skeptischen Gesprächspartner. Aber obwohl die Argumente ihn zur Einsicht zwingen, erklärt der Ungläubige: »Je suis fait d'une telle sorte que je ne puis croire.«[54] Man kann alles über den Glauben wissen, man kann wissen, daß man glauben muß, und dennoch nicht glauben. »Les preuves ne convainquent que l'esprit«, sagt Pascal.[55] Der Geist hat zwar einsehen gelernt, »où est la vérité«[56], aber damit ist der Mensch noch nicht in der Wahrheit. Ein unüberwindliches Hindernis stellt sich ihm in den Weg. In dieser Lage ist der wettende Leonce. Die stets wiederholten Anläufe bringen ihn nicht über den

---

[52] Br. 233: »Lassen Sie uns die beiden folgenden Fälle erwägen: wenn Sie gewinnen, gewinnen Sie alles; wenn Sie verlieren, verlieren Sie nichts. Nun also, zögern Sie nicht, wetten Sie, daß er ist!«
[53] Br. 252.
[54] Br. 233: »Ich bin von solcher Beschaffenheit, daß ich nicht glauben kann.«
[55] Br. 252: »Die Beweise überzeugen nur den Geist.«
[56] Ebd.

Graben hinüber, und aus solcher Erfahrung, von der er in allen Lebens-
bereichen, auch in seinen Liebesverhältnissen, bestimmt ist, spricht er das
Wort: »Gott, was habe ich denn verbrochen, daß du mich, wie einen
Schulbuben, meine Lection so oft hersagen läßt?« (112) Er ruft Gott an,
denn er möchte glauben können, aber er sieht sich abgewiesen; so möchte
er auch lieben können, deshalb nimmt er immer wieder einen Anlauf zur
Liebe, aber er kann nicht lieben, es bleibt bei den Anläufen. Dies ist seine
Schwermut. Sie ließe sich in den Satz fassen: »Je suis fait d'une telle
sorte que je ne puis croire.«

Zum Glauben, der es so schwer hat, daß ihm nicht einmal mit einem
zwingenden Beweis geholfen ist, bildet die »kommode Religion« das
Gegenstück. Was Pascal im Automatenfragment »une créance plus facile
qui est celle de l'habitude« nennt, bringt er darum anläßlich der Wette
ebenfalls zur Sprache.[57] Nachdem sich ergeben hat, daß das Argument
von der Wette zwar einleuchtend ist, jedoch fruchtlos bleibt, fragt der
Ungläubige, was er denn tun solle, und Pascal gibt ihm den Rat, die
Gewohnheiten der Gläubigen zu übernehmen, als ob er glaube. Dabei ist
Pascal, der oft genug betont, der Glaube sei etwas, was einem geschenkt
werden müsse[58], nicht etwa der Meinung, daß die Gewohnheit den Glauben hervorzubringen vermöchte. Indem man sich dem allgemeinen Brauch
fügt, kann nur die Bereitschaft zum Glauben gefördert werden. Es bleibt
also auch hier bei der Vorläufigkeit. Nicht anders verhält es sich mit
Leonces und Lenas Trauung. Sie wird im Zeichen des Gewohnheitsmäßi-
gen gespielt, nachdem Valerio in seiner Automatenrede die Einleitung
dazu gegeben hat: »Beide haben schon mehrmals geflüstert: Glaube,
Liebe, Hoffnung! beide sehen bereits ganz accordirt aus, es fehlt nur noch
das winzige Wörtchen: Amen.« (131) Und am Schluß des Lustspiels wird
das Leichte des Gewohnheitsglaubens noch überboten. Die Bitte um eine
»kommode Religion« hat einen Glauben im Sinn, der einem am aller-
leichtesten fiele, den keinerlei Beschwernis zu beirren vermöchte. In dieser Weise stehen sich mit der letzten und der ersten Szene das Leichteste
und das Schwerste gegenüber, nicht unverbunden, sondern ineinander
verschlungen, verknüpft in Leonces und Lenas Begegnung, in welcher der
Schwermut leicht wird und zugleich einem Abgleiten ins Leichtfertige ent-
gegengewirkt ist.

---

[57] Die Annahme, Büchner habe nicht nur bei der Wette, sondern auch bei Valerios
Wort von der »kommoden Religion« Pascal vor Augen gehabt, findet sich dadurch
ein weiteres Mal gestützt.
[58] Vgl. z. B. Br. 245, 248.

Das Ineinander-verschlungen-Sein selbst ist nicht darstellbar. In die Darstellung geht immer nur das Auseinander und das Nacheinander ein. Diese aber setzen das Nichtdarstellbare, die Gleichzeitigkeit, voraus. So legt man beim Sprechen eines Satzes das Zumal auseinander, in welches beim Hören das Auseinandergelegte wieder zusammengenommen wird. Das Zumal ist nicht aussagbar, nicht begreifbar. Die Dichtung kann deshalb nicht verständlich machen, daß Leonce und Lena zusammengehören[59], warum gerade sie sich heiraten wollen, wie Leonce dazu kommt, Lena ganz anders zu begegnen als Rosetta, so daß nun die Ehe möglich ist. Wenn man erwartet, daß eben dies in Büchners Dichtung plausibel werden sollte, gibt man sich über das Wesen der Darstellung keine Rechenschaft, und solche enttäuschten Erwartungen, ob ausgesprochen oder nicht, liegen jenen Interpretationen zugrunde, die den Schluß des Stücks seinem Anfang gleichsetzen. Auf das Nichtdarstellbare kann die Dichtung nur hinweisen. Welchen Schwierigkeiten sich Büchner dabei gegenübersah, erkennt man an dem Fragment, das von der Begegnung Leonces und Lenas handelt (141 f.). Was immer er hier und anderswo noch hätte verbessern können[60], das Eigentliche wäre jedenfalls nicht anschaulich zu machen gewesen. Darüber wußte Büchner genau Bescheid. Er wußte, was Dichtung zu leisten imstande ist, deshalb konnte er sie in ihre Grenzen fügen und damit in ihre wahre Gestalt bringen. Er hat sich dementsprechend auch gehütet, die Trauung auf der Bühne so wiederzugeben, daß sie die Illusion einer Trauung erwecken könnte. Die Trauung als gottesdienstliche Handlung ist in einem Theaterstück unmöglich. Sie würde ja parodiert, wenn man täte, als ob die Bühne die Kirche sei. Daher muß sich in der Komödie die Hochzeitszeremonie spaßig abspielen. In der Automatenszene wird denn auch nicht die Trauung, sondern die Parodie der Trauung parodiert, nämlich Trauung als Akt mechanisch vollzogenen Brauchs, und damit stellt sich eine Distanzierung vom Uneigentlichen ein. Die Komödie lacht über sich selbst, wenn sie den Hofprediger pleonastisch sprechen läßt: »Geruhen Eure Hoheiten gegenseitig

---

[59] Hingegen wird auf Grund ihres Zusammengehörens verständlich, daß sie die Leute ihres Landes nicht als Puppen und Spielzeug betrachten.

[60] Die folgende Briefstelle bezieht sich möglicherweise, außer auf den »Woyzeck«, nicht auf ein verlorengegangenes Stück, sondern auf »Leonce und Lena«: »Ich habe meine zwei Dramen noch nicht aus den Händen gegeben, ich bin noch mit Manchem unzufrieden und will nicht, daß es mir geht, wie das erste Mal«. (An die Familie, Straßburg, im September 1836, Nr. 59; II, 460) — Büchner hat sein Lustspiel, indem er es für den Wettbewerb des Cotta-Verlags einschickte, zwar aus der Hand gegeben, es aber, nachdem man ihm das Manuskript wegen des zu späten Eintreffens ungeöffnet zurückgesandt hatte, nicht publiziert.

sich beiderseitig einander zu wollen, so sagen Sie ein lautes und vernehmliches Ja.« (132) Mit diesem Lachen beachtet sie die Verschiedenheit der Sphären und respektiert sie den Rang, der ihr zukommt. Wenn Leonce sagt: »Morgen fangen wir in aller Ruhe und Gemüthlichkeit den Spaß noch einmal von vorn an« (133), so heißt das nicht nur, daß am folgenden Tag das Spiel wieder aufgeführt werden soll, sondern auch, daß anderntags, außerhalb des Spiels, die eigentliche Heirat sein werde. In die Kunst geht die Heirat nur »in effigie« ein (132). Von dem Dasein, das mit der Ehe anfängt, kann die Dichtung in Wahrheit nichts anderes und nichts Größeres sagen, als daß es anfängt — außerhalb der Dichtung. Die Kunst gibt nicht das Dasein selbst, sondern, wie Lenz sagt, »Möglichkeit des Daseins« (86). Die Wirklichkeit des Daseins ist in denjenigen, welche die Dichtung lesen oder sie im Theater aufgeführt sehen, zur Entscheidung gestellt.

WOYZECK

Die Frage nach der menschlichen Freiheit

Jede Interpretation des »Woyzeck« ist von der Frage bestimmt: Wie stellt sich Büchner zum Problem der Willensfreiheit? Die Antwort scheint leicht zu sein. Ganz gewiß haben wir es nicht mit Büchners eigener Überzeugung zu tun, wenn wir den Doctor sagen hören: »Der Mensch ist frei, in dem Menschen verklärt sich die Individualität zur Freiheit.« (174) Denn der Arzt ist als teils lächerliche, teils abscheuliche Figur gezeichnet. Büchner spottet somit über die Meinung, der Mensch sei frei. Sollte sich damit nicht doch noch bestätigen, daß Valerios Automatenrede die Auffassung des Dichters spiegelt? Zeigt sich nicht überall, im »Lenz« an der Unentrinnbarkeit des pathologischen Geschehens ebenso wie in »Dantons Tod« an der gräßlichen Fatalität der Geschichte, daß als ein Fluch von unabwendbarer Gewalt das Verdammungswort »Muß« über der Menschheit liegt? Von diesem »Muß« wird der Mensch zum Lügen, Stehlen, Huren und Morden getrieben. Büchner schreibt darüber an Minna[1], Danton spricht davon (41), und auch im »Woyzeck«, in der Barbierszene, ertönt dasselbe Thema (149). So kann man geradezu den Eindruck bekommen, die Leugnung der menschlichen Freiheit verbürge in besonderem Maß die Einheit von Büchners dichterischem Werk und die Einheit von Dichtung und Autor.

Ist die Frage nach der menschlichen Freiheit auf diese einfache Weise zu beantworten, kann Gegenstand der Diskussion nur noch sein, was denn nach Büchners Ansicht den Menschen in seinem Tun und Lassen bestimme. Hierin sind sich die Interpreten nicht einig. Der eine schließt auf eine feindselige göttliche Macht, der andere spricht, mit einem Einschlag in die Gedankenwelt Freuds, vom übermächtigen »Es«, ein dritter macht materielle Bedingtheiten namhaft, ein vierter legt bei diesen Bedingtheiten den Akzent auf die gesellschaftlichen Verhältnisse, und ein weiterer sieht marxistisch-hegelianisch in alledem die geschichtliche Notwen-

[1] Brief Nr. 18; II, 426.

digkeit am Werk. Daß auf die Frage, worin bei Büchner die Unfreiheit des Menschen begründet sei, derart verschiedene Antworten gegeben werden, stimmt nachdenklich. Die Aufsplitterung der Ansichten läßt erkennen, daß der jeweilige Standort des Interpreten daran entscheidend — über das unvermeidliche und erlaubte Maß hinaus — beteiligt ist. Wie hat man sich das zu erklären? Ist den Interpreten mehr an der eigenen Position gelegen als am Verständnis der Dichtung? Ist Büchner einer klaren Darstellung nicht fähig gewesen, und hat er damit die ohnehin stets beträchtliche Unsicherheit der Interpretation verschärft? Es wäre aber auch denkbar, daß man sich die komplexen Probleme, die mit der Frage nach der menschlichen Freiheit aufgeworfen werden, zu wenig klargemacht hat. Die auseinandergehenden Deutungen könnten ihre Wurzeln in einer unbewußt vollzogenen Simplifikation des Sachverhalts haben.

Was einen im Mißtrauen gegenüber der These, Büchner leugne die Freiheit, bestärkt, sind die Überlegungen, die zur Mordtat Woyzecks angestellt werden. Da kann man etwa lesen: »Im Grunde ist dieser Mord kaum mehr eine Tat zu nennen. Er ist nur die letzte unerbittliche Konsequenz, ein Müssen und Getriebenwerden, von der Natur selber zudiktiert, ohne daß dabei eine freie Entscheidung, ein Wollen und Tun im eigentlichen Sinne möglich wäre.«[2] Woyzeck wäre demnach für seine Tat nicht verantwortlich zu machen; die Ermordung Maries ist ja so gesehen keine Tat, geschweige denn seine Tat, sie ist ein Naturgeschehnis. Damit will nun allerdings nicht recht zusammenstimmen, daß dieses Geschehnis nicht im Affekt vor sich geht. Man kann nicht sagen, die heftige Gemütsbewegung der Leidenschaft habe Woyzeck der Besinnung beraubt und ihn außer sich gebracht. Woyzeck handelt vorsätzlich. Er kauft sich ein Messer; eine Schußwaffe ist ihm zu teuer (180). Und in der ersten Fassung läßt Büchner ihn das Messer in eine Höhle legen und dazu sagen: »Du sollst nicht tödten. Lieg da! Fort!« (150) Kann man da noch die Meinung vertreten, Büchner schließe jegliche Entscheidungsmöglichkeit aus? Ist hier nicht das Wollen und Nicht-Wollen im Spiel? Man wird erklären, es sei

<hr />

[2] Benno von Wiese, Georg Büchner, Die Tragödie des Nihilismus, in: Die deutsche Tragödie von Lessing bis Hebbel, Hamburg 1948, Bd. II, S. 330. — Ähnlich äußert sich Ulrich Fülleborn (Das dramatische Geschehen im Werk Franz Grillparzers. Ein Beitrag zur Epochenbestimmung der deutschen Dichtung im 19. Jahrhundert, München 1966, S. 313), und Werner R. Lehmann stimmt ihm bei: Büchner deute den Mord nicht als Tat, er habe ihn eindeutig als Geschehnis konzipiert, für das Woyzeck als freier Verursacher nicht in Betracht komme (Textkritische Noten, a. a. O., S. 53).

eben bezeichnend, daß die Szene nur im Entwurf vorkomme, daß Büchner sie bei der Ausarbeitung ausgeschieden habe, sei es, um Unstimmigkeiten zu bereinigen, sei es, weil er anderen Sinnes geworden. Dem kann aber entgegengehalten werden, daß eine Szene, in der keine fünf Sekunden lang gesprochen wird, kaum brauchbar ist. Büchner könnte aus diesem Grund darauf verzichtet haben. Das Bemerkenswerte ist nicht, daß er die Szene schließlich weggelassen hat, sondern daß er, der angeblich schon in »Dantons Tod« jegliche Freiheit leugnet, sie überhaupt in Erwägung zieht. Und hat er sie auch wieder getilgt, in der Szene »Freies Feld« findet sich ein Ersatz dafür: Woyzeck glaubt Stimmen zu hören, die ihn zum Mord auffordern; dabei fragt er sich: »Soll ich? Muß ich?« (178) Diese Fragen fügt Büchner erst mit der vorläufigen Reinschrift in die Szene ein. Das streitet gegen die Behauptung, Büchner denke sich den Mord als ein Geschehnis, für welches Woyzeck keine Verantwortung trage. Woyzecks Fragen ist als solches schon ein Akt der Freiheit, der den Ausgang offen hält. Daß er Marie tötet, ist jetzt noch nicht ausgemacht. Dazu kommt es erst später, nachdem Woyzeck im Ringkampf mit dem Tambourmajor unterlegen ist. Er entschließt sich nun, die Mordwaffe zu kaufen, und nimmt sich vor, Marie abends von zu Hause abzuholen, aus der Stadt hinauszuführen und abseits die Tat zu tun. Er handelt mit Vorbedacht.

Nun wird man jedoch einwerfen, Vorsätzlichkeit und Affekt brauchten einander nicht auszuschließen, Woyzeck habe freilich nicht in blindwütender Raserei gehandelt, er sei, wie er Maries Untreue entdeckt habe, vom Lebensekel überwältigt worden, und dies habe ihn zur Mordtat getrieben.[3] Gewiß, tiefe Enttäuschung, mehr noch: ein Überdruß, welcher Schwermut zu nennen ist, bildet den Hintergrund der Tat. Aus der Schwermut geht das Zerstörerische hervor. Büchner hat dies an dem Jüngling, von dem Marion erzählt, wie an dem sich gegen Gott empörenden Lenz gezeigt, er hat in »Leonce und Lena« an der Stelle, wo der Prinz sich an Nero erinnert fühlt, auf dieselbe Möglichkeit hingewiesen. Aber im Lustspiel bleibt es bei der Möglichkeit, die Schwermut zeitigt dort nicht die finstern Folgen wie im »Woyzeck«, und somit läßt sich Büchner gar nicht für den so oft behaupteten Determinismus in Anspruch nehmen. Wollte man hingegen an der Vorstellung festhalten, Büchner sei ein Determinist, er demonstriere im Ablauf der Geschehnisse das Unausweichliche und Unerbittliche, worin es keinen Ort der Freiheit gebe, so müßte man das Stück »Leonce und Lena« in einer Weise auslegen, die

---

[3] Dieser Lebensekel ist bei B. v. Wiese, a. a. O., S. 330, zu Recht hervorgehoben.

ihm den Charakter des Lustspiels nimmt: man hätte sich den König Leonce, weil er in der Schwermut gefangen bliebe, als Nero zu denken.

Daß die Schwermut den Menschen ins Dunkle ziehe und ihn gar zu Finsterem bestimme, hat Büchner wiederholt dargestellt; daß der Mensch sich an sie verlieren müsse, daß nichts ihr entgegenzuwirken vermöge, dies kann seiner Darstellung nicht entnommen werden, und wer es versucht, sieht sich durch Zeugnisse des Werks wie der Biographie widerlegt. Schwermut erscheint bei Büchner als das Unheilvolle, nicht aber als das Heillose. Deshalb eignet ihr auch nicht jene Eindeutigkeit, die man ihr zuzuschreiben geneigt ist, wenn man sie ausschließlich für sich betrachten will und ihren Bezug zu den Gegenkräften auflöst. Da die Gegenkräfte für ihr Wirken die Schwermut zur Voraussetzung haben und die unheilvolle Schwermut daher nicht nur unheilvoll ist — wiewohl sie das werden kann —, ist es unmöglich, sie als das Feststehende zu nehmen, aus welchem allumfassendes und unabänderliches Unheil hergeleitet werden könnte. Sollte von Büchners Determinismus die Rede sein können, müßte er sich anders begründen lassen. Man hat das auch schon angestrebt. Dabei ist man davon ausgegangen, daß Woyzeck ein Geistesgestörter sei. Als solcher trägt er für das, was er tut, keine Verantwortung. Er ist Zwangsvorstellungen und Zwangshandlungen ausgeliefert. Halluzinationen überfallen ihn, die Paranoia bringt ihn um seine Vernunft.[4]

Schon dieser Ansatz, von welchem aus dann nach den Ursachen gefragt wird, ist höchst zweifelhaft. Was ein unbefangener Leser als Ausdruck eines sinnierenden, geängsteten und auch abergläubischen Gemütes nimmt, wird als Wahn ausgegeben. So wenn Woyzeck, beim Stöckeschneiden, zu Andres sagt: »Es geht hinter mir, unter mir hohl, hörst du? Alles hohl da unten. Die Freimaurer!« (168) Statt hier gleich an Sinnesverwirrung zu denken, könnte man in diesen Worten das durchaus Sinnvolle sehen, daß sie die Ungesichertheit menschlichen Daseins ausdrücken und den Gedanken auf die im Verborgenen wirkende Schicksalsmacht[5] hinlenken. Wer in Woyzeck einen unzurechnungsfähigen Geisteskranken sieht, hält alles, was von der sogenannten Normalität auch nur irgendwie abweicht, für unsinnig. Manches von Woyzecks Äußerungen braucht dann nicht mehr ernst genommen zu werden, es fällt bloß noch als pathologisches Symptom in Betracht. Wenn er, bei Sonnenuntergang in die Gegend starrend, ausruft: »Wie hell! Ein Feuer fährt um den Himmel und ein Getös her-

---

[4] Vgl. Werner R. Lehmann, Textkritische Noten S. 54.
[5] Woyzeck denkt dabei bald an Gott, bald an die Freimaurer. Vgl. dazu auch das Gutachten des Dr. Clarus (510).

unter wie Posaunen« (168), glaubt man mit dem Begriff »Sinnestäuschung« den Sachverhalt erfaßt zu haben und kann nicht mehr als Wirklichkeit anerkennen, daß einer hier des plötzlich hereinbrechenden Schrecklichen gewärtig ist, daß die Erwartung des Gerichts ihm das Abendrot zur Feuerhelle macht, daß mit der Stärke eines Posaunenschalls ein Ruf über ihn kommt, in welchem — wie bei Danton (40), wie bei Lenz (100)[6] — das sonst Leise, Schweigende bis ins Unerträgliche laut wird. Woyzeck bewegt sich nicht im Unsinnigen, sondern in einem Sinnbezirk, den die Begriffe »Schuld« und »Gericht« umschreiben. Dadurch daß er mit Andres zusammen Stöcke zu schneiden hat, die wohl bei Prügelstrafen gebraucht werden sollen, ist das Thema von Schuld und Sühne, wenn auch in vordergründiger Art, noch eigens sinnfällig gemacht. Läßt man das Drama mit dieser Szene einsetzen, wird der skizzierten Thematik ein besonderes Gewicht gegeben. Für eine solche Szenenanordnung spricht manches: das Änigmatische des Beginns, das auch bei andern Werken Büchners auffällt[7], die wirkungsvolle Exposition, die vorausdeutend das Ganze umfaßt, die Tatsache, daß das hier angeschlagene Thema variiert wiederkehrt und als Grundthema erkennbar wird. So erklärt Woyzeck dem Doctor: »Wenn die Sonn in Mittag steht und es ist als ging die Welt in Feuer auf hat schon eine fürchterliche Stimme zu mir geredt!« (175) Und zu Marie sagt er, sich eines Wortes der Apokalypse erinnernd, die er auch in der ersten Szene vor Augen hat: »Es war wieder was, viel, steht nicht geschrieben: und sieh da ging ein Rauch vom Land, wie der Rauch vom Ofen?« (169) Daß bei derartigen Äußerungen Marie, nicht anders als der Doctor, den Eindruck hat, Woyzeck sei im Begriff überzuschnappen, ist ein Zeichen ihrer Verständnislosigkeit. Ihr Urteil wird man nicht einfach übernehmen können. Blickt man zu Parallelstellen in »Leonce und Lena« hinüber, so wird man ein weiteres Mal zur Vorsicht gemahnt. Auch Valerios vorschnelles Urteil, Leonce sei auf dem besten Weg zum Narrenhaus (123), kann man ja nicht teilen, ist doch Leonce in jenem Zeitpunkt — nach der Begegnung mit Lena — weiter denn je davon entfernt, ein Narr zu werden. Leonces Narrheit liegt nicht dort,

---

[6] Daß der wahnsinnige Lenz die Stille als Schrei hört, legt den Analogieschluß nahe, Woyzeck sei geistesgestört und deshalb vernehme er des öftern eine fürchterliche Stimme. Aber Danton hört »ganz leise heimliche Gedanken« schreien, ohne ein Wahnsinniger zu sein, was er freilich werden könnte. Man muß sich demzufolge sagen: Nicht weil Lenz wahnsinnig ist, hört er dieses Schreien; er wird wahnsinnig, weil er nichts hat, was das Schreien zum Schweigen bringt. Er hört es ja, seit er in dem stillen Tal bei Oberlin ist, es läßt ihn nicht schlafen. »Wenn ich das nur nicht mehr hören müßte«, sagt er, »mir wäre geholfen.«

[7] Vgl. Werner R. Lehmann, Textkritische Noten S. 55.

wo Valerio sie zu sehen meint. In derselben Szene äußert sich Leonce dem Sinne nach ähnlich wie Woyzeck beim Stöckeschneiden: »Welch unheimlicher Abend. Da unten ist Alles still und da oben wechseln und ziehen die Wolken und der Sonnenschein geht und kommt wieder. Sieh, was seltsame Gestalten sich dort jagen, sieh die langen weißen Schatten mit den entsetzlich magern Beinen und Fledermausschwingen und Alles so rasch, so wirr und da unten rührt sich kein Blatt, kein Halm. Die Erde hat sich ängstlich zusammengeschmiegt, wie ein Kind und über ihre Wiege schreiten die Gespenster.« (122) Soll man hier etwa auch von Halluzination und Paranoia reden? Soll der Leser vielleicht mit Valerio in verständigem Unverstand denken: »Ich weiß nicht, was Ihr wollt, mir ist ganz behaglich zu Muth. Die Sonne sieht aus wie ein Wirthshausschild und die feurigen Wolken darüber, wie die Aufschrift: ›Wirthshaus zur goldnen Sonne‹.«?

Wenn man Woyzeck als geistesgestört betrachtet, nimmt man den Standpunkt des Doctors ein. Was es mit diesem Standort für eine Bewandtnis hat, kann man an der Szene erkennen, da der Doctor[8] vom Dachfenster herab den unten im Hof versammelten Studenten doziert und sagt: »Meine Herrn, ich bin auf dem Dach, wie David, als er die Bathseba sah.« (166) Die Szene veranschaulicht die hohe, beherrschende, alles zugänglich machende Stellung, die der Gelehrte, der Forscher in Anspruch nimmt. Sich dem König David zu vergleichen dünkt den Doctor angemessen. Wie jenem tun sich auch ihm erfreuliche Perspektiven auf. Dabei hat man sich vor Augen zu halten, daß seine Theorien und Experimente, die er kühn (162) und unsterblich (176) nennt, auf eine außerordentliche Entdeckung zielen, eine Entdeckung vergleichbar derjenigen, die den einen Herrn in der Szene »Promenade«, in »Dantons Tod«, enthusiasmiert. Während dort eine technische Konstruktion, »kühn in die Luft gesprengt« (36), bewundert wird, ist der Doctor von der Wissenschaft begeistert, die er zu revolutionieren, »in die Luft zu sprengen« (174), gedenkt. Wissenschaft und Technik geben den Dingen ein ganz neues Gepräge, »eine andere Physiognomie«, und dies gilt als Beweis dafür, daß die Menschheit mit Riesenschritten ihrer hohen Bestimmung entgegeneilt (36). Büchner begegnet dieser Fortschrittsbegeisterung mit

---

[8] Ob der Dozent am Dachfenster, den Büchner als Professor bezeichnet, die gleiche Person ist wie der Doctor, kann nicht mit Sicherheit gesagt werden; in ihrer Wesensart stimmen sie freilich überein, und so mag die Gleichsetzung, die Lehmann vornimmt, um das Bruchstück für die Bühnenfassung zu gebrauchen (425), erlaubt sein, zumal noch andere Gründe diesen Entscheid rechtfertigen können.

Spott. Er ironisiert das zielgewisse Vorwärtseilen — auch der Doctor hat es stets eilig — durch die von einem läppischen Hemmnis erzeugte Stockung, die Kühnheit durch die Ängstigung, die hochstrebende Konstruktion, die eine Verankerung in festem Grund voraussetzt, durch das Gefühl, daß der Boden nicht trage und schon unter dem Schritt eines Menschen einbrechen könnte. Und er gibt anderseits zu verstehen, wie sehr das latente Gefühl der Ungesichertheit den Antrieb bildet, der die Wissenschaft und Technik mit ihrem Willen, über alle Dinge mächtig zu sein, zu höchstem Ansehen erhebt. Was an der Szene »Promenade« abzulesen ist, gilt für die entsprechenden Stellen im »Woyzeck«. Übereinstimmungen in Wortlaut, Bildern, Strukturen belegen das hinreichend. So wie dort der Hinweis auf die Hohlheit des Bodens, auf Ungrund und Abgrund, das Korrelat zum babylonischen Turm bildet, den der Herr eben noch bewundernd erwähnt hat, so gehört zur Dachhöhe, auf der sich der Doctor wie David vorkommt, das Gegenstück: »Alles hohl da unten.« Mit dem hohen Standort ist es nichts: seine Erhabenheit ist nichts Hohes, seine Festigkeit nichts Gegründetes. Dies alles ist von Nichtigkeit durchwaltet. Büchner deutet es in der Dozentenszene zunächst bloß an, dadurch nämlich, daß der Doctor von seiner Position aus keine Bathseba erblickt, sondern »nichts als die culs de Paris der Mädchenpension im Garten« trocknen sieht (166); darauf macht er es vollends deutlich durch das nichtsnutzige Experiment mit der vom Dachfenster heruntergeworfenen Katze, das die Einstellung dieses Wissenschaftlers zur Kreatur, sei es Tier oder Mensch, kennzeichnet. Da hat man sich nochmals zu vergegenwärtigen, was den Doctor zu solchem Experimentieren veranlaßt. Es steht der Wissenschaftsenthusiasmus dahinter und hinter diesem die Überzeugung, die Wissenschaft vermöge die Menschheit ihrer hohen Bestimmung entgegenzuführen. Und gerade damit wird die Brutalität hervorgebracht und obendrein noch gerechtfertigt. So bestätigt sich auch am Doctor, was Woyzeck in anderm Zusammenhang, aber allgemeingültig sagt: »Jeder Mensch ist ein Abgrund, es schwindelt einem, wenn man hinabsieht.« (165) Man wird in einem Wort wie diesem oder in dem analogen »Alles hohl da unten« schwerlich die Anzeichen einer ausbrechenden Paranoia sehen können. »Aberratio mentalis partialis«, wie die Diagnose des Doctors lautet (175), ist eine nicht minder hilflose und untaugliche Vokabel als Woyzecks Erklärungsversuch »Freimaurer«. Und wenn man bei Woyzeck tatsächlich von Krankhaftem zu sprechen hätte, müßte man es beim Doctor auch tun. Man hätte sich dann an das Wort Camilles zu erinnern: »Wir haben uns Alle am nemlichen Tische krank gegessen.« (71) Krankheit wäre in dem radikalen Sinn zu verstehen, daß von ihr nichts verschont ist, auch der sich als gesund gebärdende Rationalismus nicht.

Die These von der Geistesgestörtheit Woyzecks zielt auf die Frage nach der Krankheitsursache. Man behauptet, die Paranoia sei, abgesehen von der Eifersuchtskomponente, das Ergebnis einer planmäßigen Verstümmelung seiner Existenz, die in den unmenschlichen Bedingungen der Arbeitswelt ihre Ursachen habe, und zieht daraus den Schluß, es komme Büchner darauf an, die physischen, psychischen und bewußtseinsgeschichtlichen Wirkungen solcher gesellschaftlichen Bedingungen nachzuweisen und mit der Eifersuchtstragödie aufs engste zu verbinden.[9] Durch diesen Rückgang auf Begründung wird die Freiheit ausgeschlossen. Woyzeck ist dann durch Kausalitäten bestimmt. Ist Büchner damit angemessen interpretiert? Wissenschaftlich kalkulierte Verstümmelung: die Geistesgestörtheit wird auf die einseitige Erbsenkost zurückgeführt, die der Arzt in seiner Experimentiersucht Woyzeck aufzuzwingen versteht, indem er dessen pekuniäre Notlage ausnützt. Worte des Doctors dienen als Beleg für diesen ursächlichen Zusammenhang: »Sehn Sie, der Mensch, seit einem Vierteljahr ißt er nichts als Erbsen, beachten Sie die Wirkung, fühlen Sie einmal was ein ungleicher Puls, da und die Augen.« (166) Daß der Doctor an Woyzeck unmenschlich handelt, steht außer allem Zweifel. Zu diskutieren aber ist der behauptete Kausalnexus. Er wird einem schon dadurch fraglich, daß sich der Befund — unregelmäßiger Puls, Starrheit des Blicks — ganz anders deuten läßt: es beelendet Woyzeck, daß man die Katze schändlich behandelt hat und er selbst ein solches Versuchs- und Demonstrationsobjekt ist. Die Blickweise des Doctors ist nun aber einmal auf die Erklärung mit den Erbsen eingestellt, und er findet seine Hypothese immer wieder bestätigt, sogar noch in dem Augenblick, da Woyzeck durch Anspielungen des Hauptmanns vernimmt, daß ihm Marie untreu sei: die Befunde sind diesmal so schön ausgeprägt, daß er Woyzeck eine Zulage verspricht (164). Was er als fixe Idee bezeichnet, konstatiert er allerdings nur bei Woyzeck (175), nicht bei sich selbst. Auch in anderer Hinsicht ist die Erbsentheorie zweifelhaft: Ein Vierteljahr nichts als Erbsen, das — sollte sich Woyzeck wirklich daran gehalten haben — schädigt die Gesundheit, eine Paranoia jedoch wird dadurch nicht bewirkt. Soll man nun annehmen, Büchner habe sich immerhin eine derartige kausale Verknüpfung vorgestellt? Man würde damit die materialistische Aussage des Doctors zur Aussage Büchners machen, hätte nun aber zu erklären, weshalb denn der Doctor als Schwätzer gezeichnet ist,

[9] Werner R. Lehmann, Textkritische Noten S. 54.

der, von seinem Redeschwall fortgerissen, nicht mehr kontrolliert, was er sagt, und beispielsweise die Erbsen zu den cruciferae (161) statt zu den leguminosae zählt. Man sähe sich des weitern der Frage gegenüber, mit welcher Ernährungsweise denn etwa der Gemütszustand des Prinzen Leonce zusammenzubringen wäre. Auch müßte man mit dem Widerspruch fertig werden können, daß Büchner in seiner Dichtung einen physiologischen Materialismus vertreten soll und anderswo, in seinen Ausführungen zu Descartes, gar kein Anhänger einer materialistischen Philosophie ist[10], sich vielmehr mit Schärfe dagegen wendet, daß der mechanistische Materialismus auf das Gebiet der Biologie übertragen werde[11]. Die Schwierigkeiten, in die man sich verwickelt, sind unlösbar. Es ist nicht möglich, von Büchner zu sagen, er bestreite auf Grund einer materialistischen Theorie die Freiheit und lasse nur kausal determinierte Abläufe zu.

Und wie steht es mit der Determination durch die gesellschaftliche Lage? Die Verstümmelung von Woyzecks Dasein habe, so wird erklärt, in gesellschaftlichen Verhältnissen ihre letzte Ursache. Das würde bedeuten, daß an Woyzeck nur deshalb unmenschliche Experimente gemacht werden können, weil er zur Klasse der armen Leute gehört und bei der geringen Entlöhnung als Offiziersbursche auf zusätzliche Einnahmen angewiesen ist. In Anschlag zu bringen wären außerdem die entwürdigenden Demütigungen und Verspottungen, die ihm von Höhergestellten widerfahren, sowie die lähmende Vorstellung, daß dies alles eben das unabänderliche Los seinesgleichen sei. Es soll der krasse Mißstand in den sozialen Verhältnissen — das sei mit aller Deutlichkeit gesagt — nicht angezweifelt werden, wohl aber die Theorie, welche die verschiedenen Fakten so verknüpft, daß Woyzecks Unfreiheit als erwiesen gilt, nämlich folgendermaßen: In der Gesellschaftsordnung liegt die Ursache für Woyzecks »depotenzierte Existenz«[12]; diese Entmächtigung hat zur Folge, daß Wahnhaftes von ihm Besitz ergreifen kann, daß er »im Innersten seiner Existenz zu taumeln« beginnt[13]; fortan ist es der »halluzinatorische Wahnsinn«, der Woyzeck in seinem Tun bestimmt, und zwar so sehr, daß auch das, was sich wie Planung ausnimmt, nichts anderes ist als der ausweg-

---

[10] Vgl. S. 263.
[11] Vgl. II, 179. — Im »Woyzeck« verspottet Büchner auch mit dem Katzenexperiment des Professors jenes biologische Denken, das in seinen Fragestellungen von der Newtonschen Mechanik beherrscht ist: »Wenn ich dieße Katze zum Fenster hinauswerfe, wie wird dieße Wesenheit sich zum centrum gravitationis und dem eigenen Instinct verhalten?« (166)
[12] Werner R. Lehmann, Textkritische Noten S. 54.
[13] Ebd., S. 65.

lose Zwang des Müssens[14]. Mithin kommt für Maries gewaltsamen Tod Woyzeck »als freier Verursacher nicht in Betracht«, die Gesellschaftsordnung trägt die Schuld dafür, die Privilegierten sind verantwortlich, denn sie sind es, die, um ihr Wohlergehen auf die Ausbeutung anderer gründen zu können, Gesellschaft und Staat entsprechend eingerichtet haben. Es gehe, sagt man, Büchner darum, »den Woyzeck seiner Dichtung in jeder Beziehung freizusprechen«, er lasse »ihn zum Opfer derjenigen werden, die ihn anklagen«[15], er habe, ein Jahrzehnt nach der Hinrichtung Johann Christian Woyzecks, »diese Richter vor sein Gericht gezogen«[16].

Diese Interpretationsweise versucht Geschehnis und Tat in einen Bezug zueinander zu setzen. Daß Woyzeck einen Menschen umbringt, ist keine Tat, sondern ein Geschehnis, hinwiederum doch eine Tat, nämlich die Tat jener, welche das Geschehnis herbeiführen. Gemäß dieser Ansicht leugnet Büchner die Freiheit nicht generell. Er zieht ja, heißt es, ganz bestimmte Leute zur Rechenschaft, ihnen muß er mithin Freiheit zuerkennen. Also ist die Frage zu klären, welche Auffassung von Freiheit ihm zugeschrieben werde. Freiheit ist hier als etwas gedacht, was der Mensch bald hat, bald nicht hat, je nachdem, ob er dieser oder jener sozialen Schicht zugehört. Der Reiche ist frei, der Arme unfrei. Die Freiheit wird als Verfügungsgewalt begriffen, als Vermögen, über Hab und Gut zu gebieten. Sie ist nicht das Voraussetzunglose, das den Rückgang auf Begründung ausschließt, sie hat vielmehr den Besitz zur Voraussetzung. Ihr Wesen ist die in sich selbst gründende Macht. Sie hat ihr Wozu wiederum im Besitz, sie erstrebt die Omnipotenz, in der alles verfügbar gemacht ist. Aus solchen Zusammenhängen heraus erklärt es sich, daß man bei Woyzeck von depotenzierter Existenz spricht und daß der Gegensatz zu den beati possidentes als Angelpunkt der Interpretation dienen kann.

Nun trifft es aber keineswegs zu, daß nach Büchners Darstellung die Besitzenden die Glücklichen sind. Man sagt, der Hauptmann fühle sich »wohl und behaglich«.[17] Und seine Schwermut? Gleiches behauptet man vom Doctor. Verbreitet er denn etwa Behagen um sich, wie es ein sich behaglich fühlender Mensch zu tun pflegt? Seine Geschäftigkeit, sein Herumschießen, sein Drauflosreden, das alles weist auf einen unruhigen, umgetriebenen Geist. Doctor und Hauptmann sind aufeinander abge-

---

[14] Ebd., S. 66.
[15] Ebd., S. 76, Anm. 183.
[16] Kurt May, Büchner — Woyzeck, in: Das deutsche Drama vom Barock bis zur Gegenwart, Bd. II, hrsg. v. B. v. Wiese, Düsseldorf 1960, 2. A., S. 89.
[17] Werner R. Lehmann, Textkritische Noten S. 54.

stimmte, in Wechselbezüge gesetzte Figuren. Der eine lebt so, als hätte er keine Zeit, der andere weiß mit der unermeßlichen Zeit nichts anzufangen. Damit ist gegenläufig verbunden, daß der Hauptmann unter dem Eindruck steht, sein Leben könne jederzeit ein abruptes Ende nehmen, daß der Doctor bei dem, was ihm keine Zeit läßt, das in alle Zeit Hindauernde — den »unsterblichen« Ruhm — im Sinne hat. In beiden zeigt sich auf je gegensätzliche Weise eine Desequilibriertheit, die sich auf das ganze Dasein, im Lebensrhythmus wie im Denken, auswirkt. Von derselben Art, wenn auch anders akzentuiert, ist die Verstörung in Woyzecks Dasein, das zwischen Gehetztheit und Stockung hin und her geworfen ist. Bald läuft er »wie ein offnes Rasirmesser durch die Welt« (163), bald steht er sinnierend »ganz starr« (161). So ist er dem Doctor und dem Hauptmann ähnlich, freilich ohne daß er wie dieser mit Selbstzufriedenheit oder wie jener mit Selbstgefälligkeit das ratlose Gemüt zu beschwichtigen suchte. Daß die Welt aus den Fugen ist, bekommen nicht nur die einen zu spüren, während die andern in der Herrlichkeit leben. Die in allen Dichtungen Büchners gegenwärtige Thematik von Zeit und Ewigkeit macht offenkundig: es ist die Zeit verrenkt, sie stimmt nicht mit der Ewigkeit zusammen. Davon ist Prinz Leonce ebenso betroffen wie Woyzeck. Zwischen ihnen gibt es die größten Unterschiede des Herkommens, des Standes, der Bildung, der Intelligenz, und doch ist ihnen das Wesentliche gemeinsam. Es wäre nicht im Sinne Büchners, wollte man das Unterscheidende besonders betonen. Er betrachtet es als »lächerliche Äußerlichkeit«[18]. Das heißt nicht, daß die Gegensätze einen gleichgültig lassen könnten. Büchner weigert sich aber, in Besitz und Bildung das Wesentliche zu sehen, denn gerade die Verkennung dessen, was entscheidend ist, hat dazu geführt, daß sich Unwesentliches aufspreizen konnte. Wäre man dessen eingedenk oder wäre das Wissen darum mehr als ein bloßes Wissen, dann würde sich auch im gesellschaftlich-ökonomischen Bereich manches ändern. Der Mißstand in den sozialen Verhältnissen ist, so wie es Büchner sieht, nicht die Ursache, sondern ein Ausdruck des menschlichen Elends. Wollte man zum Beispiel die Behauptung aufstellen, Büchner erkläre in »Dantons

[18] Vgl. den Brief Nr. 15; II, 423. Büchner wendet sich hier gegen den auf Bildung und Gelehrsamkeit sich gründenden Aristokratismus, während der »Hessische Landbote« die auf Besitztum gestellte Herrschaft angreift und die Leser auffordert, solche Macht als ungerechtfertigt zu durchschauen: »Tretet zu dem Menschenkinde und blickt durch seinen Fürstenmantel. Es ißt, wenn es hungert, und schläft, wenn sein Auge dunkel wird. Sehet, es kroch so nackt und weich in die Welt wie ihr und wird so hart und steif hinausgetragen, wie ihr, und doch hat es seinen Fuß auf eurem Nacken.« (II, 45)

Tod« die Prostitution aus den gesellschaftlichen Bedingungen, indem er einen Bürger sagen lasse, der Hunger sei es, der in den Dirnen hure und bettle (14), so wäre dem entgegenzuhalten, daß in Marion eine Hure dargestellt ist, bei der von solcher Ursache nicht die Rede sein kann. Die Frage: »Was ist das, was in uns hurt, lügt, stiehlt und mordet?« (41) ist nicht mit dem Hinweis auf die Ungerechtigkeit der Einkommens- und Eigentumsverhältnisse zu beantworten. Diese sind ja, mit dem Begriff »Diebstahl«[19], in die Frage einbezogen. Büchner fragt weit radikaler als jene Interpreten, die das Fragen im Ökonomischen zum Stehen bringen. Er könnte daher die Ansicht nicht teilen, man brauche nur den Besitz zu sozialisieren, dann sei der Mensch von den Übeln erlöst. Und er könnte ihr umso weniger beipflichten, als sie auf der Voraussetzung beruht, der Mensch vermöge über alles zu verfügen und demnach sei alles machbar. Denn wie aus seinen Notizen zu Descartes und Spinoza hervorgeht, hat er nichts so sehr bekämpft wie den Versuch, das Denken als einzig vom Vorbild der Mathematik geprägt aufzufassen, es also derart einzuengen, daß es ausschließlich die res extensa vor sich hat, d. h. das Wesen von Raum und Zeit als Ausdehnung ansetzt und damit die Errechenbarkeit und Verfügbarkeit bewerkstelligt. Nur indem man Büchner einen bestimmten Freiheitsbegriff unterstellt, kann man zur Meinung kommen, er habe mit Woyzeck deshalb Bedauern, weil dieser um seine Verfügungsgewalt gebracht worden sei, und er gehe mit den Besitzenden ins Gericht, weil sie die Verfügungsgewalt für sich allein beanspruchen. Aber Büchner hält nicht die Verfügungsgewalt hoch, er fordert nicht einfach, daß sie anders eingerichtet werde, vielmehr opponiert er dagegen, daß ein Denken die Vorherrschaft angetreten hat, für welches es nichts gibt, dessen es sich nicht bemächtigen zu können meint.

Das Problem der menschlichen Freiheit ist durch diese Diskussion etwas schärfer profiliert worden, so daß sich nun folgende Grundzüge hervorheben lassen. Man pflegt von der Frage auszugehen: Bestreitet Büchner, daß es Freiheit gibt, ist er also Determinist, oder verwirft er den Gedanken, es sei alles bedingt und festgelegt? Über dieses Entweder-Oder scheint rasch entschieden zu sein, man braucht nur den Brief anzuführen, der vom gräßlichen »Fatalismus« der Geschichte, vom »Muß« im menschlichen Dasein handelt. Aber ebenso leicht sind Gegenargumente beizubringen: Wie z. B. könnte Büchner unter der Unfreiheit im Obrigkeits-

---

[19] Jede Bereicherung zum Schaden anderer ist für Büchner Diebstahl. Im »Hessischen Landboten« werden die übermäßigen und ungerecht verteilten Steuerlasten als Diebstahl am Eigentum der Bauern und Bürger bezeichnet: vgl. II, 39 u. 59.

staat leiden, wie sich gegen sie auflehnen oder ihr entfliehen, wenn er nicht vom Gefühl und Bewußtsein der Freiheit durchdrungen wäre? Also wird, wenn von seiner Dichtung die Rede ist, auch von der Freiheit zu sprechen sein. Unfreiheit kann offenbar hier nicht von solcher Art sein, daß sie die Freiheit ausschaltet. In welchem Verhältnis stehen sie aber zueinander? Da bietet sich als Lösung an: Die Freiheit der einen ist die Unfreiheit der andern. Büchner zeigt sich so als Verfechter des Determinismus und zugleich der Willensfreiheit. Denn einerseits ist Woyzeck in seinem Leben vollständig durch den Kausalitätszwang bestimmt, anderseits sind die ihn regierenden Ursachen nicht einer allumfassenden und durchgängigen Verkettung eingegliedert, sondern willentlich zuwege gebracht. Daß es Freiheit gibt, wird dabei aus der Tatsache des Besitzes abgeleitet: die und die haben Eigentum, somit haben sie Freiheit. Ob jedoch Freiheit überhaupt mit demselben Sinn, welcher Besitztum registriert, zu erfassen sei, diese Frage tritt nicht ins Blickfeld. Als wüßte man zum vornherein, was Freiheit, was Unfreiheit sei, hat man es versäumt, abzuklären, was sich Büchner darunter vorstelle. Die Gebrechen und Mängel dieser wie jener Interpretation lassen überdies vermuten, daß man von der menschlichen Freiheit nicht in angemessener Weise reden kann, solange man sie als Gegenteil von Determiniertheit versteht.

Noch in einer andern Hinsicht sind die erwähnten Interpretationsversuche lehrreich. Sie machen deutlich, daß mit der Frage nach der menschlichen Freiheit auch die Frage nach Gut und Böse aufzuwerfen ist. Vertritt man die These, Büchner bekenne sich zum Determinismus, ist es nichts als folgerichtig, zu sagen, er leugne den Unterschied von Gut und Böse. Man spricht dann von der »Schuldlosigkeit des Menschseins«[20] und behauptet, es sei »ein ebenso unvermeidliches Lebensphänomen«, daß Woyzeck Marie töte, wie daß dieses »instinktsichere Weib« sich dem »instinktsichern Partner«, »diesem vital seiner selbst sicheren und völlig unreflektierten Tambourmajor, einer rassigen Mann-Bestie«, hingebe. Unvermeidlich sei Maries Tod deshalb, weil Woyzeck ihre »erotische Treulosigkeit« nicht als »elementare Tatsache« hinnehme, sondern sie als Unrecht, eben als Treulosigkeit auffasse. Büchner hingegen denke anders als Woyzeck, er lehne es ab, mit sittlichen Kategorien, die ja durch bürgerliche Standortsgebundenheit bedingt seien, zu werten.[21] Dabei müßte man sich nun allerdings sagen: Das unvermeidliche Lebensphänomen ist so unvermeidlich nicht, Woyzeck brauchte nur die sogenannten überholten Wertvorstellungen abzuschütteln, und Marie könnte am Leben bleiben.

[20] Benno von Wiese, Die Tragödie des Nihilismus, a. a. O., S. 331.
[21] Ebd., S. 330 f.

Unvermerkt hat sich in die Interpretation ein bestimmter Begriff von Freiheit eingeschlichen. Frei ist, wer sich von der Unterscheidung gut—böse gelöst hat. Mit der Ansicht, die Menschheit sei nach Büchner als schuldlos zu betrachten, kontrastiert die andere, wonach er die Menschen in unschuldige arme Teufel und schuldvolle beati possidentes scheide und fordere, daß die Freiheit — verstanden als Verfügungsgewalt — den Bösen genommen und in die Hand der Guten gelegt werde, damit alle fortan unschuldige beati possidentes sein können. So schlagen in den Auslegungen immer wieder die Positionen Dantons und Robespierres durch. Da nun aber Büchner gezeigt hat, wie die beiden Protagonisten seines Revolutionsdramas in ihrem Denken erschüttert werden, sind auch die Interpretationen dieser wie jener Prägung in Frage gestellt. Es ist ein Unding, Woyzeck so oder so von aller Schuld entlasten zu wollen. Im Gegensatz zu germanistischen Urteilen hätte kein Gerichtshof, seit Recht zu sprechen versucht wird, Woyzeck je freisprechen können, wie immer auch die Tat qualifiziert, wie sehr auch verminderte Zurechnungsfähigkeit berücksichtigt worden wäre. Man kommt sich offenbar sehr menschlich vor, wenn man die Unschuld Woyzecks darzulegen unternimmt, und ahnt nicht, was es Unmenschliches hat, ihn um sein Schuldig-sein-Können zu bringen.

Vielleicht ist es nun eher möglich, den Gefahren, in die man sich bei diesem schwierigen Thema der Freiheit und Unfreiheit begibt, zu entgehen und anhand der Anhaltspunkte, die sich im »Woyzeck« und in den andern Dichtungen finden, den von Büchner begangenen Weg zu erkennen. Einen solchen Anhaltspunkt hat man in der Szene, da Woyzeck vom Doctor zur Rede gestellt wird, weil er an die Wand gepißt hat, statt der Übereinkunft gemäß den Urin für wissenschaftliche Untersuchungen zur Verfügung zu halten. Auf Woyzecks Entschuldigung »Aber Herr Doctor, wenn einem die Natur kommt« erwidert der Arzt: »Die Natur kommt, die Natur kommt! Die Natur! Hab' ich nicht nachgewiesen, daß der musculus constrictor vesicae dem Willen unterworfen ist? Die Natur! Woyzeck, der Mensch ist frei, in dem Menschen verklärt sich die Individualität zur Freiheit.« (174) Es ist offensichtlich, daß sich Büchner — wir haben es schon erwähnt — über den Doctor lustig macht. Der Arzt ist lächerlich, weil er von der Natur abschätzig spricht und weil er die trivialste Erfahrung, die jedem Kleinkind geläufig wird, eines Nachweises bedürftig glaubt. Und noch lächerlicher ist es, daß er dieses Beispiel als Beweis der menschlichen Freiheit nimmt. Ebensogut ließe sich auf diese Art dartun, daß die Hunde, mit denen der Doctor Woyzeck vergleicht, frei sind. Ebensogut kann aber auch der Schluß gezogen werden, daß von

Freiheit nicht die Rede sein könne, sondern nur von Naturnotwendigkeit: Woyzeck konnte nicht anders, er mußte, und jetzt, beim Arzt, wollte er schon, aber er kann nicht, also ist die Freiheit widerlegt. Büchner stellt Pro und Kontra gegenüber. In der vorgefaßten Meinung, er leugne die Freiheit, erachtet man es für ausgemacht, auf welcher Seite er stehe, und in dem Gefälle, welches die Szene zugunsten Woyzecks hat, findet man die Bestätigung dazu. Wie hingegen, wenn Büchners Spott gar nicht gegen die Freiheit gerichtet wäre, wohl aber gegen die Art, in der das Problem der Freiheit gestellt wird? Abhängigkeit von Naturvorgängen entscheidet nicht darüber, ob der Mensch frei sei oder nicht. Die Tatsache, daß Nieren, Herz, Lunge ihre Funktionen ohne mein willentliches Dazutun ausüben, ist kein Argument gegen meine Willensfreiheit, sie schränkt diese Freiheit nicht einmal ein, sondern ermöglicht sie. Sollte es vielleicht Büchner nicht so sehr um die Frage gehen, ob der Mensch frei sei oder unfrei, als um die Frage nach dem Wesen der menschlichen Freiheit?

Büchner will doch wohl kaum die Unfreiheit belegen, wenn er den vom Ideal Pantagruelischer Freßfähigkeit schwärmenden Valerio sagen läßt: »Es ist ein Jammer. Man kann keinen Kirchthurm herunterspringen, ohne den Hals zu brechen. Man kann keine vier Pfund Kirschen mit den Steinen essen, ohne Leibweh zu kriegen.« (107) Hier wird ein falscher Freiheitsbegriff verspottet. Freiheit soll nicht verstanden werden als das Vermögen, zu tun und zu lassen, was Lust und Laune begehren, nicht als Vermögen, alles Erdenkliche zu verwirklichen. Ein Beispiel dafür gibt auch Leonce, wie er, Possen reißend, zum Hofmeister sagt: »O wer sich einmal auf den Kopf sehen könnte! Das ist eins von meinen Idealen. Mir wäre geholfen.« (105) An beiden Stellen ist das Können, von dem die Rede ist, mit dem Ideal verknüpft: etwas Unerreichbares wird als das Erstrebenswerte ausgegeben, wobei allerdings Leonces Wunsch wie Valerios Klage spielerisch, ironisierend vorgebracht sind. Was Büchner hier darstellt, dürfte damit zu tun haben, daß in seiner Zeit der Idealismus sich selbst aufgibt. Bei diesem Vorgang wird auch der an der Idee orientierte Freiheitsbegriff preisgegeben. Büchner illustriert dies mit differenziert gewählten Beispielen. Leonces angeblicher Wunsch, sich selbst auf den Kopf sehen zu können, möchte den Menschen zu einem rein geistigen Wesen machen, das, aus aller Leiblichkeit herausgelöst, über dem Sinnlichen zu schweben vermag und so, um es mit Worten Schillers zu sagen, aus dem engen dumpfen Leben in des Ideales Reich fliehen kann[22], den Weg einschlagend, auf dem man frei der Beschränktheit ent-

---

[22] Vgl. das Gedicht »Das Ideal und das Leben«, dritte Strophe.

springt[23]. Die Ironie in Leonces »Mir wäre geholfen« gibt zu verstehen, daß ihm damit keineswegs geholfen wäre, daß das Übersinnliche nicht erlösend und tröstend ist. Valerios Exemplifikation nimmt die Sache von der andern Seite. Hier geht es nicht darum, die Freiheit des Menschen als Losgebundensein von der Sinnlichkeit und als geistiges Allvermögen zu postulieren, sondern die Omnipotenz ins Leibliche zu verlegen. Der Idealismus erscheint gleichsam in der Umkehrung: das überkommene Ordnungsschema mit seiner Unterscheidung in eine sinnliche und eine übersinnliche Welt bleibt bestehen, aber die Rangfolge wird umgedreht. Was zuunterst stand, wird zuoberst gesetzt, das Sinnliche hochgeschätzt, das Nichtsinnliche geringgeachtet. Frei zu nennen wäre nun der Mensch, dem eine unbehinderte Fähigkeit der körperlichen Bewegung und Einverleibung gegeben wäre, dem in vollkommener Disponibilität die leiblichen Güter zu Gebote stünden. Freiheit meint hier nicht das Freisein von der Beschränktheit des Vernunftwesens, von den durch die Leiblichkeit gesetzten Schranken, sondern das Freisein von der Beschränktheit des Leibwesens, die von der ihm inhärenten Vernunftordnung auferlegt wird. Daß diese Freiheit unerreichbar ist, demonstriert nicht, wie weit der Mensch von der Freiheit entfernt ist; es wird dadurch die Absurdität eines solchen Freiheitsbegriffs enthüllt.

Mit der so oder so verstandenen Freiheit konfrontiert Büchner in »Leonce und Lena« die mechanistische Ansicht von der Determiniertheit des Menschen, indem er die Automaten auftreten läßt. Auch diese Auffassung, die den Menschen als Maschine definiert, ihm damit die Freiheit abspricht und nicht merkt, daß sie sich die Freiheit zu dieser Definition genommen hat, wird ironisch abgefertigt. Wie der Spott allenthalben zeigt, läßt sich Büchner für keine dieser Positionen in Anspruch nehmen. Er lehnt es ab, daß das Wesen der Freiheit oder Unfreiheit von da aus bestimmt werde. Im »Woyzeck« hat es Büchner mit denselben Problemen zu tun, nur geht er anders vor als in »Leonce und Lena«. Während Valerio — bei der Vorführung der Automaten — in freiwilliger Komik die These von der Unfreiheit des Menschen vertritt, erscheint der Doctor als Verfechter der Freiheitsidee und gibt sich unfreiwilliger Komik preis. »Woyzeck, der Mensch ist frei, in dem Menschen verklärt sich die Individualität zur Freiheit«, meint er und sieht sich von Naturzwängen des-

---

23   Die idealische Freiheit
     Aus dem Leben heraus sind der Wege zwei dir geöffnet:
        Zum Ideale führt einer, der andre zum Tod.
     Siehe, daß du beizeiten noch frei auf dem ersten entspringest,
        Ehe die Parze mit Zwang dich auf dem andern entführt.

avouiert, was umso komischer wirkt, als er ja im übrigen davon überzeugt ist, daß der Mensch völlig den Kausalitätsgesetzen unterstellt sei, daß die an Woyzeck zu beobachtenden Besonderheiten in einer spezifischen Ernährungsart ihre Ursache hätten; und könnte er die Determiniertheit lückenlos nachweisen, das Räderwerk des homme machine darstellen und so die eben noch als frei deklarierte Person aufheben, er wäre aufs höchste beglückt und hätte die Gewißheit, nun unsterblich zu sein (162).[24] Der Doctor widerlegt sich selbst, indem er das einemal behauptet, der Mensch sei von der Naturnotwendigkeit unabhängig, das anderemal, er sei durch sie bestimmt. Je nach Belieben redet er bald der Freiheit, bald der Unfreiheit das Wort. Er gleicht dem Marktschreier, der erklärt, mit der Natur sei es nichts, erst die Kunst, die Erziehung mache aus der Natur etwas Rechtes, und der im Handumdrehen, da das Pferd sich ungebührlich aufführt, für das Gegenteil einsteht: »Sehn Sie das Vieh ist noch Natur, unideale Natur! Lern Sie bey ihm. Fragen Sie den Arzt, es ist höchst schädlich. Das hat geheiße: Mensch sey natürlich.« (145) Beide Szenen sind durch parallel geführte oder sich kreuzende Motivkorrespondenzen mehrfach miteinander verklammert. Schon daß entsprechend der Aufforderung, man solle nur den Arzt fragen, tatsächlich ein Arzt, wenn auch nicht in bestätigendem Sinn, sich zu dieser Sache äußert, zeigt die Zusammengehörigkeit. Ähnlich wie der Marktschreier Tiere vorführt, dient dem Doctor ein Mensch als Demonstrationsobjekt, aber die Tiere sollen dartun, daß sie mehr sind als »bloße« Natur, daß sie Räson haben und als Person zu betrachten sind, wogegen an Woyzeck erkennbar werden soll, daß er, obgleich Mensch, tierischen Wesens ist, daher der Doctor ihn auch Bestie nennt, ihn auffordert, die Ohren zu bewegen, und in dieser Muskeltätigkeit »Übergänge zum Esel« sieht (167). In ihrem gegenseitigen Bezug ironisieren sich die Aussagen, so daß es ebenso grotesk ist, fortschrittsgläubig gleich dem Budenausrufer zu meinen, die Welt sei in einer Entwicklung zu Höherm begriffen (159) und werde somit besser und besser, wie mit dem Doctor zu denken: »Die Welt wird schlecht, sehr schlecht, schlecht, sag' ich.« (160) Die Zusammengehörigkeit der beiden Szenen verdeutlicht, daß der Doctor, nicht anders als der Marktschreier, ein Scharlatan ist. Es ist kein Verlaß auf das, was er sagt, und es gehört zur dramatischen Ironie, daß ausgerechnet er Woyzeck vorwirft, kein Mann von Wort zu sein (160).

---

[24] Um das Groteske dieser Beglückung ganz zu ermessen, muß man sich daran erinnern, daß Büchner verschiedentlich das mechanisch gewordene Dasein als qualvoll, die »Unsterblichkeit« als ahasverisches Nicht-sterben-Können schildert.

Man wird also davor gewarnt, das Problem der Freiheit auf jener Ebene entgegenzunehmen, auf der es der Doctor behandelt. Freiheit ist verfälscht, wenn man sie als Unabhängigsein von Naturnotwendigkeiten auslegt und ihr die Determiniertheit durch ursächliche Verkettungen entgegensetzt. Daß die Aussagen des Doctors in ironischer Brechung erscheinen, fordert einen zur Suche nach dem unverbogenen Wesen der Freiheit auf. Jener Brief an Minna, der von Büchners Studium der Französischen Revolution berichtet, sieht Unfreiheit und Freiheit des Menschen in einem andern Sinnbezirk als der Doctor, nämlich im Zusammenhang mit der Frage nach dem Bösen: »Was ist das, was in uns lügt, mordet, stiehlt?«[25] Von Freiheit könnte dann gesprochen werden, wenn der Mensch frei vom Bösen wäre. Er ist es nicht, immer wieder tut er das Böse. Unfreiheit ist hier nicht die Knechtschaft unter dem Zwang der Ursachen, Freiheit nicht das Selbständigsein der außer allem Kausalzusammenhang der Natur stehenden Vernunft. Daher ist das Böse, von dem Büchner spricht, auch nicht das Moralisch-Böse: es ist nicht solcher Art, daß man es, geleitet vom guten Willen, überwinden könnte, sobald es als Böses erkannt ist. Denn Böses zu tun ist ein Müssen, das nicht in einer mangelhaften Einsicht oder in einer ungenügenden Willenskraft wurzelt. Wenn Büchner so sehr die unabwendbare Gewalt betont, wendet er sich gegen den Freiheitsbegriff der Moral, gegen die Auffassung, Freiheit sei das Vermögen, im guten Willen sich selbst zum Guten zu bestimmen. Diese Opposition braucht nicht zu bedeuten, daß er die Freiheit grundsätzlich leugne oder die Frage nach ihr ad acta lege. Gerade der polemische Zug mahnt zur Vorsicht vor übereilten Schlüssen; man nimmt allzu leicht an, der Polemik sei es um das Gegenteil dessen, wogegen sie kämpft, zu tun — als ob sie nicht dasselbe, nur eben anders, wollen könnte. Büchner greift eine bestimmte Auslegung von Freiheit an, indem er eine Unfreiheit, die nicht in ihrem Gesichtskreis gestanden, gegen sie ins Feld führt; damit erhebt sich aber auch die Frage, welches dann die Freiheit wäre, die diese Art der Unfreiheit zu überwinden vermöchte.

Die Richtung, in der man die Antwort zu suchen hat, wird durch die Art, wie die Frage nach dem Bösen formuliert ist, gewiesen. Die Frage lautet nicht: Warum tun wir Böses? Sie fragt nicht nach Ursachen, nicht nach Antrieben und Umständen, auf die ein geschehenes Böses zurückgeführt werden könnte, so daß ihm etwa gar der Charakter der Schuld genommen wäre. Ebensowenig lautet sie: Wer ist es, der in uns lügt, mordet, stiehlt? Offenbar soll auch kein Verursacher, der ein anderer

---

[25] Nr. 18; II, 426.

wäre als wir selbst, zur Verantwortung gezogen werden, es soll die Schuld nicht vom Menschen abgewälzt werden.[26] Büchner fragt: »Was ist das, was in uns lügt, mordet, stiehlt?« Das Böse in seiner Wirklichkeit — Lüge, Mord, Diebstahl — wird auf die Bedingung seiner Möglichkeit hin befragt. Ins Auge gefaßt ist dasjenige, auf Grund dessen das Böse Tatsache wird. Die Grundlage dazu, daß der Mensch lügend, mordend, stehlend oder wie auch immer schuldig wird, ist das Schuldigsein. Indem Büchner das »Muß« als eines der Verdammungsworte bezeichnet, spielt er auf die Verfluchungen an, von denen das erste Buch Mose im dritten Kapitel spricht: er weist auf eine Darstellung hin, welche ausdrückt, Mensch zu sein heiße soviel wie schuldig *sein* und auf Grund dieses Schuldigseins *werde* der Mensch auch schuldig. Nur von daher kann man es verstehen, daß Büchner von der unabwendbaren Gewalt in den menschlichen Verhältnissen erklärt, sie sei »Allen und Keinem verliehen«, jeder also übe diese Gewalt aus, niemand habe sie in seiner Gewalt. Der Mensch kann sich der Bedingung der Möglichkeit, daß er Böses tut, nicht bemächtigen, deshalb kann er das Böse nicht abwenden, es ist ihm unmöglich, das »eherne Gesetz« zu beherrschen. Büchner wäre, wenn sich ihm der Sachverhalt nicht in dieser Weise dargestellt hätte, nicht zu seiner paradoxen Formulierung gekommen, er hätte dann entweder sagen müssen: Weil den Menschen das Vermögen zum Bösen verliehen ist, sind sie im Besitz dieser Gewalt und verfügen über sie, oder aber: Diese Gewalt läßt sich nicht beherrschen, also ist sie dem Menschen gar nicht verliehen. Beide Denkmöglichkeiten sind in Büchners Brief ebenfalls enthalten, die eine in der Stelle, da von der Größe und Herrschaft des Menschen die Rede ist, die andere im Wort »Fatalismus«, und Büchner bezieht sogar auf der Seite des Fatalismus Stellung. Damit scheint unsere Interpretation widerlegt. Sie wäre es in der Tat, wenn man sagen könnte, seine Denkbewegung, die von einer hochgemuten Schau des Menschen abrückt, komme beim »gräßlichen Fatalismus der Geschichte« zum Stillstand. Aber die Bewegung geht darüber hinaus, es bleibt nicht bei der Zernichtung, die der Fatalismus in ihm bewirkt, der Gedankengang führt weiter zur Liebe: »Könnte ich aber dies kalte und gemarterte Herz an deine Brust legen!« Wie in andern Briefen an Minna bezeugt sich auch hier, daß Büchner nicht auf den Zustand des Zernichtetseins, des Gestorbenseins festgelegt werden kann. Was er seiner Braut schreibt, läßt sich denn auch keineswegs auf einen einzigen Gedanken einschränken, sondern läßt ein »Meer von Gedanken«[27] ahnen. Darum ist durchaus einzuräumen, daß in

[26] Vgl. die Ausführungen über den »behaglichen Ödipus« S. 14 f.
[27] Brief an Minna, Nr. 17; II, 424.

dem Satz »Was ist das, was in uns lügt, mordet, stiehlt?« die Fragen nach dem Warum und dem Wer mitschwingen, auch wenn sie in jener Phase des Gedankenablaufs abgedrängt sind.

Die Frage nach dem Bösen hat für Büchner — die Bibelhinweise belegen es — einen Bezug zu Gott. Sie könnte so formuliert werden: Wie geht es zu, daß das Böse mit Gott zusammenbestehen kann? Wenn alles in Gott gründet, heißt das, daß Gott der Urheber des Bösen ist und für böse erklärt werden muß? Oder ist das Böse, weil Gott die lautere Güte ist, kein wirkliches Böses? Oder hat man sich das Böse und Gott anders zusammenzudenken, so nämlich, daß das Böse wirklich ist und Gott dennoch Gott ist und bleibt? Büchner gibt in seinem Brief keine Antwort. Da er aber das »Muß« ein »Verdammungswort« nennt, kann es nicht so sein, daß er die Wirklichkeit des Bösen leugnet, und da er sich auf ein Christuswort beruft, wäre es seltsam, wenn er Gott für den Urheber des Bösen hielte. »Dantons Tod« dokumentiert, daß sich Büchner mit all diesen Fragen auseinandergesetzt hat: Philippeau bewegt sich in der einen, Danton in der andern Richtung, der eine hält das Böse für einen bloßen Sinnentrug, demgegenüber Gott, jenseits von allem Scheinhaften, das vollkommene, reine Geistwesen ist, der andere führt das in seiner Wirklichkeit nicht bezweifelte Böse auf einen tyrannisch bösen Gott zurück, weshalb er sich gegen Gott auflehnt und das Nichts als den erlösenden Gott preist. Ihre Gegensätzlichkeit bestätigt, was sich schon im Brief abzeichnet: Büchner schließt sich weder diesem noch jenem an. Ihre Wege sind ihm Irrwege. Von »Irrgängen«[28] spricht er schon im Frühjahr 1834, und es steht ihm dabei derselbe Weg vor Augen, den er später Danton beschreiten läßt, denn er deutet an, er habe nicht nur das Leben, sondern auch Gott verflucht, womit eingeschlossen ist, daß er in Gott den Verursacher des Bösen gesehen habe[29]. Wenn er in »Dantons Tod« Irrgänge nachzeichnet, muß man sich fragen, auf welchen andern Wegen er nun den Bezug zwischen Gott und dem Bösen zu fassen suche. Das ist im einzelnen nicht zu ermitteln, die Dokumentation läßt einen im Stich. Immerhin kann auf Grund von Büchners erstem Drama gesagt werden, daß Parallelen zu Schellings Auffassung des Bösen erkennbar sind.[30]

[28] An Minna, Brief Nr. 17; II, 425: »Könnte ich nur über dich einen vollen Ton ausgießen; — so schleppe ich dich in meine wüsten Irrgänge.«

[29] Ebd. II, 424: »Ich verfluchte das Concert, den Kasten, die Melodie und — ach, wir armen schreienden Musikanten.«

[30] Vgl. dazu S. 78 ff. — Wie Schelling das Böse in Gott gründen läßt, ohne daß dabei Gott sein Verursacher ist, dies darzulegen kann hier nicht die Aufgabe sein, ganz abgesehen davon, daß darüber nicht in Kürze zu berichten wäre.

Büchners Frage nach dem Bösen zielt auf Gesetzmäßigkeit, auf das Böse im allgemeinen also; darüber hinaus geht es aber noch um etwas anderes. Das Christuszitat des Briefes macht darauf aufmerksam. Das Wort »Es muß ja Ärgernis kommen; doch weh dem Menschen, durch welchen Ärgernis kommt!«[31] enthält in seinem ersten Teil die allgemeine Gesetzlichkeit und spricht dann vom Menschen als einzelnem. Das Böse ist unabwendbar und unausweichlich, keiner könnte sagen, er habe mit ihm nichts zu schaffen, er sei gut, aber das Böse hat verschiedene Gestalten, und so verschuldet dieser und jener Mensch Arges von solcher Art, daß der über ihn kommende Weheruf die Bedeutung hat: »Dem wäre besser, daß ein Mühlstein an seinen Hals gehängt und er ersäuft würde im Meer, da es am tiefsten ist.«[32] Die von Büchner erwähnte Bibelstelle treibt seinen Gedanken ins Äußerste: der Mensch ist mit Verdammungsworten getauft, und in dieser allgemeinen Verdammnis ist das unwiderrufliche Verdammtsein möglich. Wenn aber Büchner ein Christuswort anführt, so besagt dies, daß für ihn das Böse nicht ausschließlich unter dem Zeichen der Verdammnis, sondern auch unter dem der Gnade steht.

Dadurch daß die Frage nach dem Bösen in diese Zusammenhänge rückt, legt sie ihren allgemeinen Charakter ab und wird zu einer persönlichen Frage. Sie lautet nun: Bin ich dazu ausersehen, ein endgültig Verdammter zu sein? Daß Büchner in der Tat von dieser persönlichen Frage bedrängt ist, kann man an jenen Briefstellen ablesen, da er sagt, die Seele sei ihm genommen[33], oder wo er davon spricht, daß er Gott verflucht habe[34]. Das zitierte Christuswort nennt er nicht nur deshalb schauderhaft, weil es schauderhaft ist, an irgendeinen Menschen zu denken, auf den das Wort zutreffen könnte, sondern weil er selbst sich von dem Wort angeredet fühlt.

Die Frage nach dem Bösen, sofern dieses gesetzhaft ist, kann beantwortet werden: das eherne Gesetz ist erkennbar. Die persönliche Frage, ob ich ein im Bösen Verlorener sei, ist denkerisch überhaupt nicht zu bewältigen. Die Erkenntnis des ehernen Gesetzes gibt in dieser Hinsicht nicht den geringsten Aufschluß. Denn der Fragende hat es nunmehr nicht mit einer Gesetzlichkeit zu tun, sondern mit Gottes Freiheit. Darum ist es auch unmöglich, rundweg von Unfreiheit zu sprechen. Will ich sie, die der Herleitung bedürftig ist, aus der Freiheit hervorgehen lassen, muß ich

---

[31] Matth. 18, 7.
[32] Matth. 18, 6.
[33] Nr. 18; II, 426.
[34] Nr. 17; II, 424.

mir sogleich sagen, daß die Freiheit wohl meine Unfreiheit, aber auch meine Freiheit wollen kann.

Was menschliche Freiheit sei, hat sich im Durchgang durch ihre Verneinung gewandelt. Sie ist nicht länger aus sich selbst zu bestimmen, denn sie ist als menschliche *Freiheit* immer mehr als *menschliche* Freiheit. Daher ist sie auch nicht eine Eigenschaft, die der Mensch hat, vielmehr ist sie das Umfassende, in das der Mensch einbezogen ist. Sie ist keine Denkaufgabe, sie ist das mit meinem Daseinsvollzug zur Entscheidung Stehende. Mithin ist sie ein Vorgang, nichts Abgeschlossenes, kein Zustand, sondern etwas sich ständig Vollziehendes. Man mag das daran erkennen, daß in Büchners Briefen an Minna diese Freiheit bald als gegenwärtig[35], bald als gewesen[36], bald als künftig[37] erscheint. Dementsprechend ist die Unfreiheit zugleich das Überwundene und zu Überwindende.[38]

Wenn diese Überlegungen zu Büchners Briefen richtig sind, müssen sie von der Dichtung her bestätigt werden können. Daß im »Woyzeck« der Mensch als ein Wesen dargestellt ist, das lügt, stiehlt, hurt und mordet, braucht nicht eigens nachgewiesen zu werden. Das Elend des menschlichen Daseins zeigt sich in all seinen Erscheinungsformen, auch in Krankheit und Schwachsinn, arroganter Dummheit und hochmütiger Herablassung, in Langeweile und Gehetztheit, Laster und Lästerung. Die Übel sind versammelt, mit unabwendbarer Gewalt treten sie immer von neuem auf. Das Verdammungswort »Muß« ist auch im Alltäglichsten noch vernehmbar, in Woyzecks wiederholtem »Ich muß fort«. Selbst am kleinen Kind manifestiert sich der status corruptionis, heißt es doch einmal mit deutlichem Anklang an die Verbannung aus dem Paradies: »Was der Bub schläft. Greif' ihm unter's Ärmchen der Stuhl drückt ihn. Die hellen Tropfen steh'n ihm auf der Stirn; Alles Arbeit unter der Sonn, sogar Schweiß im Schlaf.« (171) Daß das Leben kein lebendiges Leben sei, sondern ein Gestorbensein, auch diesem Gedanken begegnet man hier wieder. Woyzeck sagt: »Still, Alles still, als wär die Welt todt.« (168) Mit den Worten »Alles todt!« schlägt sich Marie an die Brust (180). Die Großmutter erzählt das Märchen von dem armen Kind, das keinen Vater, keine Mut-

---

[35] Büchner redet dann von der Unfreiheit in der Vergangenheitsform: »Das Gefühl des Gestorbenseins war immer über mir.« (Nr. 17; II, 424)

[36] Es ist von einem Augenblick der Freiheit die Rede, wenn Büchner sagt: »Ich glühte, das Fieber bedeckte mich mit Küssen und umschlang mich wie der Arm der Geliebten.« (Nr. 18; II, 426)

[37] Vgl. die Stelle: »Ich bin ein Automat; die Seele ist mir genommen. Ostern ist noch mein einziger Trost.« (Ebd.)

[38] Im Brief Nr. 20 (II, 427) steht dicht nebeneinander: »Siehst du denn nicht den neuen lichten Tag?« und »Es überfällt mich eine unsägliche Angst.«

ter mehr hatte, das, als alles tot war und niemand mehr auf der Welt war, in den Himmel gehen wollte, aber der Mond war ein faules Stück Holz, die Sonne »ein verreckt Sonneblum«, und die Sterne waren kleine Mücken, wie sie der Neuntöter auf die Schlehdornen steckt (151). Es ist die eindrücklichste, aber auch gräßlichste Schilderung des Gestorbenseins bei lebendigem Leib, gräßlich deshalb, weil diese Geschichte kleinen Kindern erzählt wird und in ihnen jegliches Vertrauen zu vernichten droht. Was hier geschieht, rückt Büchner in die Nähe des bethlehemitischen Kindermordes: das Stichwort »König Herodes« — eine Analogie dazu ist die Nennung Neros in »Dantons Tod« (70) und in »Leonce und Lena« (112) — ist vor das Märchen gesetzt. Und da diese Märchenerzählung in solche Zusammenhänge gefügt ist, wird man wohl auch an das Wort vom Ärgernis zu denken haben, zumal Christus an jener Stelle ein Kind zu sich ruft und den Jüngern sagt, daß sie umkehren und wie die Kinder werden müßten, worauf es dann heißt: »Wer ein solches Kind aufnimmt in meinem Namen, der nimmt mich auf. Wer aber ärgert dieser Geringsten einen, die an mich glauben, dem wäre besser, daß ein Mühlstein an seinen Hals gehängt und er ersäuft würde.« Büchner zeichnet das Kind der Großmuttererzählung als Gegenbild zu jenem Kind, das für Christus Beispiel und Gleichnis ist. So macht er deutlich, in welcher Weise die Großmutter sich der Kinder annimmt. Die Metanoia bringt hier nicht zur unangefochtenen kindlichen Gläubigkeit zurück, sondern kehrt den Kindersinn dem Unglauben zu, für den alles tot ist, auf der Erde wie im Himmel. Das Märchen spiegelt den Gemütszustand der Großmutter wider. Sie ist die Mutter Maries, sie ist darob verbittert, daß ihre Tochter ein uneheliches Kind hat, eine Hure ist. Dasselbe Motiv kommt in »Dantons Tod« vor: Marions Mutter hat sich wegen ihrer Tochter zu Tode gegrämt (22).[39] Auch die Grämlichkeit des Barbiers könnte einen solchen Hintergrund haben und wäre dann nicht allein mit seinem Rückenleiden zu verknüpfen, falls die Annahme erlaubt ist, daß er mit den Volksliedversen (148) auf Persönliches anspielt:

Ach Tochter, liebe Tochter,
Was hast du gedenkt,
Daß du dich an die Landkutscher
Und die Fuhrleut hast gehängt?

Ein Bezug zwischen der Szene mit dem als atheistisch gekennzeichneten Barbier und der andern mit der Großmutter ist jedenfalls auch dadurch

[39] Wie bei jeder Parallele, so besteht auch hier ein Abstand; größer noch ist er zwischen Marie und Marion.

gegeben, daß es das einemal — übrigens im Kontrast zu den Gerichts-
vorstellungen, die der Abendhimmel in Woyzeck wachruft — heißt:
»Seht die Sonn kommt zwischen de Wolke hervor, als würd e potchambre
ausgeschütt« (149), und daß das anderemal gesagt wird, die Erde sei, als
das arme Kind von den Sternen zurückkam, ein umgestürzter Hafen
gewesen (151). Möglicherweise hat man sich den Barbier als Maries Vater
zu denken: was bei der Großmutter zur Versteinerung geführt hat, ist
bei ihm ins Schlaffe, Weinerliche, Geschwätzige gewendet.

Zu den desolaten Bildern menschlichen Elends hat Büchner Kontraste
gesetzt. In den Evangelien des Johannes und des Lukas, wo Marie die
Berichte von der Ehebrecherin und der Sünderin nachschlägt (180)[40], vernimmt man eine andere Antwort, als die Großmutter mit ihrem Gram
gibt; und das gleichsam als Motto vorausgehende Wort über Jesus: »Und
ist kein Betrug in seinem Munde erfunden«[41] scheint von Büchner deshalb
ausgewählt worden zu sein, damit die Märchenerfindung der Großmutter
ein Gegengewicht habe. Das von Woyzeck angeführte Wort »Lasset die
Kindlein zu mir kommen« (172)[42] bildet das Gegenstück zur Aufforderung: »Kommt ihr klei Krabben! Großmutter erzähl.« (151) Andernorts, wie Woyzeck über seine Habseligkeiten bestimmt und seiner
Schwester das Kreuz vermacht, ist mit pietistischen Versen auf die Passion hingewiesen (181), und dieser Hinblick auf Christi Leiden ist ab-
gehoben von der Predigt des Handwerksburschen, die in eine Gebetsein-
ladung eigener Art mündet: »Zum Beschluß meine geliebten Zuhörer
laßt uns noch über's Kreuz pissen, damit ein Jud stirbt.« (178) Zu behaupten, Büchner stelle ausschließlich dar, daß der Mensch mit Verdammungsworten »getauft« sei, ist nur möglich, wenn man die andern »Tauf-
worte«, die in seiner Dichtung stehen, überhaupt nicht zur Kenntnis
nimmt und selbst jenes Wort unbeachtet läßt, das am deutlichsten der
Verfluchung entgegentritt: »So verdamme ich dich auch nicht.« (180)
Büchners Dichtung handelt nicht nur von Zorn und Verdammnis, sondern
auch von Versöhnung und Liebe. Züge der Liebe treten auch im Porträt
der Menschen hervor: man erkennt sie in Woyzecks Anhänglichkeit und
aufopfernder Fürsorge[43], in Maries Regungen der Dankbarkeit (171), in
der Freude, die sie an ihrem Kind hat (169).

[40] Joh. 8, 3 u. 11; Luk. 7, 38.
[41] 1. Petr. 2, 22.
[42] Matth. 19, 14.
[43] Man hat sich auch hier vor Einseitigkeit zu hüten: Woyzeck ist nicht der »große
Liebende«, zu welchem er von Kurt May idealisiert wird (a. a. O., S. 97); wie sollte
das damit zu vereinbaren sein, daß er Marie umbringt? Unbegreiflich ist auch, wie
Kurt May sagen kann, Büchners Drama enthalte »nicht eine Spur, nicht einen
Schimmer von religiöser Erlösung« (S. 96).

Woyzeck und Marie stehen in der Gegensätzlichkeit, die im Gegenüber von Großmuttermärchen und Evangelistenbericht am schärfsten gezeichnet ist. Es kann mit ihnen eine Wendung dahin und dorthin nehmen. Sie sind in eine Entscheidung hineingestellt. Woyzeck fürchtet das Verderben, wie es über Sodom hereinbrach, zugleich ist ihm der Gedanke der Rettung gegenwärtig; wenn er zu Andres sagt: »Fort. Sieh nicht hinter dich«, denkt er an das zu Lot gesprochene Wort: »Errette deine Seele und sieh nicht hinter dich.«[44] Um zu erfahren, welches Geschick ihm bestimmt sei, achtet er auf Zeichen, hört er auf Stimmen. Darin ist er Lenz vergleichbar, aber während dieser darauf aus ist, ein Zeichen zu bekommen, das seine Erwähltheit kundtut, indem er durch ungewöhnliche Leistungen würdig zu werden, die Auszeichnung zu verdienen strebt, ist in Büchners letztem Drama der Akzent anders gesetzt: bei Woyzeck, dem es nicht in den Sinn kommt, Verdienste geltend zu machen, herrscht das Gefühl der Unwürdigkeit vor. »Unseins ist doch einmal unseelig in der und der andern Welt«, sagt er zum Hauptmann, »ich glaub' wenn wir in Himmel kämen so müßten wir donnern helfen.« (172) Hoffnung spricht hier nur ganz verschämt mit, verhüllt in der Furcht, daß er sogar im Himmel noch dem Zorn Gottes nahe sein müßte. Die Armut, in der er zu leben hat, die überall spürbare Verachtung, die ihm zugefügten Kränkungen sind ihm Beweise dafür, wie es um ihn steht, und diese Beweise überzeugen ihn deshalb, weil er sich als Schuldiger fühlt. Sein Gefühl der Unwürdigkeit gründet im Gefühl seines Schuldigseins. So lebt er in der Erwartung des hereinbrechenden Gerichtstages.

Der Hauptmann bildet dazu den Gegensatz, sagt er sich doch immer: »Du bist ein tugendhafter Mensch, ein guter Mensch, ein guter Mensch.« (172) Als ob nicht gerade der Gute sich am wenigsten wird einreden wollen, er sei gut. Der Hauptmann nennt den gut, der sich selbst in der Hand hat und sich daher dem Guten zuwenden kann. Das Böse ist ihm bloß eine Schwäche, sei es mangelnde Einsicht oder ungenügende Selbstbeherrschung. Seiner Ordonnanz fehlt es offensichtlich an beidem. Woyzeck ist ja »ganz abscheulich dumm« (172) und »immer so verhetzt« (173): er hat keine Bildung und keine Haltung, kein Wissen und keine Würde. Dabei ist auch er im Grunde genommen gut, der Hauptmann sagt es ihm nicht weniger als viermal. Weil Woyzeck ein guter Mensch *ist*, könnte er auch gut *werden*, aber er verwirklicht das Gutsein nicht, seine Lebensführung ist ohne moralische Tüchtigkeit. Woyzeck scheint darüber anders zu denken. Er ärgert sich über den Hauptmann. Im Laufe des Gesprächs

---

[44] 1. Mose 19, 17.

werden seine Antworten zusehends spitzer. Büchner hat sich für diese Szene auf eine im Gutachten des Dr. Clarus vermerkte Äußerung Woyzecks gestützt: es habe ihn geärgert, wenn die Leute von ihm gesagt hätten, er sei ein guter Mensch; denn er habe gefühlt, daß er es nicht sei (509). Diesen Ärger bringt Büchner dort am stärksten zum Ausdruck, wo er Woyzeck erwidern läßt: »Sehn Sie, wir gemeine Leut, das hat keine Tugend, es kommt einem nur so die Natur, aber wenn ich ein Herr wär und hätt ein Hut und eine Uhr und eine anglaise und könnt vornehm reden, ich wollt schon tugendhaft seyn. Es muß was Schöns seyn um die Tugend, Herr Hauptmann. Aber ich bin ein armer Kerl.« Woyzeck gibt dem Hauptmann zu verstehen: Ihr vornehmen Leute, Ihr habt gut reden. Ihr habt ja alles, den Gehrock und die Taschenuhr[45], wie solltet Ihr da nicht auch die Tugend haben, ich aber habe keine Tugend, ich habe überhaupt nichts, nichts, was mir zu sagen erlaubt: Ich bin gut.[46]

Woyzeck hat ein elementares Gefühl, kein guter Mensch zu sein, ein Gefühl, das keinem konkreten Verschulden entspringt und auch nicht von besonderen Umständen verursacht ist, sondern darin lediglich Bestätigung findet. Nicht nur weil er sich dies oder das hat zuschulden kommen lassen, ist er kein guter Mensch; er ist gegenüber Marie und seinem Kind in Schuld geraten, weil er nicht gut ist. Würde Woyzeck das Bösesein einzig darin sehen, daß etwas moralisch nicht einwandfrei ist, so wäre nicht zu begreifen, warum er sich über den Hauptmann ärgert, statt sich im Bewußtsein des zwar nicht makellosen, aber vervollkommnungsfähigen Gutseins zu gefallen. Würde er hingegen für das Bösesein die Ungunst

---

[45] Der Hinweis auf den Besitz einer Taschenuhr fällt um so mehr auf, als in einer andern Szene der Unteroffizier — in welchem man wohl den Tambourmajor der spätern Entwürfe zu sehen hat — »großartig und gemessen« seine Uhr vorzeigt (146). Hier hat also einer eine Uhr — und hat doch keine Tugend. Man kann sich fragen, ob Büchner bei dieser Entgegenstellung nicht an Jean Jacques Rousseau gedacht hat. Rousseau, der dargelegt hatte, daß der Fortschritt der Wissenschaften und Künste zum Verderb der Sittlichkeit geführt habe, und durch diese Abhandlung berühmt geworden war, begann gutes Leben zu demonstrieren, indem er sich in grobes Tuch kleidete und nicht nur den Degen und die weißen Strümpfe von sich tat, sondern auch, was er besonders hervorzuheben pflegte, die Taschenuhr. Da nun Büchner die Taschenuhr im Zusammenhang mit dem Fortschrittsgedanken (146) und mit dem Gutsein des Menschen (172) erwähnt, ist vielleicht der Schluß gestattet, er hebe die Fragestellung, von der Rousseau und seine Zeitgenossen bewegt waren, aus den Angeln und lasse durchblicken, daß weder die Teilhabe am zivilisatorischen Fortschritt mit ihrer Güterproduktion noch das Umgekehrte, bestehe es in Verzicht oder Entbehrung, den Menschen gut oder schlecht mache.

[46] Vgl. dazu Leonce: »Warum kann ich mir nicht wichtig werden und der armen Puppe einen Frack anziehen und einen Regenschirm in die Hand geben, daß sie sehr rechtlich und sehr nützlich und sehr moralisch würde?« (106)

der Umstände verantwortlich machen, so wäre nicht einzusehen, warum er überhaupt Schuld auf sich fühlen, sich sogar vor dem Zorn Gottes fürchten sollte. Da nun aber das Gefühl des Böseseins nicht auf etwas Bestimmtes zurückgeführt werden kann, ist es unheimlich. Woyzeck ist vom Unheimlichen umgeben. Das wird allenthalben spürbar, etwa in seinem Wort, jeder Mensch sei ein Abgrund, es schwindle einem, wenn man hinabsehe (165), oder in der Ängstigung, die ihn des Abends beim Stöckeschneiden überfällt. Die Unheimlichkeit ist nicht die Projektion eines schlechten Gewissens, noch weniger die Ausgeburt der Einbildung oder gar Symptom des Wahnsinns; in ihr ist in ursprünglicher Weise das Schuldigsein des menschlichen Daseins erschlossen. Der Zwang, der darin waltet, hebt die Schuld nicht auf, ja, mindert sie nicht einmal, sondern gibt ihr die ganze dunkle Schwere.

In diesem Schuldigsein neigt Woyzeck dazu, sich für einen unwiderruflich Verfluchten zu halten: »Unseins ist doch einmal unseelig in der und der andern Welt.« Der Kontrast zwischen Hauptmann und Woyzeck zeichnet sich erst jetzt genügend scharf ab. Für den einen sind die Menschen grundsätzlich gut, und weil es nur Schwächen sind, die das Gutsein beeinträchtigen, er aber diese Schwächen immer wieder überwindet, meint er ein in höchstem Maß guter Mensch zu sein, so daß ihn ob so vieler Güte Rührung überkommt; für den andern sind die Menschen böse — jedenfalls erfährt er sich selber so —, und dieses Bösesein ist in seiner Unbegründbarkeit derart abgründig, daß er in die tiefsten Schrecken endgültiger Verworfenheit zu stürzen droht. Da bei dieser Gegenüberstellung der Akzent auf der Seite Woyzecks liegt, handelt es sich in Büchners Drama nicht um die Frage, ob der Mensch gut oder böse sei, auch nicht darum, ob das als Schwäche aufgefaßte Böse besiegt werde oder siege. Zur Entscheidung steht, ob der Mensch in seinem Bösesein vollständig und unabänderlich verdammt sei oder nicht.

Sofern nun aber Woyzeck bei dieser Entscheidung auf ein Wissen ausgeht, verfälscht er sie. Denn das erstrebte Wissen ist auf keinem Weg zu erlangen. Was immer auch Woyzeck angesichts geheimnisvoller Zeichen oder seines Schicksals herausfinden mag, es ist bloß eingebildetes Wissen, und dieses Dafürhalten ist etwas Sekundäres, abgeleitet aus einer Grundeinstellung, der dieses oder jenes bedeutsam wird, weil es ihr entspricht, während andres unbeachtet bleibt. Die Entscheidung wird nicht angemessen erfaßt, solange sie dem Dafürhalten gleichgesetzt ist; sie gehört einem Bereich an, in welchem es nicht um Wissenwollen und Wissenkönnen geht, sondern um Vertrauen oder Zerstörung des Vertrauens, Zuversicht oder Verzagtheit, Beherztheit oder Verzweiflung.

Entscheidung in diesem Sinn vollzieht sich, indem Marie zu Woyzeck sagt: »Gott vergelt's Franz«, und vollzieht sich wiederum, indem sie kurz darauf im Selbstgespräch sagt: »Geht doch Alles zum Teufel, Mann und Weib.« (171) Es ist keine Floskel oder gar Heuchelei, wenn Marie Dankbarkeit äußert; sie ist in diesem Augenblick eine Liebende, deshalb fühlt sie auch in Scham und Reue ihre Schlechtigkeit und möchte, daß Franzens Liebe anders vergolten werde, als es von ihrer Seite geschieht. Dies alles wirft sie einen Augenblick danach von sich. Sie hat sich zu anderem entschieden, endgültig auch diesmal nicht, das Hin und Her wiederholt sich vielmehr bis zu ihrem letzten Aufschrei: »Um des Himmels willen, Hü — Hülfe!« (152) Die Entscheidung vollzieht sich nicht ein für allemal, sondern stets von neuem und stets als dieselbe.

Wenn Marie sagt: »Geht doch Alles zum Teufel«, nennt sie mit dem Wort »Teufel« das Nichts. Sie blickt auf die Vergänglichkeit, auf das Ende im Tod. Weil nichts bestehen, nichts treu bleibt, ist alles eins (173), einerlei, gleichgültig, gleich nichtig, das Hohe wie das Niedere, das Gute und Böse. Verglichen mit Marion, die ja auch erklärt, es laufe mit allem auf eins hinaus, ist Marie tiefer verzweifelt. Marion meint die Freude zu preisen: »Es läuft auf eins hinaus, an was man seine Freude hat, an Leibern, Christusbildern, Blumen oder Kinderspielsachen, es ist das nemliche Gefühl.« (22) Das Nichts zeigt sich ihr in verkleideter Gestalt, und davon hat sie erst eine untergründige und dennoch ängstigende Ahnung. Ihr Freund, der sie wegen ihrer Treulosigkeit erwürgen wollte, von seinem Vorhaben jedoch abstand, hat ihr ein Abschiedswort hinterlassen, das die Nichtigkeit enthüllt: sie solle ihr Kleid — ihren Leib — nur behalten und es brauchen, es werde sich schon von selbst abtragen. Daß sich das Kleid abtrage, muß Marie tief ins Bewußtsein gedrungen sein, darum erscheint ihr der Glanz, der mit der Werbung des Tambourmajors auf ihr Leben fällt, um so heller, wiewohl sie weiß, daß sie sich mit bloßem Flitter aufschmückt. Die eindrücklichste Variation hat Büchner dem Thema des abgetragenen Kleides in den ersten Entwürfen abgewonnen, indem er mit der hageren, ausgemergelten Gestalt des Barbiers geradezu das Totengeripke sichtbar macht: »Ich bin ein lebendiges Skelett. Die ganze Menschheit studirt an mir. Was ist der Mensch? Knochen! Staub, Sand, Dreck.« (149) Ob der Nichtigkeit verzweifelnd, bringt der Barbier erst recht das Nichts hervor, ist er doch als dauernd Angetrunkener kaum mehr etwas anderes als die leibhaftige Albernheit.

Was sich an Marie und am Barbier zeigt, tritt an Woyzeck noch deutlicher in Erscheinung. Ohnehin dem Gefühl der Unwürdigkeit ausgesetzt, sieht er sich durch Maries Untreue vollends vor das Nichts gestellt. Er habe außer Marie nichts auf der Welt, hat er dem Hauptmann erklärt (163), und nun, da es so ist, daß er nichts hat, entscheidet er sich zum Nichts, indem er die Vernichtung will. Es soll dieses »Immer zu, immer zu«, das er von der vorbeitanzenden Marie hört, nicht länger geben. Gott müßte allem ein Ende machen, er müßte die Sonne ausblasen (178); weil er damit säumt, soll Vernichtung wenigstens am einzelnen — pars pro toto — vollbracht werden. Mit seinem Vorhaben will Woyzeck die Welt — wie es von Lenz heißt — gleichsam mit den Zähnen zermalmen und sie dem Schöpfer ins Gesicht speien (93 f.). Man sieht: es wäre unzureichend, wollte man als Tatmotiv einfach die Eifersucht anführen. Natürlich ist Woyzeck von der Eifersucht gepeinigt, besonders wie er den Tambourmajor mit Marie tanzen sieht: »Der Kerl! Wie er an ihr herumtappt, an ihrem Leib, er, er hat sie wie ich zu Anfang!« (178) Und wenn er Marie ersticht, bedeutet das gewiß auch, daß der Nebenbuhler sie nicht haben soll. Zugleich aber soll auch nicht mehr sein, daß er selbst sie zu Anfang hatte. Er verflucht sich, bei dem Immerzu des ständig sich Wiederholenden von Zeugung und Geburt mitgetan zu haben. Darum hat er auch im Sinn, sich das Leben zu nehmen[47], und trifft letzte Verfügungen. Wie es bei einer Beerdigung üblich ist, nennt er auf den Tag genau sein Alter (181). Es ist eine Szene, mit der sichtbar gemacht wird, was in ihm vorgegangen ist: er hat sich von den bisher getreulich aufbewahrten Devotionalien und Andenken innerlich getrennt. So entäußert er sich nun ihrer und gibt sie weg, wobei er ihnen noch einen Rest von Anhänglichkeit bewahrt, sonst hätte er sie einfach fortgeworfen. Das vollzieht sich in einer Weise, daß Andres, vom Hauch des Todes berührt, ganz erstarrt.[48]

---

[47] Dr. Clarus gegenüber hat Woyzeck ausgesagt, er hätte sich, wenn er nicht verhaftet worden wäre, in derselben Nacht und mit dem nämlichen Instrument das Leben genommen (516).

[48] Franz H. Mautner setzt den Woyzeck dieser Szene mit Marie gleich, wie sie in der Bibel liest und sich voll Reue an die Brust schlägt: Woyzeck sei zur Nachfolge Christi bereit, er sei »völlig geläutert«. (Wortgewebe, Sinngefüge und »Idee« in Büchners »Woyzeck«, in DVjs. 1961, S. 544 f.) — Nachfolge Christi: dabei hat Woyzeck vor, Marie und sich selbst umzubringen! Die beiden Szenen, die Mautner parallelisiert, sind einander entgegengesetzt: Marie ist von Reue erfaßt, nichts dergleichen bei Woyzeck; Marie greift zur Bibel, Woyzeck tut Kreuz, Heiligenbild und Spruch von sich. (Damit wird natürlich nicht ausgeschlossen, daß sich später in Woyzeck eine Wandlung ereignen könnte, daß dann von einem umgewendeten, vor Gott gestellten und auf die Barmherzigkeit bezogenen Dasein zu sprechen wäre; die Dichtung, fragmentarisch wie sie geblieben ist, erlaubt darüber keine Aussage.) In dieser Szene ist gestaltet, was in der ersten Fassung einmal mit den Worten »Gott weg Alles weg« (343) ausgedrückt ist. Daß Büchner diese Worte wieder

Daß Woyzeck, Marie, der Barbier so denken und handeln, wie sie es tun, geschieht nicht zwangsläufig. Sie hätten auf das andringende Nichts anders antworten können. Man wird nicht behaupten wollen, Büchner wisse von keinen andern Möglichkeiten. Es sei nur daran erinnert, daß für Camille das Immerzu keineswegs etwas ist, was vernichtet zu werden verdient, was von der Nacht verschlungen werden soll; das Immerzu ist ihm als die Schöpfung Gottes das jeden Augenblick sich neu Gebärende und ans Licht Tretende. Und wenn Leonce sagt, das Leben sei viel zu kurz, selbst den Geringsten unter den Menschen zu lieben, so sagt er damit nicht, es sei nichts mit der Liebe, weil das Leben vergänglich sei, im Gegenteil: wäre der Liebe nicht die Ewigkeit gegeben, sie vermöchte nicht Liebe zu sein, auch im Kleinsten nicht. Und Büchners Wort, wir seien Tod, Staub, Asche, ist aus einem andern Geist gesprochen als die ähnliche und doch so verschiedene Bemerkung des hämischen und weinerlichen Barbiers. In diesen Beispielen — wie in andern, die angeführt werden könnten — ist der Sinn auf das Ewige gerichtet, welches in der Schöpfung, der Liebe, der Hinfälligkeit waltet. Dem also ist entgegengesetzt, daß der Sinn auf das Nichts gerichtet sein kann, daß er das Ewige verneint und nun inmitten des Nichtigen sich bald an dies, bald an das hält, von dem er behauptet, es sei das allein Wirkliche, an den Besitz etwa oder an das Momentane, und dabei doch um ihre Nichtigkeit weiß, somit weiß, daß er sich etwas vormacht, und es sich dennoch vortäuscht. Ohne das Ewige kann er nicht anders als das Nichtige wollen, jetzt ist er dem Zwang unterstellt, zugleich aber auch dem Zufälligen ausgeliefert. In der letzten Konsequenz will er das Nichts. Die Frage, was in uns stehle, hure, lüge, morde, ist in Büchners Dichtung beantwortet: es ist die Schwermut ob der Vergänglichkeit, die Verzweiflung darüber, daß das Ewige nicht sei und deshalb alles nichtig.

Von hier aus kommt man wohl auch Woyzecks schwer zugänglicher Äußerung näher: »Herr Hauptmann ja und nein? Ist das Nein am Ja oder das Ja am Nein Schuld?« (164) Wenn sich Woyzeck fragt, ob das Nein am Ja schuld sei, so dürfte er, auf seine unbeholfene Art, dasselbe meinen, was Danton in geschliffener Formulierung vorbringt: Das Nichts hat sich ermordet, somit ist das Nichts schuld daran, daß überhaupt etwas ist, daß man nicht umhin kann, dieses Etwas zuzugeben, freilich nur als

gestrichen hat, bedeutet keinen Widerruf; sie passen ihm nicht in jene Szene, weil sie zu früh kommen, weil sie dort mit dem Kontext nicht zusammenstimmen. Wenn er sie nicht wieder aufnimmt und anderswo einfügt, so erklärt sich dies daraus, daß er den betreffenden Sachverhalt mehrfach dargestellt hat, z. B. mit dem Märchen der Großmutter, mit dem predigenden Handwerksburschen.

das Beklagenswerte, das nicht sein sollte. Zu dieser Auffassung gehört der Gedanke, den Danton hypothetisch äußert, Woyzeck hingegen in Wirklichkeit umzusetzen unternimmt, indem er Marie tötet: »Wer an Vernichtung glauben könnte! dem wäre geholfen.« (61) Der andere Satz — das Ja sei schuld am Nein — kann aus dem Gesagten erschlossen werden; er bedeutet demnach, daß aller Verneinung und Nichtigung stets das Affirmierte vorausgesetzt ist, daß also das Nein nicht die Macht hat, durch sich selbst zu sein, sondern nur durch das Ja ist, das ihm vorausgeht, es ermöglicht, es übernimmt und trägt. Was so formuliert einigermaßen abstrakt tönt, läßt sich leicht ins Konkrete übertragen. Der Tod, zum Beispiel, ist ein solches Nein, das durch sich selbst zu sein die Macht nicht hat. Das Volkslied drückt dies so aus:

> Es ist ein Schnitter, der heißt Tod,
> Hat Gewalt vom höchsten Gott. (75)

Dasselbe sagen Büchners Sterbeworte. Das Nichts ist auch für Marie nicht das Letzte. Mit den Worten »Alles todt!« schlägt sie sich auf die Brust, aber sie fügt bei: »Heiland, Heiland ich möchte dir die Füße salben.« (180) Offensichtlich ist sie schon nicht mehr die Erstorbene, die zu sein sie innegeworden, sonst hätte sie dieses Verlangen nicht. Das Nein ist für sie nicht mehr das Umfassende, es ist umgekehrt: Das Ja hat das Nein umgriffen. Büchner hat das an der gleichen Stelle doppelt dargestellt und die Parallelität auch mit der Ähnlichkeit der Gebärde hervorgehoben. Die Hände zusammenschlagend, sagt Marie: »Herrgott! Herrgott! Ich kann nicht«, verharrt aber nicht bei dieser Negation, sondern dringt durch sie hindurch: »Herrgott gieb mir nur soviel, daß ich beten kann.« Man hat dabei auf den Gegensatz zu achten, den diese Stellen zu jenen andern bilden, wo es heißt, es gehe doch alles zum Teufel, es sei alles einerlei. Das Böse und das Gute sind nun nicht mehr das Nämliche, mit ihnen läuft es nicht auf eins hinaus, weil beides gleicherweise nichtig wäre, vielmehr ist deutlich gemacht, daß das Böse das Böse ist, aber als solches nicht durch sich selbst, sondern durch das Gute ist, das in ihm waltet. Ob Büchner an Woyzeck Ähnliches zu zeigen gedachte? Darauf wird sich keine Antwort geben lassen. Auffallend ist nur, daß Woyzeck in seinem Willen zur Vernichtung aufgehalten wird: wohl bringt er Marie um, den Vorsatz dagegen, sich selbst zu töten, führt er nicht aus.[49] Was immer

---

[49] Wenn man bedenkt, daß die vorläufige Reinschrift des »Woyzeck« 14 Seiten, die konstruierte Bühnenfassung knapp 23 Seiten umfaßt, »Dantons Tod« dagegen 67 Seiten, so wird man sich sagen müssen: Büchners letztem Drama fehlt, in einem zwar unbekannten, aber jedenfalls erheblichen Ausmaß, der Schluß. Man kann des

auch Büchner mit seinem Drama noch vorhatte, so viel kann als gewiß
gelten, daß für Woyzeck, solange er lebt, Marie nicht ins Nichts ausgelöscht ist. Sie steht ihm mitsamt seiner Schuld vor Augen. Er sieht sich
daran gehindert, an die Vernichtung zu glauben.

Woyzecks Frage, ob das Nein am Ja oder das Ja am Nein schuld sei,
weist in das Wesen der Entscheidung. Wichtig ist dabei, daß das eine
nicht ohne das andere ist; Woyzeck sagt denn auch nicht: »Herr Hauptmann ja *oder* nein«, sondern »ja *und* nein«. Im »Gedankenstrichel« (164)
zwischen Ja und Nein ist das Entscheidende enthalten, nämlich die Frage,
in welchem Bezug die beiden zueinander stehen. Der Mensch ist sowohl
in das Ja wie in das Nein hineingebunden, aber die Art der Gebundenheit kann verschieden sein: er ist entweder zusammen mit der Nichtigkeit
an das, was ist und nicht anders als immerwährend ist, gebunden, oder
er ist zusammen mit allem andern Seienden an das Nichts gebunden. Er
kann die Gebundenheit nicht auflösen, er ist auch dann, wenn er an nichts
gebunden ist, nicht ungebunden, sondern an das Nichts gebunden, wie es
die Erzählung »Lenz« wohl am eindrücklichsten darstellt. In diesem Fall
ist die Gebundenheit die größte Not, in jenem Fall ist sie von solcher
Art, daß sie die Not wendet. Sie ist dann Freiheit zu nennen. Freiheit
und Notwendigkeit gehen Hand in Hand, wie anderseits Zwang und
Zufall zusammengehören.

Freiheit und Gebundenheit sind eins in der Liebe. Dem Liebenden liegt
nichts daran, das tun und lassen zu können, was der Eigensinn wünscht.
Er will nicht von dem, woran er gebunden ist, losgelöst sein; er ist am
freiesten, wenn er sich für immer gebunden glauben kann. Solcher Freiheit begegnet man bei Maries Mutterliebe. Die Freude an ihrem Kind
läßt den Gedanken nicht aufkommen, Zwang und Zufall hätten ihr

weitern mit guten Gründen annehmen, daß Büchner von den grundlegenden historischen Fakten, zu denen das Todesurteil gehört, nicht abgewichen wäre. Demgegenüber ist des öftern die Auffassung vertreten worden, Woyzeck ertrinke im
Teich, Büchners Drama sei also im wesentlichen abgeschlossen. So auch von Wolfgang Martens. Zu diesem Ergebnis kommt er jedoch auf dem Weg einer unzu-
lässigen Folgerung. Aus dem überzeugend geführten Nachweis, daß der Barbier
nicht als Vorstufe zur Figur Woyzecks betrachtet werden könne, geht zwar hervor,
daß Woyzeck in der letzten Szene, der Gerichtsdienerszene (155), nicht auftritt,
aber man kann daraus nicht den Schluß ziehen: weil er hier nicht zu sehen ist, muß
er im Teich ertrunken sein. (Vgl. W. Martens, Der Barbier in Büchners »Woyzeck«,
a. a. O., S. 381 f.) — Auf eine ebenso unzulässige Folgerung trifft man bei David
G. Richards: er betont, man wisse nicht, wie Büchner sein Drama habe beenden
wollen, und dann leitet er aus diesem unserem Nichtwissen ab, es komme Büchner
nicht darauf an, wie Woyzeck sterbe (Anmerkungen zur Hamburger Ausgabe, den
»Woyzeck« betreffend, in: Euphorion, 1971, 65. Bd., H. 1, S. 55).

Leben bestimmt und sie in eine Notlage gebracht. Auch die boshaften Bemerkungen, die sie wegen ihres unehelichen Kindes hören muß, können ihr nicht allzu viel anhaben; ihnen setzt sie das Lob entgegen:

Sing ich die ganze Nacht
Heyo popeio mein Bu. Juchhe! (169)

Büchners Darstellung stimmt überein mit dem, was die Sprache denkt: »frei« bedeutet ursprünglich »lieb«, mit »lieben« ist »loben« wie »glauben« verwandt. In der ärgsten Unfreiheit ist demnach der Lieblose, der Gleichgültige, der sich um nichts kümmert und für niemanden besorgt ist, der auch nicht von Haß bewegt wird, der ohne Freude und ohne Verdruß bloß noch dahinlebt, und von dieser Gleichgültigkeit ist jedermann, auch Marie, angesteckt. Freiheit gibt es also nur insofern, als der Mensch aus dem Einerlei eines bloß mechanischen Lebensablaufs, aus dem »Gestorbensein«, befreit wird. Man kann sich aber aus diesem Zustand der Akedia nicht herausreißen, indem man sich zuruft: Bestimme dich aus dir selbst! Darum kommt gerade hier zum Vorschein, daß Freiheit Gebundenheit ist, daß der freie Mensch sich nicht als das seiner selbst mächtige Wesen verstehen kann.

Für den Doctor und den Hauptmann ist Freiheit etwas anderes. Das hat den Grund darin, daß beide, unter dem Einfluß kartesianischen Denkens, der Natur den Geist entgegensetzen und von dieser Zertrennung her das Wesen der Freiheit bestimmen. Der Mensch ist ihnen ein freischwebendes Ich, das den sinnlichen Teil seines Wesens als ein auswärtiges Naturding betrachtet. Er ist nicht schon immer in Bezüge gebunden, sondern stellt diese erst her, indem er als der Unabhängige, zu welchem er sich erklärt hat, sich selbst zu dem bestimmt, was bindend sein soll. Dabei ergeben sich zwischen Doctor und Hauptmann Unterschiede.

Die als Selbstbestimmung verstandene Freiheit ist für den Doctor das Vermögen, über das Naturding zu verfügen. Er macht es zu einem Objekt der Forschung, der Nutzung. Zu diesem Zweck schließt er mit Woyzeck einen Vertrag, der eine temporäre Interessengemeinschaft begründet und die gegenseitigen Verbindlichkeiten regelt; dieser Akkord, der die Stelle ursprünglicher Bindungen einnimmt, ist sogar schriftlich niedergelegt, ein Zeichen dafür, daß man sich nicht vom Vertrauen, sondern vom Zweifel leiten läßt und sich daher Sicherheit verschaffen muß. In solchen Zusammenhängen ist das Böse bloß die Schlechtigkeit, einen Vertrag zu brechen, und diese Schmälerung verbriefter Nutzungsrechte ist dem Doctor ein Ärgernis, sieht er doch seine Experimente und Theorien, von denen er sich Unsterblichkeit verspricht (162, 176), gefährdet. Wie der Begriff des Bösen und des ewigen Lebens, so ist bei ihm auch der Begriff des Ärgernisses verflacht; im Grunde genommen ist in der Welt der Wissenschaft überhaupt kein Ort mehr für das Skandalon. »Nein Woyzeck, ich ärgre mich nicht«, sagt der Doctor, obschon in Sprechweise und Gebärde der Ärger deutlich hervortritt, »Ärger ist ungesund, ist unwissenschaftlich. Ich bin ruhig ganz ruhig, mein Puls hat seine gewöhnlichen 60 und ich sag's Ihm mit der größten Kaltblütigkeit.« (174 f.) Diese Worte allein würden kaum einen Bezug zum Wort Ärgernis, wie es die Bibel braucht, nahelegen, liegt doch hier ein völlig alltäglicher Sprachgebrauch vor; bei der Fortsetzung jedoch stellt sich das Gefühl ein, das Vordergründige werde durchbrochen: »Behüte wer wird sich über einen Menschen ärgern, ein Menschen! Wenn es noch ein proteus wäre, der einem krepirt!« Auffallend ist ja, daß hier so sehr betont wird, Ärger komme höchstens noch eines Tieres wegen in Frage, nicht aber wegen eines Menschen, wobei einem sozusagen ein »geschweige denn« auf die Zunge gelegt wird, besonders weil der Gedanke mit dem Tod verknüpft ist: wenn einem ein Amphibium krepiert, handelt es sich allenfalls um einen Skandal, nicht aber, wenn einem ein Mensch, der in den Augen des Doctors zugleich ein Tier ist[50], stirbt, geschweige denn — ließe sich ergänzen —, wenn derjenige, der Mensch und Gott ist, den Tod erleidet. So problematisch es sein mag, bei den Worten des Doctors auch das zu berücksichtigen, was durch sie ausgeschlossen wird und den stillschweigenden Kontrast bildet, der anvisierte Bereich ist immerhin in Büchners Dichtung enthalten, in deren Geflecht vielfältiger Bezüge man eher Gefahr läuft, zu wenig als zu viel zu sehen. Man muß ja auch daran denken, daß Büchner Bibelstellen über das Ärgernis gegenwärtig hat und daß er wohl nicht ohne Hinblick auf sie die Gestalt der Großmutter gezeichnet hat.[51] Deshalb drängt sich die Frage auf, ob er in der Szene mit dem Doctor nicht darzustellen beabsichtige, wie der wissenschaftliche Geist Ärgernis und Ärger von der Schwelle gewiesen haben will und mit Kaltblütigkeit eine Erlösung von den Übeln herbeizuführen strebt, bei der niemand Anstoß nehmen kann und auch niemand das unsinnig erscheinende Begehren verspürt, das die Verse ausdrücken:

---

[50] In der ersten Fassung sagt der Doctor zu einer Schwangeren, der er ankündigt, daß sie in vier Wochen tot sein werde: »Dummes Thier, Sie giebt ein interessant's Präparat.« (162) An Woyzeck, den er einmal mit »Bestie« anredet, sieht er »Übergänge zum Esel« (167). Vgl. S. 293.

[51] Vgl. S. 299. — Büchner kann bei der Bibelkenntnis, wie sie zu seiner Zeit üblich war, auch erwarten, daß sich im Leser die entsprechenden Assoziationen bilden.

Herr wie dein Leib war roth und wund,
So laß mein Herz seyn aller Stund. (181)[52]

Und gerade dies trägt dazu bei, daß durch den Doctor Ärgernis kommt. Keiner ist in Büchners Drama davon ausgenommen, auf seine Weise zum Ärgernis zu werden.

Während der Doctor die Freiheit als Verfügungsgewalt versteht und das Naturding zum Verfügbaren macht, ist sie dem Hauptmann Selbstbestimmung zur Tugend, weshalb ihm die Natur als dasjenige gilt, wovon die Würde des Menschen Abstand zu wahren gebietet. Die Liebe stellt er dabei auf die Seite der Natur (172), sie ist eine Angelegenheit der Triebe, sie fordert nicht, daß einer für etwas Herz habe, daß er beherzt sei. Büchner hat diese Verdrehtheit dadurch zu veranschaulichen gesucht, daß er den Hauptmann sagen läßt, nur ein Hundsfott habe Courage, ein guter Mensch hingegen, ein solcher, dem das Leben lieb sei, habe »keine courage nicht« (164). Rührung und Weinerlichkeit — sentimentales Gegenstück zu der den Doctor kennzeichnenden Mischung aus Kaltblütigkeit und Ärger — haben den Platz der Beherztheit eingenommen. Gerührt ist der Hauptmann beim Gedanken, daß der Mensch sich selbst zum Gutsein bestimmen könne und demnach in seinem Wesen als gut zu betrachten sei, daß die zeitlos und allenorts gültige, übersinnliche sittliche Idee die Menschen insgesamt miteinander zu verbinden vermöge. Ums Weinen hingegen ist ihm, sobald ihn das Vorübereilen der Zeit beirrt und ihm in der Erscheinungsform des Geschwinden das Böse auf den Leib rückt, so daß er sich im Wohlgefühl eines zeitlosen Glückszustandes ebenso gestört sieht wie ärgerlicherweise der Doctor auf seinem Weg zu unsterblichem Ruhm. Da Gerührtheit und Weinerlichkeit, Tugend und Courage, teils sogar in gleichlautenden Sätzen, auch bei der Figur des Barbiers grundlegende Motive sind, verdient beachtet zu werden, daß dort die Selbstbestimmung zum Gutsein mit den Worten ausgedrückt wird: »Wir müssen Freunde seyn.« (149) Dieses Müssen ist in einen Zusammenhang mit jenem andern Müssen gebracht, welches sich darin äußert, daß der Mensch lügt, mordet, stiehlt, hurt, mit dem Verdammungswort »Muß« also. Der Mensch, sagt der Barbier zum Unteroffizier, haue, schieße, steche, hure, und er fügt bei: »Wir müssen.« Dadurch bekommt das Wort »Müssen« eine schwankende Bedeutung: einerseits ist vom Zwang zum Bösen die Rede, anderseits von der Notwendig-

---

[52] Man muß sich hier fragen, ob dem Doctor nicht Wesenszüge des Thomas Paine eingezeichnet seien. Vgl. dazu S. 106 f.

keit, ein guter Mensch zu werden. Büchner scheint hier Anklänge an Lessings »Nathan« beabsichtigt zu haben. »Wir müssen, müssen Freunde sein!« sagt Nathan zum Tempelherrn[53], wobei das früher Gehörte, daß es kein Müssen gebe außer der Verpflichtung zum Gutsein, nachtönt: »Kein Mensch muß müssen« — »Worum man ihn recht bittet, / Und er für gut erkennt: das muß ein Derwisch.«[54] Wenn Büchner dieses »Wir müssen Freunde sein« dem Barbier zu sagen gibt, zeigt er, wie sehr die Rede von der Freundschaft, vormals lebensgestaltend, zur Phrase geworden ist, zugleich dürfte er, indem er auf das unvermeidliche, ärgernisbringende Muß anspielt, gegen eine Anthropologie polemisieren, die dem Menschen die Fähigkeit zutraut, das Böse zu überwinden. Daraus zu folgern, Büchner halte nichts von der Freundschaft, wäre völlig verfehlt; freilich kann er von der Freundschaft nicht so viel erhoffen, wie es frühere Zeiten taten. Daß er in der Figur des Hauptmanns den Tugendenthusiasmus karikiert, erlaubt auch nicht den Schluß, er verwerfe die Moral und rede der Unsittlichkeit das Wort oder vertrete ein Jenseits von Gut und Böse. Er richtet seinen Spott dagegen, daß man die Tugend zum obersten Wert erhebt, daß man überhaupt nach dem Belieben der als Selbstbestimmung verstandenen Freiheit sogenannte Werte aufstellt, bald die Moralität, bald den Nutzen oder die Natürlichkeit oder den Fortschritt. Er wendet sich gegen jenes Verständnis von Freiheit, das seit Beginn der Neuzeit einander ablösende Programme entwirft und damit, statt wie beabsichtigt die Menschheit dem Zustand allgemeinen Glücks und Friedens entgegenzuführen, die Entzweiung und den Widerstreit fördert.

Büchner stellt Hauptmann und Doctor so dar, daß es einem nicht in den Sinn kommen soll, ihre Wege einzuschlagen, seien sie auf die Idee der Sittlichkeit oder auf umfassende Verfügbarkeit der Dinge ausgerichtet. Es sind Wege, von denen er auch in einem Brief an Gutzkow spricht. Mit Entschiedenheit erklärt er, daß vom ideellen Denken nichts zu erhoffen sei: »Die Gesellschaft mittelst der *Idee*, von der *gebildeten* Klasse aus reformiren? Unmöglich!«[55] Die Begründung dazu lautet: »Unsere Zeit ist rein *materiell*.« Die Gebildeten lassen sich nicht mehr vom Ideellen bewegen, sie haben sich dem Materialismus zugewandt und werden, indem sie ihre Verfügungsgewalt ausweiten, auf nichts anderes als ihren Eigennutz bedacht sein. Sie streben keine wirkliche Reform an. Er habe sich überzeugt, schreibt Büchner, daß die gebildete und wohlhabende

---

[53] 2. Aufzug, 5. Auftritt.
[54] 1. Aufzug, 3. Auftritt.
[55] Nr. 54; II, 455.

Minorität, so viel Konzessionen sie auch vom Fürstenstaat für sich begehre, nie werde »ihr spitzes Verhältniß zur großen Klasse aufgeben wollen«. Mit dem Satz »Unsere Zeit ist rein *materiell*« bekennt sich Büchner nicht zum Materialismus, er gibt eine Diagnose seines Zeitalters, er beobachtet ein Krankheitsgeschehen, das seiner Auffassung nach einen letalen Ausgang nehmen wird: die gebildete Gesellschaft ist »abgelebt«, wozu soll sie länger »zwischen Himmel und Erde herumlaufen?«

Kann von der ungebildeten Klasse, da die gebildete versagt, eine Reform erwartet werden? Büchner wirft diese Frage auf, aber er macht sich auch hier keinerlei Illusionen: »Und die große Klasse selbst? Für die gibt es nur zwei Hebel, materielles Elend und *religiöser Fanatismus*.« Durch die Art, wie die Frage formuliert ist, mit parallelisierendem »Und« einsetzend, wird die Erwartung zum vornherein herabgestimmt; aus der Antwort »Für die gibt es nur ...« spricht Enttäuschung. Büchner zweifelt zwar nicht daran, daß jede Partei, welche die beiden Hebel anzusetzen verstehe, siegen werde; er sagt sogar, seine Zeit *brauche* Eisen und Brot, dazu ein Kreuz »oder sonst so was«. Elend und Fanatismus werden die Werkzeuge des Strafgerichts sein, das die Minorität auf sich zieht. »Bei Gott«, schreibt Büchner in einem seiner letzten Briefe, »die Leute nehmen ein großes Kapital auf, das ihnen einmal mit schweren Zinsen kann abgetragen werden, mit sehr schweren.«[56] Aber mit einer solchen Abzahlung ist die Reform noch nicht zustandegebracht, sie ist damit nicht einmal ermöglicht. In »Dantons Tod« hat Büchner klargemacht, daß Elend, gepaart mit Fanatismus, nichts als Verheerung zeitigt: »Todtgeschlagen, wer kein Loch im Rock hat!« tönt es aus dem Volk, »todtgeschlagen, wer lesen und schreiben kann!« (14) Soll der Hunger, wie sich Büchner einmal ausdrückt, die Freiheitsgöttin werden können[57], so bedarf es anderer Voraussetzungen, als Elend und Fanatismus sie darstellen. Darauf kommt er in seinem Brief an Gutzkow zu sprechen, nachdem er skizziert hat, von welchen Ausgangspunkten her die gebildete und die ungebildete Klasse eine Änderung der bestehenden Verhältnisse ins Auge fassen könnten. Er gibt nun Einblick in seine persönlichen Vorstellungen von einer Reform. »Ich glaube, man muß in socialen Dingen von einem absoluten *Rechts*grundsatz ausgehen, die Bildung eines neuen geistigen Lebens im *Volk* suchen.« Der Ausgangspunkt bestimmt alles; wovon man ausgeht, dahin gelangt man. Nicht vom Ideellen oder vom Materiellen, nicht vom Elend oder vom Fanatismus will Büchner ausgehen, sondern von

---

[56] An die Familie, 20. November 1836, Nr. 62; II, 462.
[57] An Gutzkow, Nr. 39; II, 441.

den Grundrechten, die jedem Menschen zustehen, die nicht vom Staat verliehen werden, wohl aber von ihm anzuerkennen und als unantastbar und unveräußerlich zu gewährleisten sind. Von den Grundrechten wird ein Raum erschlossen, in welchem die Bildung eines geistigen Lebens möglich ist. Es geht nach Büchner nicht darum, daß dem Volk jene Bildung der Gebildeten vermittelt werde, die sich unter kartesischem Vorzeichen zu Idealismus und Materialismus ausgeprägt hat. Es gilt zu einem *neuen* geistigen Leben zu kommen. Auf der Suche danach hat sich Büchner mit der Philosophie seit Descartes auseinandergesetzt. Seine Dichtungen sind Zeugnisse dessen, was er gefunden. Mit dem »Woyzeck« will er das *Volk* erreichen, ist doch sein letztes Drama in der Einfachheit der Handlung und des Dialogs wie in seinen anschaulichen Situationen und seiner mundartlichen Färbung dem Volksstück angenähert. Weil dieses Werk unvollendet geblieben ist und nicht zu erkennen gibt, wohinaus es mit Woyzeck will, kann am ehesten der Weg Maries Anhaltspunkte bieten, wenn man erfahren möchte, in welchem Sinn Büchner das Geistige des neuen Lebens auffaßt und an welchen Geist im Menschen er sich mit seiner Dichtung wendet. Dann erweist sich auch, daß das Neue dieses geistigen Lebens nicht ein Niedagewesenes ist, sowenig wie die Grundrechte, sondern Erneuerung, Reformierung, Wiedergeburt.

SCHLUSS

Büchners Dichtung verlangt die Zusammenschau des mannigfaltig Gegensätzlichen, welches die dargestellten Personen in Rede und Daseinsform kennzeichnet. Dabei geht es um etwas Bedeutenderes als um das Erfassen einer Totalität. Die Dichtung gibt nicht nur einen Überblick über das im Leben anzutreffende Vielerlei, sie hält das Verschiedene in einer Einheit zusammen. Es werden Gegensätze gezeigt, die in schärfstem Widerspruch zueinander stehen, daher können sie nicht einfach zusammengezählt und ohne weiteres in eins genommen werden. Wenn Robespierre die Unterscheidung in Tugend und Laster zum Maßstab seines Urteils macht, Danton hingegen diese Unterscheidung verwirft und auf Grund der Naturgemäßheit urteilt, so hat man es mit einem Gegeneinander zu tun, das einen erbitterten Streit hervorruft. Wie aber soll in einem Gemenge von Unvereinbarem Einheit zu finden sein? Man gelangt zu ihr erst im Durchgang durch die Entgegensetzungen. Indem man die einzelnen, einander widerstrebenden Aussagen synoptisch erfaßt, wird eine Bewegung eingeleitet, die aus der Ebene dieser Aussagen herausführt. Das jeweilig Ausgesagte bleibt nicht das Feststehende und Entgegenstehende, als welches es sich zu behaupten trachtet. Und der jeweils Redende bleibt nicht auf das eingeschränkt, was mit ihm und an ihm in Erscheinung tritt. Es ergibt sich ein Bezug zu demjenigen, worin, jenseits von Sichtbarkeit und Gegenständlichkeit, alles Seiende zusammengehört. Diese Weise, Büchners Dichtung zu lesen, ist dialektisch zu nennen.

Ein dialektisch formulierter Satz diene nochmals als Beispiel für solches Lesen. Danton erklärt einmal, wir selbst seien nichts; ähnlich äußert sich der Barbier: der Mensch sei Staub. Im Sprechen und Hören werden hier Gegensätze durchschritten, die in das Sein zusammengenommen sind. Um verstehen zu können, was die Sprache dabei eigentlich sagt, muß man einen Einblick in das Wesen der Kopula haben. Der Barbier meint, das »Ist« habe die Bedeutung eines Gleichheitszeichens, zwischen Mensch und Staub sei, aufs Wesentliche gesehen, kein Unterschied. Danton möchte — was ihm freilich nicht recht gelingen will — von derselben Auffassung überzeugt sein, er glaubt, ihm wäre geholfen, wenn das Seiende und das

Nichts einerlei wäre. Aber es ist unmöglich, die Kopula so auszulegen. Grundsätzlich weiß das jedermann, denn wir alle können sprechen, was wir nur deshalb zu tun vermögen, weil wir das Identitätsgesetz richtig auffassen. Indem einer sagt: »Wir sind Staub«, sagt er, auch wenn er sich darüber gar nicht Rechenschaft zu geben imstande ist: Voraussetzung, daß in der Folge Staub sein kann, ist das »Wir sind«, und das heißt, daß das Nichtige in uns nicht die Macht hat, durch sich selbst zu sein, sondern durch das Sein ermöglicht ist, auf Grund dessen das Seiende insgesamt ist. Weil Büchner in diesen Dingen Bescheid weiß, kann er sagen: »Wir sind Tod, Staub, Asche, wie dürften wir klagen?« Er unterscheidet sich vom Barbier, der klagt, weil wir nichts als Staub sind, wie von Danton, der getröstet zu sein meint, wäre nur das Nichts und das Wir das Nämliche.

Die dialektische Bewegung, die durch das alltägliche mißdeutende Meinen hindurchdringt, macht einem bewußt, was sich in jedem Satz modellhaft darstellt, daß nämlich aus einem Ganzen sich Einzelnes aussondert, aber daraufhin angelegt ist, wieder zur Einheit zu werden. Das Einzelne, Verschiedene, Gegensätzliche wird genetisch und geschichtlich verstehbar. Es zeigt sich, daß Tugendhaftigkeit und Natürlichkeit, je in ihrer eigenen Weise das Gute repräsentierend, einem andern Guten entstammen, daß dieses ursprüngliche Gute weiter in ihnen zugegen ist — weshalb beides als gut gilt —, daß es nun aber das entzweite Gute und als solches das Böse ist. Das Gute ist das Böse: dies ist nur im Durchgang durch die Gegensätze zu verstehen, und es sei nochmals das grobe Mißverständnis abgewehrt, der Unterschied zwischen Gut und Böse werde geleugnet. Der Widerstreit des entzweiten Guten führt in die Zerrüttung und Zerstörung, aber noch in diesem Vernichtenden, welches das Böse ist, wird der Blick frei dafür, daß Vernichtung in das Sein einbezogen ist. So wie das Gegensätzliche als das aus dem Ganzsein Herausgetretene eine Abkunft hat, so hat es auch eine Richtung, die Richtung auf die Einheit.

Auch die Entgegensetzung von Geist und Natur, bei Descartes zu starrem Einander-Fremdsein verfestigt, wird in einen Prozeß hineingenommen. Die Begriffe verwandeln sich dabei: Natur ist nicht länger das Geistlose, der Geist nicht naturlose Ichhaftigkeit. Die Natur ist nicht mehr das Resultat eines einmaligen Schöpfungsaktes, sondern Schöpfung, fortwährend sich ereignend, in ständiger Wiedergeburt. Sie ist nicht einer Maschine zu vergleichen und daher auch nicht mechanistisch zu erklären, durch das Kausalitätsdenken weder in ihrem Wirken zu durchschauen noch auf eine erste Ursache zurückzuführen, als welche ein außerhalb aller Natur stehender Gott, Erfinder und Konstrukteur der Weltmaschine, anzunehmen wäre. Ebensowenig ist die Natur teleologisch zu erklären.

Sie hat es nicht auf den Nutzen abgesehen und entsprechend der größtmöglichen Zweckmäßigkeit ihre Mittel ersonnen. Bei einer solchen Betrachtungsweise bildet ebenfalls die Maschine das Modell, anhand dessen man die Natur zu verstehen sucht. Büchner geht es darum, aus dieser Ebene, auf welcher mechanistische und teleologische Erklärungen einander gegenübertreten, hinauszugelangen. Die Fragestellungen, die zu einem regressus oder progressus in infinitum nötigen, sollen durchbrochen werden. Dann kann die Natur als Organismus gesehen werden. Sie ist in allen ihren Äußerungen sich unmittelbar selbst genug. Ihre Lebendigkeit kennt nicht das auseinandergezogene Vorher und Nachher von Ursache und Zweck, sie ist von der Gleichzeitigkeit durchwaltet, von einem Zugleich, das nicht etwa als der bloße Treffpunkt der Ursachen und Zwecke aufgefaßt werden darf. Natur wird zur »Manifestation eines Urgesetzes«[1]. Büchner ist als Naturwissenschaftler wie als Dichter von derselben Sache bewegt. Die Dichtung, der Schöpfung nachgeschaffen, stellt in effigie dar, was sich in der Lebendigkeit der Natur vollzieht.

Mit der Frage, wie Büchner die Gegensätzlichkeiten denke, wird über das Verständnis seiner Dichtung entschieden. Die Antworten, die gegeben worden sind, lassen erkennen, daß man sich die Frage nicht genügend bewußt gemacht hat. Vielfach hat man, in Unkenntnis anderer Möglichkeiten, mit dem Alternativdenken über sie befunden. Man erfaßt dann am Gegensätzlichen nur den Widerstreit, muß die eine Position als die richtige bezeichnen und kann demzufolge in der andern lediglich Versteifung auf etwas Falsches sehen. Die Schuld, daß Danton unter dem Henkerbeil fällt, liegt nun entweder in der Tücke des brutalen, machtbesessenen und neidischen Robespierre oder dann in Danton: er sei von den wahren Zielen der Revolution, denen er früher angehangen, abgefallen, was ihn mit sich selbst uneins mache und ihn lähme, was zudem seine Beseitigung rechtfertige. An diesem einseitigen Denken würde sich grundsätzlich nichts ändern, falls man Licht und Schatten in einem irgendwie gemischten Verhältnis verteilen wollte und die Fehler beider ineinander verrechnete. Wenn man hingegen die Gegensätze dialektisch zusammendenkt, richtet sich der Gedanke auf das ursprünglich Einende, auf die Identität, die der Grundzug des Seienden ist. Dieses Einende macht die Verbundenen einander nicht gleich, sondern läßt sie in ihrem Eigenen sein; es hält sie auseinander, aber so, daß sie in das Gemeinsame gehören: das Eigene und das Gemeinsame sind im Einklang. In Robespierre und Danton ist dieses Einende nicht mehr wirksam. Sie haben sich

---

[1] Vgl. S. 207 f.

ihm versagt, es ist ihnen entzogen. Das Eigene und das Gemeinsame ist zertrennt und zur Wirrnis geworden. Robespierre erhebt die Tugend zum verbindlichen Gemeinsamen, in welchem die Menschen eins sein sollen, aber darin äußert sich sein losgebundener Eigenwille, so daß dem Gemeinsamen entgegengearbeitet wird. Danton preist das Eigene: jeder solle seiner Natur gemäß leben, aber das so verstandene Eigene steht in der Botmäßigkeit einer allgemeinen Maxime und vermag daher gar nicht wahrhaft zu sich selbst zu kommen. Bei der dialektischen Betrachtungsweise stellt sich die Alternative, ob Robespierre oder ob Danton das Richtige vertrete, nicht mehr. Sie beide sind nicht in der Wahrheit. Die Frage nach der Schuld ist damit auf einen tiefern Grund verlegt. Schuld liegt darin, daß ein Antagonismus hervorgebracht wird, in welchem die verkehrte Meinung herrscht, das eine müsse das Richtige, das andere das Falsche sein, eine Meinung, welche Danton ebenso teilt wie Robespierre, wobei man freilich nicht vergessen darf, daß beide wenigstens momentweise darin beirrt werden.

Stellt Büchner die beiden Fragen »E la fama?« und »E la fame?« (103) gegeneinander, so muß das Alternativdenken entweder zum Schluß kommen, Büchner betone das Ausschlaggebende der materiellen Bedürfnisse[2], oder erklären, Büchner frage sich, ob er um des Ruhmes oder um des Lebensunterhaltes willen dichte, und auf diese Frage habe er geantwortet[3]: »Ruhm will ich davon haben, nicht Brot.«[4] Demgegenüber ist darauf zu verweisen, daß dem gegensätzlichen Verlangen nach Unvergänglichem und nach Speise die Bedürftigkeit gemeinsam ist, daß also das, was sich einseitig auf das Übersinnliche rein geistiger Fortdauer oder auf das Leibliche eingestellt hat, zusammengenommen werden kann und dann als Manifestation des Ursprünglichen erscheint, das die Zertrennung und den Widerstreit nicht kennt. — Im Umgang mit all diesen Gegensätzen, handle es sich um Idealismus und Materialismus, um Freiheit und Determiniertheit oder wie immer sie lauten, ist es gut, sich an das Wort Schellings zu erinnern: »Die Aristoteliker verglichen die Seele mit einer unbeschriebenen Tafel, auf welche die Züge der Außendinge erst eingegraben würden. Aber, wenn die Seele keine unbeschriebene Tafel ist, ist sie denn deßwegen etwa eine beschriebene?«[5]

---

[2] Hans Mayer, Prinz Leonce und Doctor Faust, Büchners Lustspiel und die deutsche Klassik, in: Hans Mayer, Zur deutschen Klassik und Romantik, Pfullingen 1963, S. 314.
[3] B 465.
[4] Jürgen Schröder, a. a. O., S. 194.
[5] System des transcendentalen Idealismus, in: Schriften von 1799 bis 1801, Wissenschaftliche Buchgesellschaft Darmstadt, 1967, S. 530.

Die Gegensätze, die im Alternativdenken immerhin noch durch den Streit um die Wahrheit verbunden sind und durch ein Entweder-Oder entschieden werden sollen, sind in anderer Betrachtungsweise vollständig zertrennt worden. Man spricht dann von Zerspaltung und Zerrissenheit, deren Folge die Weltverneinung sei.[6] Man sagt sich, daß Büchner, wenn er sich weder auf der einen noch auf der andern Seite anzusiedeln vermöge, überhaupt nirgends zu Hause sein könne, es sei denn, man ziehe den entgegengesetzten Schluß, daß nämlich Büchner sowohl das eine wie das andere vertrete, als Revolutionär den Fortschritt, als Dichter die Verzweiflung, als Naturwissenschafter den Idealismus.[7]

Wenn man am Gegensätzlichen nicht nur den Aspekt des Widerstreites oder den der Zerspaltung ins Auge faßt, sondern auf das Zusammenspiel, auf das Dialektische achtet, ist man andern Gefahren ausgesetzt. So hat man in der Dialektik schon etwas bloß Negatives sehen wollen, das Grundübel, welches für das reflektierende Bewußtsein des Mannes kennzeichnend sei, wogegen die Frau, im Vegetativen naiv geborgen, ein wahres Leben lebe[8], zum Beispiel Marion: »Sie verkörpert, in ihrer sinnlichen Substanz unbefangen dahinlebend, in gesteigerter Form jenes ungebrochene, einheitliche, selbstverständliche Dasein, welches die Frau bei Büchner auszeichnet.«[9] Gebührend hervorgehoben und anschaulich beschrieben ist die Zusammengehörigkeit des Gegensätzlichen, wenn Gerhart Baumann sagt, daß Büchner die besondere Fähigkeit habe, Widersprüchliches zusammenzudrängen, Widerstrebendes überraschend aufeinander zu beziehen[10], daß eine Fülle von Reflexen, Relationen, Spiegelungen unaufhörliche Wechselwirkungen erzeugten, daß verschiedene Dimensionen ins Simultane verdichtet würden[11] und ein strenges Kom-

---

[6] So Emil Ermatinger, der sogar meint, dies habe Büchner in den frühen Tod getrieben. Vgl. Georg Büchners Persönlichkeit, in: Jahrbuch des Freien Deutschen Hochstifts, Frankfurt a. M., 1931, S. 304.

[7] Ludwig Büttner, Georg Büchner, Revolutionär und Pessimist, Nürnberg 1948, S. 12 u. 29.

[8] Gustav Beckers, a. a. O., S. 110 f., auch S. 177.

[9] Ebd. S. 112. — Beckers glaubt dabei, sich auf Kierkegaard berufen zu können, aber Marion kann nicht für das stehen, was dieser unter Unmittelbarkeit als dem Gegensatz zur Reflektiertheit begreift, zudem intendiert Kierkegaard, wenn er die Reflektiertheit kritisiert, keineswegs die Rückkehr zur Unmittelbarkeit, sondern den Durchstoß durch die Reflexion hindurch zur »zweiten« Unmittelbarkeit. Die Fehlinterpretationen Beckers beruhen darauf, daß er die ästhetischen Schriften Kierkegaards aus ihrem Gesamtzusammenhang herausbricht und damit die Äußerungen der Pseudonyme zu direkten Mitteilungen des Autors macht, gleicherweise wie er auch mit den Äußerungen von Büchners Dramenfiguren verfährt.

[10] A. a. O., S. 62.

[11] Ebd., S. 34 f.

positionsverfahren, vergleichbar der Fugentechnik, die Gegensätze vereine[12]. Aber diese Beobachtungen werden dann bis zu einem gewissen Grad wieder entwertet, steht doch auch, unvereinbar mit ihnen, zu lesen: »Wo Goethe durch zahlreiche Bezüge, Vor- und Rückspiegelungen unaufdringlich, jedoch unabweisbar das Zeitkontinuum wahrt, zerfällt es bei Büchner zu einem Nebeneinander szenischer Augenblicke, die völlige Autonomie besitzen.«[13] Wie will man in der Wechselbeziehung das Prinzip sehen, wenn man der einzelnen Szene vollständige Eigengesetzlichkeit zuschreibt? Wie ist es möglich, von Fugentechnik zu sprechen und dennoch die Szenenfolge als ein Auseinanderfallen zu charakterisieren? Offenbar soll das, was Baumann als Vereinigung des Widersprüchlichen darstellt, nur für den einzelnen szenischen Augenblick, nicht aber für das Ganze der Dichtung gelten. So betont er denn auch das Punktuelle: er vergleicht die Dichtungen Büchners einem von Augenblick zu Augenblick erregten Magnetfeld[14], ja er erklärt sogar, das Büchnersche Drama kenne bei aller Dynamik des Augenblicks keine Geschichte, kein Wohin[15] — dabei ist doch, ganz nach herkömmlichem Brauch, die Tragödie auf den Tod hin, die Komödie auf die Heirat hin angelegt. Der szenische Augenblick ist nach Baumanns Auffassung etwas bloß Momenthaftes; er ist, in der Ebene der alltäglichen Vorstellung von der fließenden Zeit liegend, mit dem Zeitkontinuum kommensurabel: er ist das Zerfallsprodukt des Zeitkontinuums. Die Sukzession des Zeitlichen ist also nicht in dem Sinne durchbrochen, daß auf die umgreifende Gleichzeitigkeit aufmerksam gemacht würde. Was Baumann Simultaneität nennt, ist nicht der Augenblick der Zeitfülle, sondern etwas Leeres. Das Widerspiel der Wechselwirkungen ist ein bloßes Umschlagen des Gegensätzlichen, ein Umwenden, ein Umpolen. Die Dialektik gilt als eine Beweglichkeit, die sich in sich dreht und nirgends hinführt. Deshalb lautet das Ergebnis dieser Betrachtungsweise: »Die unablässig fortleiernde Maschinerie des Karussels beschreibt eine endlose Kreisbahn, bezeichnet das unabänderlich Wiederkehrende. Kein gültiges Urteil beschließt unwiderruflich einen Prozeß, zieht aus allem die letzte Konsequenz, verurteilt oder befreit.«[16] Ein übermächtiges Es lenkt das Geschehen, ein »Es, das sich im Willkürlichen und Sinnlosen gefällt.«[17] Im Grunde wird damit jene Position eingenom-

[12] Ebd., S. 208.
[13] Ebd., S. 202.
[14] Ebd., S. 34.
[15] Ebd., S. 199.
[16] Ebd., S. 220.
[17] Ebd., S. 116.

men, die in »Dantons Tod« von Hérault formuliert ist: »O Philosoph Anaxagoras, man könnte aber auch sagen, damit Gott Alles sey, müsse er auch sein eigenes Gegentheil seyn, d. h. vollkommen und unvollkommen, bös und gut, seelig und leidend, das Resultat freilich würde gleich Null seyn, es würde sich gegenseitig heben, wir kämen zum Nichts.« (49) Diese Auffassung beruht auf dem üblichen Mißverständnis des Identitätsgesetzes. Hérault meint, wenn man sage: Das Vollkommene ist das Unvollkommene, das Gute ist das Böse, das Selige ist das Leidende, werde damit die Einerleiheit ausgedrückt, Subjekt und Prädikat seien gleichen Ranges und brächten sich in ihrem Widerstreit gegenseitig um. Schelling, der mit den beiden ersten der angeführten Beispiele den Begriff der Identität und der Dialektik erläutert, tritt solchen Mißdeutungen mit Entschiedenheit entgegen.[18]

Keiner dieser Versuche, das Gegensätzliche in Büchners Dichtung zu verstehen, hat sich mit der Frage auseinandergesetzt, wie denn der Dichter selbst auf Grund seiner philosophischen Schulung darüber gedacht haben könnte. Wenn Büchner eine Vorlesung über die Entwicklung der deutschen Philosophie seit Cartesius zu halten vorhatte, mußte er sich mit all den Problemen, durch die Descartes den weitern Gang des Denkens bestimmt hatte, beschäftigen, also mit der Frage nach der Selbstbegründbarkeit des Denkens, nach der Möglichkeit des Gottesbeweises und besonders auch mit dem Dualismus. Die Entgegensetzungen — ob sie nun Ich und Nichtich, Subjekt und Objekt, Ich und Ding heißen — sind für Fichte, Schelling, Hegel nichts Festes, Bestehendes, sie sind in einer dialektischen Bewegung gesehen: es soll das Heraustreten des Gegensätzlichen und die Versöhnung des Entzweiten begriffen werden. In diesem Horizont wird man sich umzuschauen haben, wenn man sich mit Büchner befaßt. Sowenig wie Hölderlin, Kleist, Kierkegaard oder Hebbel steht er im Abseitigen. Die nächstliegende Frage lautet demzufolge: Welchem der drei oben genannten Philosophen mag er am nächsten stehen? Unsere Sondierungen sprechen gegen Fichte und für Schelling.

Daß nicht auch Hegel in Betracht gezogen worden ist, bedarf einer Erklärung. Abgesehen davon, daß Vollständigkeit, wie einleitend gesagt, bei der prekären Ausgangslage eines solchen Unternehmens überhaupt nicht angestrebt werden konnte, haben verschiedene Überlegungen zu diesem Verzicht beigetragen. Hegel behält den Ansatz des Kartesischen Denkens bei, er gibt dem Idealismus als System die Selbstbegründung

---

[18] Philosophische Untersuchungen über das Wesen der menschlichen Freiheit, a. a. O., S. 286.

und vollendet ihn so. Der Mensch ist als das vernünftige Ich vorausgesetzt, das Wesen des Seins als Vernunft bestimmt. Deshalb glaubt Hegel, es könne alles durchschaut, begründet und bewiesen werden. Er wirft Schelling vor, daß er die Identität des Widersprüchlichen nicht begründe, somit, wie Jacobi, etwas Unbewiesenes zum Prinzip des Denkens mache und die logische Entwicklung und Durchführung vermissen lasse[19]. Büchner kann nicht auf Hegels Seite stehen, er wendet sich ja dagegen, daß das Sein als bloßes Moment des Denkens aufgefaßt werde: für ihn ist das Sein das allem Denken Vorausgehende, »durch das secundäre Geschäft des Denkens gar nicht vermittelt«[20]. So ist anzunehmen, daß Büchner auch die Hegelsche Dialektik ablehnt, diese Dialektik des Begriffs, der in seiner Selbstbewegung sich zu immer neuen Denkschritten veranlaßt sieht, in den Gegensatz umschlagen muß und alsbald in einen weitern Gegensatz, um beide in sich zu vermitteln, zu überwinden und aufzubewahren, worauf dieser Vorgang nicht anders kann, als von neuem zu beginnen und unaufhörlich fortzuschreiten. Daß sich Büchner über Hegel ablehnend äußerte, wird von Ludwig Luck überliefert: er habe die Taschenspielerkünste der Hegelschen Dialektik, z. B. »Alles, was wirklich, ist auch vernünftig, und was vernünftig, auch wirklich«, mit vernichtendem, manchmal übermütigem Hohn bedacht.[21] Die Descartes-Notizen bestätigen im Grundsätzlichen diese Überlieferung. Wenn Büchner festhält, daß das Sein durch das Denken nicht vermittelt, ja »wesentlich nicht einmal berührt« wird, redet er von einer Wirklichkeit, die kein der Vernunft entsprechendes Gefüge hat und somit nicht dem Begriff erschlossen ist, und deshalb kann er auch der Umdrehung, die das Vernünftige zum allein Wirklichen erklärt und dem Nichtvernunftgemäßen die Wirklichkeit abspricht, nicht zustimmen. Richtet man den Blick auf andere Seiten des Hegelschen Denkens, kann man sich Büchner auch nicht recht als Hegelianer vorstellen. Hegel konnte sich, was den Sinn für die Natur betrifft, nicht mit Schelling messen, auch nicht mit den Schellingnachfolgern, er mochte noch so sehr gegen sie polemisieren, wie besonders gegen Oken, und ihnen Unfug, Spiel mit läppischen Einfällen, gedankenloses Gewäsch und dergleichen mehr vorwerfen.[22] Und seiner politischen Philosophie eignet das Bedenkliche, daß sie sich, weil er dem Jetzt, dem momentan Wirklichen ein ungeheures Recht einräumt, der jeweils erfolgreichen Macht anzupassen die Tendenz hat und demzufolge in der Ber-

---

[19] Vorlesungen über die Geschichte der Philosophie, 3. Band (Jubiläumsausgabe, Bd. 19, Stuttgart 1928), S. 654, 661 f., 683.
[20] II, 140.
[21] B 557.
[22] Vorlesungen über die Geschichte der Philosophie, 3. Band, a. a. O., S. 682 f.

liner Zeit einen durch und durch konservativen Zug bekommt: die Volks-
souveränität wird verworfen, die richterliche Gewalt unter die Regie-
rungsgewalt gestellt, die Zusammenfassung sämtlicher Kräfte in der
monarchischen Spitze über alles erhoben.

Bei alledem hat man daran zu denken, daß Hegel den Idealismus vollendet, Schelling ihn hingegen in Frage stellt. Erschüttert wird der Idealismus dadurch, daß der als vernünftiges Ich sich verstehende Mensch an die
Schranke des Unbegreiflichen stößt. Von dieser Erfahrung, die das Philosophieren Schellings beunruhigt — es von der »unendlichen Ruhe« des
Spinozismus[23] aufs deutlichste abhebt —, sind auch Büchners Einwände
gegen das Kartesische cogito ergo sum geprägt. Das »Ich bin« verlangt
nach einer andern Gestalt. Was man sich als Seele und Körper, Geist und
Natur, Freiheit und Abhängigkeit vorgestellt hat, verändert sich. Büchner
greift die Grundstellung des Kartesischen Denkens an, und dies ist ein
Beweis dafür, daß seine Ausfälle gegen den Idealismus nicht aus der
materialistischen Position erfolgen, denn diese läßt ja den Ansatz Descartes' unangetastet, sie wertet nur anders, indem sie die res cogitans der
res extensa unterordnet.

Auf der Suche nach einer Grundlage jenseits oder vielmehr diesseits
solcher Gegensätze ist ihm nicht nur Schelling bedeutsam, sondern auch
Pascal, richtet sich doch dessen Denkweise gegen die kartesianische, die
sowohl den Idealismus wie den Materialismus hervorbringt. Von Pascal
kann nicht gesagt werden, was Büchner als für Descartes kennzeichnend
betrachtet: das Beispiel des Mathematikers habe den Neid des Philosophen erregt[24]. Ihm ist stets bewußt, wo die Zuständigkeit der mathematischen Methode endet. Die Kartesische Gewißheitsforderung, die das ego
cogito als das erste und wahrhafte Wißbare ansetzt, gibt dem Vernunft-
denken die zureichende Grundlage, kann aber niemals genügen, wenn
man das Ganze des menschlichen Daseins ins Auge faßt. Während Spinoza dem »Enthusiasmus der Mathematik«[25] zur Vorherrschaft verhilft,
bekämpft Pascal diesen Herrschaftsanspruch. Weil er die Vollkommenheit
und die Unvollkommenheit mathematischen Denkens, die Macht und die
Ohnmacht der Vernunft kennt, kommt es bei ihm zur Ausbildung des
dialektischen Denkens. Das Vollkommene ist das Unvollkommene, das
Große ist klein. Der Mensch ist ihm ein All im Blick auf das Nichts, ein
Nichts im Blick auf das Unendliche, Statthalter der Wahrheit und zu-

[23] II, 268.
[24] II, 137.
[25] II, 270.

gleich Kloake der Ungewißheit und des Irrtums, Zierde und Auswurf der Welt, und diese Entgegensetzungen stehen einander nicht bloß antithetisch gegenüber, sondern sind in eine Bewegung hineingenommen, die durch die Zerspaltung hindurch zum ursprünglichen Ganz-sein-Können hinführt und damit die Dialektik hinter sich läßt.

Pascal ist auch in Schellings Philosophieren gegenwärtig[26], was man in der Schrift über die menschliche Freiheit etwa dort besonders gut sieht, wo der Zerfall der Einheit in den Widerstreit des Gegensätzlichen dargelegt wird, oder wo es heißt, im Menschen sei die ganze Macht des finstern Prinzips und zugleich die ganze Kraft des Lichts, der tiefste Abgrund und der höchste Himmel. Am auffallendsten ist vielleicht, daß ihnen ein Doppeltes, in eins gefaßt, gemeinsam ist: das Zugleich von Logik des Verstandes und Logik des Herzens bei dem einen, das Zusammen von Systemwillen und Infragestellung des Systems bei dem andern. Daß Büchner wissenschaftlich und dichterisch tätig ist, mag dieselben Grundverhältnisse zum Ausdruck bringen.

Auf Pascal beruft sich auch Jacobi[27], den Büchner, die Darstellung Kuhns benutzend, in seiner Descartes-Kritik ein Stück weit zu Wort kommen läßt. Jacobi hat von Pascal den Gedanken übernommen, daß wir die ersten Prinzipien nicht durch die Vernunft erkennen[28], daß also die Selbstgewißheit des Grundsatzes »cogito ergo sum« nicht das Erste, nicht die unmittelbare Wahrheit sein könne; anderseits weicht er von Pascal erheblich ab, indem er das unmittelbar Gegebene zum Unerkennbaren deklariert[29] und indem er das, was im Wort »coeur« einen ursprünglichen Sinn hat, auf das Gefühl einengt. Er bringt das fühlende Ich zur Geltung, und zwar als Rivalen des vernünftigen Ich. Die Vernunft vermag das Sein nicht zu begreifen, aber im Gefühl soll es seine Stätte haben. Dem cogito ergo sum wird gewissermaßen ein sentio ergo sum entgegengesetzt[30], und daraus ergibt sich — ganz und gar nicht im Sinne Pascals — der Zwiespalt zwischen Kopf und Herz. Hier zeigt es sich

---

[26] Über die Bedeutung Pascals hat sich Schelling mehrfach ausgesprochen. Vgl. z. B. die folgende Stelle: »Wer ein Maß verlangt für den Punkt von Verständlichkeit und Begreiflichkeit, bis zu dem eine wahrhaft geschichtliche Philosophie gelangen muß, der lese Pascals ›Pensées‹.« (Zur Geschichte der neueren Philosophie, Schriften 1813 bis 1830, Darmstadt 1968, S. 452.)

[27] Vgl. z. B. Werke IV, 1. Abt., S. XXXVI, dazu den Brief an Mendelssohn vom 5. Sept. 1784, ebd., S. 122 (Ausgabe von Friedrich Köppen, Leipzig 1819, nachgedruckt von der Wissenschaftlichen Buchgesellschaft, Darmstadt 1968).

[28] Vgl. das Pascalzitat (Br. 282), S. 204.

[29] Vgl. dagegen Pascal Br. 430.

[30] Es ist hier daran zu erinnern, daß Descartes, wie Büchner notiert (II, 142 f.), zur cogitatio auch das Fühlen rechnete.

nun, daß Büchner nicht auf dem Weg Jacobis bleibt. Er ist nicht bereit, dem fühlenden Ich grundlegende Bedeutung zuzubilligen, wie das manche Theologen, vorab Schleiermacher, unter Jacobis Einfluß taten, vielmehr zieht er ans Licht, wie ungegründet jenes Menschentum ist, das fühlend seiner selbst, aller Dinge und Gottes gewiß zu sein meinte. Der an Lenz dargestellte Sturz in die Fühllosigkeit, das Entschwinden des Seins in die Unfühlbarkeit[31] dokumentiert dies ebenso wie Paynes Satz, der Schmerz sei der Fels des Atheismus.

Das alles weist darauf hin, daß Büchner in der Nähe Pascals und Schellings, in dem von ihnen gebildeten Kräftefeld gesehen werden müsse. Diesen Ort zu kennen ist deshalb nötig, weil Büchner offensichtlich im Bezug auf das Denken dichtet. Seine Dichtung hat aber zum Leser ein anderes Verhältnis als ein Denkwerk, welches das, was es zu sagen hat, auf direkte Art mitzuteilen sucht. Zu ihren Charakteristiken gehört die indirekte Mitteilung. Man kann sich sogar fragen, ob die Mitteilung nicht eine indirekte werden *muß*, wenn das Wesen des Menschen nicht länger in der cogitatio zu finden ist. Jedenfalls teilt Büchner nicht die Meinung des Sprachdogmatismus, nach welchem — wie sich an Robespierre erkennen läßt — die Wahrheit in der Aussage faßbar ist, aber er neigt auch nicht — wie Danton — dem Sprachskeptizismus zu, der wähnt, die Wahrheit habe mit der Aussage nichts zu schaffen, der es daher auf die Negierung der Aussagen abgesehen hat, so den auf Buchstabengläubigkeit gegründeten Fanatismus vermeidet, jedoch der Möglichkeit, sich mitzuteilen, den Boden entzieht, nichts mehr zu sagen weiß, mit dem Witz sein Auskommen haben muß und dem todessüchtigen, das Nichts preisenden Schwarmgeist zu verfallen droht. Indem Büchner solche Gegenüberstellungen vornimmt, verlagert sich — und dies wird dem Leser auf indirekte Weise übermittelt — der Akzent von der Aussage und der Negation der Aussage auf das, was fast unbemerkt in jedem Satz mitgeht: auf das Sein, in welches das Bejahte und Verneinte, das in einem Auseinander Gesonderte und Entgegengesetzte hineingehalten ist. Er kann dabei auf die Sprache vertrauen. Sie vollzieht diesen Vorgang, ob er uns nun bewußt ist oder nicht. Seine Dichtung erreicht uns deshalb im tiefsten Bereich des sprachlichen Vermögens, so daß wir von ihr stets mehr »verstehen«, als wir verstanden zu haben glauben. Sie trifft uns in unserm Daseinsvollzug, und dergestalt ist sie ein Zeugnis dafür, daß der Mensch

---

[31] Von Hölderlin handelnd, beschreibt Wolfgang Binder mit diesen Worten den »Zusammenbruch des Idealismus« (in: Hölderlins Dichtung im Zeitalter des Idealismus, Hölderlin-Jahrbuch 1965/66, S. 68).

nicht mehr von seinem Denken und Fühlen her begriffen werden soll, daß es vielmehr darum geht, ihm in seinem »Ich bin« zu begegnen.

Der Leser gehört konstitutiv mit zu einer solchen Dichtung. Er ergänzt sie in der ihr notwendigen Weise. Ihre dialektische Struktur fordert ihm diese Ergänzung ab. Dadurch daß er durch Widersprüchliches hindurchgeführt und vom einen zum andern schreitet, aktiviert sich, gegenläufig zu dieser Abfolge, jenes Vermögen, welches das Sukzessive in die Einheit sammelt und mit dieser Integration das Nacheinander als ein Geschehen der Gleichzeitigkeit erfahren läßt. Der Leser ergänzt, was die Dichtung nicht darstellen kann, weil Darstellung immer nur im Nacheinander und Auseinander möglich ist. Aber nur mittels des Dargestellten kann man auf das Nichtdarstellbare aufmerksam werden. Büchners Dichtung ist eigens daraufhin angelegt, durch die Sukzession hindurch auf die Simultaneität hinzuweisen. Vollziehen aber kann sich die Gleichzeitigkeit nicht im Gedichteten selbst. Sie ist der Akt, der sich im Vernehmen der Dichtung, in der Lebendigkeit des Lesers und Hörers ereignet. Daher kann die Kunst nach Büchners Auffassung auch nie das Ganze des Lebens in sich hineinnehmen und etwa gar den Anspruch erheben, etwas Höheres als das Leben zu sein; sie umfaßt nicht das menschliche Dasein, sondern hat darin ihren Ort.

Personenregister

Kursiv sind Figuren aus Dichtungen verzeichnet

Sachregister

334

Walter de Gruyter
Berlin · New York

Erwin Kobel

Hugo von Hofmannsthal

Groß-Oktav. X, 377 Seiten. 1970.
Ganzleinen DM 38,—
ISBN 3 11 000551 4

Horst Weber

Hugo von Hofmannsthal

Bibliographie des Schrifttums 1892—1963
Groß-Oktav. XII, 254 Seiten. 1966.
Ganzleinen DM 74,—
ISBN 3 11 000345 7

Horst Weber
(Bearb.)

Hugo von Hofmannsthal
Bibliographie

Werke, Briefe, Gespräche, Übersetzungen, Vertonungen.
Groß-Oktav. XVI, 775 Seiten. 1972.
Ganzleinen DM 158,—
ISBN 3 11 003954 0

Wortindex zu Georg Büchner
Dichtungen und Übersetzungen

Bearbeitet von Monika Rössing-Hager im Forschungs-
institut für deutsche Sprache. Deutscher Sprachatlas
Quart. XII, 504 Seiten. 1970. Ganzleinen DM 96,—
ISBN 3 11 006448 0
(Deutsche Wortindices Band 1)

Preisänderungen vorbehalten.

Walter de Gruyter
Berlin · New York

Quellen und Forschungen zur Sprach-
und Kulturgeschichte
der germanischen Völker

Neue Folge, herausgegeben von Stefan Sonderegger
Groß-Oktav. Ganzleinen

Manfred Hoppe

Literatentum, Magie und Mystik im Frühwerk Hugo von Hofmannsthals

Groß-Oktav. VIII, 140 Seiten. 1968.
Ganzleinen DM 32,— (N. F. 28/152)
ISBN 3 11 000220 5

Walter Schenker

Die Sprache Max Frischs in der Spannung zwischen Mundart und Schriftsprache

Groß-Oktav. VIII, 142 Seiten. 1969.
Ganzleinen DM 28,— (N. F. 31/155)
ISBN 3 11 000225 6

Walter Pape

Joachim Ringelnatz

Parodie und Selbstparodie in Leben und Werk
Groß-Oktav. Etwa 350 Seiten. 1974.
Ganzleinen etwa DM 96,— (N. F. 62/186)
ISBN 3 11 004483 8

Preisänderungen vorbehalten.